Thomas Leithäuser, Michael Exner, Renate Haack-Wegner,
Ariane Schorn, Erika von der Vring (Hg.)

Gewalt und Sicherheit im öffentlichen Raum

Eine sozialpsychologische Untersuchung

»Reihe Psyche und Gesellschaft«
Herausgegeben von Johann August Schülein
und Hans-Jürgen Wirth

Thomas Leithäuser, Michael Exner,
Renate Haack-Wegner, Ariane Schorn
und Erika von der Vring (Hg.)

Gewalt und Sicherheit im öffentlichen Raum

Eine sozialpsychologische Untersuchung

Psychosozial-Verlag

Die Deutsche Bibliothek - CIP-Einheitsaufnahme
Gewalt und Sicherheit im öffentlichen Raum /
hrsg. von Thomas Leithäuser .... - Giessen: Psychosozial-Verl., 2001
(Psyche und Gesellschaft)
ISBN 978-3-89806-121-6

E-Mail: info@psychosozial-verlag.de
www.psychosozial-verlag.de

Umschlagabbildung: »Spiegel der Seele« aus »Der gläserne Mensch«,
hrsg. von Rosmarie Bayer und Martin Roth
Umschlaggestaltung: Christof Röhl nach Entwürfen des
Ateliers Warminski, Büdingen
Lektorat/Satz: Volker Tuchan
ISBN 978-3-89806-121-6

Inhalt

Einführung 7

Ariane Schorn
»Und die Leute haben alle die Intention, bloß keinen Ärger einfangen.«
Sicherheit im öffentlichen Raum in der Perspektive Bremer Geschäftsleute 15

Michael Exner
»In meinem Haus fühle ich mich wohl, aber in der Straße nicht mehr.
Ein Gruppengespräch mit »alten Damen« aus dem Bremer Westen« 33

Thomas Leithäuser
»Wir sind nicht diejenigen, die jede Kleinigkeit sofort verfolgen.«
Ein Gruppengespräch mit Kontaktpolizisten 53

Renate Haack-Wegner
»Die Gewalt kommt von außen.«
Ein Gruppengespräch mit Lehrerinnen und Lehrern 71

Erika von der Vring
»Die weint nicht, die macht das Maul auf; die versteht auch zu strafen.«
Ein Gruppengespräch mit den Mädchen einer 10. Klasse 93

Renate Haack-Wegner
»Das ist eine Frage der Einschätzung.«
Ein Gruppengespräch mit jugendlichen Schülern
über ihre Gewalterfahrungen im Stadtteil 117

Erika von der Vring
»Die fühlen sich eigentlich hier sicher.«
Ein Gruppengespräch mit ElternsprecherInnen 141

Ariane Schorn und Michael Exner
»Was früher das Schwert war, sind heute die Wörter.« –
Selbstbehauptungsstrategien junger türkischer Männer 163

Thomas Leithäuser
»Hallo! Wieder Gewalt?«
Ein Gruppengespräch mit Ex-Abziehern 179

Renate Haack-Wegner
Von inneren und äußeren Übergangsräumen – Psychologische Reflexionen über ein theaterpädagogisches Projekt zum Thema Gewalt 205

Ariane Schorn
Zivilcourage – Sozialpsychologische Reflexionen zu einer umworbenen Sekundärtugend 223

Renate Haack-Wegner
In Szene gesetzt – Wissenschaft einmal anders präsentiert
Gedanken zu einer öffentlichen Veranstaltung über das Forschungsprojekt 245

Schluß 253

Literatur 264

Autorenverzeichnis 265

Einführung

Gewalt und Sicherheit im öffentlichen Raum sind zu einem viel diskutierten Thema geworden. Sicherheit bzw. ihre Antagonisten Unsicherheit, Angst und Bedrohung sind nicht nur Themen der Politik, sondern auch beliebte Gegenstände der Medien. Debatten um die Gewalt und die innere Sicherheit werden in der letzten Zeit verstärkt in Hinblick auf Rechtsradikalität und Rassismus geführt. Diese Debatte verknüpft sich mit der lange Zeit aktuellen Frage nach der allgemeinen Gewaltförmigkeit der heutigen Gesellschaft und im speziellen nach der Jugendgewalt und schiebt diese zumindest im Medieninteresse in den Hintergrund.

Die Debatten werden häufig auf der Basis ungenauer oder fehlender Kenntnisse und Analysen geführt. Das heißt jedoch nicht, daß nicht eindeutig Standpunkt bezogen würde: »Die Gewalt hat zugenommen«, »früher war das auch nicht anders«, »die Jugendlichen sind brutaler geworden« sind nur einige Alltagstheorien, die man immer wieder hören kann. Derartige Verallgemeinerungen sind um so erstaunlicher, wenn man bedenkt, wie komplex die Thematik ist.

Die Phänomene, die mit Gewalt und Sicherheit zusammenhängen, haben über eindeutige, quantifizierbare Aussagen hinaus auch eine subjektive oder psychologische Dimension: Wovon fühle ich mich bedroht, wie sicher fühle ich mich? Diese verschränkt sich mit einer objektiven Dimension: Wie gewaltvoll, wie sicher ist meine Umgebung? Angst und Unsicherheit im öffentlichen Raum werden nicht nur durch die Erfahrung oder Befürchtung, Opfer eines gewaltpolitischen oder kriminellen Aktes zu werden, hervorgerufen, sondern auch durch Alltagsirritationen, die unter der Schwelle krimineller Handlungen liegen. Das können Belästigungen sein, Schmutzprobleme, die Präsenz von sozialen Randgruppen oder auch eine unübliche und/oder provokative Nutzung des öffentlichen Raumes. Auch gesellschaftliche Wandlungsprozesse und Umbruchsphasen spielen in diesem Zusammenhang eine Rolle, sie können das subjektive Sicherheitsgefühl beeinträchtigen und Unsicherheits- und Bedrohungsgefühle verstärken. Der Umstand, daß Menschen nicht unabhängig von Faktoren wie Alter, Geschlecht, ethnische Herkunft oder dem sozialen Milieu von Gewalterfahrungen betroffen sind, macht eine andere Schwierigkeit aus. Die Tatsache, daß ein und dieselbe Situation von zwei Menschen sehr unterschiedlich wahrgenommen und bewertet wird, eine weitere. Wenn man danach fragt, ob die Gewalt im Vergleich zu früher zugenommen hat, die Sicherheit also abgenommen hat oder stabil geblieben ist, so stellt sich nicht zuletzt das Problem der Vergleichsgröße. Da die mannigfaltigen Erscheinungsformen von Unsicherheit weder auf einen Nenner zu bringen noch gegeneinander abzuwägen sind, läßt sich vieles behaupten.

Die hier vorliegende Untersuchung »Gewalt und Sicherheit im öffentlichen Raum«[1] fragt nicht nach speziellen Formen der Gewalt, nicht nach bestimmten Gruppen, von denen diese ausgeht und nach allgemeinen Theorien darüber. Mit einer offenen Fragestellung zur Gewaltthematik geht es darum, zu erfahren, was überhaupt als Gewalt und als Bedrohung im öffentlichen Raum wahrgenommen wird. Uns interessiert: Fühlen sich Bürgerinnen und Bürger im öffentlichen Raum sicher? Was verunsichert sie? Welche Erfahrungen haben sie mit bedrohlichen, gewaltförmigen Situationen gemacht, wie gehen sie damit um und wie schützen sie sich vor diesen?
Um diese Fragen beantworten zu können, haben wir mit verschiedenen Bevölkerungsgruppen gesprochen, die im Bremer Westen[2] leben, arbeiten oder zur Schule gehen: mit alten Menschen, mit Schülerinnen und Schülern, mit Hausfrauen und Geschäftsleuten, mit Lehrerinnen und Lehrern, Eltern, islamischen jungen Mädchen und jungen Männern, mit Kontaktpolizisten und einer Jugendclique aus dem Freizeitheim. In der vorliegenden Publikation wollen wir die Auswertungen von neun dieser Gruppengespräche vorstellen:

Im ersten Beitrag analysiert Ariane Schorn ein Gruppengespräch mit Geschäftsleuten. Das Schwinden eines Verantwortungsgefühls für den öffentlichen Raum und das Auflösen von Selbstverständlichkeiten, die früher den Umgang miteinander regelten, sind Themen, die diese in den Mittelpunkt stellen. Man könne sich nicht mehr auf einen von allen geteilten Regelkanon verlassen, was das Gefühl von Unsicherheit verstärke. Deshalb schützen sie sich und ihr Geschäft auf unterschiedlichste Weise. Als Lösung setzen sie auf ziviles Engagement und Eigeninitiative.

Michael Exner untersucht im folgenden die Situation der älteren Leute im Stadtteil anhand der Äußerungen von alten Damen. Der öffentliche Raum

---

1 Forschungsprojekt der Universität Bremen (Institut für Psychologie und Sozialforschung und der Akademie für Arbeit und Politik), durchgeführt zwischen 1998-2000. Das Projekt wurde von Prof. Thomas Leithäuser geleitet, zu dem Forschungsteam gehörten Michael Exner, Renate Haack-Wegner, Ariane Schorn und Erika von der Vring.

2 Für unsere Untersuchung wählten wir ein Stadtgebiet aus, das sich statischen Angaben zufolge durch eine durchschnittliche Kriminalitätsbelastung auszeichnet

erscheint ihnen häufig durch die nachrückende Generation besetzt. Andere soziale Gruppen werden als mächtiger und tendenziell bedrohlich erlebt, vor allem junge Männer. Der Kontakt mit anderen Personen im öffentlichen Raum wird so weitestgehend vermieden, der Rückzug in den privaten Raum, die ›eigenen vier Wände‹, vermittelt ein relatives Gefühl von Sicherheit, zusätzlich verstärkt durch den als hilfreich empfundenen Blick der Nachbarn.

Thomas Leithäuser interpretiert ein Gruppengespräch mit Kontaktpolizisten des Stadtteils. Viele Bereiche im Stadtteil erscheinen ihnen kontrollierbar, manche Straßen sehen sie jedoch ihrer Kontrolle entglitten. Das erleben sie als Einschränkung ihrer persönlichen Sicherheit und ihres Handlungsfeldes. Die neuen Aufgaben als Kontaktbeamter – das Verstehen und Lösen von sozialen und zwischenmenschlichen Konflikten – werden als Herausforderung begriffen, führen aber auch zu schwierigen Rollenüberschneidungen, die verunsichern können. Immer wieder muß geklärt werden: Bin ich Polizist, Sozialarbeiter oder Psychologe?

In ihrem ersten Beitrag wertet Renate Haack-Wegner ein Gruppengespräch über die Eindrücke von Lehrerinnen und Lehrern zur Gewalt in der Schule aus. Hier erscheint der Schulhof als öffentlicher Raum, durch den Gewalt aus der Umgebung in den schulischen Bereich getragen wird. Unsicherheiten und Ängste entstehen, wenn sich schulfremde Jugendliche, die sie nicht einschätzen können, auf dem Schulhof aggressiv verhalten. Sie erleben ihre Lehrerautorität als in Frage gestellt und fühlen sich verbal oder physisch bedroht. Sie erleben sich bei solchen Übergriffen nicht genügend unterstützt und geschützt.

Erika von der Vring stellt in einer weiteren Auswertung ein Gruppengespräch mit Eltern von 11–12jährigen Kindern vor. Die größte Bedrohung im öffentlichen Raum sehen die Eltern im Straßenverkehr sowie in einer möglichen Gewalttat von Erwachsenen oder anonymen Jugendcliquen. Die Eltern berichten vor allem von Gewalt gegen ihre Kinder auf dem Schulweg, aber auch in der Schule. Sie fühlen Wut, Angst und Hilflosigkeit, wenn sie merken, daß ihr Kind dort und in der Schule nicht geschützt wird. Sie wünschen sich, daß die jeweilige Schule ihre Gewaltprobleme ernst nimmt und effektive Lösungsstrategien entwickelt.

In ihrem zweiten Beitrag stellt Renate Haack-Wegner die Erfahrung von jugendlichen Schülern im Umgang mit Gewalt und Sicherheit im öffentlichen Raum dar. In diesem inszenieren sich Konflikte. Es geht um das Aushandeln der jeweiligen sozialen Stellung, häufig zwischen gleichaltrigen deutschen und ausländischen Jugendlichen. Solche gruppenbezogenen Prozesse zeigen sich in

Situationen des »Abziehens« und »Abzockens«. Das schildern die Schüler als ihre alltägliche Erfahrung. Die Fragen, wie mit dem »Abgezogen-Werden« umgegangen wird und wie die damit verbundenen Gefühle von Wut, Angst und Beschämung bewältigt werden können, stehen dabei im Mittelpunkt.

Erika von der Vring untersucht anschließend die Erfahrungen von jugendlichen Schülerinnen mit Gewalt im öffentlichen Raum. Der Schwerpunkt ihrer Äußerungen bezieht sich in diesem Gruppengespräch auf gewaltförmige Interaktionen innerhalb und zwischen Mädchencliquen. Wie sicher sich die Schülerinnen darin fühlen, scheint nicht zuletzt davon abzuhängen, wie sie von den anderen Mädchen wahrgenommen werden. Es geht für sie darum, zu den »Starken« zu gehören. Diese scheinen ihre Emotionen und körperlichen Kräfte in Konflikten gegen die, die sich schwach fühlen und sich oft nicht zu wehren trauen, erfolgreich einsetzen zu können.

In einem weiteren Beitrag gehen Ariane Schorn und Michael Exner der Frage nach, wie sicher oder unsicher sich junge türkische Männer im öffentlichen Raum fühlen. Alle – so wird im Gespräch deutlich – haben gegen sie gerichtete Gewalt und Ausgrenzung erfahren, ihren Stadtteil erleben sie jedoch als sicher. Hier fühlen sie sich in der Mehrheit; hier erfahren sich die jungen Männer als Teil eines (schützenden) sozialen Zusammenhanges, sind eingebunden in Familie, Freundeskreis, Vereins- und Religionsgemeinschaft. Das Wort wird von ihnen als das Schwert der Jetztzeit erlebt; als eine Waffe, die tief verletzen kann (Beleidigungen), mit der man sich zugleich aber auch effizient verteidigen kann. Dies zu können, ist eine von ihnen geschätzte Fähigkeit.

In einem weiteren Beitrag von Thomas Leithäuser geht es um Jugendliche aus einem Freizeitheim und deren Gewalterfahrungen im öffentlichen Raum. In der Gang wird gehüpft, getanzt, aber auch gestoßen und mal nachgetreten. Aggressiv werden sie häufig gegenüber anderen. Die Solidarität gilt der eigenen Gruppe, der ›Feind‹ soll draußen bleiben. Ständig sind die Jugendlichen auf der Hut, daß ihre Gemeinschaft nicht in Frage gestellt wird. Immer wieder geht es um die Klärung der Fragen: Wer bin ich, wer hält zu mir, wem kann ich trauen? Wer ist ein Verräter, wer ein Feigling? Wer ist mein Feind?

In Zentrum des zweiten Beitrages von Ariane Schorn steht die Auswertung eines Gruppengespräches, das mit Absolventen einer Einrichtung der Erwachsenenbildung geführt wurde. Neben inhaltlichen Überlegungen und Thesen zum Thema Zivilcourage beziehen sich die Gesprächsteilnehmer auch kritisch auf die zum Zeitpunkt des Gespräches populären Kampagnen für Zivilcourage. Sie glauben hier eine aus ihrer Sicht fragwürdige Verengung des Begriffes zu erkennen und machen sich dafür stark, seine politische Dimension wieder stärker in den Blick zu rücken.

Aus all diesen Sichtweisen entsteht eine Art perspektivische Collage, die sowohl Unterschiede als auch Gemeinsamkeiten der Sichtweisen unserer Gesprächspartner zeigen. Damit, so denken wir, kann dem zu erforschenden Phänomen sehr viel differenzierter und adäquater Rechnung getragen werden. Uns ist im Laufe unserer Forschungsarbeit sehr deutlich geworden, daß sich Gewalterfahrungen, Unsicherheitsgefühle und Sicherheitsbedürfnisse im öffentlichen Raum für verschiedene Bevölkerungsgruppen sehr verschieden darstellen und daß es auch innerhalb dieser bezüglich der Einschätzungen und der Erfahrungen enorme Differenzen gibt. Sicherheitsbedürfnisse und Unsicherheitserfahrungen sind eng mit den jeweiligen Erfahrungsräumen und Lebenswelten verbunden. Es ist nicht zuletzt deshalb wichtig, sehr genau hinzuhören und vielschichtig zu entschlüsseln, worüber eigentlich geredet wird, wenn von Gewalt, Unsicherheit, Angst und Bedrohtsein die Rede ist.

Zum Verlauf des Forschungsprojektes

Schon der hermeneutische Ansatz, aber auch ein handlungsorientiertes Wissenschaftsverständnis, legen es nahe, mit den Auswertungen in den Stadtteil zurükkzugehen, um den Erkenntnisprozeß weiter zu führen und in soziale Zusammenhänge zu überführen. So veranstaltete das Forschungsteam selbst verschiedene öffentliche Veranstaltungen in Form von Workshops.

Durch die Anbindung an das EXPO 2000 Projekt ›zeiten: der :stadt‹ stellten wir unsere Forschungsergebnisse gemeinsam mit den anderen Projekten im Bremer Rathaus aus. Daneben wurden auf Diskussionsabenden im Rahmen der EXPO 2000 Ergebnisse der Gruppengespräche vorgestellt.

Eine dieser Veranstaltungen hat Renate Haack-Wegner in ihrem Bericht: »In Szene gesetzt – Wissenschaft einmal anders präsentiert« genauer analysiert. Darin geht es um eine kreative Form, die an diesem Abend ausprobiert wurde, um wissenschaftliche Erkenntnisse aus unseren Gruppengesprächen einem breiteren Publikum zu vermitteln. Wie eine solche szenisch-musikalische Inszenierung konkret aussieht, wird an einem Beispiel gezeigt. Anschließend wird reflektiert, welche Möglichkeiten ein solches Vorgehen bietet.

Es kam auch zu einer Zusammenarbeit mit anderen Bremer Aktionen gegen Gewalt: so der Bremer Polizei, dem Bremer Landesinstitut für Schulpraxis und der Bremer Initiative ›Zivilcourage‹. Eine Reihe von Veranstaltungen fanden statt, in denen wir unsere Forschungsergebnisse vortrugen und mit den Beteiligten diskutierten. Es entstanden Kontakte zu einer Lehrerin einer Sek.II-Schule. Gemeinsam mit ihr entwickelten wir die Idee eines mehrtägigen Theaterworkshops zum Thema Gewalt mit Schülerinnen und Schülern ihres Theaterkurses und einer Jugendgruppe aus einem Freizeitheim. Die unterschiedlichen Gewalterfahrungen der Jugendlichen wurden während dieses Treffens szenisch dargestellt und in Gesprächsrunden reflektiert. Der Workshop wurde von Radio Bremen begleitet und dokumentiert. Das Ergebnis ist ein Fernsehfilm und ein Radiofeature[3].

Renate Haack-Wegner hat die Erfahrungen des Treffens in ihrem Beitrag: »Von inneren und äußeren Übergangsräumen – Psychologische Reflexionen über ein theaterpädagogisches Projekt« dargestellt. Aus ihren teilnehmenden Beobachtungen und den dabei gewonnenen Erkenntnissen über die psychosoziale Dynamik, die das Treffen bestimmte, wird neben dem äußeren Verlauf auch die innere Entwicklung der Gruppe nachvollziehbar. An Hand von Äußerungen und Verhaltensweisen eines Workshopteilnehmers wird dieser Prozeß dann exemplarisch untersucht.

Zur verwendeten Forschungsmethode

Die vorliegenden Auswertungen basieren auf Gruppengesprächen (Gruppendiskussionen). Das Gruppendiskussionsverfahren ist ein qualitatives Erhebungs- und Auswertungsverfahren der Sozialpsychologie. Mit einer Gruppe, in der Regel sechs bis zehn Personen, wird hierbei eine themenzentrierte Diskussion geführt, für die eine zuvor von der Forschungsgruppe entwickelte Fragestellung leitend ist.

Die Auswertung der einzelnen Gespräche orientiert sich an der Methode der tiefenhermeneutischen Textinterpretation (vgl. Leithäuser & Volmerg 1979/1988). Dieses Vorgehen erlaubt sehr ausführliche und detaillierte Interpretationen, die in besonderer Weise auf die Vielschichtigkeit und Dynamik des Gesprächs einzu-

[3] Der Fernsehfilm von Gerhard Widmer wurde unter dem Titel »Jugend und Gewalt – Beobachtungen in einer Theaterwerkstatt« von Hessischen Rundfunk im 3. Programm 1999 gesendet, das ebenfalls von Widmer stammende Feature »Räuber und Gendarmen – Beobachtungen bei einem spielerischen Versuch über Jugend und Gewalt in Bremen« sendete Radio Bremen 1999.

gehen vermögen. Mit der tiefenhermeneutischen Textanalyse ist es möglich, mehr zu verstehen als die manifesten Sinngehalte eines Textes. Sie will auch Vorstellungen und Phantasien erschließen, die dem Bewußtsein nicht unmittelbar zugänglich sind. Hierzu werden bestimmte Fragen an den Text gerichtet, die die Aufmerksamkeit auf die verschieden Sinnschichten des Textes lenkt:

• Mit der interpretationsleitenden Fragestellung: Worüber wird gesprochen? erschließt das logische Verstehen den sachlichen Gehalt eines Textes.

• Mit der Frage: Wie wird miteinander gesprochen? versucht das psychologische Verstehen den Beziehungsgehalt des Gesprochenen zu ermitteln.

• Im szenischen Verstehen richtet sich die Aufmerksamkeit auf die Art und Weise der Rede: In welcher Art und Weise, wie wird worüber gesprochen? heißt hier die interpretationsleitende Fragestellung.

• Das tiefenhermeneutische Verstehen schließlich fragt danach, warum in dieser Weise gesprochen wird. Mit der Sinnerschließungsfrage: Warum wird wie über etwas gesprochen? sollen die latenten, nicht direkt bewußten Intentionen und Vorstellungen entschlüsselt werden.

So gelang mit dieser Methode eine Herangehensweise an den Forschungsgegenstand, die sowohl manifeste als auch latente Zusammenhänge in der Gewaltdynamik aufzeigen konnte. Die psychoanalytische Methode ermöglicht mit dem gewählten sozialpychologischen Forschungsansatz, auch unbewußte gesellschaftliche Prozesse zu erschließen. Das Wissen über diese Zusammenhänge ist für eine pädagogische, soziale und politisch effiziente Arbeit in diesem Bereich eine wichtige Grundlage.

Einem der qualitativen Forschung eigenen offenen und prozeßhaften Vorgehen entsprach auch die Entwicklung innerhalb unseres Projektes: So hat sich der Forschungsschwerpunkt im Laufe der Zeit stärker auf jugendliche Lebenswelten zentriert. Das soll an dieser Stelle kurz reflektiert werden: Männliche jugendliche Gewalt stand in vielen Gesprächen im Mittelpunkt, so bei den Kontaktpolizisten, den alten Damen, den Lehrerinnen und Lehrern und den Geschäftsleuten. Weiterhin wurde deutlich, daß sowohl für die Gruppe aus dem Freizeitheim als auch für die Schülerinnen und Schüler die Auseinandersetzung mit gewaltförmigem Verhalten eine große Bedeutung für ihre adoleszente Identitätsentwicklung hat.

Latente (Fremden)angst, die Faszination von Gewalt, Gewalt als Mittel, um einen beschädigten Selbstwert zu heilen, Enttäuschung und Resignation über das Versagen von Politik und öffentlichen Institutionen, Sehnsucht nach Solidarität und schützender Gemeinschaft, nach Regeln und Ritualen sowie nach einer couragierten Haltung im öffentlichen Raum sind Themen, die in dem Forschungsprojekt berührt wurden. Dieses ist der gedankliche und emotionale Rahmen, der auch in der aktuellen Diskussion um Rechtsradikalismus eine Rolle spielt. Während unsere Untersuchung diese Phänomene in der Verarbeitung des alltäglichen Gewalterlebens festmachen konnte, stützt das die These, daß mit der Rechtsradikalität prinzipiell nicht etwas gesellschaftlich Neues vorliegt, sondern die Rechte stärker, absoluter und offener das formuliert, was latent in der gesellschaftlicher Breite, so z. B. innerhalb eines Stadtteils vorhanden ist. Damit muß man sich in einem kommunikativen Prozeß auseinandersetzen. Es darf nicht verdrängt und tabuisiert werden, denn damit ist es auch nicht kommunizierbar, wird abgespalten und führt ein Eigenleben, dessen Dynamik eskalieren kann. Statt dessen gilt es, diese Thematik in den öffentlichen Raum und damit auch auf die manifeste Ebene der Kommunikation zurückholen. Diese Veröffentlichung ist ein Schritt, das gewonnene Wissen über subjektive Wahrnehmungen und Verarbeitungen von Gewalt auf breiterer Basis zu veröffentlichen und deeskalierende Ansätze vorzustellen.

An dieser Stelle möchten wir uns bei unseren Gesprächspartnerinnen und Gesprächspartnern für ihre Bereitschaft bedanken, uns ihre Erfahrungen und Sichtweisen so offen mitzuteilen. Danken möchten wir ebenfalls dem von Henning Scherf initiierten Bremer Perspektivenlabor sowie der Bremer Arbeitnehmerkammer für die finanzielle Absicherung des Forschungsprojektes.

»Und die Leute haben alle die Intention, bloß keinen Ärger einfangen. Lieber dreh' ich mich um und tu' so, als hätte ich das nicht gesehen.«

Sicherheit im öffentlichen Raum in der Perspektive Bremer Geschäftsleute

Ariane Schorn

Ein Gespräch mit Geschäftsleuten aus dem Bremer Westen zu führen, war für uns in mehrfacher Hinsicht interessant. Geschäftsleute kommen mit sehr verschiedenen Menschen eines Stadtteils in Kontakt, sie erfahren viel von dem, was in einem Stadtteil vor sich geht. Desweiteren vermuteten wir, daß die Geschäftsleute in besonderer Weise von Eigentumsdelikten betroffen sind und insofern auch einen spezifischen Zugang zu der das Gespräch eröffnenden und leitenden Frage haben. Sie lautete: Wie sicher fühle ich mich, welche Bedrohungs- und Unsicherheitsgefühle erlebe ich in meinem Stadtteil? Das Gespräch fand am 26.06.1997 statt, es nahmen sechs Frauen und Männer teil.

Keiner traut sich ...

Das zentrale Thema dieses Gesprächs entzündet sich an einer unangenehmen Erfahrung, die von einem Gesprächsteilnehmer gemacht und zu Beginn der Diskussion beschrieben wird. Herr Fischer[1] erzählt von verschiedenen Einbrüchen und Einbruchsversuchen in sein Geschäft. Besonders irritiert habe ihn dabei, daß kein Anwohner etwas bemerkt zu haben schien. Er schildert, daß die

[1] Die Namen, die in den einzelnen Gruppengesprächen vorkommen, sind frei erfunden. Auf diese Weise soll die Anonymität unserer Gesprächspartner gewahrt bleiben.

Fensterscheibe des Geschäfts mit einem Kanaldeckel eingeworfen wurde und daß die Einbrecher vermutlich mit einem Lastwagen vorgefahren seien und das Geschäft »ratzekahl ausgeräumt« hätten. Beunruhigt wird von ähnlichen Erfahrungen berichtet. So erzählt ein anderer Gesprächsteilnehmer, der einen Schlüsseldienst hat, folgende Episode: Während er dabei war, eine Wohnungstür zu öffnen, sei eine Dame, die in der Nachbarwohnung lebte, vorbeigekommen und hätte ihn gefragt, was er denn da mache. »›Och‹, sag ich, ›müssen Sie sich keine (...) Gedanken machen. Ich brech' hier nur ein.« Sehr zu seiner Verwunderung nahm die Frau diese Antwort hin und verzichtete darauf, die Polizei zu rufen. Ein weiterer Gesprächsteilnehmer erzählt, daß er beobachtet habe, wie ein junger Mann an einem Fahrradschloß herumsägte. Er habe sich dann daneben gestellt, sich das ein paar Minuten angeguckt und dann den Betreffenden angesprochen. Nachdem dieser glaubhaft gemacht hatte, daß es sich um sein eigenes Fahrrad handelte, hätte er noch bemerkt:

> »Sie sind der Erste, der mich überhaupt fragt. Ich bin hier schon seit einer halben Stunde im Gange.«

Solche und ähnliche Erfahrungen beunruhigen die einzelnen. Daß sich niemand verantwortlich zu fühlen scheint und – in welcher Weise auch immer – eingreift, wenn etwas Merkwürdiges vor sich geht, verstärkt auch das eigene Unsicherheitsgefühl. Es bestärkt die Vorstellung, daß verschiedene, einen selber und andere schädigende Delikte am hellichten Tag, mitten in der Öffentlichkeit begangen werden können. Es bestärkt ferner das Gefühl, auf sich gestellt zu sein. Auf andere kann man sich hier nicht verlassen, auf ihre wachen Augen und Ohren nicht setzen. Ein Gesprächsteilnehmer unterstreicht noch einmal:

> »Das ist wirklich so, die Leute gucken einfach weg.«

Es wird festgestellt:

> »Ja, wir haben wirklich so 'ne Kultur des Wegguckens.«

Zugleich sind die Gesprächsteilnehmer jedoch auch empört über diesen Umstand. Symbolisch wird der Zeigefinger erhoben und bemerkt:

> »Wir haben hier (...) Feiglinge gezüchtet oder Leute, die sich für nichts mehr interessieren, außer für ihre eigenen Geschichten.«

Gleichgültigkeit, Angst und Bequemlichkeit werden als Motive dafür ausgemacht, daß viele Menschen in entsprechenden Situationen schweigen und so tun, als ginge sie das, was sie da sehen, nichts an. Selbst bei ganz alltäglichen Ärgernissen wird dieses Verhaltensmuster beobachtet. So wird von Hundebesitzern berichtet, die es zulassen, daß ihre Tiere den Bürgersteig verunreinigen. Auch in solchen Fällen, das wird kritisiert, fehlt es an Courage:

> »Alle regen sich darüber auf, aber keiner sagt dann mal: ›Willst du das nicht wegmachen?‹ Und die Leute (...) haben alle die Intention, bloß keinen Ärger einfangen. Lieber dreh' ich mich um und tu so, als hätte ich das nicht gesehen.«

Die Gesprächsteilnehmer beschreiben von ihnen erlebte Mißstände des sozialen Miteinanders. Sie empören sich über das uncouragierte, bequeme Verhalten der Leute bzw. der Menschen, und es klingt dabei so, als hätten sie mit dieser Gruppe nichts zu tun. In der benannten Kritik schwingt jedoch auch das Ideal mit, couragiert einzugreifen. Würde man sich selbst in die Kritik mit einbeziehen und ein solches Verhalten auch als Verhalten, das man von sich selbst kennt, identifizieren, dann wäre man ebenfalls in der Pflicht und müßte sich u. U. fragen (lassen), wie es denn bei einem selbst um die erwünschte und eingeforderte Zivilcourage bestellt ist.

Herr Fischer kommt schließlich auf die Gelben Säcke[2] zu sprechen und macht seinem Ärger darüber Luft, daß diese so häufig mißbraucht würden, beispielsweise um benutzte Kinderwindeln zu entsorgen. Er erzählt, daß die Säcke häufig aufgehen und dann der ganze Müll vor seinem Geschäft liege und von ihm beseitigt werden müsse. Herr Fischer erlebt dies als eine Zumutung. Für ihn ist es eine Form der Gewalt, auf die er dann mit Gegengewalt reagiere:

> »Wenn ich dann (ins Geschäft, A.S.) komme und sehe schon drei beschissene Kinderwindeln vor meinem Laden liegen, dann werde ich zum Elch. Ich weiß, wem das gehört. Ich hab denen schon mal so eine Windel in den Briefkasten geschoben (Gelächter) und fertig, nicht. Das ist 'ne Form von Gegengewalt, aber die Leute lernen daraus.«

Etwas später korrigiert sich Herr Fischer:

> »Die haben leider daraus nicht gelernt. Also irgendwie passiert das immer wieder.«

Die Gelben Säcke sind für viele Bürgerinnen und Bürger allein schon optisch ein Stein des Anstoßes: Unrat stapelt sich – mehr oder weniger sichtbar – auf Gehwegen und an Straßenrändern. Uns scheint es so, daß die Gelben Säcke

2 Beim »Gelben Sack« handelt es sich um einen transparenten, hellgelben Plastiksack, in dem die in den Haushalten anfallenden Wertstoffabfälle gesammelt werden.

häufig als eine Metapher für den drohenden Niedergang eines Stadtteils und für die Fragilität geordneter Verhältnisse erlebt werden[3]. Fäkalien, die einem – wenn auch unbeabsichtigt – buchstäblich vor die Nase gesetzt bzw. vor die Tür gelegt werden, sind eine Zumutung, die einen »zum Tier« werden und damit selbst von gesellschaftlicher Etikette Abstand nehmen lassen. Herr Fischer ahnt, daß seine Form der »Gegenwehr« hoch aggressiv ist. Er legitimiert sie mit einem pädagogischen Motiv: Dadurch, daß den Nachbarn ihr Fehlverhalten buchstäblich unter die Nase gerieben wird, sollen sie künftig davon abgehalten werden. Herr Fischers Maßnahme geht jedoch über ein »Wie-du-mir,-so-ich-Dir« hinaus. Sie befördert unbemerkt eine Eskalation, eine Logik, die in die genannte Redewendung übersetzt lauten könnte: »Wie-du-mir,-so-ich-dir-erst-recht«. Bemerkenswert ist auch, daß der geschilderte Konflikt ohne Worte, sprich ohne eine Beziehungsaufnahme ausgetragen und fortgeführt wird. Herr Fischer glaubt die Übeltäter zu kennen und verläßt sich bei seiner Bestrafungsmaßnahme auf diese Annahme. Er spricht die Betreffenden nicht an, sondern teilt seinen Ärger auf eine Weise mit, bei der er als Person nicht identifizierbar ist und damit auch die Position geschützter Anonymität nicht verlassen muß. Dieser Umstand ist nicht zuletzt deshalb interessant, weil wenige Minuten zuvor einhellig ein Verhalten kritisiert wurde, das eine offene Auseinandersetzung zu vermeiden versucht, sei es um potentiellen Streit zu verhindern, sei es, um einen trügerischen Frieden aufrecht zu erhalten. Herrn Fischer scheint dieser Widerspruch jedoch gar nicht aufzufallen. Er identifiziert sein Verhalten scheinbar nicht als eines, das eine offene Auseinandersetzung umgeht.

Im Gespräch wird nun die These vertreten, daß sich eben keiner (mehr) traue, einen anderen im Hinblick auf Differenzen offen anzusprechen. Ein Gesprächsteilnehmer – Herr Delbrück – bemerkt:

> »Wir haben alle ein Unsicherheitsgefühl, überhaupt einen anderen Menschen noch anzusprechen.«

Er nennt hierfür zwei Gründe: Die Angst vor einer »dummen«, sprich frechen Antwort sowie die Angst vor »Repressalien«, womit aggressive, gewaltförmige Reaktionsweisen gemeint sind. Mit solchen müsse man rechnen, da – so eine in der Diskussion vertretene Annahme – »die Hemmschwelle immer niedriger wird.«

---

[3] »Dann türmt sich da ein Müllberg auf, der wird dann durch den Wind über den Stadtteil verteilt und das sieht aus wie Schwein. Da kommen Ratten und da kommt alles mögliche noch hin.«

An diesem Punkt der Diskussion wird auch die eigene Unsicherheit und Angst zum Thema, die einen daran hindert, Konflikte einzugehen. Die Sorge, daß eine verbale Auseinandersetzung eskalieren und körperliche Gewalt nach sich ziehen könnte, läßt einen davon Abstand nehmen. Die Übernahme und Antizipation der weitverbreiteten und zugleich schwer überprüfbaren Annahme, daß sich gewalttätiges Verhalten nämlich zunehmend ungehemmt entlade, wird hierbei im Sinne eines Unsicherheitsproduzenten und -verstärkers wirksam[4].

Nirgendwo ist man sicher ...

Die persönliche Einschätzung der eigenen Sicherheit im Stadtteil fällt sehr unterschiedlich aus. Ein Gesprächsteilnehmer äußert sich folgendermaßen:

> »Also ich fühle mich in meinem Stadtteil nicht unsicherer als irgendwo anders.«

Ein anderer Gesprächsteilnehmer kommt zu einer weitaus drastischeren Einschätzung:

> »Es gibt kaum noch eine Ecke, wo man sagen kann, wir sind ziemlich in Sicherheit. Also ist die Bedrohung stetig und das Unsicherheitsgefühl ist auch irgendwo immer da.«

Derselbe Gesprächsteilnehmer erläutert dann, was in ihm vorgeht, wenn er sich im Stadtteil bewegt. Er schildert, was bei ihm ein Gefühl der Unsicherheit und des Bedrohtseins hervorruft und wie er mit diesem umgeht:

> »Wenn ich über die Straße gehe, ich sehe da ein, zwei Leute, die mir optisch schon mal nicht gefallen, werde ich schon mal unsicher. Entweder ich meide den Weg oder ich geh mit einem ganz gemischten Gefühl da durch. Bedrohung kann ich überall erfahren.«

Herr Delbrücks Schilderung macht deutlich, welche große Bedeutung gerade auch der persönlichen Wahrnehmung und Einschätzung einer Situation oder eines Gegenübers für das eigene Sicherheits- bzw. Unsicherheitsgefühl im öffentlichen Raum zukommt. Menschen mit einem bestimmten Aussehen oder einer bestimmten Ausstrahlung (die von ihm jedoch nicht näher

---

[4] Ein dem sozialwissenschaftlichen Diskurs entlehntes Theorem kann somit – unabhängig von der Frage, ob es zutreffend ist oder nicht – auch gesellschaftliche Realität konstituieren (vgl. Giddens 1995).

beschrieben werden) signalisieren Herrn Delbrück Gefahr und lassen ein Gefühl der Verunsicherung und Angst entstehen. Die subjektive Dimension, die hierin auch enthalten ist, ist für Herrn Delbrück im weiteren jedoch nicht mehr erfahrbar, sie wird objektiviert. Aus dem Gefühl des Bedrohtseins – das begründet sein kann oder auch nicht – wird ein faktisches, objektives Sicherheitsproblem:

> »Es gibt kaum noch eine Ecke, wo man sagen kann, wir sind ziemlich in Sicherheit. Also ist die Bedrohung stetig.«

In dem Gespräch sind besonders Gewalterfahrungen Thema, von denen man gehört hat, die andere gemacht haben. »Nur« in einem Fall wird eine Situation geschildert, die so eskalierte, daß ein männlicher Gesprächsteilnehmer körperlicher Gewalt ausgesetzt war[5]. Gleichwohl wird von einer Mehrheit ein Gefühl des Bedrohtseins und damit zusammenhängend auch der Unsicherheit geäußert. »Man muß aufpassen« – so ein Topos – und eben damit rechnen, verbal oder körperlich »angegangen« zu werden. Diese Einschätzung ist für die Gesprächsteilnehmer nur sehr begrenzt an konkreten Erfahrungen festzumachen. Darüber hinaus scheint das, was gefürchtet wird, schwer zu fassen zu sein. Es läßt sich am besten als ein allgemeines Unsicherheitsgefühl beschreiben. Eine Gefahr, die schwer zu verorten, zu greifen und einzuschätzen ist, läßt sich nicht eingrenzen. Sie bekommt etwas Grenzenloses und damit Allgegenwärtiges, das immer zuschlagen kann. Gerade das läßt sie so unheimlich und bedrohlich werden und macht Strategien der Versicherung bzw. des Sich-zur-Wehr-Setzens so schwierig.

Es wird die Auffassung geäußert, daß die Gewalt, von der man sich umgeben und bedroht fühlt, »unterschwellig« vorhanden ist. Sichtbar ist gewissermaßen nur die Spitze des Eisbergs, d. h. der Teil, der oberhalb der Wasseroberfläche liegt. Unter der Wasseroberfläche jedoch, der unmittelbaren Wahrnehmung entzogen, verbirgt sich sein eigentliches Ausmaß. In dieser Metapher ist das Verhältnis von dem Vorhandensein und der Erfahrbarkeit von Gewalt angesprochen. Für die Unvermitteltheit der Bedrohung bietet sich ein anderes Bild an: Im Gespräch schwingt ein Entwurf gesellschaftlicher Realität mit, der an einen aktiven Vulkan denken läßt. Auch er kann sich trügerisch still

[5] Der Gesprächsteilnehmer erzählt, daß seine Kinder Silvester »angemacht« wurden und daß ihnen zudem ihr »Knallzeug« weggenommen worden sei. Er als Vater schritt daraufhin ein (»hier komm her mein lieber Freud, so nicht«), woraufhin ihm zwei Größere »einfach eine auf die Schnauze gehauen» hätten.

verhalten, was jedoch nicht ausschließt, daß es im Inneren »brodelt« und schließlich zu einem Ausbruch kommt, der seine zerstörerische Kraft offenbart.

Im Gespräch wird eine mögliche Differenz von realer Bedrohung und dem Gefühl des Bedrohtseins thematisiert. Dies geschieht allerdings, indem man sich auf eine Bevölkerungsgruppe bezieht, deren Lebensrealität sich von der eigenen deutlich unterscheidet. Das Gespräch kommt auf ältere Frauen, die sich z. T. im Dunkeln nicht mehr aus dem Haus trauen würden. Zu diesem Umstand wird sich auch folgendermaßen geäußert:

> »Wobei man da auch sagen muß, diese Angst beruht nicht auf eigenen Erfahrungen (...), sondern das ist so 'ne Geschichte, die sich irgendwann mal rumgesprochen hat. ›Hier kannst Du ja gar nicht mehr rausgehen, wenn es dunkel ist.‹«

Diese Einschätzung erfährt auch Widerspruch. Es wird auf Vorfälle verwiesen, die älteren Menschen Anlaß zur Sorge geben können, aber auch auf die medienwirksame Darstellung von Gewalttaten, die ihrerseits eine Wirkung entfaltet. Gleichwohl wird »alten Damen« eine gewisse Überängstlichkeit attestiert, von der man sich auch abgrenzt:

> Herr Behrens: »So 'ne kleine Zeitungsmeldung kann ja erstmal schon für die nächsten fünf Tage Panik auslösen, weil wieder irgend jemand überfallen worden ist.«
>
> Herr Seitz: »Man projiziert das riesengroß, das hat mit der Realität nicht viel zu tun.«

In welchem Verhältnis konkrete Vorkommnisse und das, »was man so Erschreckendes hört«, stehen, wird nicht weiter diskutiert. Es wird festgestellt, daß sich diese Aspekte mischen, wobei dann noch die Persönlichkeit des einzelnen eine Rolle spiele. Mit der Bemerkung, daß man hier noch nichts Genaueres wisse und also nur spekuliere, wird dieses Thema verlassen. Eine Diskussion darüber, was das am Beispiel der älteren Frauen Ausgeführte für ihre eigenen Unsicherheitsgefühle implizieren könnte, findet nicht statt.

Früher gab es so etwas nicht ...

Im Laufe des Gesprächs werden Vergleiche gezogen: Konnte man sich früher sicherer fühlen, war die Gefahr eines Übergriffs geringer? Hierzu zwei charakteristische Äußerungen:

> Herr Koop: »Früher gab es so 'was nicht (...), da hatten wir noch alle Ehrfurcht.«
>
> Herr Delbrück: »Wie ich mir die Sicherheit vorstelle? Ja, ich kann es nicht sagen, dann

müßte man die Zeit zurückdrehen, wo der Polizist noch Polizist war, wo man noch sagte: ›Oh, der Herr Schutzmann kommt.‹«

»Früher«, so klingt es hier an, konnte man sich sicherer fühlen. Respekt und Angst hätten dafür gesorgt, daß zivile Umgangsformen eingehalten worden wären. Der »Herr Schutzmann« ist eine Figur, der Respekt gezollt wurde. Er wird als eine väterliche Autorität vorgestellt, der man mit Furcht begegnet, die zugleich aber auch das Gefühl des Beschütztwerdens vermittelt. Die genannten Äußerungen wirken etwas nostalgisch und der »Herr Schutzmann« läßt eher an ein Kinderbuch, als an eine Realitätsbeschreibung denken. Es ist deshalb zu vermuten, daß sich in den genannten Äußerungen auch Wünsche artikulieren. Um sich auf eine andere, bessere Realität – eine Gegenwelt – beziehen zu können, wird die Vergangenheit idealisiert.

Die Frage, ob und was sich im Vergleich zu »früher« verändert habe, beschäftigt die Gesprächsteilnehmer. Als das diffuse »früher« auf die Erfahrungen hin konkretisiert wird, die sie als Kinder im Bremer Westen gemacht haben, verändert sich die Perspektive. Erinnerungen, daß auch damals schon bestimmte Örtlichkeiten mit Vorsicht zu genießen waren, werden wach:
»Ja, das war immer schon so, da konnten wir als Kinder schon kaum vorbeigehen, ohne da von irgendwelchen Rüpeln angemacht zu werden.«

Ein Gesprächsteilnehmer wirft ein:

»Früher war das hier der Wilde Westen.«

Der »Wilde Westen«, das machen die anschließenden Schilderungen deutlich, zeichnete sich auch dadurch aus, daß es bedrohliche Situationen und »Ecken« gab, mit denen es umzugehen galt. Der »Wilde Westen« hat aber auch etwas zu bieten. Er symbolisiert aufregendes Neuland, Herausforderung und Abenteuer. Seine potentiell bedrohlichen Aspekte scheinen zudem auch anders erlebt worden zu sein als Vergleichbares der Gegenwart. So erzählt Herr Koop von einem zum Hafen führenden Tunnel, der »die Stelle der Gewalt« gewesen sei. Er beschreibt, wie sie als Kinder mit dem als bedrohlich wahrgenommenen Tunnel umgegangen sind:

»Da wurde vorne Anlauf genommen und denn einmal die zweihundert Meter durch.«

In Herrn Koops Beschreibung klingt nicht nur Angst, sondern auch Spannung, Faszination und Abenteuer an:

»Ich bin (...) da unten (am Hafen, A.S.) aufgewachsen und das war super.«

Bedauern schwingt mit, als er fortfährt: Heute sei hier vergleichsweise gar nichts mehr los.

Die »Ecken«, die einem als Kind Angst machten, waren zugleich anziehend und faszinierend. Sie wurden in Kinderspiele eingebunden, in denen – so klingt es auch in der folgenden Äußerung an – dem Umgang mit der Angst auch eine lustvolle Seite zukam:

> »Aber früher hatten wir eine Meile, die unten am Hafen war, wenn du da hingekommen bist, wie in St. Pauli, mußtest du vorsichtig sein.«

Die Möglichkeit, daß sich auch in einem selbst etwas verändert hat, daß man heute als älterer, erwachsener Mensch bestimmte Örtlichkeiten und Situationen anders erlebt, daß man – zugespitzt – möglicherweise ängstlicher geworden ist, wird auch im weiteren Gespräch nicht mehr aufgegriffen. Besonders einem Gesprächsteilnehmer ist es wichtig, eine objektive Differenz von früher zu heute aufzeigen zu können. Er billigt zu, daß es auch früher schon »diese Ecken« gegeben habe, nur, »das wußte man«. Seiner Auffassung nach seien bedrohliche Situationen früher auf bestimmte Örtlichkeiten eingrenzbar gewesen:

> »Man konnte sie umgehen, man konnte woanders hingehen, und dann hat man da also zu 90 % seine Ruhe gehabt.«

Heute hingegen, so seine Wahrnehmung, lauere die Gefahr überall. Das impliziert auch, daß man ständig auf der Hut sein muß:

> »Aber das (seine Ruhe, A.S.) hat man heutzutage ja nicht mehr. Heutzutage muß man überall damit rechnen, daß man irgendwo angemacht wird, überfallen wird oder sonstwie.«

Ein anderer Gesprächsteilnehmer ergänzt:

> »Oder einfach zusammengeschlagen wird.«

Die genannte Einschätzung bleibt unwidersprochen. Das Gefühl der Bedrohung und Unsicherheit wird als eine angemessene, emotionale Antwort auf die objektiven Verhältnisse verstanden. Innere und äußere Realität werden hier scheinbar gleichgesetzt: Ich fühle mich bedroht, also werde ich bedroht. Oder umgekehrt: Da ich in Gefahr bin, fühle ich mich unsicher und habe Angst. Diese Perspektive durchzieht bis auf eine Ausnahme das Gruppengespräch. Am Ende des Gesprächs wird von einer Teilnehmerin die Einschätzung der eigenen Sicherheit nicht nur mit der äußeren, sondern auch mit der inneren Realität in einen Zusammenhang gebracht. Frau Binz beschreibt, daß ihr Sicherheitsgefühl nicht zuletzt auch davon abhängig ist, wie sie sich fühlt:

»Ich kann das gar nicht so generell sagen (wie sicher ich bin, A.S.). Das ist wieder auch wohl 'ne Sache, wie man sich grade persönlich fühlt. Manchmal ist man gut drauf und fühlt sich stark. Dann gehe ich auch nachts alleine. (...) Also, ich kann das gar nicht so generell sagen.«

Es ist schwer, sich zu schützen ...

In der Diskussion wird von zahlreichen Diebstählen berichtet, mit denen die einzelnen immer wieder konfrontiert sind. Thema sind hierbei in besonderer Weise Kindergruppen, die gemeinsam stehlen gingen. Die Gesprächsteilnehmer erzählen, daß sich scheinbar niemand um diese Kinder kümmert und daß es so aussähe, als blieben sie sich weitestgehend selbst überlassen. Das würde beispielsweise daran deutlich, daß sie auch im Winter schon barfuß unterwegs gewesen seien. In der Diskussion wird hiermit ein Problem angesprochen, das für die Anwesenden mit verschiedenen Konflikten verbunden ist[6]. Die Kinder, die z. T. aus Ländern kommen, die in Bürgerkriege verstrickt sind, tun ihnen leid, schädigen sie aber auch. Die Gesprächsteilnehmer haben das Gefühl, daß sie sich kaum gegen die Diebstähle wehren können.

Herr Seitz: »Ich fühle mich schon bedroht, wenn die zu fünft im Laden sind und überall. Die sind grenzenlos.«

Die Kindergruppen werden als Banden, als ein nicht zu kontrollierendes Gefüge erlebt, das in der Übermacht ist, sich blitzschnell im Geschäft verteilt und es gewissermaßen einnimmt.

Herr Fischer: »Die können sie gar nicht greifen, wie die Wiesel, die waren überall.«

Er wird mit folgender Äußerung bestätigt:

»Die kommen dann mit so Horden, das ist wahnsinnig schnell.«

Die betreffenden Kinder werden als so geschickt erlebt, daß man die von ihnen begangenen Diebstähle kaum verhindern könne: »Normaler Schwund«,

---

6 Unsere Gesprächspartner zögerten, uns dieses Problem zu schildern. Sie hatten Sorge, daß Sie mißverstanden, als ausländerfeindlich angesehen und dadurch diskreditiert werden könnten.

kommentiert ein Gesprächsteilnehmer halb scherzhaft, halb resigniert. Auch habe man Angst, sich mit den Kindern anzulegen. Es wird befürchtet, daß sie sich mittels älterer Familienangehöriger »rächen« könnten:

> »Und wenn man da nicht aufpaßt (...), die kommen sofort mit dem Rest der Familie wieder.«

Die Kinder werden als mächtig erlebt, da sie in familiäre Zusammenhänge eingebunden zu sein scheinen, die sie (be)schützen. Diese hinter den Kindern stehende »Macht« zeichnet sich ebenfalls dadurch aus, daß sie nicht unmittelbar in Erscheinung tritt, gleichwohl aber da ist und gegebenenfalls »zuschlagen« kann. Der Umstand, daß man es hier – und in vielen anderen Situationen – mit einem »Gegner« zu tun zu haben scheint, der im Verborgenen bleibt, befördert Angst und das Gefühl, ohnmächtig zu sein. Ohnmachtsgefühle und Resignation werden im Gespräch immer wieder spürbar. Es werden wenig greifbare Möglichkeiten gesehen, wie man sich beispielsweise gegen die geschilderten Diebstähle oder gegen andere Zumutungen wehren bzw. sich vor ihnen schützen kann. So wird von Delikten erzählt, bei denen die Akteure bekannt sind. Auch hier gilt jedoch: *»Aber man kann nichts dagegen machen.«*

Die Strategien, die in diesem Zusammenhang entwickelt werden, um sich zu schützen, sind vor allem defensiv. So erzählen die Gesprächsteilnehmer, daß sie sich »verbunkern«, d. h. das Geschäft beispielsweise mit Stahl-Rolläden sichern. »Das sieht dann bald wie in Istanbul oder London aus«, bemerkt ein Diskussionsteilnehmer. Nicht die Ästhetik ist hierbei jedoch das zentrale Problem (»da sieht man abends nur Gitter, man fährt da nur vor Stahlrollgitter«), sondern das, was eine solche »Verbunkerung« signalisiert oder widerspiegelt. Gefahr und Niedergang wären hier Stichworte.

Neben dem Sichern und Abschließen wird jedoch auch auf »Verteidigungswaffen« zurückgegriffen. So erzählt Herr Delbrück:

> »Sicherheit für mich im weitesten Sinne heißt, das Ladengeschäft, den Wohnbereich, das Wohnhaus mit Rolläden zu sichern, mit Zäunen abzuschließen, mit Alarmanlagen sichern. Wenn ich irgendwo hingehe, möglichst nicht alleine, möglichst in Gruppen, möglichst gesichert durch 'ne Waffe oder irgendeinem anderen Schlagwerkzeug. Sonst könnte ich Gefahr laufen, irgendwie angegriffen zu werden oder um mein leibliches Wohl bangen zu müssen.«

Gegenwehr ...

Alles gefallen lassen möchte man sich nicht. Neben dem Gefühl von Ohnmacht und Ausgeliefertsein, werden auch Positionen der Stärke vorgestellt:

»Ich möchte nicht da einen bei erwischen, daß er irgendwas macht. Das könnte für den arg werden.«

Mit diesem Beitrag wird eine Diskussion darüber begonnen, ob Gegengewalt sinnvoll ist. Ein Gesprächsteilnehmer entgegnet:

»Also, ich fühle mich in meinem Stadtteil nicht unsicherer als irgendwo anders (...). Die Situation an sich geht in Richtung Bedrohung. Das ist die gesellschaftliche Entwicklung, die da hingeht (...). Und ich schütz' mich auch nicht besonders. Ich versuche halt dadurch, daß ich im Stadtteil politisch tätig bin, also dem entgegen zu wirken. Daß man politisch vielleicht Veränderungen herbeiführt, um die Situation in den Griff zu kriegen.«

Er spricht dafür, »nicht immer gleich zuzulangen«, sondern miteinander zu reden. Gewalt, das wäre kein Mittel, um sich zu verständigen.

Ein anderer Gesprächsteilnehmer entgegnet, daß solche gewaltförmigen Maßnahmen aber wirkungsvoll seien:

»Also ich kann nur sagen, daß die, die nachts bei uns oder bei den Nachbarn geklaut haben, und die ich erwischt habe, die sind nicht wiedergekommen.«

Auf diese Äußerung hin bemerkt Herr Koop:

»Ich bin's überhaupt nicht gewöhnt, mich zu prügeln. Ich muß sagen, ich hab' mir inzwischen auch einen Baseballschläger angeschafft, der hinterm Tresen steht. Aber ich hoffe, das ist 'ne Fehlinvestition, ich muß ihn nie benutzen.«

Diese Äußerung erfährt ein großes Echo. Es wird deutlich, daß Herr Koop nicht der einzige ist, der sich Verteidigungswaffen zugelegt hat. Wie er, hoffen auch andere, nie davon Gebrauch machen zu müssen. Ob dieser Wunsch realisiert werden kann, darüber werden jedoch Zweifel laut. An dieser Stelle des Gesprächs bricht Ärger und Empörung aus einem Gesprächsteilnehmer heraus. Er erzählt von Drogenabhängigen, die sich in der Straße, in der er lebt, in einer Weise, durch die er sich provoziert und belästigt fühlt, benehmen. Er ist es leid, dies nur hinzunehmen. Herr Delbrück fühlt sich hilflos und ohnmächtig. Er sieht sich alleine einer Gruppe, die auch große Hunde mit sich führt, nicht gewachsen. Wütend schimpft er:

»Da kann man doch nur noch hingehen mit mehreren und denen so eine auf die Glocke hauen, daß die nie wiederkommen. Daß sie wissen, bis dahin darf ich, und weiter darf ich nicht. Anders geht's doch nicht. Wie will man die anders belehren?«

Die anderen Gesprächsteilnehmer distanzieren sich von diesen Überlegungen. Sie lassen sich nicht von der Erregtheit Herrn Delbrücks mitreißen und machen deutlich, daß sie die Anwendung von Gewalt für nicht sinnvoll halten. Die Gesprächssequenz endet mit folgendem Dialog:

Herr Seitz: »Ja, mit dem Zulangen, das ist keine Problemlösung.«

Herr Koop: »Das hat wahrscheinlich nur 'ne Eskalation zur Folge.«

Herr Delbrück: »Soll ich mir denn alles gefallen lassen? (...) Irgendwo hört's doch auf.«

Zu einem späteren Zeitpunkt – Herr Delbrück ist bereits gegangen – kommt das Gespräch wieder auf das Thema der »Gegengewalt« zurück. Herr Seitz warnt vor »Bürgerwehren«, deren Bildung schon im Vorfeld zu verhindern sei. Hier müsse etwas getan werden, »bevor sich da irgendwelche ›braven Bürger‹ zu irgendwelchen Aktionen zusammenschließen und dann hier durchs Viertel ziehen.« Herr Seitz befürchtet eine solche Entwicklung. Er sieht hier eine Gefahr, die von einer, im bisherigen Gespräch eher auf der Opferseite verorteten Bevölkerungsgruppe ausgeht. Den ironisch als »brave« Bürger Bezeichneten wird offensichtlich auch eine ganz andere, gar nicht harmlose Seite zugetraut. In der Formulierung, daß diese dann »durchs Viertel ziehen«, klingt an, daß denjenigen, die sich zusammengeschlossen haben, um potentiellen Übergriffen etwas entgegenzusetzen, selbst etwas Gewaltförmiges anhaftet. Ihr Zusammenschluß nimmt den Charakter einer Bandenbildung an. Es werden verschiedene Anzeichen wahrgenommen, die eine mögliche Bildung von Bürgerwehren befürchten lassen. So wird eine »verbale Radikalisierung« beobachtet, die sich beispielsweise zeige, wenn Kunden erregt und erbost von all dem erzählen, was sie »nervt«:

> »Das ist so 'ne Stammtischluft, die biergeschwängert und rauchgeschwängert ist und da mischt sich so 'n, so 'n, so 'n brauner Brei irgendwie zusammen und da hab ich schon Angst vor, daß sich das wirklich irgendwann wieder formiert.«

Es wird befürchtet, daß sich »normale Mitbürger (...) hinreißen lassen« könnten, bei einer Bürgerwehr mitzuwirken. »Jetzt wird für Ruhe gesorgt und wenn es mit Gewalt ist«, kommentiert ein Gesprächsteilnehmer.

Die Gesprächsteilnehmer sprechen von einem »latenten Gewaltpotential«, das ihrer Einschätzung zufolge auch bei ganz normalen Bürgerinnen und Bürgern vorhanden ist. Gruppenbildungen und Gruppenprozesse könnten dazu beitragen, daß dieses zum Ausbruch komme:

> »Also wenn sich so 'ne Bürgerwehr bildet (...), da hat einfach irgendeiner so den Anstoß gegeben und die anderen laufen dann mit und steigern sich und puschen sich gegenseitig hoch.«

Habe sich erst einmal eine solche Gruppe zusammengeschlossen, dann sei damit zu rechnen, daß auch hier die Hemmschwelle geringer würde und es dazu komme, »daß diese Gewalt nicht nur mehr verbal ist, sondern dann auch wirklich richtig zum Ausbruch kommt.«

Es wird erzählt, daß es bereits einige Straßen gäbe, wo sich Bürger zusammengeschlossen und eine Art Wehr aufgestellt hätten. Was diese erreichen kann und wie hierdurch die objektive Sicherheit erhöht werden kann, bleibt unklar[7]. Möglicherweise hat ein solcher Zusammenschluß jedoch nur vordergründig dieses Ziel. Ihm kommt vor allem eine psychische Funktion zu: Die Stärkung des Sicherheitsgefühls. In dem Gruppengespräch drückt sich immer wieder das Gefühl aus, auf sich gestellt zu sein. Daß andere einem helfen, darauf kann man nicht setzen. Als einzelner sieht man sich mit einer bedrohlichen Übermacht konfrontiert, die sich durch Zusammenschluß und Zusammenhalt auszeichnet und dadurch ihre Stärke gewinnt. Der Umstand, daß beispielsweise die Kinder in einer Gruppe agieren, sowie die Vermutung, daß diese durch ältere, stärkere Familienmitglieder »geschützt« werden, verleiht ihnen Macht und begründet umgekehrt das Gefühl, ohnmächtig zu sein. An dieser Stelle des Gesprächs wird noch einmal betont:

> »Da ist auch ein anderes Zusammengehörigkeitsgefühl.«

Möglicherweise teilen nicht nur unsere Gesprächsteilnehmer diesen Eindruck. Nicht familiärer, sondern nachbarschaftlicher Zusammenschluß soll das Gefühl der Vereinzelung aufheben und damit auch das eigene Sicherheitsgefühl stärken:

> »Die haben das intern so geregelt, wie sie sich verständigen können (›Telefonkette oder irgendwie so 'was‹, kommentiert ein anderer Gesprächsteilnehmer) und dann sind die also, wirklich straßenweise stehen die auf.«

Das Thema Bürgerwehr bzw. die Äußerung, daß solche auch als Bedrohung erlebt werden, kommt erst zur Sprache als Herr Delbrück schon gegangen ist. Nachdem noch einmal unterstrichen wurde, daß bei so manchem Bürger die Bereitschaft zu gewaltförmigem Verhalten vorhanden sei, wird es mit folgender Gesprächspassage abgeschlossen:

> Herr Seitz: »Ja, ich denke gerade, was Herr Delbrück erzählt hat, da würde so 'ne Bürgerwehr wahrscheinlich aufstehen.«

---

[7] Verschiedene Untersuchungen verweisen darauf, daß Unsicherheit auch durch das Gefühl der Hilflosigkeit sowie der Vereinzelung genährt wird. Ein Zusammenschluß potentiell Betroffener, wie auch ein Erschließen sinnvoller Maßnahmen gestalten sich in diesem Zusammenhang jedoch schwierig: »Erfahrungen von Kriminalität werden individualisiert verarbeitet. (...) Diese Erfahrungen passieren zu selten und zu unvorhersehbar, als daß man gemeinsam etwas tun könnte. Auch bei disorder-Problemen und Alltagsirritationen fehlt – im Unterschied etwa zu Großbauprojekten, die von einer Initiative abgelehnt werden – oft die gemeinsame Betroffenheit, die gemeinsame zeitliche und örtliche Problemdefinition« (vgl. Institut für Rechts- und Kriminalsoziologie 1995, S. 18).

Herr Koop: »Sind auf dem besten Weg dazu.«

Herr Seitz: »Genau, darum hab ich das auch erst gesagt, als er weg war.«

Dieser Dialog schlägt einen Bogen zu dem Beginn des Gespräches. Die Schwierigkeit, etwas, das einem aufstößt, anzusprechen, das Wagnis, einen offenen Konflikt einzugehen, indem man Position bezieht, zeigt sich auch in dieser Gruppe. Auch wir, die Interviewer, spielen mit und fragen nicht nach, was die Gesprächsteilnehmer denn davon abhielt, Herrn Delbrück anzusprechen. Das Geschehen bestätigt den Kernsatz, mit dem diese Gesprächsauswertung überschrieben ist. Auch in diesem Gespräch gilt: Sich »bloß keinen Ärger einfangen« ...

Und irgendwann sagt der Deckel »tschüß« ...

Am Ende des Gesprächs wird sich noch einmal auf den Beginn der Diskussion bezogen. Die These, daß jeder bestrebt sei, offene Konflikte zu vermeiden, wird aufgegriffen und bestätigt. Mit Problemen, die auch zwischenmenschlich gelöst werden könnten, werde zumeist so umgegangen, daß diese an offizielle Stellen delegiert würden, die diese dann klären und austragen sollen. Die Gesprächsteilnehmer kritisieren diese Art des Umgangs mit Konflikten. Sie vermuten, daß hierdurch eine bestimmte Haltung befördert worden sei: Verantwortung für die eigenen Belange werde vom einzelnen zunehmend weniger übernommen und stattdessen einfach an staatliche Institutionen abgegeben (»wir haben für alles irgendeine Behörde, die das dann regelt«). Zugleich – dieser Umstand macht die Sache doppelt prekär – ist jedoch auch das Vertrauen in die Regulationsfähigkeit staatlicher Institutionen erschüttert. Auch diese werden als ohnmächtig und hilflos, wenn nicht sogar als untätig erlebt. Den »Schutzmann« scheint es nicht (mehr) zu geben, die Institution Polizei wird nicht als etwas erlebt, auf das man sich verlassen kann. Wohlwollend wird kommentiert: »Die Jungs sind einfach überfordert.« Durch die Möglichkeit, Konflikte mittels Institutionen wie Polizei, Rechtsanwälte, Ämter usw. austragen zu lassen, verkümmere auch die Fähigkeit, miteinander zu sprechen:

> »Weil die Notwendigkeit, sich direkt mit dem anderen auseinanderzusetzen, nicht mehr besteht.«

Selbst den Nachbarn auf potentiell Konfliktträchtiges anzusprechen, würde immer schwerer fallen. Da es hierfür an Mut fehle, komme es zu prekären

Mechanismen: Der Ärger wächst und kommt irgendwann in geballter Form zum Ausdruck. Damit dies nicht geschieht, sei ein anderes Umgehen notwendig. Ein Gesprächsteilnehmer:

> »Sich nicht erst in Deckung begeben, bis dann der Topf überläuft.«

In dieser Äußerung werden zwei vordergründig widersprüchliche Vorgänge in einen Zusammenhang gebracht: Wer sich »in Deckung begibt«, versucht sich zu schützen. Hiermit ist ein defensives Vorgehen angesprochen, das einer weiteren Eskalation »ausweicht«. Das Bild des überlaufenden Topfes hingegen ist eine Metapher für eine Eskalation: Wenn kein Dampf abgelassen werden kann, dann kocht es irgendwann über. Es entsteht eine übermäßige Erhitzung (Wut, Ärger), die sich unkontrolliert entlädt und eben dadurch weiteren Schaden (im Sinne einer zunehmenden Eskalation) hervorruft. Das, was also durch defensives Verhalten vermieden werden soll, wird paradoxerweise genau durch dieses hervorgerufen. Plastisch wird dieser Vorgang auch in der folgenden Äußerung beschrieben:

> »Die Aggression kommt erst raus in dem Moment, die fressen alles in sich rein. Konflikte werden nicht gelöst, sondern die häufen sich an. Es wird ein immer größerer Berg, und irgendwann sagt der Deckel dann oben ›tschüß‹.«

In diesem Gespräch wird eine Lanze für die Zivilcourage gebrochen. Die Gesprächsteilnehmer sprechen sich dafür aus, über den privaten Raum hinaus Verantwortung zu übernehmen und einer »Kultur des Wegsehens« entgegenzutreten. Mehrfach wird auf die Notwendigkeit hingewiesen, gegebenenfalls das Wagnis eines offenen Konflikts einzugehen, es auszuhalten, sich dadurch eben auch einmal Ärger einzufangen. Hier zeigt sich auch ein Spezifikum dieses Gruppengespräches: In keiner anderen Gruppe, mit der wir bisher gesprochen hatten, wurde dieses Thema so ausführlich und leidenschaftlich diskutiert. Die an diesem Gespräch teilnehmenden Geschäftsleute haben eine Skepsis gegenüber behördlichen »Lösungen«. Von Zusammenschlüssen, die sich durch eine gewisse Gewaltförmigkeit auszeichnen, distanzieren sie sich. Sie appellieren gerade auch an den einzelnen, an seine Verantwortung und Möglichkeit, sich zu verhalten und etwas zu unternehmen. Im Gespräch wird deutlich, daß einem solchem Verhalten jedoch auch sehr viel Angst entgegensteht. Diese Angst basiert nicht auf eigenen (negativen) Erfahrungen. Sie fußt nicht zuletzt auf einer übernommenen gesellschaftlichen Diagnose, die von folgender Entwicklung ausgeht: Einer wachsenden Bereitschaft zu gewaltfömigen und gewalttätigen Verhaltensweisen bei gleichzeitiger Herabsetzung der Hemmschwellen. Im

Bewußtsein der Gesprächsteilnehmer existieren zwei Wirklichkeiten: Eine, die man tagtäglich erfährt, und eine andere, die dieser »hinterlegt« ist. Gerade auf diese »verborgene Wirklichkeit« beziehen sich viele Vorstellungen und Ängste, sie wird als von Gewalt durchtränkt vorgestellt. Der Umstand, daß die im Gespräch deutlich gewordene Diagnose einer unterschwelligen Gewalt bzw. Bedrohung und die persönliche Erfahrung dissoziert sind, macht sie so schwer überprüfbar und damit evtl. auch korrigierbar. In dem Gespräch äußert sich eine große Verunsicherung[8]. Das, was einen möglicherweise bedroht, ist nicht unmittelbar greifbar. Es zeigt sich nicht, bleibt zunächst verborgen. Es gilt die Gefahr einzuschätzen. Genau dies gestaltet sich jedoch schwierig: Je weniger es möglich ist, Ausmaß, Formen und Quellen einer möglichen Gefahr an der äußeren Realität festzumachen, umso stärker ist man auf die innere Realität verwiesen, auf Vorstellungen, Phantasien und Bilder der Innenwelt.

Die Gesprächsteilnehmer beschreiben, wie gerade der Versuch, Konflikte zu vermeiden, zu einer Eskalation führen kann: Aufgestauter Ärger, angesammelte Aggression lassen den einzelnen u. U. zu einem Pulverfaß werden, das durch einen Funken entflammt werden kann. Diesen inneren »Sprengstoff« kann man in sich selber wahrnehmen und vermutet ihn auch bei anderen. Wann und in welcher Weise es zu einer Explosion kommt (»irgendwann sagt der Deckel dann oben ›tschüß‹«) ist unklar. Klar hingegen ist:

> »Dann muß das ja raus, das geht ja nicht anders.«

Der Aggression, die sich so entlädt, haftet etwas sehr Gefährliches, da Unberechenbares an. Einem langen Zeitraum, innerhalb dessen man alles »in sich reingefressen«, sich beherrscht hat, scheint ein Moment gegenüberzustehen, indem womöglich alle (Selbst-)Kontrolle fahren gelassen wird. In einem solchen Moment – das ist u. U. zu befürchten – ist man nicht Herr im eigenen Hause, erkennt sich selbst nicht wieder:

> »Das ist glaube ich auch die Problematik, wo wir also im Moment diese Eskalationen haben, die in irgendeine ungezielte Richtung gehen. (...) Also ich bin schon oftmals in der

---

8 Das Gefühl der Unsicherheit und des Bedrohtseins läßt sich nicht auf kriminelle Delikte hin eingrenzen (»Kriminalitätsfurcht«). Auch in dieser Gruppendiskussion wird deutlich, daß Unsicherheit auch durch Alltagsirritationen erzeugt wird (sogenannte »Disorder-Probleme«), die unter der Schwelle krimineller Handlungen liegen. Als solche sind beispielsweise Belästigungen, Pöbeleien, Verwahrlosungsphänomene, unübliche/provokante Nutzung des öffentlichen Raums usw. anzusehen (vgl. hierzu auch Inst. f. Rechts- und Kriminalsoziologie 1995).

Situation gewesen, daß ich also hinterher gedacht hab': Mensch, (...) wie bist du da überhaupt hingekommen in diese Ecke.«

Zum Abschluß dieser Gesprächsauswertung möchte ich noch eine andere Ebene der in der Diskussion benannten Schwierigkeit, Konflikte einzugehen, beleuchten. Konfliktfähigkeit, wie sie im Gespräch verstanden wird, stellt enorme Ansprüche an die Beteiligten: Es gilt Ärger wahr- und ernst zu nehmen (versus Vermeidungsverhalten bzw. »schlucken«) und zugleich so viel Distanz zu bewahren, daß er in einer angemessenen Form geäußert werden kann (im Unterschied zu einem Angriff). Die im Gespräch benannte Unsicherheit »einen anderen überhaupt noch anzusprechen«, läßt sich nicht allein aus einer psychologischen Perspektive verstehen. Ein solches Unsicherheitsgefühl kann auch verstanden werden als individueller Niederschlag eines gesellschaftlichen Wandlungsprozesses. Die von Soziologen unter Stichworte wie »Freisetzung«, »Individualisierung und Flexibilisierung von Lebensstilen« oder »Pluralisierung von Lebenswelten« gefaßten Prozesse haben Konsequenzen für den einzelnen wie für das alltägliche, nachbarschaftliche Miteinander. Der öffentliche Raum wird – positiv ausgedrückt – bunter, die Dynamik (Zu- und Wegzüge) in einzelnen Stadtteilen größer. Wer sich im öffentlichen Raum bewegt, wird mit zahllosen anonymen Begegnungen konfrontiert, mit Menschen verschiedenster Herkunft, unterschiedlichster Lebensformen und Verhaltensweisen. Es ist zu vermuten, daß dieser Umstand nicht nur als eine Bereicherung erfahren wird, sondern auch Verunsicherung und Irritationen erzeugt: Fremdes und Unbekanntes zeichnet sich dadurch aus, daß man nicht weiß, mit wem/was man es zu tun hat.

Eine andere Ebene des oben Genannten: Es wird immer schwerer, sich auf etwas Drittes, auf allgemeingültige Regeln und Normen, auf verbindliche Standards zu beziehen. Bei nachbarschaftlichen Auseinandersetzungen oder auch bei potentiell konfliktträchtigen Begegnungen im öffentlichen Raum impliziert das, daß ein Verhalten, welches man selber als Regelverstoß erlebt (»das macht man nicht«), nicht notwendig als ein solcher geltend gemacht werden kann. Von einem Konsens kann hier nicht ausgegangen werden. Sich in eine Interaktion zu begeben, in der es auch um Aushandlungsprozesse, um ein anspruchsvolles Sich-Verständigen geht, ist weitaus riskanter als eine Auseinandersetzung, bei der man sich sicher wähnt, das Recht auf seiner Seite zu haben.

»In meinem Haus fühle ich mich wohl, aber in der Straße nicht mehr.«

Ein Gruppengespräch mit »alten Damen« aus dem Bremer Westen

Michael Exner

Alte Menschen sind in der Bevölkerung mit einem immer größer werdenden Anteil vertreten. Neben verschiedenen anderen Gruppen wollten wir deshalb auch ältere Menschen zu einem Gespräch über ihre Unsicherheitsgefühle und Sicherheitsbedürfnisse gewinnen. Die ängstliche bzw. energische »Oma«, der die Handtasche gestohlen wird, ist ein in den Medien oft in verharmlosender oder ironisierender Form gebrauchter Topos. Allgemein gelten alte Menschen als mit besonders ausgeprägten Unsicherheitsgefühlen belastet. Wie sich dieses Thema eigentlich für diese Gruppe selbst darstellt, war für uns von großem Interesse.

Um ein Gruppengespräch mit alten Menschen führen zu können, kamen wir auf die Idee, uns an eine Altengruppe einer Kirchengemeinde des Bremer Westens zu wenden. Der Gruppenleiter lud uns ein, unser Anliegen auf einem der Alten-Nachmittage vorzustellen. Die Gruppe besteht aus 30 bis 40 Frauen, die sich einmal in der Woche treffen. Die Damen, die sich selbst ganz bewußt als »Alte« bezeichnen, sind zwischen 70 und fast 100 (!) Jahren alt. Für die Alten-Nachmittage hat sich ein Wechsel eingespielt. In der einen Woche steht ein reiner Kaffeeklatsch, in der darauf folgenden ein bestimmtes Thema auf dem Programm.

Als wir an einem der Nachmittage unseren Wunsch äußerten, ein Gespräch mit ihnen zum oben genannten Thema zu führen, meldete sich keine der alten Damen, um daran teilzunehmen. Scheinbar konnte oder wollte niemand sich dazu entscheiden, mit uns zu sprechen. Wir hatten das Gefühl, daß schon die ungewohnte Situation, von »Fremden« um etwas gebeten zu werden, als verunsichernd erlebt wurde[1]. Erst nachdem der Gruppenleiter, Herr Ahrens, uns sehr

---

[1] Unter diesen vielen sehr alten Menschen fühlten auch wir uns fremd und etwas unbehaglich. Wie stark die Altersdifferenz präsent war, drückt sich in der Frage einer Frau aus: »Kommen Sie von Jugend forscht?« (Wir sind Mitte und Ende Dreißig.)

unterstützte, indem er betonte, wie wichtig solch ein Gespräch sei, und vorschlug, einfach einen der nächsten thematischen Nachmittage in Form eines Gruppengespräches zu gestalten, gab es allgemeine Zustimmung. Da wir aber nicht mit 30 bis 40 zu erwartenden Personen gleichzeitg sprechen konnten, mußten die Gruppe geteilt und zwei parallele Gespräche geführt werden.

Die folgende Interpretation beruht auf den beiden Gesprächen, die Ariane Schorn und ich im September 1997 geführt haben. Unsere Einstiegsfrage war: »Wie sicher fühle ich mich im Stadtteil?« Dieses allgemeine Thema sollte während der Gespräche durch die Frage: »Wie und wo habe ich Bedrohung und Unsicherheit konkret erlebt?« erweitert werden.

»In meinem Haus fühle ich mich wohl, aber in der Straße nicht mehr.«

Wie bereits oben erwähnt, war das Gruppengespräch nur zustandegekommen, weil der Gruppenleiter zwischen uns als Außenstehenden und den alten Damen vermittelt hatte. Der Beginn des Gespräches verläuft erst auch sehr unsicher. Die Frauen antworten auf die Frage nach ihren Unsicherheitsgefühlen, daß sie sich eigentlich immer sicher fühlen. Herr Ahrens spricht daraufhin an, daß der Altenkreis sich auf Wunsch der Damen im Winter eine Stunde früher trifft, damit die Frauen noch bei Tageslicht nach Hause gehen können. Dadurch wird deutlich, was das Thema mit ihnen zu tun hat. Weiterhin spricht er das Thema Nachbarschaft an. Er bezieht sich dabei auf ein Fest, das aufgrund der guten Nachbarschaft vor kurzem in einer bestimmten Straße organisiert wurde. Dabei erwähnt Herr Ahrens, daß die alten Damen diejenigen Personen, die nicht wie mehrere von ihnen ihr Leben lang in dieser Straße gewohnt haben, als »die Neuen« bezeichnen. Diese »Neuen« hatten das Straßenfest organisiert, die »Alten« fühlten sich aber nicht dazugehörig. Frau Bestedt sagt:

> »Na ja, also wir waren abseits. Wir wohnen nun ziemlich zur Nordstraße rüber, und das Mittelfeld, das sind alles Neue, ja, die haben sich denn zusammen da gesetzt.«

---

2 Das ist der Zeitraum vom ersten Weltkrieg bis heute!

Frau Bestedt spricht in diesem kurzen Beitrag ein Thema an, das sich durch die ganze Gruppendiskussion zieht. Sie, die Alten, fühlen sich draußen nicht mehr dazugehörig. Das, was auf der Straße passiert, wird von einer anderen, einer als geschlossen wahrgenommenen Gruppe gemacht. Sie spricht hier verschiedene Aspekte an, die durch räumliche und zeitliche Grenzen gekennzeichnet sind. Die Straße, in der sie wohnt, teilt sie in drei Bereiche: Der zur Nordstraße, den sie mit dem »wir« als zur Gruppe der »Alten« gehörig abgrenzt; das Mittelfeld, das durch »Neue« besetzt ist, die als geschlossene und sich abschließende Gruppe erlebt werden sowie ein ungenannter dritter Bereich, der sich aus dem Begriff Mittelfeld ableitet. Im Begriff der »Neuen« artikuliert sich auch die Zeitdimension. Es sind scheinbar die Jüngeren, die das Feld für sich beanspruchen und gemeinsam die anderen an den Rand drängen. Die »Neuen« sind aber nicht nur einfach neu, sie sind den »Alten« auch fremd.

Die Äußerung von Frau Cäsar macht das noch deutlicher:

> »Erstmal werden unsere kleinen Häuser alle verkauft. Wir kriegen nur fremde Leute, und die jungen Leute sind alle berufstätig. Die lernt man überhaupt nicht kennen. Ich habe nämlich rechts und links neue Nachbarn, also links noch keine neuen Nachbarn, aber rechts; und ich muß ganz ehrlich sagen, ich bin ganz traurig, bin ganz traurig.«

Auch Frau Cäsar ist, wie andere Alte auch, von Veränderungen in ihrer Welt betroffen. Die kleinen Häuser der »Alten« werden verkauft, die fremden, jungen Leute rücken näher, bleiben aber gleichzeitig anonym. Die »Alten« und die »Neuen« kommen sich räumlich näher, ohne in Beziehung zu treten und sich vertrauter zu werden.

Die »Neuen« drängen an sie heran, und sie erwartet, daß dieser Prozeß weitergeht. Den Grund für die Hausverkäufe nennt Frau Cäsar nicht; es ist aber zu vermuten, daß sie in ihrem Alter häufiger die Erfahrung macht, Bekannte durch Umzug ins Altenheim oder den Tod zu verlieren. Die Vorstellung, links und rechts durch »Neue« in ihrem kleinen Haus bedrängt zu werden, ist so präsent, daß sich diese zuerst sogar gegen die Realität, daß nämlich nur auf der einen Seite neue Leute einziehen, durchsetzt. Die Front der »Alten« bröckelt, die »Neuen« sind schon da und besetzen das bisher Bekannte mit ihrem Fremden. Die Drohung, daß auch irgendwann einmal ihr Haus durch »junge Leute« besetzt wird, sie selbst quasi ersetzt wird, ist spürbar. Frau Cäsar findet diesen Verlust und die Einschränkung traurig. Sie fährt fort:

> »Und dann haben wir zwei ganz große Häuser. Von einer Wohnung sind drei Appartments gemacht worden. Sie können sich vorstellen, nur Sozialhilfeempfänger. So leid es mir tut, aber ...«

Frau Cäsar, deren eigenes Haus klein ist, fallen zwei große Häuser ein, deren große Wohnungen in kleine Apartments aufgeteilt wurden. Wo bisher vielleicht eine Person wohnte, leben nun drei oder noch mehr Personen. Die bisher großzügigen Wohnungen werden zu Sozialwohnungen. Was sie sich in Bezug auf Sozialhilfeempfänger vorstellt, bleibt ungesagt, aber sie setzt einen Konsens darüber voraus.

Frau Cäsar spricht von »wir« und meint damit die Alteingesessenen und den Raum, den sie bewohnen, dem sie auch die großen Häuser zurechnet. Der Umbau der Häuser hat aus ihrer Sicht negative Folgen auf drei Ebenen. Es ziehen 1. viele, 2. Fremde und 3. sozial Schwache in ihren Lebensbereich. Sie spricht zwar von Mitleid, der Ton ist aber deutlich abwertend. Sie drückt damit auch ihre Mißbilligung dieser Veränderungen aus. Sie empfindet Sozialhilfeempfänger als Zumutung, durch die ihr Lebensbereich negativ verändert wird. Ihr gelingt mit dieser Entwertung ein Stück personalisierte Schuldzuweisung für die sie traurig machenden Veränderungen in Form von Verlust und Einengung. Neben der oben erwähnten Drohung durch die nachdrängenden »Jungen« thematisiert Frau Cäsar hier die Drohung durch die Vielen. Die »Alten« werden weniger, die »Jungen« mehr. Es scheint für sie nur noch eine Frage der Zeit zu sein, bis die »Neuen«, also die »mehr werdenden Jungen«, die »weniger werdenden Alten« verdrängt haben werden. Als Resümee faßt Frau Cäsar zusammen:

> »Ja, ich bin ja nun achtzig Jahre in diesem Haus. In meinem Haus fühle ich mich wohl, aber in der Straße nicht mehr.«

Vermutlich seit ihrer Geburt[2] lebt diese Frau in ihrem Haus. Es ist Synonym für Stabilität und Kontinuität. Durch seine Unverändertheit bürgt es für Sicherheit und damit für Wohlbefinden. Die Straße hat diese Qualität nicht (mehr). Der Begriff »Straße« umfaßt nicht nur den Verkehrsweg, also das Bauwerk, sondern im Gegensatz zum Eigenheim auch den Raum, in dem das Eigene auf das Fremde trifft. In ihrem Haus gibt es nur lange Bekanntes, während auf der Straße das Unbekannte vorherrscht. Frau Cäsar fühlte sich wahrscheinlich früher auch auf der Straße wohler, denn dort traf sie selbstverständlich auf Bekannte und Bekanntes. Die Häuser und die Straße, mit deren Bewohnern sie vertraut war, sind ihr im Laufe der Zeit fremder geworden. Frau Cäsar erklärt sich ihr Gefühl der Verunsicherung und Angst durch die Veränderungen außerhalb ihres

---

[2] Das ist der Zeitraum vom ersten Weltkrieg bis heute!

Hauses. Daß auch ihre Möglichkeit, sich Fremdes (die Straße) vertraut zu machen, im Laufe der Jahre geringer geworden ist, also daß auch sie sich verändert hat, ist ihr zu diesem Zeitpunkt nicht zugänglich.

Frau Cäsar und anderen Gesprächsteilnehmerinnen ist im Laufe ihres langen Lebens das Fremde »über den Kopf gewachsen«, das Vertraute hingegen weniger geworden. Nur das eigene Haus, das für die meisten dieser Haus-Frauen den wichtigsten Bereich ihres Lebens ausmacht, ist vertraut und sicher. Sie wohnen am Ende ihres Lebens fast alle allein in ihren Wohnungen. Sie sind die Übriggebliebenen in den Häusern, die früher von einer ganzen Familie bevölkert waren. Die Erfahrung, daß draußen Bekanntes durch Fremdes ersetzt wird, bedroht auch den eigenen Nahbereich. Bei unseren Gesprächsteilnehmerinnen gab es die Tendenz, diesen Nahbereich abzusichern, um sich gegen das Immer-näher-Kommen des Fremden abzuschirmen.

Eine andere Gesprächsteilnehmerin vertritt eine andere Strategie:

> »Man muß aber auch auf die Leute zugehen, das habe ich auch festgestellt. Bei uns in der Straße sind ja auch viele junge Frauen, und ich guck ja auch mal öfter aus dem Fenster; und dann habe ich, ich denke, daß ich das wohl machen kann, habe ich einfach von oben runtergerufen: ›Guten Tag‹. Und das fanden die ganz gut. ›Ja auch guten Tag‹ (Lachen). Ja, die wollen auch angesprochen werden, die jungen, die jüngeren Leute.«

Frau Daune hat mit dem Versuch, fremde Nachbarn einfach anzusprechen, gute Erfahrungen gemacht. Aus einer sicheren Position heraus (im eigenen Haus, aber mit der Stimme doch auch auf der Straße) macht sie Fremde zu nicht mehr ganz Fremden. Sie durchbricht die Front, die sich durch Sprachlosigkeit und Isolierung gebildet hat. Das »wir« und »die«, das wie oben beschrieben das Verhältnis zwischen den Generationen und den vielen Fremden bestimmt, überwindet sie durch den direkten Kontakt zu jeweils einer einzelnen, mit der sie zumindest eines gemeinsam hat, nämlich das Geschlecht. Die Initiative geht dabei nicht, wie es in Frau Daunes Generation eher erwartet wird, von der Jüngeren aus, sondern die Ältere macht den Anfang und durchbricht damit die Norm. Das Fenster erscheint hier auch als Symbol. Frau Daune schaut nicht nur aus dem Fenster, sie öffnet es (damit auch sich) und tritt in Interaktion mit ihrer Außenwelt. Was hier als »einfach« vorgeschlagen wird, erweist sich für viele der alten Damen in der Praxis als nicht leicht. Ihre Lebenspraxis ist durch ein defensives Verhalten bestimmt. So sagt Frau Ehlers: »Ich gehe nicht raus, dann brauche ich keine Angst zu haben.« Die meisten anderen Gesprächsteilnehmerinnen halten es ähnlich. Frau Daune hingegen ist zwar nicht aus dem Haus, aber doch ein Stück aus sich herausgegangen und hat so einen zwar abgesicherten, aber trotzdem offensiven Schritt getan.

»Ist doch heute alles schön erleuchtet.«

Ihre defensive Haltung der Außenwelt gegenüber ist unseren Gesprächspartnerinnen sehr wohl bewußt. In ihren Reihen gibt es jedoch auch einige wenige, die eine offensive Haltung behaupten. Einer von ihnen ist sogar wegen ihres unerschrockenen Auftretens in einer Bedrohungssituation ein Zeitungsartikel gewidmet worden. Frau Friedrich ist die »Heldin« der Gruppe. Sie selbst äußert sich im Gespräch nur knapp:

> Frau Friedrich: »Ich gehe zu jeder Zeit raus. Ich habe keine Angst.«
>
> Frau Ehlers: »Ja, Anna hat keine Angst.«
>
> Frau Friedrich: »Ist doch heute so alles schön erleuchtet.«

Die anderen Frauen beziehen sich auf Frau Friedrich als eine von ihnen, die eine richtige, d. h. eine angstfreie Haltung gegenüber dem öffentlichen Raum hat. Sie entspricht der in dieser Gruppe vertretenen Idealvorstellung einer alten Dame, die sich den Herausforderungen des Alltags offensiv stellt. Sie argumentiert rational, wenn sie auf die Beleuchtung aufmerksam macht, die die Situation im Stadtteil verbessert hat. Sie steht mit wenigen anderen, die sich an dem parallel stattfindenden Gespräch beteiligten, für einen kleinen Teil der alten Damen, die dem abwertenden Klischee der »verängstigten Oma« nicht entsprechen wollen. Diese Frauen meiden keinen Ort und keine Tageszeit aus Angst vor Überfällen. Sie erleben sich als durchaus wehrhaft und haben das zum Teil auch schon in konkreten Bedrohungssituationen unter Beweis gestellt.

Frau Friedrich wird für diese Haltung bewundert, und sie wird immer wieder Anlaß für einen regen Austausch über Strategien, die Schutz versprechen. Dazu gehören Ratschläge über »richtiges« Verhalten:

> Frau Cäsar: »Den Rat hat mir eine Ärztin in Pyrmont gegeben: ›Frau Cäsar, wissen Sie was, Sie müssen immer schnell laufen, strengen Blick haben, dann werden Sie nicht so schnell angegriffen.‹ Das hat die mir in Pyrmont gesagt.«

Eine andere Dame:

> »Aber können vor Lachen!«

Ein energischer Schritt und ein strenger Blick soll Angriffen vorbeugen, so ein wohlmeinender Vorschlag einer Kurärztin. Wenn man sich Frau Cäsars Reformulierung des Ratschlags genau ansieht, fällt auf, daß zu schnellem Laufen geraten wird. Bei mir entsteht dadurch das Bild einer Frau, die versucht, möglichst schnell und ohne nach links und rechts zu sehen eine bedrohliche

Situation hinter sich zu lassen. »Augen zu und durch« steht im Widerspruch zum offensiven »strengen Blick«, der eher mit energischem Auftreten verbunden sein sollte. Der Flucht nach innen steht die Behauptung nach außen gegenüber. Diese Äußerung, die ja den offensiven Umgang mit bedrohlichen Situationen fordert, ist in der Reformulierung durch Frau Cäsar widersprüchlich und ambivalent. Sie weiß, Zeichen der Stärke lassen sich jenseits der Siebzig kaum glaubhaft signalisieren. Ebenso scheint der Versuch, möglichst unauffällig durchzukommen, nicht wirklich erfolgversprechend. Ohne die entsprechende Physis »auf stark« zu machen oder zu versuchen »durchzuhuschen«, kann leicht dazu führen, daß man belächelt wird. Die Frauen wehren sich hier gegen eine ihnen durch solche Ratschläge abverlangte »Mehr-Schein-als-Sein-Haltung«. Die Antwort: »Können vor Lachen«, nimmt die zu erwartende ohnmächtige Position in der Konfrontation mit entschlossenen Tätern ernst, der gutgemeinte Rat tut das nicht. Ihre physische Schwäche und vor allem ihre Ängste sind den alten Damen bewußt. Das heißt jedoch nicht, daß beides durch einen Entschluß zu beseitigen wäre. Sie sind alt und wissen, daß sie im »Ernstfall« gegen einen Angreifer keine Chance haben. Solche Ratschläge haben nichts mit ihren Möglichkeiten zu tun, darüber kann man eigentlich nur lachen.

Die Unsicherheit, eine Situation in Bezug auf die eigenen Möglichkeiten richtig einzuschätzen, und das ambivalente Verhältnis zu vorgespiegelter Souveränität zeigen sich auch in einer Szene, die Frau Giese berichtet:

> Frau Giese: »Wie ich letztens zum Friedhof gegangen bin, kamen zwei junge Männer, also Jungs waren es noch. Der eine rechts, der andere links. Und der links kam, der wollte mir die Tasche klauen. Da habe ich gerufen: ›Du Lümmel, Du!‹ Ich bin dann weiter (Lachen).«
>
> Gl.: »Sie lachen so, war das wirklich ernst gemeint?«
>
> Frau Giese: »Ja, ja, der andere, der machte: ›Hu!‹ im Dunkeln ...«
>
> Gl.: »Und hatten Sie das Gefühl, die wollten Sie erschrecken?«
>
> Frau Giese: »Ja, kann wohl sein (Lachen).«

Frau Giese erzählt ihr Erlebnis in einer Phase der Gruppendiskussion, in der es, angestoßen durch Else Friedrichs »starken Auftritt«, darum geht, zu zeigen, wie man selbst in einer Bedrohungssituation Herr der Lage wird. Was wie die Beschreibung eines erfolgreich verhinderten Handtaschenraubes erscheint, wirkt durch den anekdotenhaften Erzählstil nicht wie ein Ernstfall. Es erscheint wie eine Inszenierung Jugendlicher, die entweder bewußt mit den Ängsten alter Menschen vor Handtaschenraub »spielen« oder erst am Anfang einer »Räuberkarriere« stehen. Auch für Frau Giese verwandelt sich die für sie bisher eindeutige Situation, aus der sie als Siegerin hervorgegangen ist, in eine weniger eindeutige. Sie ist nicht mehr davon überzeugt, daß es in dieser Situation wirklich darum ging, ihr die Handtasche zu stehlen, sondern bemerkt, daß die Jugendlichen sie möglicherweise nur erschrecken wollten. Die Folge dieser veränderten Interpretation wäre, daß auch ihre bisher als erfolgreiche Gegenwehr bewertete Intervention die Situation nicht gerettet hat. Schlimmer noch, sie wäre eine hilflose Reaktion in dem bösen Spiel, das Frau Giese durch die Jugendlichen aufgezwungen wurde. Nicht ihre Handtasche wäre das Ziel des Angriffs gewesen, sondern ihre Ängstigung.

In dieser Situation des Gespräches hatte ich etwas unsensibel auf diese weitere Möglichkeit der Interpretation des Überfalls hingewiesen. Mir tat es in dem Moment, als Frau Giese diese Möglichkeit realisierte, sehr leid, denn sie zog sich sofort zurück. Das Erfolgserlebnis einen konkreten Überfall allein bewältigt zu haben, war dadurch möglicherweise in sein Gegenteil verkehrt worden.

Unabhängig davon, ob Frau Giese nun ihre Handtasche erfolgreich verteidigt hat oder Opfer eines bösartigen Jugendstreiches geworden ist, liegt scheinbar ein Problem darin, die Situation richtig einschätzen zu können, um ihr nicht völlig ausgeliefert zu sein. Frau Giese hatte die Situation »selbstverständlich« als Überfall interpretiert, die Jungen hatten sie aber möglicherweise als Spiel inszeniert. Vom Objekt der Situation, die von den Jugendlichen aktiv gestaltet wurde, kann sie nur zum Subjekt (zur aktiven Mitspielerin) werden, wenn sie in der Situation nicht nur in den engen Bahnen der Opferposition agiert. Dazu könnte es helfen, mehr von der Welt der Jugendlichen zu verstehen, d. h. mit Jugendlichen in Kontakt zu kommen, um deren Interaktionen einschätzen zu können. Nicht der energisch auftretende »graue Panther« mit strengem Blick, sondern die »Oma«, die von den Jungen und Mädchen etwas weiß und die gleichzeitig auch von ihr etwas wissen, könnte das gegenseitige Zum-Objekt-Machen aufweichen. Diese Möglichkeit wird in dem Gruppengespräch allerdings nicht diskutiert, obwohl sicherlich die eine oder andere selbst Enkel hat. Es blieb ungeklärt, ob das oben beschriebene Unverständnis zwischen Jugendlichen und alten Menschen nur zwischen sich fremden Personen besteht, oder ob sich Großeltern und Enkel auch so fremd gegenüberstehen.

»Die Leute haben alle Angst.«

Die Frage nach der Möglichkeit einer offensiven Haltung der Außenwelt gegenüber wird von den alten Damen am Problem der Zivilcourage diskutiert. Allen ist klar, wie wichtig es ist, deutlich Stellung zu beziehen, aber gleichzeitig scheint es für sie kaum realisierbar. Immer wieder lesen sie von Ereignissen, bei denen in aller Öffentlichkeit Regeln gebrochen werden und niemand einschreitet:

> Frau Holting: »Vor allen Dingen (ist es ein Problem, M.E.), daß so wenig Mut unter den Leuten ist. Aber wer will sich (da einmischen, M.E.) (...) Also ich finde so was schlimm, aber man kann ja auch, man kann ja die Leute auch ... Ich weiß nicht, ob man die verstehen kann, aber die sagen sich eben, ›misch ich mich da jetzt ein, krieg ich womöglich selbst noch welche.‹«
>
> Eine andere: »Die Leute haben alle Angst.«
>
> Frau Holting: »Aber es müßte wirklich so jemand da sein, ... vielleicht müßte man da auch ... Ich meine, ich kann natürlich klug schnacken, ich kann das ja gar nicht mal. Aber ich denke mir, man müßte da auch forsch drauflosgehen.«

Mit dieser Äußerung spricht Frau Holting das erste Mal an, daß möglicherweise im Ernstfall niemand der Umstehenden eingreift, um einem Betroffenen beizustehen. Diese Einschätzung hat sie aufgrund von Zeitungsberichten gewonnen, in denen über solche Fälle berichtet wurde. Die Vergewaltigung in einer Hamburger S-Bahn, die am hellichten Tag im Beisein anderer Fahrgäste verübt wurde, ist ein Beispiel, das große Aufmerksamkeit in den Medien erregte. Frau Holting verurteilt eine solche defensive Haltung, versteht aber auch den Wunsch, sich selbst vor möglichen Schwierigkeiten zu schützen. Sie hält Zivilcourage für dringend notwendig, nur sie selbst sieht sich nicht in der Lage, offensiv gegen Regelverletzungen vorzugehen. Dieser Widerspruch ist ihr bewußt, sie sucht aber keine Lösung. »Forsch drauflosgehen« ist etwas, was sich Frau Holting nicht mehr zutraut. Sie stellt sich eine Situation vor, in der sie glaubt, körperlichen Einsatz zeigen zu müssen. Da sie das nicht vermag, steht das Einmischen überhaupt zur Diskussion. Diese angenommene, ohnmächtige Position wird im Anschluß noch von einer anderen Gesprächsteilnehmerin dadurch bestärkt, daß sie auf eine allgemeine Bewaffnung hinweist:

> »Aber heute, die haben alle Messer ... auch in der Straßenbahn!«

Wenn das stimmt, muß man sich natürlich geschlagen geben. Das Thema: »Kann ich Zivilcourage zeigen?« ist aber damit nicht beendet, da es widersprüchlich erfahren wird. Das allgemeine Ideal des Stärke-Zeigens, das auch von den alten

Damen geteilt wird, läßt sich nur schwer mit ihrer ängstlichen Zurückgezogenheit vereinbaren:

> Frau Daune: »Ich würde meinen Hals aufreißen!«
>
> Frau Holting: »Ich nicht, ich hätte Angst, daß ich selbst noch eine gewitscht kriege.«
>
> Frau Daune: »So im ersten Moment, doch würde ich wohl machen.«
>
> Frau Holting: »Ich nicht.«
>
> Frau Daune: »Vielleicht würde ich dann ängstlich wieder zurückschrecken, wenn die irgendwie sagen vielleicht: ›Oma, was willst Du denn?‹ dann würde ich vielleicht wieder ängstlich werden.«

Als ersten Impuls beschreibt Frau Daune hier im Gegensatz zu Frau Holting, die fürchtet, körperlich angegriffen zu werden, daß sie »den Hals aufreißen« würde. Sie vermutet, daß es spontan, ohne große Überlegung aus ihr herausbrechen würde. Sie hält zwar einerseits ihre unmittelbare Reaktion für richtig, aber Frau Daune fürchtet auch die möglichen Folgen. Sie könnte erschreckt feststellen, daß sie »den Mund zu voll genommen« hat. Was würde sie in einer Konfrontation schon ausrichten können, wenn ihr »der Kragen platzt«. Wenn sie sich einmischt und der Täter wendet sich ihr zu, würde sie wieder verzagen. In dieser Äußerung stellt sich Frau Daune eine aggressive Konfrontation vor, die sie spontan beginnt. Sie erwartet, daß ihre spontane verbale Aggression zu einer körperlichen Auseinandersetzung eskalieren würde. Daß der Konflikt auch verbal ausgetragen werden könnte, erscheint hier nicht als Möglichkeit. Meine Frage danach, ob es in dieser Situation Unterstützung von anderen geben könnte, wird zuerst verneint. Dann entstehen aber doch Vorstellungen über mögliche Hilfe durch andere:

> Frau Daune: »Vielleicht würde ja jemand Mut kriegen und auch seinen, wie gesagt, Hals aufreißen. Einer müßte vielleicht den Anfang machen, denke ich.«
>
> Frau Holting: »Na, wenn einer den Anfang macht ist möglich, daß der nächste ...«
>
> Frau Daune: »Ja, dann bin ich aber ja auch schon nicht mehr alleine, nicht? Dann bin ich ja schon nicht mehr alleine.«

Die Frauen sprechen hier davon, daß es möglich ist, daß »jemand« Unterstützung bekommt, wenn er sich einmischt. Dieser »jemand« scheinen sie allerdings nicht selber zu sein. Ihre Erfahrung ist zuerst einmal, allein auf sich gestellt zu sein. Wie oben ausgeführt blicken alle auf ein Leben zurück, das sie zurückgelassen hat; vielleicht kann man auch sagen, daß sie allein gelassen wurden. Jede Einzelne von ihnen müßte einen Anfang machen, in Beziehung treten, und darauf vertrauen, daß ihr jemand beisteht. Nicht alleine dazustehen, wenn es drauf ankommt, ist für unsere Gesprächsteilnehmerinnen nur schwer vorstellbar.

Die Offensive ist nicht die Sache der alten Damen, darin sind sich fast alle einig. Trotzdem wird sie als eine Herausforderung wahrgenommen, an der man allerdings höchstwahrscheinlich scheitert. Das Bild des Alters, das die Frauen auch zu ihrem eigenen machen, ist durch die Defizite gegenüber der Jugend bestimmt, die sich vor allem körperlich ausdrücken.

»Och, das finde ich aber nicht nett, was Sie da machen.«

Das Verhältnis, das die alten Damen zu jungen Menschen haben, spielt eine wichtige Rolle in der Gruppendiskussion. Wie oben schon ausgeführt, ist das Verhalten der nachfolgenden Generationen (die »Neuen«) oft Anlaß für Ärger oder Verunsicherung. Die Einhaltung der für die ältere Generation geltenden Werte und Normen läßt sich nicht mehr ohne weiteres den Jüngeren abverlangen. Frau Gabler berichtet zu diesem Thema ein Erlebnis, das sie in der Straßenbahn gehabt hat. Ihr gegenüber saß eine Jugendliche im Schneidersitz. Ihre Schuhe hatte sie folglich auf den Sitzpolstern, was Frau Gabler nicht tolerieren wollte. Es kam zu einer Auseinandersetzung.

> Frau Gabler: »Was mir Montag passiert ist in der Straßenbahn. An der Gustavstraße steige ich ein, die Straßenbahn war voller Jugendlicher, ich nehme an Schüler (Durcheinanderreden) – Soll ich, oder soll ich nicht?«
>
> Gl.: »Nee, nee gern, gern. So, ok, Gustavstraße ...«
>
> Frau Gabler: »Ich habe einen Fensterplatz, und neben mir sitzt ein junges Mädchen, ich schätze so sech.. ja siebzehn Jahre wollen wir mal vorsichtig sagen. Und denn unterhält sie sich ja mit ihren (Freunden) nach hintenrum. Auf einmal dreht sie sich um, mit dem Rücken an den vorherigen Sitz, Schneidersitz, Füße an der Lehne. Die waren alle gepolstert, die Straßenbahnen, und da sage ich, ›Oh, muß das denn sein?‹ ›Ja, das muß sein.‹ ›Och‹, sage ich, ›das finde ich aber nicht nett, was Sie da machen‹, nicht? Na ja, und hin und her ...«
>
> Gl.: »Und, hat sie auch die Füße nicht runter genommen?«
>
> Frau Gabler: »Nein, nein, nein. Ich sage: ›Machen Sie das zuhause auch?‹ Ich sage: ›Dann möchte ich Ihre Eltern mal kennenlernen‹, nicht? Na ja, und ich kümmerte mich nicht mehr drum und dann hörte ich aber, wie sie sagte: ›Ja, die alten Leute‹, so ungefähr ›die machen uns an‹. Ich sage: ›Ja, ich glaube, Sie kommen sich noch sehr interessant vor, wenn Sie sich so benehmen‹, mehr habe ich dann nicht gesagt.« (Lachen)

In dieser Passage des Gespräches wird ein Konflikt zwischen zwei Generationen mit verschiedenen Wertorientierungen thematisiert und der Umgang damit aus der Sicht der älteren Generation dargestellt. Der Anlaß ist das für Frau Gabler ärgerliche Verhalten einer Jugendlichen. Sie leitet die Beschreibung mit der Schilderung der Situation ein: Eine Straßenbahn voller Schüler. Sie selbst findet einen Fensterplatz, neben ihr sitzt eine, vorsichtig geschätzt, 17jährige Jugendliche. Die vorsichtige Schätzung deutet an, daß Frau Gabler auch in der Erzählung der Jugendlichen, über die sie sich geärgert hat, nicht zu nahe treten will. Eigentlich sitzt diese nicht, sondern unterhält sich »nach hintenrum«. Man kann annehmen, daß Frau Gabler diese Situation bereits verärgert hat, da sie damit ausführlich die Beschreibung einleitet.

In dieser Situation passiert etwas (nicht ganz) Unerwartetes. Die Jugendliche legt ihre Füße auf die gepolsterten Sitze. Das veranlaßt nun Frau Gabler einzugreifen. Ihre Intervention: »Oh, muß das denn sein?«, setzt voraus, daß der Jugendlichen klar ist, daß sie eine Verfehlung begeht. Frau Gabler vertritt in diesem Moment die allgemeine Regel, daß man seine Füße nicht auf die Sitzpolster legt. Sie setzt darauf, daß sie und die Jugendliche sich über diese Regel, nicht aber über deren Einhaltung einig sind. Bemerkenswert ist ihre Frage, ob das Hochlegen der Füße sein müsse. Sie fragt – genau genommen – ob es aus irgendwelchen Gründen nötig sei, die Beine hochzulegen. Diese ironische Formulierung läßt scheinbar Rau für die Möglichkeit, daß die Jugendliche aus gesundheitlichen oder Altersgründen ihre Füße auf den Sitz legen muß. Denn dann wäre eine Ausnahme von der Regel möglich. Das »Oh« gibt einem scheinbaren Bedauern darüber Ausdruck, zeigt Milde aus einer übergeordneten Position. Frau Gabler mißbilligt in verschwommener Weise das Verhalten der Jugendlichen. Wenn jemand berechtigt wäre die Beine hochzulegen, dann wäre sie es, die alte Frau und nicht die junge. Auf diesen Punkt gehe ich unten noch einmal ein.

Frau Gabler spricht die Jugendliche nicht direkt als Person an, sondern bezieht sich ironisch auf deren »falsches« Verhalten. Diese nimmt genau diese Ebene auf und behauptet die Notwendigkeit ihres Verhaltens und reklamiert für sich die Ausnahme. Frau Gabler, vermutlich darüber empört, versucht erneut, die Einhaltung der vermeintlich geteilten Regeln einzuklagen. Wiederum mit einem Ausdruck scheinbar bedauernder Anteilnahme (»Och«) leitet sie ein, daß sie es auch persönlich nicht nett findet, was die Jugendliche macht. Dabei spricht sie die beinahe Volljährige in einem Tonfall an, der gegenüber einem Kind, das noch lernen muß, die Regeln einzuhalten, angebracht wäre. Sie hat recht, ihre Position ist die maßgebende. Spätestens ab diesem Moment erscheint ihr wahrscheinlich die Jugendliche als jemand, die entweder grundsätzlich die Regeln des Zusammenlebens bewußt mißachtet oder diese nicht gelernt hat. Mit ihren weiteren Äußerungen: »Machen Sie das zuhause auch?«

und »Dann möchte ich Ihre Eltern mal kennenlernen« spricht sie die Ebene der Erziehungspersonen an, die scheinbar versagt haben. Auch das Zuhause und die Eltern scheinen gültige Regeln nicht einzuhalten. Die aus Frau Gablers Sicht dauernde Mißachtung der Regeln führt zu einer öffentlichen Entwertung der Institution, die für deren Verankerung in der folgenden Generation verantwortlich ist: das Zuhause und die Eltern der Jugendlichen. Der Familie wird implizit Asozialität unterstellt. Durch das Aussprechen in der Öffentlichkeit wird das Verhalten angeklagt, um der Einhaltung der Regeln mehr Nachdruck zu verleihen.

Diese Begegnung erinnert Frau Gabler als ein unentschiedenes Hin und Her. Für sie ist die Episode schon abgeschlossen, als die Jugendliche anderen gegenüber die Szene kommentiert (»Ja, die alten Leute«) und scheinbar ebenfalls auf den allgemeinen Konsens baut. Diese scheint aber darauf zu setzen, daß allgemein geteilt wird, daß »alte Leute« sich ohnehin grundsätzlich über Jugendliche mokieren. Frau Gabler erlebt das als Angriff und scheint zu vermuten, daß dadurch die anderen Fahrgäste vielleicht Partei nehmen und sie an den »Pranger« gestellt werden soll. In ihrer Unterstellung, die Jugendliche würde sich so benehmen, um für andere interessant zu wirken, schwingt die Befürchtung mit, daß sie mit ihrer Position allein sein könnte[3].

Bezieht man die Szene in der Gruppendiskussion mit ein, ergeben sich einige Parallelen zum aktuellen Geschehen. Schon ganz zu Beginn der Sequenz, als Frau Gabler nicht die nötige Aufmerksamkeit gewidmet wird, bricht sie die Erzählung ab und fordert von mir als Diskussionsleiter darauf hinzuwirken, daß die in Nebengespräche vertieften anderen Gesprächsteilnehmer ihr die volle Aufmerksamkeit schenken. Erst nachdem ich interveniert und sie zum Weitersprechen aufgefordert habe, setzt sie die Erzählung fort. Private Nebengespräche sollen sich in diesem Rahmen nicht so breit machen. Im Gegensatz zur Situation in der Straßenbahn sollen die Regeln in der Gesprächsrunde eingehalten werden und sie werden es auch.

Das »nicht?«, was Frau Gabler an ihre Sätze anhängt, deutet auch darauf hin, daß sie von ihren Zuhörern Zustimmung für ihre Position erhofft. Es zeigt

[3] Frau Gablers aggressives Sich-Wehren scheint, wie Frau Bestedts Sich-auf-der-Straße-nicht-mehr-Wohlfühlen, damit zu tun zu haben, daß der öffentliche Raum von anderen »besetzt« wird. Die Straßenbahn ist voller junger fremder Menschen, die sich »wie zuhause« benehmen, also den öffentlichen Raum wie ihre privaten Räume nutzen (Füße hochlegen). Frau Gabler fühlt sich eingeschränkt und bedrängt, möglicherweise sogar an den Rand gedrängt. Wenn der öffentliche Raum zum privaten Raum der Jugend wird, wo bleiben dann die Älteren?

eine Unsicherheit darüber, ob ihr Verhalten von den anderen Unterstützung findet. Erst als ich in einer Phase, in der sie die Erzählung mit einem etwas resignierten »Na, ja« abschließt, nachfrage, fährt sie fort und berichtet die weitere Zuspitzung der Auseinandersetzung. Das »nicht?« kommentiere ich jeweils mit einem verständnisvollen »Hm, hm.« Diese Beobachtungen scheinen mir Zeichen für eine grundsätzliche Verunsicherung über die allgemeine Verbindlichkeit von Regeln im Umgang der Menschen zu sein. Frau Gabler, die so vehement diese Regeln einfordert, ist doch ziemlich verunsichert darüber, ob sie diese Haltung überhaupt noch als Konsens (auch in der Gruppendiskussion) voraussetzen kann. In der Straßenbahn war sie durch das offensive Auftreten (»Ja, das muß sein!«), das ignorierende Beharren (die Füße bleiben auf dem Sitz) und das entwertende Klassifizieren (die »Alten«) der Jugendlichen in ihrer Position verunsichert worden. Ebenfalls tauchen in ihrer Erzählung keine anderen Fahrgäste auf, die sie in ihrer Position unterstützt haben.

Betrachtet man die gesamte Kommunikation, fällt auf, daß sich Frau Gabler selbstverständlich auf allgemeingültige Regeln bezieht. Sie tritt mit der Jugendlichen nicht als Person direkt in Beziehung, sondern als Vertreterin dieser Regeln; als Bürgerin, die an diese Regeln erinnert, auf deren Einhaltung drängt und ein Stück Nacherziehung versucht. Die Jugendliche erkennt diese Position nicht an. Jugendliche tauchen, wie in der beschriebenen Szene, an verschiedenen Stellen des Gespräches als diejenigen auf, die die Verbindlichkeit von Regeln und die sie vertretenden Autoritäten besonders in Frage stellen. Das Lachen am Ende ihres Beitrags ist ein enttäuschtes, resigniertes Lachen, das zu sagen scheint: »So ist es heute!«

Die Anatomie dieses Generationenkonfliktes habe ich deshalb so detailiert analysiert, weil ich glaube, daß sich in der verfehlten Kommunikation zwischen zwei Generationen ein typisches Mißverstehen zeigt. Beide treten nicht in eine Beziehung zueinander, behandeln sich nicht als Subjekte. Sie finden keine Sprache, um über die Sache miteinander in Kontakt zu kommen, sondern versuchen sich der Unterstützung ihrer Position durch die Umstehenden zu versichern. In dieser Szene sehe ich noch eine Besonderheit, auf die ich hinweisen möchte und die mit der speziellen Lage alter Menschen zu tun hat. Dazu möchte ich den Teil der Gruppendiskussion, der sich direkt an die oben dargestellte Sequenz anschließt, anfügen. Sie bezieht sich auf die oben erwähnten Äußerungen von Frau Gabler, nach der eine Pause in der Runde entstanden war:

Gl.: »Wie finden Sie das so?«

Frau Gabler: »Traurig ist das, nicht? So im Schneidersitz, ich meine, es war ja trockenes Wetter, aber, aber mit den Schuhen ...«

Frau F.: »Das nächste Mal mußt Du Dich auch so hinsetzen, Du kannst das ja noch.«

Frau K.: »Ach, Du kannst das ja noch!«

Frau S.: »Du bist ja noch ganz beweglich. (allgemeines Gelächter)«

Frau Gabler: »Ne, ich kann das nicht mehr. Ich finde es traurig.«

Alter und körperliches Vermögen werden hier in einen engen Zusammenhang gebracht. Frau Gabler möchte sich zuerst einmal noch vergewissern, daß die Situation, so wie sie diese empfindet, traurig ist. Sie zeigt dabei, daß sie sehr wohl differenzieren kann zwischen der Regel als solcher (keine Füße auf die Polster) und der konkreten Situation, die eine Verschmutzung der Polster nicht wahrscheinlich macht. Die anderen Damen gehen allerdings nicht auf das Thema: »Es ist traurig, daß die Regeln nicht mehr eingehalten werden«, ein, sondern verfallen auf ein Bild, das durch Frau Gablers Beitrag bei ihnen entstanden ist. Sie hätte sich auch, wie eine »Junge« hinsetzen sollen; sie wäre dazu ja noch in der Lage. Spielerisch wird hier die Grenze zwischen den Generationen aufgehoben. Die Frauen phantasieren zuerst Frau Gabler, dann auch sich selbst als wieder jung. Eine Frau sagt:

»Ja, dann müssen wir das als Erwachsene auch mal machen.«

Jung sein heißt hier, körperlich dazu in der Lage zu sein, sich in den Schneidersitz zu setzen. Gleichzeitig geht damit der Übertritt der Regeln einher. Der Körper, der solche Akrobatik nicht mehr zuläßt, verhindert zuverlässig solche Regelübertritte, so daß eine Beschäftigung damit auf der Vorstellungsebene reizvoll erscheint. In der Gruppendiskussion entsteht zu diesem Zeitpunkt eine ausgelassene Stimmung mit Nebengesprächen, die um diese Phantasien kreisen. Jünger zu sein und kollektiv die Regeln übertreten, wird in der Phantasie erprobt. Diese Phantasien bleiben über einige Zeit Thema der Gesprächsteilnehmerinnen. Die alten Damen werden, im übertragenen Sinne, wieder jung. An dieser Stelle taucht darüber, daß sie durchaus die lustvolle Seite von Regelübertritten nachvollziehen können, die Möglichkeit des Verstehens junger Leute auf. Dinge zu tun, die sonst nur »Junge« tun, die sonst fremd und verunsichernd erscheinen, das können sich einige der Frauen für einen Moment vorstellen.

»Weißt du was, wenn Du alt bist, dann kriegst du eine Glatze, dann hast du gar keine Haare.«

Am Beispiel von Frau Gablers Äußerungen konnte ich hoffentlich deutlich machen, daß die Generationendifferenz einen Einfluß auf die Unsicherheitsgefühle alter Frauen hat. Im folgenden zeigt die Erzählung Frau Hansings, daß auch die Geschlechterdifferenz in diese Problematik verwoben ist.

> »Anpöbeln, das tun auch welche. Da haben sie mich auch schon angepöbelt in der Helgolander Straße. Zwei Jungens von der Schule, kamen hinter mir her: ›Ih, ih, was graue Haare‹. Ich habe sie erstmal bölken lassen. Dann habe ich mich umgedreht, ich sage: ›Weißt Du was, wenn Du alt bist, denn kriegst Du eine Glatze, dann hast Du gar keine Haare.‹«

Frau Hansing erlebt es als Pöbelei, als zwei Schüler ihre grauen Haare zum Anlaß nehmen, sie zu entwerten. Die grauen Haare sind Zeichen hohen Alters, und darauf beziehen sich die Schüler mit ihrem Zuruf. Frau Hansing läßt sich zuerst nicht auf diese offenkundige Provokation ein, findet dann jedoch eine Antwort, die die Jungen zum Verstummen bringt. Das Alter ist etwas, was ganz sicher auch auf die Jungen zukommt. Zusätzlich nimmt sie aber auch Bezug auf das Geschlecht der Jungen und den Umstand, daß ihnen mit dem Älterwerden höchstwahrscheinlich der Verlust der Haare droht.

Frau Hansing, eine energische Frau mit kräftigem, schlohweißem Haar, hat schlagfertig auf die sie zuerst verunsichernde Situation reagiert. Die Jungen entwerten sie über ein Merkmal der Altersdifferenz. Frau Hansing dreht gewissermaßen den Spieß um und droht auf ironische Weise mit der Geschlechterdifferenz. Sie trägt zwar ein Zeichen des Alters (graue Haare), nicht aber das der Schwäche (keine Haare), das Männern im Alter häufig zu schaffen macht. Weiterhin ist sie nach kurzem Einhalten in der Lage, direkt mit den Jungen in Kontakt zu treten und einen von ihnen persönlich anzusprechen. Sie nimmt eine Beziehung auf, die wahrscheinlich für die beiden Jungen unerwartet ist, und fühlt sich sicher, die Lage zu beherrschen. Diese verunsichernde Situation bleibt allerdings in einem Bereich, der zwar verärgert, Frau Hansing aber nicht bedroht. Die selbstbewußte Weiblichkeit, die Frau Hansing hier zeigt, ist ein weiteres Beispiel für die eng an die Körpererfahrung gebundenen Vorstellungen von Unsicherheit (Schwäche) bzw. Sicherheit (Stärke). Besonders deutlich wird die Verkoppelung von Körpererfahrung und (Un-) sicherheit am Beispiel des Sehens.

»Da fühle ich mich sicher, da sehe ich, habe ich einen Überblick.«

Unsere Gesprächspartnerinnen bemühen sich während der gesamten Gruppendiskussion immer wieder um konkrete Handlungsmöglichkeiten in Bedrohungssituationen. Im Gegensatz zu den gerade beschriebenen Situationen, in denen sich die Frauen zwar verunsichert, nicht aber bedroht fühlen, sind es eher defensive Strategien, die als erfolgversprechend gelten. Viele gehen zum Beispiel nicht mehr aus dem Haus, wenn es dunkel ist. Sollte es trotzdem durch einen Umstand unmöglich sein, die Dunkelheit zu meiden, versuchen sie den Überblick zu behalten:

> »Mit dem Bürgerverein fahren wir ja weg, und dann kommen wir ja abends nach Hause, und dann steigen wir am Funkturm aus. Und dann gehen wir aber immer durch die Grenzstraße. Das finde ich gut. Ich mag nicht gerne gehen nachts, wo, wo, äh wo Keller sind und Vorgärten und so, nicht? Aber die Grenzstraße, da gehen wir mitten auf der Straße und da fühle ich mich sicher, da sehe ich, habe ich einen Überblick.«

Frau Irmscher stellt eine Umgehensweise mit dem Problem des Heimwegs in der Dunkelheit vor. Sie nimmt an Aktivitäten teil, die zur Folge haben, daß sie erst abends bzw. nachts[4] zurückkehrt. Wie wichtig solche Ausfahrten für die alten Damen sind, zeigt sich darin, daß die damit verbundenen Unsicherheitsgefühle in Kauf genommen werden. Frau Irmscher erwähnt verschiedene Strategien, um diesen Gefühlen zu begegnen. Man steigt gemeinsam aus und geht eine bestimmte Straße entlang. Die Gemeinsamkeit gibt Sicherheit[5] und das Mitten-auf-der-Straße-Gehen schafft einen Raum, den potentielle Angreifer erst überwinden müssen, um die Frauen zu erreichen. So ist ein plötzliches Überrumpeln nicht leicht möglich. Die für den Heimweg ausgewählte Straße wird aufgrund ihrer besonderen Übersichtlichkeit bevorzugt und immer wieder benutzt. Andere Straßen liegen scheinbar unterhalb dieser Sicherheitsgrenze.

Die Ursache für Unsicherheitsgefühle wird von Frau Irmscher mit der schlechten Übersicht, dem eingegrenzten Überblick verbunden. Nicht nur die Dunkelheit selbst, auch Keller und Vorgärten, in denen sich ein potentieller Angreifer verstecken könnte, sind nicht einsehbar und erscheinen deshalb bedrohlich. Aus der Beschreibung wird deutlich, daß es verschiedene Bedin-

---

4 Hier wird deutlich, daß die konkrete Rückkehrzeit nicht entscheidend ist. Wichtig ist, ob es noch Tageslicht gibt oder nicht.

5 Hier besteht einen Parallele zum Verhalten Jugendlicher, die ihre Unsicherheitsgefühlen auch gerne in Gruppen bewältigen.

gungen gibt, die die Entstehung von bedrohlichen Vorstellungen, die mit der Dunkelheit verbunden werden, zu kontrollieren helfen. Da diese Bedingungen nicht immer herzustellen sind, besteht für die Frauen allerdings sicher oft nur die Alternative, die Unsicherheitsgefühle auszuhalten oder auf bestimmte Aktivitäten zu verzichten.

Hier wird besonders deutlich, daß das Auge als das wichtigste Kontrollorgan angesehen wird. Stärker als in anderen Gruppengesprächen nehmen die alten Damen immer wieder starken Bezug auf den Gesichtsinn, um ihren Bezug zur Umwelt zu beschreiben.

> Frau Cäsar: »Ich guck aber auch ab und zu mal raus. Ich guck auch mal raus, ich, guck auch mal raus (eine andere Frau: Wenn ich was höre)!«
>
> Frau Giese: »Rausgucken, (–: Gucken ja) rausgucken tu ich auch.«

Dieses Gucken, Schauen, den Überblick behalten scheint für die Frauen gerade im Verhältnis zu den begrenzten körperlichen Möglichkeiten eine stärkere Kontrolle der sie umgebenden Realität zu garantieren. Eine wichtige Rolle spielt dabei auch die soziale Einbindung, die Schutz und Hilfe in bedrohlichen Situationen verspricht.

> Frau Giese: »Wir passen auf, und gegenüber bei uns, wie die mal verreist war, ich wußte, daß die Frau nicht da ist, aber automatisch guck ich rüber, nicht? Und so ist es mit den ganzen Nachbarn, jeder guckt dann, sagt man: ›Ich geh jetzt in Urlaub und so, guckt doch mal!‹»
>
> Frau Daune: »Wir haben sogar abends nicht runtergezogen.«
>
> Frau Giese: »Ich auch nicht.«
>
> Frau Daune: »Wir können uns alle gegenseitig in die Stube gucken.«
>
> Frau Hansing: »Ich mach da auch nichts vorne, auch also kein Rollo runter.«
>
> Frau Daune: »Das ist auch so ein vertrautes Gefühl dann wieder, nicht, daß man dann guckt, was macht der.«

Die Damen diskutieren hier eine Strategie, die es ermöglicht, zu den in der unmittelbaren Umgebung lebenden Bekannten einen visuellen Kontakt aufrechtzuerhalten. Diese Strategie basiert auf der ganz am Anfang beschriebenen Nachbarschaft zu meist ebenfalls älteren Frauen. Man kennt sich, teilt dem anderen mit, wann man nicht zu Hause ist, und geht davon aus, daß die Nachbarin ihre Augen offenhält. Die im ersten Teil als sicherer Ort beschriebene Wohnung wird dem kontrollierenden Blick bekannter Nachbarn geöffnet, die Vereinzelung in diesem Rahmen aufgehoben. Ähnlich wie bei der Szene in der Grenzstraße wird durch den gemeinsamen Blick ein gemeinsamer Bereich konstituiert, abgesichert und eventuell verteidigt. Es geht bei diesen Strategien allerdings nie darum, ob sie in einer konkreten Bedrohungssituation tatsächlich von Nutzen sind. Die Damen diskutieren nicht, wie sie sich im konkreten Ernstfall gegenseitig helfen könnten. Sie scheinen sich vor allem dadurch das subjektive Sicherheitsgefühl zu stärken, daß sie gemeinsam einen Raum besetzen. Die alten Damen verstehen sich gegenseitig, wissen um ihre Unsicherheiten und Ängste, können sich deshalb auch unterstützen.

Fazit

Vieles, was sich im Laufe des Lebens der alten Damen an ihnen und um sie herum verändert hat, hat mit Verlusten zu tun und hat ihnen Beschränkungen auferlegt. Manches ist unverständlich geworden, wie zum Beispiel die Sprache und das Verhalten der nachfolgenden Generationen. Vieles Vertraute ist verschwunden und hat sie mit immer mehr bedrohlich Fremdem zurückgelassen. Vielen älteren Menschen gelingt es immer weniger, sich diese(s) Fremde(n) vertraut zu machen. Dadurch kann das Gefühl entstehen, immer mehr die Kontrolle im eigenen Lebensbereich zu verlieren. Die alten Damen verstehen die ganz konkrete Welt (beispielsweise der Jugendlichen) nicht mehr. So erleben sie sich als den durch die jüngeren Generationen betriebenen Veränderungen mehr oder weniger ohnmächtig ausgeliefert. Daraus kann ein Gefühl von Unsicherheit entstehen. Bestätigung erfährt dieses Gefühl auch durch die zugespitzte Darstellung der Realität in den Medien.

Gleichzeitig gibt es sowohl in den Medien als auch in unserer an Leistung orientierten Gesellschaft ein Tabu, den natürlichen Abbau körperlicher und geistiger Leistungsfähigkeit im Verlauf des Älterwerdens zu reflektieren. Wie für andere Bevölkerungsgruppen auch werden alten Menschen Ideale (von Autonomie, Vitalität und Stärke) präsentiert, denen die meisten nicht entsprechen können, die sie aber nichtsdestotrotz (oft) teilen. Auch wohlmeinende Ratschläge setzen meist nicht am konkreten Erleben der Einzelnen, sondern an diesen Idealen an. Daran gemessen erscheinen die eigenen Möglichkeiten immer als defizitär gegenüber denen der Jüngeren.

Durch die Medien kommt die Welt zu den älteren Menschen nach Hause. Jene stellen den Großteil der diesen zugänglichen Informationen bereit. In den meist wenigen konkreten Kontakten kann dieses eher dramatisierte Weltbild kaum überprüft und zurechtgerückt werden, zumal eigene Erfahrungen ja immer weniger gemacht werden (können). So kann ein bedrohliches Bild der

Welt entstehen, das die eingeschränkten Handlungsmöglichkeiten als sinnvolle und notwendige Anpassungsleistung erscheinen läßt. Der befürchtete Handtaschenraub, den (nach der Statistik) die allermeisten alten Damen auch bei ausgedehntem Aufenthalt im öffentlichen Raum, ob bei Tag oder Nacht, nicht erleben werden, ist ein Bild für die Bedrohung. Das Eingrenzen der Bedrohung auf bestimmte räumliche und zeitliche Bereiche (Straßenzüge oder Dunkelheit) erlaubt ihnen aber auch eine angstfreiere Nutzung des öffentlichen Raums außerhalb dieser Räume und Zeiten. Trotz dieser Relativierung möchte ich daran erinnern, daß, kommt es tatsächlich zu einem Überfall, nicht nur der Verlust der Handtasche droht. Durch die hohe Verletzungsgefahr und den dadurch nötigen Krankenhausaufenthalt besteht für das Opfer konkret die Gefahr, eine solche Tat nicht zu überleben.

»Wir sind nicht diejenigen, die jede Kleinigkeit sofort verfolgen.«

Ein Gruppengespräch mit Kontaktpolizisten

Thomas Leithäuser

»Wir verschließen uns nicht vor irgendwelchen Aufgaben, sondern hören uns erst einmal die Probleme an.«

Kontaktpolizisten scheinen von der Wichtigkeit ihrer beruflichen Aufgaben überzeugt. Das Gruppengespräch, das Michael Exner und ich mit einer Gruppe von Kontaktpolizisten führten, begann gleich mit einer ausführlichen Erörterung der neuen Aufgaben, die ihre bisherige Tätigkeit als Polizisten im Streifenwagen überschritten. Sie sehen sie in der Regel als eine Bereicherung an. Wir waren überrascht, uns mit etwa 17 Kontaktpolizisten in Dienstkleidung konfrontiert zu sehen. Im Vorbereitungsgespräch hatten wir vereinbart, nach Möglichkeit mit etwa 12 Teilnehmern ein 1 1/2-stündiges Gespräch zu führen. Es sollte um ihre alltäglichen Erfahrungen ihrer Arbeit im Stadtteil gehen. Wir waren zunächst nicht auf eine so große Gruppe eingestellt, die uns erwartungsvoll, doch auch abwartend und ein wenig mißtrauisch, anschaute, als wir den Raum im Polizeigebäude, den Ort unseres Gruppengesprächs, betraten.

Diese abwartende Reserviertheit, die auch wir bei uns selbst spürten, als wir uns in einer Tischrunde mit den 17 Polizeibeamten zusammenfanden, löste sich bald, nachdem wir unser Projekt »Sicherheit im öffentlichen Raum« erläutert und unsere beiden, das Gespräch leitenden Fragen eingeführt hatten. Sie lauteten: »Was sehe ich als meine vordringlichste Aufgabe als Kontaktpolizist an?« und: »Mit welchen Gewaltsituationen bin ich als Kontaktpolizist im letzten halben Jahr in Berührung gekommen?«

Reserviertheit und ein gewisses Maß an Mißtrauen sind sicherlich nicht ungewöhnlich zwischen zweien, die von der Universität kommen und einer Gruppe Polizeibeamten; schließlich sind Universität und Polizei wenig miteinander bekannte und vertraute Einrichtungen. Ihre Organisationskulturen sind sehr verschieden voneinander. Andererseits gibt es bei aller Fremdheit auch ähnliche Interessen und Neugierden. Wissenschaftler wie auch Kontaktpolizisten wollen von und über ihre Gesprächspartner möglichst viel in Erfahrung bringen und Informationen sammeln. Dafür nehmen sie sich Zeit und zeigen eine eigene, allerdings voneinander verschieden ausgerichtete Aufgeschlossenheit und Interesse am Gesprächspartner. So plädiert denn Herr Banter, ein Teilnehmer unserer Diskussionsrunde, auf die Frage nach seiner vordringlichsten Aufgabe als Kontaktpolizist für »Aufgeschlossenheit und Offenheit«:

> Herr Banter: »Ja, die wichtigste (Aufgabe) wird sicherlich sein, erst mal bekannt zu werden in seinem Bezirk, um wirkliche Ansprechpartner zu werden für die Bevölkerung, sich denn eigentlich allen Problemen anzunehmen. Wir verschließen uns nicht vor irgendwelchen Aufgaben, sondern hören uns erst einmal die Probleme an und gewichten dann, können wir helfen, können wir nicht helfen.«

Ganz ähnlich verhalten wir uns als Wissenschaftler im Forschungsfeld. Auch wir hören erst einmal zu, was uns alles erzählt wird, ohne zu strukturieren oder durch spezifische Fragen einzuschränken und unseren Gesprächspartnern eine möglichst offene und zugewandte Haltung entgegenzubringen. Auch wir sagen, wozu unsere Forschung, unsere Fragen und Auswertungen nützlich sind, wobei unsere Erkenntnisse helfen können und wobei nicht.

Der Kontaktpolizist stellt sich allerdings als »Ansprechpartner« zur Verfügung; er bietet sich an. Der Sozialwissenschaftler sucht nach geeigneten Gesprächspartnern für Interviews und Gruppengespräche. Der Sozialwissenschaftler möchte von seinen Gesprächspartnern Informationen und Meinungen bekommen, der Kontaktpolizist Unterstützung, Schutz und Hilfe geben. Zu diesen Zwecken sammelt er seine Informationen und verschafft sich einen Überblick über die soziale Lage »in seinem Bezirk«, in dem er eingesetzt ist. Kontaktpolizisten sind auf der Suche nach Problemen, bei deren Bewältigung sie »helfen« können oder nicht. Während Wissenschaftler nach Erkenntnis und Wissen suchen, suchen Kontaktpolizisten nach ihrem praktischen Nutzen, ihrem Beitrag zur Erhaltung und Herstellung von unmittelbarer Sicherheit in ihren »Bezirken«. Der unmittelbar praktische Nutzen von wissenschaftlichen Untersuchungen ist dagegen eingeschränkt. Es geht um systematisches Wissen und Erkenntnis über Verhältnisse, Strukturen, Beziehungen und Menschen in einem allgemeinen und typischen Sinn. Von einem solchen Wissen lassen sich dann erst Schlußfolgerungen für das praktische Alltagsleben ziehen. Solche praktischen Schlüsse sollten nun nicht allein von den Wissenschaftlern – das gilt vor allem für sozialwissenschaftliche Erkenntnisse und speziell für die hier durchgeführte Untersuchung –, sondern von den sie betreffenden Menschen und sozialen Einrichtungen gemeinsam mit den Wissenschaftlern erarbeitet werden. Mit dieser Vorgehensweise wiederum sind wir von den Kontaktpolizisten gar nicht so weit entfernt, die ebenfalls nicht allein für den Bürger handeln, sondern ihn unterstützen und ein Stück weit »begleiten« wollen:

> Herr Cunter: »Man ist so eine Steuerstelle; man sagt o.k. Bürger, du hast ein Problem, das nehme ich dir nicht ab. Ich will dich nicht entmündigen. Das bleibt schon noch dein Problem. Aber in dem ganzen Behördendschungel zeige ich dir auf, wo es lang gehen könnte. Ich kann dich noch ein Stück weit begleiten – hm – damit ist ein ganzer Haufen erreicht.«

Neben dem »Behördendschungel«, durch den so mancher nicht allein hindurchfindet, gibt es so manches soziales und psychisches Problem, bei dessen Bewältigung der Kontaktpolizist helfen kann. So berichtet Herr Dasser von einem regelmäßigen Anrufer, der mit der Sorge um seine Tochter, die mit einem »Kriminellen verheiratet ist«, nicht mehr fertig wird, sich »alleingelassen« fühlt und »das nicht mehr versteht«:

> Herr Dasser: Wenn ich mit dem morgens eine Viertelstunde telefoniert habe – meistens ruft er mich an –, dann habe ich so das Gefühl, er ist zufrieden. Ich vergebe mir nichts dabei, wenn ich mir das anhöre. Ich muß mir eben halt die Zeit nehmen – einfach diese Zeit.«

Hat ein solches Verhalten etwas mit »telefonischer Seelsorge« zu tun? Ist das Sozialarbeit, für die sich eigentlich andere die »Zeit nehmen« sollten als gerade der Kontaktpolizist?

In unserem Gruppengespräch mit den Kontaktpolizisten werden eine ganze Reihe weiterer Erlebnisse und Erfahrungen aus dem Stadtteil berichtet, in denen sich Kontaktpolizisten als eine Art Sozialarbeiter gefordert fühlen, diese Anforderung für sich annehmen und Unterstützung geben wollen. Das gelingt auch in vielen Fällen; gelingt es aber nicht, so kann man immer noch an einen Sozialarbeiter oder einen Psychologen weitervermitteln. Dabei kann man davon ausgehen, daß viele Bürger den Weg zum Sozialarbeiter und Psychologen von sich aus gar nicht beschreiten würden. Für sie ist häufig der Kontaktpolizist in Dienstkleidung die Person, der sie sich am ehesten glauben anvertrauen zu können. Diese soziale Rolle möchten die Kontaktpolizisten gewinnen, sie möchten die Akzeptanz, die sie im sozialen Bereich sehen, »wieder zurückgewinnen«. Das geht, so erzählen sie, gegenwärtig schneller, als sie anfangs glaubten. So werden sie in Schulen zu »pädagogischen Fragen« eingeladen, um zu

Themen wie »Gewalt in der Schule«, »Erpressereien schon bei den Kleinsten«, »Ladendiebstähle in den Mittagspausen« und ähnlichen Vorfällen mit Rat und Tat zur Seite zur stehen:

> Herr Emer: »Na, ich meine, da ist man dann natürlich wieder ganz Schutzmann, in diesem Augenblick. Da geht es ja um Straftatbestände. Da geht man rein. Da geht man ins Gespräch mit dem Lehrer. Da versucht man Namen zu bekommen. Erst einmal geht es um die Geschädigten, die Opfer. Mit diesen spricht man. Man bietet an, mit den Eltern zu reden, zu warnen, zu sensibilisieren.«

In der Rolle des »Schutzmanns« fühlt sich hier der Kontaktpolizist in seinem eigentlichen Element. Hier kommt seine Berufserfahrung als Polizist und das, was er von der Pike auf gelernt hat, zum Zuge. Die Anforderungen an ihn, auch als »Sozialarbeiter«, vielleicht als eine Art »Psychologe« tätig zu sein, treten dann in den Hintergrund, werden zu Verhaltenssegmenten in die Rolle des Kontaktpolizisten zu integrieren versucht. Das Verhaltenssegment des »Schutzmanns«, der auf die »Straftatbestände« sein Auge wirft und Nachforschungen anstellt, wird zum dominanten Verhaltenssegment in der Rollenkomposition des Kontaktpolizisten. Es sind die jeweiligen sozialen Situationen, aus denen spezifische Verhaltensanforderungen an den Kontaktpolizisten erwachsen und die dazu führen, daß er immer wieder zwischen den genannten Verhaltenssegmenten ausbalancieren, immer wieder neue Prioritäten finden und setzen, die Rolle des Kontaktpolizisten immer wieder neu komponieren muß. In der Dienstkleidung, die eine eindeutige, typische und leicht erkennbare Außenwirkung des Kontaktpolizisten verbürgen soll, müssen sie situationsbedingt die Verhaltenssequenzen zu einem jeweils anderen Arrangement komponieren. Das gelingt einmal mehr und einmal weniger. Der Verlauf der Gruppendiskussion zeigt, wie verschieden unsere Diskussionsteilnehmer die komplexen und nicht selten widersprüchlichen Verhaltensanforderungen gestalten, die ihnen die Rolle des Kontaktpolizisten abverlangt. Diese Rolle erfordert die Nutzung eines komplexen Verhaltensspielraumes und gibt keineswegs nur uniforme Verhaltensregeln vor.

»Das ist ja leider heute so, daß sehr viele Eltern den Kindern erst einmal blind die Hand vor den Hintern halten.«

In dem Gespräch machen wir auf die Schwierigkeiten aufmerksam, die bei der Herstellung von Vertrauen bei den Ansprechpartnern und der Aufgabe der

Strafverfolgung entstehen können. Wir fragen, ob man da nicht zuweilen eine Art »Spagat« vollziehen müsse:

> Herr Feller: »Also ich kriege die Beine eigentlich immer wieder zusammen. Wenn Sie schon von Spagat sprechen, damit habe ich eigentlich kein großes Problem. (...) Wir sind nicht diejenigen, die jede Kleinigkeit sofort verfolgen und sagen, jetzt machen wir eine Anzeige. Wenn sich das anders regeln läßt und nichts gravierendes vorgefallen ist, geht auch das.«

Herr Emer sieht da allerdings weniger »Freiräume«:

> Herr Emer: »Ich gehe ja auch nicht nur spazieren. Wenn mir einer etwas erzählt, muß ich es ja bewerten. Solange wir dieses Prinzip der Strafverfolgung haben – ohne gewisse Freiräume für andere Handlungsweisen. Die Judikative wird mit Sicherheit nicht sagen, ich räume euch da einen gewissen Ermessensspielraum ein, sondern die werden sagen, das behalten wir uns vor.«
>
> Herr Feller: »In erster Linie soll der Täter auch gefaßt werden und also auch bestraft werden. Der Normalbürger erwartet das von uns; selbst die Lehrer sind heute schon teilweise so weit, daß auch sie für eine Bestrafung sind.«

Er möchte jedoch auch die Mittel der »Erziehungsberatung« nutzen und die »Fachbehörden« einschalten, die sich besser mit den Problemen auskennen, denen Eltern und Lehrer nicht mehr gewachsen sind. Herr Feller sieht auch, daß die sozialpädagogischen und psychologischen Kompetenzen des Kontaktpolizisten, wie erfahrungsgesättigt sie auch sein mögen, allein nicht ausreichen, und daß er daher den professionellen Sachverstand dieser Bereiche konsultieren und heranziehen muß. Der Kontaktpolizist kann, so sehen es viele Teilnehmer der Gruppendiskussion, diese Aufgaben im Stadtteil nicht übernehmen. Vielmehr sind sie zunehmend auf Unterstützung, Rat und Tat angewiesen, wenn sie ihren eigenen Aufgaben bei der Erhaltung und Herstellung von Sicherheit im Stadtteil gerecht werden wollen.

Herr Banter kann sich darüber hinaus vorstellen, auch mit solcher professionellen Kooperation, wenn nötig, zu drohen und sich nachhaltig Gehör zu verschaffen, so z. B. gegenüber Eltern, die, was auch ihre Kinder angestellt haben mögen, alles zu deren Schutze unternehmen:

> Herr Banter: »Das ist ja leider heute so, daß sehr viele Eltern den Kindern erst einmal blind die Hand vor den Hintern halten: Mein Junge macht das nicht – mein Mädchen auch nicht. Man muß also erst einmal die Eltern davon überzeugen. Da muß man schon sagen: Wenn ihr nicht bereit seid mitzuarbeiten, dann müssen wir euch einmal mit Hilfe der Erziehungshilfe an dieses Thema heranführen. Da muß man eventuell auch mit Zwang arbeiten – warum denn nicht? Das ist legitim.«

Zimperlich soll danach ein Kontaktpolizist gerade nicht sein. Dem Verhaltenssegment des »Schutzmanns« in seiner Rolle kommt hier den Segmenten des

Sozialarbeiters und Psychologen gegenüber die Dominanz zu. Letztere werden gewissermaßen unter der Herrschaft des Verhaltenssegments »Schutzmann« in die Rolle des Kontaktpolizisten integriert. So gestaltet sich gewissermaßen der Mainstream seiner Verhaltenstendenz: »Da muß man eventuell auch mit Zwang arbeiten«. Aber nicht nur, sondern nur eventuell, wenn es wie bei den verbohrten Eltern nicht anders zu gehen scheint. Dann ist »Zwang« »legitim«. Doch so ganz behaglich ist es Herrn Banter damit auch nicht. Ihm wäre schon lieber, mit den Eltern eine zwanglosere Kooperation herzustellen, denn er braucht einen vertrauenswürdigen »Part, mit dem er zusammenarbeiten kann«. Mehr Wissen und Erfahrung in kommunikationspsychologischer Hinsicht wäre durchaus vorteilhaft.

In diese Richtung gehen auch die Überlegungen von Herrn Gimper: Er möchte seinen »Kontaktbereich« möglichst ausweiten:

> Herr Gimper: »Wir haben also jetzt anberaumt, daß wir einmal mit türkischen Jugendlichen sprechen und einfach einmal die Probleme, die sie oft mit der Polizei haben und die wir auch mit ihnen haben. Woran liegt das? Warum kriegen wir uns immer gleich an die Wäsche? Warum kommt es immer gleich zur Konfrontation? Kann man das ändern? (...) Meistens ist es so, wenn man die jungen Ausländer für voll nimmt und einfach 'mal mit denen redet, daß man dann schon sehr viele Vorurteile abbaut, auch gegenüber der Polizei.«

Im weiteren Verlauf des Gespräches verdeutlicht Herr Gimper noch seine Meinung:

> Herr Gimper: »Vorurteile haben wir ja in irgendeiner Form oft; Vorurteile muß man abbauen und das kann man nur im Gespräch. Auf allen Seiten: die Vorurteile sind bei unseren ausländischen Mitbürgern stark da; aber sie sind sehr stark bei uns vertreten. Das merke ich also immer wieder im Gespräch mit Kollegen.«

Er sieht einen wesentlichen Grund für die Kontakt- und Kommunikationsstörung zwischen Kontaktpolizisten und ausländischen Mitbürgern in den wechselseitigen Vorurteilen. Das führt eher zu einer Konfrontation als zu einer Verständigung. Der Kontaktpolizist erlebt sich gegenüber Ausländern vorrangig als »Schutzmann«, der auf Strafverfolgung aus ist und nicht als einen, der mithilft Probleme zu lösen, aus Schwierigkeiten herauszukommen und Unterstützung zu geben. Er vermutet eher, Ausländer seien ihm gegenüber grundsätzlich mißtrauisch, sähen in ihm einen, der ihnen nur etwas anhängen wolle; man werde ganz schnell zum »Bullenschwein« gemacht. Dies geschähe meistens durch jugendliche Ausländer.

Es ist schwer gelassen zu bleiben, wenn sich einem die Auffassung aufdrängt, daß diejenigen, für die man ja auch als Kontaktpolizist da sein soll, einem ein so stark abwertendes Bild entgegenhalten. Das beeinflußt unweigerlich das Selbstbild und damit das Ausbalancieren der in der Rolle des Kontaktpolizisten integrierten Verhaltenssequenzen vom »Sozialarbeiter«, »Psychologen« und »Schutzmann«. Man fühlt sich allein auf die Sequenz des Strafverfolgers (Schutzmann) festgelegt und als potentieller und aktueller Gegner und Feind hochstilisiert. Vorurteile schränken die Sichtweise vom jeweils anderen ein. Sie entdifferenzieren die soziale Erfahrung, zeichnen meistens ein grobes herabsetzendes Bild vom anderen, den man nicht kennt; Vorurteile haben geradezu die sozialpsychologische Funktion, das Kennenlernen, den näheren sozialen Kontakt mit dem fremden andern zu verhindern. Die Dienstkleidung, auch als äußeres Anzeichen der Autorität und des Vertrauens gedacht – an den Mann in Dienstkleidung soll sich der Bürger vertrauensvoll wenden können –, erweist sich jetzt als Uniform, an der man den Gegner und Feind erkennt, vor dem man Maßnahmen des Selbstschutzes ergreifen muß.

Vorurteile erzeugen Vorurteile: Wem man das vorurteilsvolle abwertende Stereotyp vom »Bullenschwein« glaubt unterstellen zu müssen, der ist schnell als ein gefährlicher in den Randzonen der Kriminalität agierender Bursche diagnostiziert. Der Entwertung folgt die Entwertung, der Herabsetzung die Herabsetzung. So geschieht es leicht, einen als im Aussehen und Sprachgewohnheiten wirkenden, leicht erkennbaren Ausländer als potentiellen Kriminellen einzustufen, den man besonders glaubt beobachten und »Dinge über ihn zusammentragen« zu müssen. Das jeweils Schätzenswerte am anderen, seine menschliche Seite: Fairneß, Freundlichkeit, Hilfsbereitschaft, Gerechtigkeit, wird aus der wechselseitigen Wahrnehmung ausgeblendet oder als Schwäche gesehen und gegen ihn ausgenutzt. Es ist schwer, diesen Zirkel der Vorurteile zu durchbrechen oder ihn aufzulösen und eine Eskalation sich verschärfender Vorurteile und wechselseitiger Ausgrenzung zu verhindern. Aber gerade hierin könnte eine zentrale Aufgabe des Kontaktpolizisten liegen, denn für ihn geht es darum, als Kontaktpolizist wirklich Kontakt zu haben zu den Leuten und wirklich zu verstehen in welche Zusammenhänge diese fremden Menschen eingebunden sind und welche sozialen und psychologischen Faktoren im Fall von Schwierigkeiten wirksam sind.

»Man ist ja nicht mehr so ganz jung und dynamisch vom Äußeren her gesehen und man kriegt schon einiges zu hören.«

Bei Kontaktpolizisten wie bei ausländischen Mitbürgern – gewiß in der Bevölkerung ganz allgemein – sind Vorurteile, die die soziale Wahrnehmung, die

Beziehungen zueinander stark einschränkend beeinflussen, weit verbreitet. Solche Teufelskreise der Vorurteile, an denen man selbst ja teil hat, zu brechen, sie im Ausbalancieren seiner strafverfolgenden, sozialarbeiterischen und psychologischen Tätigkeiten zu reflektieren und zu werten, wie das die Diskussionsteilnehmer gerne möchten, wird dort besonders schwierig, wo die Eskalation der Vorurteile sich zur Feindschaft verhärtet hat. Eine solche Situation beschreibt Herr Hoog. Die sich eskalierenden Vorurteile bleiben nicht nur Bilder in der Vorstellung, die man wechselseitig voneinander hat. Sie werden zu einer die soziale Realität faktisch gestaltenden Kraft. Diese scheint wenig anderes zuzulassen als eine die Konflikte anheizende Konfrontation:

> Herr Hoog: »Wir haben hier in G. Problemzonen, wo die Polizei schlichtweg nicht gern gesehen wird. Wenn man dort als Kontaktpolizist öfter aufkreuzt, stört man die Leute. Wir sind nicht erwünscht. Da wir meistens etwas ältere Jahrgänge sind, wird man am Anfang auch nicht ganz für voll genommen. Man ist ja nicht mehr so ganz jung und dynamisch vom Äußeren her gesehen und man kriegt schon einiges zu hören: ›Verschwinde, du Bullenschwein. Du hast hier nichts zu suchen!‹ Man wird schon ganz schön massiv bedroht. Das ist mir öfter passiert und dem Kollegen hier auch. Neuerdings haben wir festgestellt, daß eine Szene sich diese sogenannten Kampfhunde hält. Dann kommen solche Sprüche, wenn man vorbeigeht: ›Hetz doch mal deinen Freund auf das Schwein da!‹ (...) Es muß wahrscheinlich hier erstmal etwas passieren, daß man überhaupt Einschränkungen machen kann. Man muß wissen, diese Hunde unterliegen keinem Leinenzwang in Bremen, genau wie die andern Hunde nicht; es sei denn auf einer Grünanlage oder auf einem Spielplatz. Diese Hunde werden von ausländischen Mitbürgern scharf gemacht. Teilweise ist es schon soweit gekommen, daß Katzen von den Bäumen geschüttelt wurden und diese Hunde diese Katzen zerfleischt haben. Wir beobachten das mit Sorge. Wir, ich habe das Gefühl über kurz oder lang wird auch einmal so ein Hund auf uns gehetzt.«

Von massiven Bedrohungserlebnissen und Bedrohungsgefühlen spricht Herr Hoog hier. Könnte es Kontaktpolizisten, die ihren Dienst in »Problemzonen« versehen müssen, nicht ähnlich ergehen wie jenen Katzen, die von den Bäumen geschüttelt wurden, um sie von »Kampfhunden« zerfleischen zu lassen? Muß man es erst soweit kommen lassen, daß »über kurz oder lang« »so ein Hund« auf Kontaktpolizisten gehetzt wird? Da fühlt man sich nicht nur bedroht, da kann man regelrecht Angst kriegen, zumal wenn man zu den älteren Jahrgängen gehört und nicht mehr über die körperliche Verfassung verfügt, auf überraschende und blitzschnelle Angriffe entsprechend blitzschnell zu reagieren und den Angriff abzuwehren. Man wird am Anfang als Älterer sowieso nicht ganz für voll genommen und muß sich einige handfeste Beleidigungen anhören. Das macht es der anderen Seite vielleicht sogar leichter, einen Kampfhund auch wirklich loszulassen. Ein schwacher Gegner genießt wenig Respekt; ja, er wird als Provokation erlebt, dem man mal locker mores lehren und das »Viech« auf ihn hetzen kann, ähnlich den Katzen, die ebenfalls nichts gegen einen Kampfhund vermögen und ihm hilflos ausgeliefert sind, von ihm »zerfleischt« werden, wenn er sie packen kann. Es fragt sich, wie man sich gegen einen solchen Angriff überhaupt wehren könnte? Das geht ja eben blitzschnell; der Angriff läßt sich schwer kalkulieren. Wird man noch Zeit haben zur Pistole zu greifen, bevor man angesprungen wird? Oder ist man diesem Angriff hilflos ausgeliefert? Je konkreter man sich eine solche Situation ausmalt, um so mulmiger wird es einem. Was läßt sich dagegen präventiv machen? Reicht es aus, einen generellen Leinenzwang einzuführen? Wäre es nicht sinnvoll die Haltung solcher Kampfhunde generell zu verbieten?

Solcher Art sind die Empfindungen und Fragen, die unsere Gesprächspartner haben. Sie formulieren sie nicht so deutlich; aber es ist klar, daß sie es als starke Zumutung empfinden, als Kontaktpolizisten in solche feindseligen Situationen zu geraten, und glauben, gar mit dem Angriff eines Kampfhundes rechnen zu müssen. Da hört der Spaß auf. Das haben wir als Diskussionsleiter und Interpreten dieses Textes unseren Gesprächspartnern nachfühlen können. Als »Schwein« und »Bullenschwein« beschimpft und mit dem Aufhetzen eines Kampfhundes bedroht zu werden, macht einem die Durchführung der Aufgaben eines Kontaktpolizisten fast unmöglich. Wie soll da ein angemessener Kontakt zur Bevölkerung im Stadtteil hergestellt werden können, wenn einem so viel Feindschaft – jedenfalls – an »bestimmten Ecken« im Revier entgegen schlägt. Herr Ilser verdeutlicht diese schwierige Lage:

> Herr Ilser: »Bei Begegnungen an bestimmten Ecken hier bei uns merkt man: Da schlägt einem der blanke Haß entgegen – und da ist überhaupt nichts persönliches dabei. Diese Leute kennt man ja kaum – das ist einfach die Institution Polizei. Da fragt man sich manchmal wirklich, was hindert die noch daran, dir an die Wäsche zu gehen. Was ist das eigentlich? Ist das die Angst davor, daß du die Pistole ziehst?«

Wie kann man mit einem »blanken Haß«, der gar nicht gegen einen persönlich gerichtet ist, umgehen? Was tut man, wenn man nur noch als Feindbild Polizei, als Träger der feindlichen Uniform, nur als hassenswerter Feind wahrgenommen wird? Wie kann man deutlich machen, daß man nicht nur ein Strafverfolger, sondern auch eine Person mit sozialen Aufgaben und psychologischem Verständnis ist, die auch Aufgaben der Hilfeleistungen hat und je nach Lage der Dinge auch gerne dazu bereit wäre? Was muß getan werden, daß so eine »Art Friedensverhandlung« zustande kommen, ein Weg gefunden werden kann, daß Bürger und Polizei im Stadtteil ein gewisses Vertrauen – wie auch immer kritisch distanziert – zueinander finden können?

»Darum erzählen wir auch nichts von unserer Arbeit, weil wir eigentlich gar keine Probleme haben.«

Die Lage ist vertrackt, wenn nur Angst und Furcht das Beziehungsklima zwischen ausländischen Jugendlichen, die ja »Mitbürger« sein und werden sollen, und den Kontaktpolizisten beherrscht. Wenn sich die Gedanken auf beiden Seiten mehr um »scharf gemachte Kampfhunde« und »Pistolen« drehen, bedarf es dringend Maßnahmen und Strategien der Deeskalation, damit der »blanke Haß« und die wechselseitigen Vorurteile abgebaut werden können. Statt feindseliger Begegnungen an den »bestimmten Ecken« im Stadtteil muß wieder normaler Alltag einkehren können, zu dem das normale Tagesgeschäft des Kontaktpolizisten gehört. Und dieses Alltagsgeschäft ist die Regel. »Kampfhunde«, »platte Reifen und kaputte Windschutzscheiben am Streifenwagen« sind seltene Ausnahmen; desgleichen, daß »PKW's von Privatleuten in Flammen aufgehen«, und daß »ein Kollege einmal in den Boden schießen« mußte.

Bei den Berichten über solche Ereignisse wendet dann auch Herr Jakobs in der Diskussion ein:

> Herr Jakobs: »Wir haben ja fast nur negative – Entschuldigung – positive Beispiele zu berichten. Nur das eben (diskutierte Thema) ist wirklich so ein Negativ-Beispiel, gerade so aus dem Bereich, in den der Kop als einzelner gar nicht mehr reingehen sollte. Soweit sind wir nämlich mittlerweile, daß also zwei Leute hingehen müssen.«

Solche negativen Beispiele sind nur wenige im Tagesgeschäft des Kontaktpolizisten, aber in unserer Gruppendiskussion dominieren sie als Thema. Im Vergleich zu den anderen Themen werden sie plastisch und ausgiebig ausgemalt und okkupieren einen erheblichen Teil der Diskussionszeit. Auch Herrn Jakobs, dem diese Tendenz in der Diskussion auffällt und der die Relation unter den Themen richtigstellen möchte, will das nicht ganz gelingen. Auch er bestätigt die Negativbeispiele: »Soweit sind wir nämlich, daß also zwei Leute hingehen müssen.« Als Kontaktpolizist alleine auf sich gestellt lassen sich die Probleme viel schwieriger angehen. Alleine, auf sich gestellt, so scheint es, fühlt man sich bei der Lösung seiner Aufgaben als Kontaktpolizist generell etwas unsicherer; man scheint sich mit der neuen Rolle noch nicht ganz im Klaren zu sein. Nicht nur bei den Stadtteilbewohnern, sondern auch bei den Kollegen anderer Abteilungen der Polizei gilt es Anerkennung zu erringen. Kontaktpolizist zu sein, heißt gerade nicht eine ruhige Kugel schieben können, wie viele vielleicht meinen. Als Kontaktpolizist ist man auf besondere und zugleich vielseitige Weise gefordert, gerade weil es nicht um rein polizeiliche Aufgaben geht. Das zeigen gerade die extremen Negativbeispiele, über die immer wieder die Rede geht. Da kann man überhaupt nur zu zweit rangehen und auch dann brauchte man vielleicht noch mehr Unterstützung und Hilfe. Das gilt nun aber nur für die angesprochenen Extremfälle, in denen sich auch die Frage nach Angstgefühlen stellt und wie man sie abbauen kann. Herr Dasser versucht diese Frage zu klären:

> Herr Dasser: Darum erzählen wir auch nichts von unserer Arbeit, weil wir eigentlich gar keine Probleme in unseren Bereichen haben (auf einen anderen Diskussionsteilnehmer bezogen): Wenn du sagst, du hast keine Angstgefühle in deinem Bereich, ist das doch Spitze. Du erzählst nur, wenn du Probleme in deinem Bereich hast, mehr nicht. Ich gehe also auch lieber ohne Angst irgendwo lang und ich zeige auch die Angst nicht. Und wenn du keine Angst zu haben brauchst und es entstehen keine Angstgefühle in deinem Bereich, finde ich das super.«

Herrn Dasser ist offenbar wie anderen Teilnehmen auch aufgefallen, daß sich die Diskussion auf weiten Strecken immer wieder zentral mit der starren Gegnerschaft von in der Regel ausländischen in Bremen lebenden Jugendlichen und der Polizei, mit ihnen, den Kontaktpolizisten und den »scharf gemachten« Kampfhunden dreht. Hier steht für alle Diskussionsteilnehmer ein zwar, wie sie betonen, selten auftretendes, aber anscheinend von ihnen nicht lösbares und bedrohliches Problem: Ein möglicher Angriff von Kampfhunden ist kaum kalkulierbar und kontrollierbar und die Folgen können verheerend sein. Das macht Angst und es stellt sich offenbar bei jedem Kontaktpolizisten, bei dem einen mehr, bei dem anderen weniger stark die Frage, ob Angstgefühle mit der Rolle des Kontaktpolizisten vereinbar sind. Als Mensch, als Person darf man sicher in gefährlichen Situationen Angst haben, aber darf man das auch als Polizist?

Angst ist kein angenehmes Gefühl und deshalb geht man lieber ohne Angst seinen Weg und seinen Aufträgen nach. Stellen sich aber doch Angstgefühle bei einem ein, dann zeigt man sie am besten nicht. Das macht nicht nur für den »normalen Bürger« einen Sinn, sondern weit mehr noch für einen Polizisten. Zeigt der sich in schwieriger Lage ängstlich, so kann er schnell das Vertrauen der Bürger verlieren, zu deren Hilfe und Unterstützung er ja da ist: Nicht selten muß er ja gerade ängstliche Mitbürgerinnen und Mitbürger im Stadtteil beruhigen können. Zeigt er sich offen – sei es auch eine gefährliche Lage – als ängstlich, wird er dem Bild von einem Kontaktpolizisten, seinem Fremdbild und Selbstbild gleichermaßen nicht gerecht. Angst eines Polizisten scheint nicht nur sein eigenes persönliches Problem zu sein; es ist zugleich eines der anderen, die ihm vertrauen wollen, die auf seine Unterstützung und Hilfe hoffen. Die Angst eines Polizisten ist also weit mehr als die von anderen Menschen mit anderen Berufen ein soziales Problem. Was kann ein Mensch in Not von einem ängstlichen Polizisten erwarten?

Herr Dasser scheint der Meinung zu sein, daß Angstgefühle für einen Polizisten nur nachteilig sind: »Wenn du sagst, du hast keine Angst in deinem Bereich, ist das doch Spitze«, das ist »super«. Das kann zweierlei meinen: der Kontaktpolizist, der einen Bereich hat, in dem es keine für ihn angstmachenden Probleme gibt, kann sich glücklich preisen, oder: Der Kontaktpolizist hat in seinem Bereich die ihn betreffenden Probleme so anzugehen und zu lösen, daß er keine Angst zeigen muß, obwohl er Angst bei sich fühlt. Das scheint durchaus ein souveränes Rollenverhalten eines Kontaktpolizisten zu sein, der sich das Vertrauen von Bürgerinnen und Bürgern, für die er da ist, verdient. Als angstfreier oder als angstversteckender oder als angstverdrängender Polizist wird er gewiß einem Segment seiner Rolle, der des Schutzmannes gerecht. Doch die Sache hat auch einen Haken. Denkt man an die beiden anderen Segmente, die wir ansatzweise an dem Rollenbild des Kontaktpolizisten durch die Interpretation dieser Gruppendiskussion herausgearbeitet haben, so ist es durchaus wichtig, Angstgefühle zumindest nicht zu verdrängen, d. h. nicht wahrnehmen zu wollen oder gar nicht wahrnehmen zu können, wenn es auch nach außen hin opportun sein mag, sie nicht zu zeigen. Ein solcher Umgang mit den eigenen Angstgefühlen mag zunächst als eine paradoxe Anforderung erscheinen und gradlinige Haltungen wie: Wenn man Angst hat, dann soll man sie auch zeigen können und um so besser: Wenn man keine hat, dann kommt man erst gar nicht in die Lage, zeigen zu müssen, sollen oder wollen, ängstlich zu sein. Sich Angstgefühle eingestehen zu können, sich über seine Ängste und Befürchtungen klar werden zu können, gehört zu den Rollensegmenten des Sozialarbeiters, vor allem denen des Psychologen. Gerade zum psychologischen Verständnis, sei es von anderen Menschen, sei es von gefährlichen Situationen, gehört als Basiserfahrung das bewußte Spüren und Reflektieren von eigenen Ängsten, auch die Fähigkeit zur Antizipation, zum Vorausdenken, zum sich Vorstellen können, daß man in dieser oder jener Situation wahrscheinlich Angst haben wird. Eine solche Basiserfahrung ermöglicht es leichter, sich in die Lage anderer zu versetzen, die die Hilfe des Kontaktpolizisten brauchen und auch in die Lage jener, die glauben wollen oder müssen, die Polizei sei nichts anderes als ihr Feind.

»Wenn du sagst, du hast keine Angst in deinem Bereich, ist das doch Spitze.«

Der Satz von Herrn Dasser: »Darum erzählen wir auch nicht von unserer Arbeit, weil wir eigentlich gar keine Probleme in unseren Bereichen haben«, ließe sich auch – das Wort »eigentlich« weist einen solchen Weg – umkehren. Es machte durchaus

Sinn zu sagen: »Darum erzählen wir auch nicht von unserer Arbeit, weil wir eigentlich ganz dicke Probleme haben«. Und wenn wir die alle anpacken wollten, dann kann uns nur Angst und Bange werden; darum ist es besser, gar nicht mit dem Erzählen anzufangen. Wird aber der Problemsack des Alltagsgeschäfts von Kontaktpolizisten ein wenig geöffnet und fangen sie an, über ihre Arbeit zu erzählen, von sozialem Elend, Krankheit und Kommunikationsstörungen, so wird ein weites Feld Sprachlosigkeit zwischen den Nachbarn, den Bewohnerinnen und Bewohnern des Stadtteils offenbar. Verwahrloste Wohnungen von kranken alten Menschen, die sich um nichts mehr kümmern können, ein Vater, der nicht damit fertig wird, daß seine Tochter mit einem Kriminellen verheiratet ist, Mieter, die sich um die Reinigung des Treppenhauses oder um umgekippte Mülleiner streiten, die Kleinkriminalität und die Gewalt in den Schulen, mit denen die Lehrer nicht mehr fertig werden, Ladendiebstahl usw. sind durchaus Ereignisse und Themen, die einem Kontaktpolizisten zu schaffen machen können, insbesondere dann, wenn er ein großes Herz und Verständnis für soziales Elend und Leid hat. Nicht nur in seiner Eigenschaft als »Schutzmann«, sondern auch in der des »Sozialarbeiters« kann sich ein Kontaktpolizist überfordert fühlen, besonders, wenn er den Eindruck gewinnt, daß das, was man auch immer tun kann, nicht hilft, aus dem Schlamassel herauszukommen. Das stimmt verzagt und läßt zuweilen Stimmungen der Vergeblichkeit aufkommen.

Solche Stimmungen lassen sich als die Folge einer starken Anteilnahme und Einfühlung in die Lage derer verstehen, für die man als Kontaktpolizist Sorge tragen soll. Eine solche überstarke Identifikation, hier nunmehr mit dem Rollensegment des »Sozialarbeiters«, führt so nicht selten zu Gefühlen der Ohnmacht und Lähmung. Lohnt es sich denn überhaupt noch unterstützend und helfend Hand anzulegen, so fragt sich wohl mancher unserer Diskussionsteilnehmer und sein Helfermotiv mag sich nach und nach aufzehren. Zu angemessenem Handeln in schwierigen, manchmal gar aussichtlosen Situationen bedarf es auch der distanzierten Haltung. Man darf sich nicht völlig verwickel lassen, sondern sollte den Überblick behalten.

In der Perspektive des Rollensegments »Sozialarbeiter« geht es für den Kontaktpolizisten um das Ausbalancieren von Anteilnahme und Distanz, um richtig handeln zu können. Hier kommt das psychologische Rollensegment zum einen im Sinne der praktischen Teilhabe des Kontaktpolizisten in Form seines praktischen Eingreifens in die anstehende Situation, zum anderen im Sinne des Einschätzens, des Analysierens, des Diagnostizierens ins Spiel. Es geht nicht nur um praktische, sondern auch um theoretische Klärung der Lage. Herr

Karl macht eine solche mehr theoretische und analysierende Haltung an einem Beispiel deutlich:

> Herr Karl: »Ich bin mit dem Thema Gewalt befaßt. Was ist Gewalt? So ist es eine Frage, ob Gewalt vorliegt, wenn ein Bürger durch laute Musik von seinen Nachbarn gestört wird. Irgendwie fühlt er sich terrorisiert und letzten Endes ist hier auch Gewalt im Spiel. Das sind so Vorkommnisse, die uns täglich begegnen. Und das ist die Frage, inwieweit wir tagtäglich Gewalt erleben.«

Ist Ruhestörung durch laute Musik schon eine Form von Gewalt? Für Herrn Karl hängt das auch davon ab, wie der gestörte Bürger die »laute Musik« empfindet. Fühlt er sich durch die Ruhestörung terrorisiert, so hat das sicher etwas mit Gewalt zu tun, so wenn zum Beispiel die Ruhestörer nach wiederholter Bitte und Mahnung die Musik doch aus, zumindest aber leiser zu stellen, nicht reagieren oder sie im Gegenteil noch lauter stellen. Dann könnte man sich wohl terrorisiert fühlen und die Polizei zur Hilfe holen. Es ist also durchaus auch eine psychologische Frage, wann etwas Gewalt genannt werden kann und wie in einem solchen Falle der herbeigerufene Kontaktpolizist eingreifen soll und kann. Herr Karl berichtet davon, daß die Polizei zunehmend bei Problemen herangezogen würde, die die Bürger auch sehr gut untereinander ohne Einmischung der Polizei regeln könnten.

»Was ist Gewalt?«

> Herr Karl: »Das ist eine gewisse Form der Sprachlosigkeit der Leute untereinander. Als wir früher noch auf dem Streifenwagen waren, da war das ganz oft so, daß wir irgendwo hin mußten. Da hatte ein Nachbar seine Hecke nicht geschnitten und alles ragte über den Zaun. So nach dem Motto geht das: ›Gehen Sie mal hin und erzählen Sie ihm das mal‹. Oder ruhestörender Lärm. Und wenn wir dann gefragt haben: ›Waren Sie selber schon mal an der Klingel?‹ Nee, das nicht. Ich finde, da liegt schon vieles im Argen, daß die Leute untereinander gar nicht erst sprechen, sondern gleich uns holen und wir sollen dann schreiben, regeln und machen.«

Herr Karl und viele seiner Kollegen sehen in der Unfähigkeit der Nachbarschaften im Stadtteil, sich untereinander zu verständigen, Konflikte und Probleme, die sie miteinander haben, gemeinsam lösen zu wollen, Mißverständnisse aufzuklären und Kompromisse zu schließen als eine Quelle von sozialer Sprachlosigkeit und Gewalt. Wer auch immer sich im Recht glaubt, versucht das nicht selbst mit dem Kontrahenten zu klären, sondern holt lieber gleich die Polizei, die dann die Aufgabe habe, Recht und Ordnung unmittelbar wieder herzustellen. Für die Lösung von Konflikten scheint die Polizei zuständig. Das war schon vor einigen Jahren so; aber heute hat sich der Ruf nach der Polizei, »die (auf)schreiben, regeln und machen« soll, noch verschärft, besonders in Bezirken, in denen es bestimmte Problemgruppen gibt und der Ausländeranteil an den Einwohnern größer geworden ist. Besonders in diesen Bezirken ist die »Hemmschwelle«, unmittelbar Gewalt gegeneinander zu üben, nach Meinung der Kontaktpolizisten stark gesunken.

Unsere Gesprächspartner haben ein gutes Gespür für soziale Erfahrungs- und Konfliktanalysen. Sie können genau das Entspringen von Gewalttätigkeit aus sozialen Problemlagen erkennen und einige bemerken auch eine gewisse Vorurteilsbereitschaft bei sich selbst gegenüber fremdartig erscheinenden und ausländischen Mitbürgern. Welche Möglichkeiten haben sie nun als Kontaktpolizisten mit ihren schutzpolizeilichen, sozialarbeiterischen und psychologischen Kompetenzen in den Problembezirken im Stadtteil, für die sie ja besonders da sind, umzugehen und zu handeln? Einmal abgesehen von Situationen offener Feindschaft ihnen gegenüber, haben sie eine ganze Reihe von Handlungsmöglichkeiten, wenn sie die Rollensegmente: der Rolle Kontaktpolizist, Schutzmann, Sozialarbeiter, Psychologe flexibel jeweils neu auf die entsprechende Situation bezogen für ihr Handeln gewichten können.

Einen Aspekt, der sehr bedeutsam für die praktische Ausgestaltung der Rolle des Kontaktpolizisten ist, haben wir noch nicht genannt. Das liegt zu einem großen Teil daran, daß er in der Gruppendiskussion so gut wie gar nicht angesprochen wird. Gleichwohl ist dieser Aspekt in vielen Äußerungen der Diskussionsteilnehmer indirekt spürbar. Es handelt sich um den obersten Dienstherren; denn natürlich sind Kontaktpolizisten Landesbeamte und in ihrem Dienst, der ja auch durch ihre besondere Dienstkleidung nach außen für die Öffentlichkeit angezeigt wird, weisungsgebunden. Kontaktpolizisten, wie andere Polizeidienste ebenfalls, sind Vertreter der Staatsmacht. Mit ihrem Auftreten in der Öffentlichkeit und der Ausführung ihrer Dienste repräsentieren sie den Staat und zeigen, auf welche Weise der Staat mit den Bürgerinnen und Bürgern umzugehen gewillt ist. Kontaktpolizisten kommt daher eine besondere Verantwortung zu, die von einem Mitarbeiter eines privaten Dienstes in dieser strengen Weise nicht gefordert wird. Ein Kontaktpolizist hat in unserer Gesellschaft einen demokratischen Staat zu vertreten. Er repräsentiert mit seinen Verhaltens- und Handlungsweisen Umgangsformen in einer Demokratie. Man kann sagen, daß Landesbeamter bzw. Staatsbeamter zu sein, das Korsett abgibt, das die Rollensegmente Schutzmann, Sozialarbeiter, Psychologe der Rolle Kontaktpolizist zusammenhält. Über dieses Rollenkorsett Staatsbeamter vermitteln sich die

Vorschriften und Regeln, nach denen sich der Kontaktpolizist vom Grundkonzept seiner zu bewältigenden Aufgaben und Arbeiten her zu verhalten hat. Darauf bauen auch die Bürgerinnen und Bürger, daß er sich verantwortlich an diese Regeln hält. Das macht ihn vertrauenswürdig, einschätzbar und kalkulierbar. Der Kontaktpolizist muß den Eindruck rechtfertigen, daß er den Bürgern und einem Dienstherrn gegenüber ein zuverlässiger Beamter ist. Gelingt ihm das überzeugend, so ist das seine Stärke in den vielfältigen Auseinandersetzungen und Konflikten im Stadtteil. Es kann aber auch eine Schwäche sein, gerade in jenen ernsten und schwierigen Auseinandersetzungen, in denen Kontaktpolizisten, allein auf das Rollensegment »Schutzmann« eingeschränkt, offener Feindseligkeit und Angriffslust gegenüberstehen. Der Kontaktpolizist kann nicht mit jedem Mittel, das ihm situationsbedingt brauchbar und gut dünkt, reagieren. Er muß sich an die Gesetze und Regeln halten. Das wissen meist auch seine Gegner, die ihn für ihren Feind halten, ihn ihrerseits kalkulieren, nach seinen Schwächen und ihm Angst zu machen suchen und ihr Spiel mit ihm treiben. So darf er sich nicht provozieren lassen, auch durch solche Sätze nicht wie »Bullenschwein«, »ich hetz' das Viech auf dich«. Er ist in seinen Reaktionen an Regeln gebunden und in manchen schwierigen Situationen mag das zu einem etwas umständlichen Verhalten führen, die Polizisten für ihre Gegner zum Gespött machen. Von Jugendlichen wird denn auch ein »Bulle« nicht selten durch eine Art gestaffelter Provokationen ausgetestet, um zu sehen, wann der Kontaktpolizist seine Souveränität verliert, ausrastet, um sich dann wieder vorhalten lassen zu müssen, er wäre als Polizist seiner Rolle nicht gerecht geworden.

Wenn daher unsere Gesprächspartner berichten, an »bestimmten Ecken« im Stadtteil »nicht für voll genommen zu werden« und es schwer für sie ist, sich die notwendige Autorität zu verschaffen, so liegt das offenbar nicht allein daran, daß sie glauben, das läge am Umstand, daß sie zu den »älteren Jahrgängen« gehören und sich insofern hilflos fühlen, als daß sie glauben, das andere jüngere Polizisten es sind. Es liegt auch daran, daß in schwierigen Situationen, in denen man allein auf das Rollensegment des »Schutzmannes« eingeschränkt ist, aus der Regelgeleitetheit des polizeilichen Verhaltens eine bloße Regelgebundenheit wird.

»Man versucht in der Regel, einen Ausgleich zu finden.«

Anderes wiederum in den alltäglichen Auseinandersetzungen, in denen dem Kontaktpolizisten sein volles Rollenrepertoire zur Verfügung steht und in denen er dann ja nach Lage seine Souveränität im Sinne des einen oder anderen Rollensegments gewichtet oder in allen dreien ausspielen kann, so z. B. in Fällen öffentlicher Ruhestörungen, in Streitigkeiten zwischen Nachbarn oder in den Familien. Da kann man »so eine Art Friedensverhandlungen« durchführen und den Leuten klarmachen, daß es durchaus sinnvoll sein kann, alleine einen Ausgleich und Kompromisse zu finden, ohne immer gleich nach der Polizei zu rufen, die dann »schreiben, regeln und machen« soll, während man sich selbst bequem zurücklehnt und den Kontaktpolizisten für sich arbeiten läßt. Die Aufforderung zur fairen Selbstregelung von Konflikten ist durchaus ein Beitrag zu einem auskömmlichen demokratischen Zusammenleben im Stadtteil.

Kontaktpolizisten versuchen dann auf gütliche und klärende Weise in den verschiedenen Konfliktfeldern zu wirken. Sie versuchen in »der Form von Gesprächen« in Auseinandersetzungen einzugreifen, wenn nicht vorher schon »die Kollegen vom Streifendienst« dagewesen sind und bereits eine Strafanzeige geschrieben haben:

> Herr Cunter: »Man versucht in der Regel, einen Ausgleich zu finden. Man versucht Gespräche herzustellen zwischen dem Anzeigenerstatter und demjenigen, der die Störung verursacht hat. Man versucht vermittelnd einzugreifen. Vielleicht ist das eine schwerhörige Oma oder Opa, die gar nichts mitbekommen haben.«

In der alltäglichen Praxis der Kontaktpolizisten geht es darum, im Vorfeld von möglichen Delikten tätig zu werden, gewissermaßen präventiv zu handeln und wenn das nicht gelingt, zu einer Art von »Täter-Opfer-Ausgleich« zu kommen, es sei denn, es liegen eindeutige Straftaten vor, die verfolgt werden müssen. Ein Kontaktpolizist sollte ein Gespür dafür entwickeln, wo etwas anbrennen kann. Dort, wo etwas hochkochen will, wo Konflikte und Auseinandersetzungen zu eskalieren drohen oder tatsächlich eskalieren, sollte er beruhigend und ausgleichend eingreifen. Das handlungsstrategische Ziel im Alltag des Kontaktpolizisten ist häufig die Deeskalation. So ist es gewiß nicht selten, wie unsere Gesprächspartner berichten, daß man zwischen alle Stühle gerät. Dann muß man widersprüchliche Anforderungen der verschiedenen Konfliktparteien aushalten können, sich nicht voreilig auf die eine oder andere Seite ziehen lassen und immer wieder, so weit das geht, mit Souveränität, Übersicht und Sachverstand eingreifen. Das heißt, immer wieder einen Ausgleich zu finden suchen, aber auch eine notwendige Verfolgung von Straftaten nicht außer acht zu lassen. Das ist ein durchaus komplexes Handlungsprofil, mit dem ein jeder Kontaktpolizist konfrontiert ist und das er sich je nach seinen individuellen Fähigkeiten zu einem konsistenten persönlichen Handlungskonzept aneignen muß. Es ist ein Handlungsprofil, das von einem Geflecht selbstverständlich scheinender, sozialer Interaktions- und Beziehungsformen, die das konkrete Alltagsleben der Stadtteilbewohner organisieren, tangiert wird. Die persönliche Aneignung eines solchen Handlungsprofils ist keine leichte Aufgabe, die einer differenzierten Sozial- und praktischen Selbsterfahrung bedarf. Das ist auch keine Aufgabe, die man ein für alle Mal für sich lösen könnte. Vielmehr geht es um ein permanentes Ausbalancieren der Rollensegmente: Schutzmann, Sozialarbeiter, Psychologe. Wer das für sich einigermaßen souverän hinkriegt – das belegen die Erfahrungsberichte der Kontaktpolizisten in unserem Gruppengespräch – schafft sich eine berufspraktische Identität, mit der er den vielfältigen Auseinandersetzungen, Konflikten und Kämpfen im Stadtteil gewachsen sein kann.

»Die Gewalt kommt von außen.«

Ein Gruppengespräch mit Lehrerinnen und Lehrern

Renate Haack-Wegner

Unter der Fragestellung: Was heißt Sicherheit für mich? Welche Bedrohungs- und Unsicherheitsgefühle erlebe ich im Stadtteil? haben wir mit sechs Lehrerinnen und Lehrern gesprochen. Sie unterrichten in 7. bis 10. Haupt- und Realschulklassen.

Die Schule ist ein institutionalisiertes soziales Gebilde im Stadtteil. Sie ist ein Raum, der verschiedene Gruppen: Kinder, Jugendliche und Erwachsene, Deutsche und Ausländer, Männer und Frauen, Schüler und Lehrer in einem Stadtteil zusammenführt und in dem sich Konfliktpotential entzünden kann. Die Schule ist damit eines der Forschungsfelder für unser Projekt »Sicherheit im öffentlichen Raum – Sicherheitsbedürfnisse und Unsicherheitsgefühle im Stadtteil«. In diesem Gruppengespräch stehen die Lehrer im Mittelpunkt. Ihrem subjektiven Erleben, ihrer Wahrnehmung von Gewalt, Bedrohung, Unsicherheit und der jeweiligen kognitiven und emotionalen Verarbeitung von gewalttätig empfundenen Erfahrungen gilt unser Forschungsinteresse. Psychische Anpassungs- und Bewältigungsmechanismen, die durch die eigene Biographie, ihre Rolle sowie institutionelle und gesellschaftliche Erfordernisse geformt werden, stellen eine innere Haltung zum Thema Gewalt her und erzeugen eine Antwort darauf, einen handelnden Umgang damit. Wie sehen die konkreten Erfahrungen und die Bewältigungsmechanismen der Lehrer und Lehrerinnen aus?

Szenen der Gewalt

Die ersten Szenen, die in dem Gruppengespräch geschildert werden, drehen sich um Erfahrungen auf dem Schulhof. Die Bedrohung kommt nach ihrer Darstellung vor allem von schulfremden männlichen Jugendlichen, die den Schulhof und die Pausen als einen Raum für ihre Bedürfnisse und für ihre Machtspiele nutzen. Das heißt, daß die Gewalt als etwas von außen Kommendes gesehen wird: Sie kommt aus der unmittelbaren Umgebung in die Schule hinein. Der Pausenhof stellt dabei einen Übergangsraum dar, eine Art fließende Grenze zwischen Schule und Stadtteil.

I. Die Gewalt kommt von außen: »Das hatte einen Nachklang-Effekt.«

Frau A.: »Ich habe selber die Erfahrung auf dem Schulhof gemacht bei der Aufsicht, daß ich zweifach bedroht worden bin, allerdings nicht von Schülern in der Schule, sondern von Jungen, die von draußen reingekommen sind. Der eine, würde ich sagen, der ist nicht ganz zurechnungsfähig, obwohl er immer auf den Schulhof kam und sich wie der Pate gebärdet hat und sich die Hände schier küssen ließ. Der andere ist ein schwer verhaltensgestörter junger Mann wohl gewesen, das hat die Schulleitung extra für mich rausbekommen, und die haben mich bedroht. Ich bin da also reingeschliddert, ich hab mir die nicht rausgepikkt, sondern die standen in irgend einem Klüngel, wo Schüler laut Hausordnung nicht sein sollen und wenn ich Aufsicht habe, dann muß ich so etwas machen. Und dann stellte sich das heraus, und das hat, das hab ich in der Situation selber – das denke ich – ganz gut hingekriegt, aber das hatte einen Nachklang Effekt, der mich sehr nachhaltig beeindruckt hat, wirklich sehr nachhaltig, muß ich sagen. Bei diesem einen, der kam ja mehrfach, da hab ich mir auch einen Schüler als ›Bodyguard‹ sozusagen zugelegt, der alleine durch sein Raumverdrängungsgehalt ... Der braucht sich bloß ein Stück zu bewegen, dann gehen die ein Stück zurück.«

Gl.: »Und auf welche Weise haben die Sie bedroht?«

Frau A.: »Ja, ich, wenn die mich anfassen, ich hab dann, ich mach immer, ich mach viel Gebärden, ich hatte also so eine Gebärde gemacht, also wenn sie mich berühren, dann schmeiß ich dich gegen den nächsten Baum. Wenn ein Schüler genau so groß ist wie ich, dann kann man das. Und der andere wollte mich umbringen. Der hat allerdings dann später mich noch mal gefragt, das war auch so eine Art Kontaktsuche, ob ich denn gerne Lehrerin sei, und da hab ich gesagt: ›Ja, das bin ich gerne‹, und dann war sein ganzes Weltbild erschüttert. Merkte man so, da fiel sein Gesicht so auseinander ...«

Die Lehrerin schildert zwei verschiedene Bedrohungssituationen, die in einer Szene zu verschmelzen scheinen. Sie hatte jeweils Pausenaufsicht; das ist eine Situation, in der man alleine ist und helfende Kollegen und Schulleitung weit entfernt sind. Die Pausenordnung dieser Schule sieht – wie allgemein üblich – vor, Schüler oder Schülerinnen nur auf dem offiziellen Pausenhof zu dulden. Gemäß dieses Auftrages greift sie ein, als sie eine Gruppe Schüler im »verbotenen« Bereich sieht. In jeder dieser Gruppen muß sich einer der jungen Männer befunden haben, die sie als von draußen Kommende beschreibt. In der einen Bedrohungsszene hat der junge Mann sie angefaßt, sie hat ihm daraufhin gestisch signalisiert, daß sie zurückschlagen und ihn gegen den nächsten Baum »schmeißen« würde. Mit der zweiten Szene schildert sie eine massive Bedrohung (»der wollte mich umbringen«). Wir erfahren nicht, wie sie in der betreffenden Situation reagiert hat, sie erzählt nur, daß sie diese Situation ganz gut gelöst hat, d. h. ohne selbst physische Gewalt zu erleiden auflösen konnte. Diese Erfahrung hat sie dann aber dazu gebracht, sich einen mächtig wirkenden Schüler als »Bodyguard« zu suchen, der ihr in der Pause gegen diesen jungen Mann zur Seite stehen soll. Weitere Gewaltandrohungen von diesem jungen Mann hat es nicht gegeben. Sie berichtet dann von einem weiteren Besuch und einer kurzen Unterhaltung zwischen ihnen beiden, wobei er sie fragte, ob sie denn gerne Lehrerin sei. Das Erstaunen des Jungen über ihre Antwort, trotz solcher Vorkommnisse gerne Lehrerin zu sein, deutet sie als Erschütterung seines Weltbildes (»da fiel sein Gesicht so auseinander«).

Es fällt auf, wie wenig die jeweilige Gewaltszene selbst beschrieben wird. Nur vage können wir uns ein Bild machen von dem Ablauf der jeweiligen Bedrohungssituation und das auch erst durch unsere Nachfrage. Will sie diese Situation auch vor den anderen Kollegen nicht wiederholen, will sie selbst diese nicht noch einmal im Erzählen durchleben oder will sie dieses nicht vor zwei ihr unvertrauten Forschern ausbreiten? Wichtig ist ihr, uns zu vermitteln, daß sie nachhaltig davon betroffen war und wie groß der »Nachklang-Effekt« war. Damit gibt sie indirekt auch einen Hinweis auf die Erschütterung, Angst und Beschämung, die sie in diesen Szenen durchlitten hat. Sie sucht sich jetzt Schutz durch einen Schüler, der körperlich mächtig ist. Sie nimmt damit Strukturen der Gewaltszenerie auf, sich als eine bedrohte Person mit einem Bodyguard zu schützen. Dessen Wirkung ist ihr irgendwie unheimlich (»ob das noch Strukturen hat?«), aber sie beruhigt sich mit der positiven Auswirkung, die dieser auf mögliche Angreifer hat. Ebenfalls ist es ihr wichtig, uns zunächst einmal zu vermitteln, daß sie diese Gewaltsituationen gut lösen konnte. Die erheblichen psychischen ›Kosten‹, die solche Szenen begleiten, kommen ihr dann aber sofort in den Sinn (der »Nachklang-Effekt«).

Beide jungen Männer sind keine Schüler der Schule. Es ist ihr wichtig, daß diese auch nicht irgendwelche jungen Leute sind, die von außen herein kommen, sondern ganz besonders schwierige Jungen: Den einen vermutet sie durch ihre Assoziation ›Pate‹ im kriminellen Milieu angesiedelt, der andere stellt sich als ein gestörter junger Mann heraus, der bereits im schulischen Milieu als solcher bekannt ist. Das haben anschließende Recherchen der Schulleitung auf ihren Wunsch hin ergeben. Sie hat nachträglich versucht, die Begegnung zu strukturierten und sich zu erklären, ihr damit auch einen Teil der Gefährlichkeit zu nehmen: Indem sie etwas über beide weiß, kann sie diese einordnen. Sie gewinnt damit nachträglich wieder einen Teil ihrer Macht, zumindest als Definitions- und Handlungsmacht zurück, die ihr in der Begegnung abhanden gekommen war. Mit ihren Nachforschungen bestätigt sich die Lehrerin, daß sie es mit ganz außergewöhnlichen jungen Männern zu tun hatte, die normalerweise nicht zu ihrem Interaktionsradius als Lehrerin an dieser Schule gehören. Damit ist eine Anerkennung verbunden, selbst mit solchen schwierigen Jugendlichen fertig geworden zu sein. Die strukturierenden Annahmen über diese Jungen geben aber auch Orientierungshilfe für zukünftiges Handeln, machen eine adäquatere Einschätzung von möglichen Verhaltensweisen für zukünftige Begegnungen möglich. Insgesamt macht sie sich, den anderen anwesenden Kollegen und uns deutlich, daß sie mit ›normalen‹ Schülern sonst keine Schwierigkeiten hat, selbst wenn diese eventuell von außen als Besucher auf den Schulhof kommen, daß selbst bei diesen schwierigen Jugendlichen ihr Rüstzeug noch ausreicht, aber diese Bedrohungen mit körperlicher Gewalt sie doch belasten. Ebenfalls ist es ihr sonst nicht vertraut, irgendwo »reinzuschliddern«. Ein solches fremd inszeniertes Geschehen läßt eigenes Beherrschen der Szene nicht zu, da ist sie ohne Plan und eigenes Zutun hineingeraten, bewegt sich wie auf Glatteis und ist somit nicht auf ihrem gewohnten festen Grund. Damit macht sie auch deutlich, daß sie die passive, die beiden Eindringlinge die aktive Rolle innehatten, sie deshalb keine Schuld an dem trägt, was dann passiert ist (»Ich habe sie mir nicht rausgepickt«). Damit verteidigt sie sich auch indirekt gegen vorweggenommene Vorwürfe, Lehrer hätten bestimmte Schüler, die sie nicht leiden können und die sie dementsprechend behandeln (sie sozusagen herausgreifen und auf ihnen herumhacken), daß deren aggressive Antworten dann verständlich sind. Sie sieht sich als eine Lehrerin, die nicht solchen Mechanismen folgt bzw. ein solches Handeln reflektieren könnte.

Natürlich hätte sie bei der erlebten Szene die Gruppe einfach ignorieren können, durch Wegsehen sich diese Erfahrung ersparen können, aber das ist für sie keine Alternative, denn wenn sie Aufsicht macht, »muß ich also so was machen«, das heißt, unerlaubtem Treiben nachgehen. Es wird deutlich, daß sie ihre Aufgabe der Pausenaufsicht sehr ernst nimmt und trotz mulmiger Gefühle durchführt. Diese Haltung erscheint nicht wie eine von außen auferlegte und widerwillig ausgeführte Rollenübernahme, sondern es gehört eben zu ihren Aufgaben als Lehrerin dazu, auch in der Pause ein waches und damit schützendes Auge über die Schülerinnen und Schüler zu haben. Dieses Verhalten gehört zu ihrem Rollenverständnis als Lehrerin. Davon wird auch etwas deutlich, als sie von dem einen Jugendlichen über ihren Beruf befragt wird und zur Antwort gibt, daß sie diesen gerne ausführt. Neben der Provokation des Fragenden, der etwas anderes erwartet hatte, überzeugt sie ihn und vermittelt etwas von der hinter ihrer Lehrerrolle stehenden Identifikation und affektiven Grundhaltung.

Auch bleibt ihr in der nachträglichen Bearbeitung der Szene die Möglichkeit, das spätere Verhalten dieses Jungen als den Versuch einer Kontaktaufnahme (»das war auch so eine Kontaktsuche«) zu sehen, ihn also nicht zurückzuweisen, den Kontakt abzubrechen, sondern mit ihm im Dialog zu bleiben. Das bedeutet Anerkennung dieses Jungen und Einfühlen in dessen Art, mit ihr umzugehen. Vielleicht stellt sie damit so etwas wie eine Wiedergutmachungsmöglichkeit für ihn her, seine Drohung, die ihn möglicherweise erschreckt hat, abzumildern, indem der Kontakt zu ihr nun in einem nicht aggressiven sprachlichen Dialog gelingt. Trotzdem spürt man die Verletztheit, mit der sie fertig werden muß; nachvollziehbar auch in der Art und Weise, wie sie die Bedrohungsszenen schildert: Ironie taucht hier als Distanzierungsmittel zur nachträglichen Bewältigung auf (»Hände schier küssen ließ, Raumverdrängungsgehalt«). Damit kann der erlebten Situation der Schrecken genommen werden, um aus der Ohnmacht wieder in eine mächtigere Position zu gelangen. Die gleiche Struktur zeigt sich auch in der Auflösung der Gewaltszene, denn am Ende ist es der Schüler, dem das Gesicht »auseinanderfällt«, der also sein Gesicht verliert, und nicht sie. Das heile und das auseinanderfallende Gesicht wird möglicherweise als ein Bild für eine intakte soziale Identität verwendet, um die es letztlich geht. An dieser Szene wird ein subjektiv gelungener Versuch deutlich, mit Gewalt, Bedrohung und der eigenen Angst fertig zu werden. Eine Art Schutzstrategie wird entwickelt, um zu »überleben« und das Gesicht zu wahren, sich nicht in seiner Rolle und Person total hilflos und gefährdet zu fühlen. Das ist eine Strategie, die nötig ist, um die erlittene Ohnmacht aufzuheben und so die Rollenautorität zurückzuerlangen. Denn diese ist per definitionem der asymetrischen Struktur der Lehrer-Schüler-Beziehung immanent und muß deshalb verfügbar sein, um ein rollenadäquates Selbst- und Fremdbild zu erhalten oder wiederherzustellen. Direkt daran anschließend erzählt ein anderer Lehrer von seinen Schulhof-Begegnungen:

II. »Da hatte ich sehr ungute Gefühle.«

Herr B.: »Man kann das selbst schlecht einschätzen. Ich hab das hier auch mal gehabt, als Sie (gemeint ist der Schulleiter) nicht da waren. Da waren zwei fremde Schüler, ich kenne ungefähr jeden. Da war (unverständlich) ... Da bin ich da runtergegangen und hab denen Bescheid gesagt, und ich kenne ihn nicht, ich konnte auch gar nicht einschätzen, sollten sie bitte die Schule verlassen. ›Ne, wir warten hier auf Freunde, nicht‹ – noch mal gesagt und ›Was willst Du denn machen, wenn wir das nicht machen?,‹ sagte er. ‹Ja, da muß ich irgendwas überlegen.‹. Und einer ging dann vor und der andere hinterher. Ich ging dann zurück zum Eingang, dann kam einer hinter mir her, da hatte ich sehr ungute Gefühle. Ich wußte nicht, was als nächstes passiert. Frau X., die Sekretärin, die hatte aus dem Fenster geguckt, der war das also auch aufgefallen ... Das ist also so, daß man das ganz schlecht einschätzen kann. Das ist eine ganz ungute Situation mit Leuten, mit denen man eigentlich gar nichts zu tun hat, denn die gehen hier nicht zur Schule.«

Auch in dieser geschilderten Situation wird eine Lehrer-Schüler-Interaktion erzählt. Vermutlich geht der Lehrer, der den Schulhof und die kleine Gruppe fremder Jugendlicher im Auge hat, hin, als ihm die Situation bedrohlich (für einen der Jungen) erscheint. Dieser Auslöser bleibt in seiner Schilderung unklar. Er fühlt sich verantwortlich, so läßt sich vermuten, denn der Schulleiter ist, wie er betont, nicht im Hause, und bittet die Jugendlichen, den Schulhof zu verlassen. Die Schüler wollen sich nicht vertreiben lassen, sehen diesen als einen öffentlichen Ort, an dem sie das Recht haben, sich aufzuhalten, wenn sie Freunde besuchen wollen. Damit stellen sie die Aufforderung des Lehrers, diesen zu verlassen, als ein illegitimes Eingreifen in ihre Rechte dar, erleben dieses wohl auch so. Für den Lehrer sieht ihre Anwesenheit (juristisch abgesichert) anders aus: Der Pausenhof ist kein öffentlicher Raum, steht also nur den Schülern der Schule oder von dem Hausherrn, der Schulleitung, legitimierten Besuchern der Schule, was diese Jungen nicht sind, zur Verfügung. So findet er, daß diese den Hof verlassen sollen. Das schafft eine Eskalation, die ihn in eine ohnmächtige Position manövriert, denn er hat keine Machtmittel zur Verfügung, seine Position zu bekräftigen, und das spielen die Jungen auch aus (»was willst Du denn machen, wenn wir das nicht machen?«). Sie duzen ihn, sie fordern ihn heraus, sie wollen sich nicht verjagen und damit beschämen lassen. Trotzdem scheint es so zu sein, daß zwei sich auf den Weg machen, den Schulhof zu verlassen, ein dritter jedoch zurückbleibt und hinter ihm her eilt. Diese Situation macht dem Lehrer »ungute« Gefühle, da er nicht weiß, was sich hinter seinem Rücken abspielt. Doch die Sekretärin schaut schon aus dem Fenster, hat schon etwas von der situativen Zuspitzung bemerkt und könnte notfalls Hilfe holen. So löst sich die Situation auf (vermutlich verläßt auch dieser Junge dann den Schulhof).

Dieses ist eine sehr typische Szene, bei der die Beteiligten ihr festes Rollenrepertoire abspulen: Der Lehrer erlebt die Eindringlinge als bedrohlich, diese sehen den Lehrer als ihren Gegner an. Er interessiert sich nicht für ihre Gründe, sich dort aufzuhalten, hält diese für Ausreden. Auch wenn sie auf Freunde warten sollten, sei dieses nicht erlaubt. Es scheint eine eindeutige Situation für ihn zu sein: Es soll und kann an dieser Stelle keinen Aushandlungsraum geben.

Sie sollen weg. Die Jugendlichen wollen bleiben, sehen vielleicht die Position des Lehrers, erkennen diese aber nicht an und handeln ebenfalls nichts aus, sondern drohen. Sie spielen mit der Machtlosigkeit des Lehrers, um ihre ihnen von dem Lehrer deutlich gemachte machtlose Position zu verwandeln und ihrerseits jetzt Macht zu bekräftigen. So wahren sie ihr Gesicht und damit können zwei von ihnen sich begnügen und weggehen. Für einen Dritten ist die Machtprobe noch nicht entschieden, er geht hinter dem Lehrer her, vielleicht um diesen einfach zu erschrecken, vielleicht auch, um weiter mit ihm zu reden oder auch, um etwas zu tun. Der Lehrer beschreibt seine Gefühle in dieser Situation als ›ungut‹. Erst als er die Sekretärin erspäht, ist er erleichtert. Der Junge scheint dann ebenfalls aufzugeben und verfolgt ihn nicht weiter.

Der Lehrer reflektiert dieses Geschehen als »ganz ungute Situation«. Was aber, so läßt sich fragen, erlebt er daran als für sich so ungut? Die genannte Situation ist mit einer großen Unsicherheit verbunden, auch fehlen Verhaltensroutinen. Die Verantwortung, den abwesenden Schulleiter zu vertreten, schafft vielleicht mehr Druck als sonst, auf die Schule aufzupassen und erhöht die Bereitschaft, auf vermeindliche oder wirkliche Bedrohung im Sinne klarer, regelhafter Anweisungen zu reagieren. Die ungute Situation entsteht, weil man nicht einschätzen kann, mit wem man es zu tun hat, wenn man mit den Leuten »eigentlich gar nichts zu tun hat, denn die gehen hier nicht zur Schule«. Die anderen sind also eindeutig diejenigen, die die Probleme schaffen. Mit den Fremden wird Gewalt verbunden, auch wenn sie diese nicht offen aussprechen oder durch Gebärden zeigen.

Dieser Unsicherheit begegnet er, indem er seinem klaren Rollenauftrag folgt: Das Terrain untersteht der schulischen Aufsicht, Schulfremde haben dort nichts zu suchen. Doch die Sanktionsmacht für diese Rolle ist nicht vorhanden, erst die Verbindung zur Sekretärin schafft ihm ein solches Instrumentarium. Alleine ist er hilflos. Vielleicht läßt diese schon geahnte und gefürchtete Hilflosigkeit ihm dann auch keine Kompetenz, mit den Jungen zu verhandeln, ihnen die Chance zu geben, ihr Gesicht zu wahren. So ergeht es ihm aber nicht viel anders, denn auch er behält das seinige nur mit Hilfe von Außen.

So geht es auch in dieser Szene um das mühsame Geschäft des Lehrers, sich wieder in die mächtige Position zurückzubringen, die ihm durch die Angriffe gefährdet oder abhanden gekommen scheint. Es geht um Macht und Ohnmacht, um Gesichtsverlust, letztlich also um einen Kampf um gegenseitige Anerkennung. Dieser gelingt nur unzureichend und läßt ein ungutes Gefühl bei ihm zurück. Obwohl der Lehrer dieses weitestgehend auf die Handlung der anderen bezieht, bleibt auch an ihm etwas hängen, die Situation nicht beherrscht zu haben, sich pädagogisch nicht so verhalten zu haben, wie er es von sich erwartet hätte. Das in diesem Zusammenhang verwendete Wort ›eigentlich‹ zeigt an, daß er Zweifel darüber hat, ob er für diese Jugendlichen nicht doch auch pädagogische Verantwortung trägt, auch wenn sie keine Schüler dieser Schule sind. Dann hätte er vielleicht anders mit der Situation umgehen müssen. Seine Gefühle, die Ängste, die Ohnmacht und Hilflosigkeit werden indirekt deutlich, er erspart es sich, dieses auszusprechen und deckt es mit dem Begriff »ungut« ab. Er sucht nach Erklärungen und kann sich, den anderen und uns dieses mit der schlechten Einschätzungsmöglichkeit von Fremden erklären. Deutlicher spricht ein anderer Lehrer diese Ohnmachtserfahrungen an, als er seine Situation als Lehrer auf dem Schulhof reflektiert:

III. »Daß ich eigentlich nichts machen kann.«

> Herr C.: »Die kommen aus fremden Schulen, das hab ich auch ein paar mal erlebt, daß ich um das Gebäude gerannt bin hinter einem her, also auch nicht so verbal, nicht, die einen dann anmachen, und man hat die eigene Machtlosigkeit im Hinterkopf. Man weiß ja ganz genau, körperlich kannst du denen nichts tun, und womit willst du dann drohen, nicht wahr? Lassen wir den da raus, kommen sie hinten wieder rein und wie willst du denn gleichzeitig ... und diese Ohnmacht, also die empfinde ich ganz stark in solchen Situationen, daß ich eigentlich nichts machen kann.«

Er kommt sich wie Sisyphos vor, der einen ewig neuen, erfolglosen Kampf gegen die fremden Schüler, die immer die Oberhand behalten, führt. Er ist als Lehrer der ewige Verlierer, denn die Rolle gestattet kein Wehren: Körperliches Eingreifen ist verboten, die anderen Sanktionen erscheinen ihm wertlos. Es ist eine Inszenierung, die sich wiederholt und in denen sich beide Parteien stereotyp gleich verhalten. Ein festes Schema, aus dem er kein Entrinnen sieht. Nicht Gefühle der Wut, sondern eher die der Resignation in gewaltförmigen Situationen werden hier deutlich. Überforderung klingt an, auf dem Pausenhof als Lehrer alleine zu sein und deshalb entweder nur an dem einen oder dem anderen Ausgang wachen zu können. Gejagt zu werden, aber auch Jäger zu sein ist für ihn kein Spiel, sondern Ernst, denn man wird als Lehrer nicht nur verbal angegriffen und ist dem »Spiel« der Schüler ausgeliefert. Die Passivität umzuwandeln, das aufgezwungene Spiel abzubrechen oder initiativ zu verwandeln, erscheint ihm in seinem Rollenverständnis unmöglich, er hat in seinem Repertoire für diese Szene keine verfügbare Alternative. Zwar klingt der Wunsch nach sinnvollen Handlungsräumen an, der aber nicht erfüllbar ist, denn das Gefühl der eigenen Ohnmacht, bei allen scheinbaren Aktivitäten eigentlich nichts machen zu können, ist zu übermächtig und wird stets im Hinterkopf mitgenommen. Das Leiden an dieser für ihn unwürdigen Situation wird bei ihm ebenfalls deutlich.

Das Element des Spieles, das teilweise in den Inszenierungen der Jugendlichen enthalten ist, wird auch von der Lehrerin empfunden, die als erstes berichtet hat. Sie artikuliert im folgenden aber auch die Wut über die den Lehrern dabei zugewiesene n ohnmächtigen Positionen:

IV. »Ich würde auch gerne zuschlagen.«

> Frau A: »Also, mich hat das halb krank gemacht, obwohl ich immer den Vorteil hatte, weil ich groß bin. Wenn man den Schüler kennt – da war einer dabei, der war früher mal auf unserer Schule, der hat also nicht in die gleiche Kerbe geschlagen, weil er mich auch kannte. Also ich denke, also da, wo Schüler einen kennen, wo sie einen einschätzen, wo sie wissen, daß man auch sprechen kann ... Also diese Situation finde ich viel schlimmer als diese Pausensituationen, also wenn mir jemand da etwas getan hätte, dann hätte mir auch jemand, hätten mir Schüler geholfen, da bin ich ganz sicher. Nur, ich bin trotzdem allein mit den Erlebnissen, nicht. Wir müssen immer diese ruhige ..., manchmal habe ich so richtig das Gefühl, also ich würde auch gerne zuschlagen, aber du mußt ganz ruhig bleiben, wirklich ganz ruhig, damit ich auch keinen Anlaß biete, wo die reinhaken können, und die provozieren extrem, also die gehen dann den längeren Weg vom Schulhof, und man tappelt da wohl möglich hinterher und kommt sich wirklich sehr dämlich vor, aber das ist ein dummes Spiel, das ist Vorführen, nicht«.
>
> Herr D: »Nur, die Aggression aufnehmen heißt, es eskaliert«.
>
> Frau A.: » Ja, ja, das geht nicht, das ist unmöglich, das geht nicht.«

Sie will sich nicht in einem dummen Spiel vorführen lassen. Vielleicht hat sie nichts gegen spielerische Interaktion mit Schülern, aber gegen ein Spiel, das einen der Partner vorführt, ihn dumm und würdelos macht und mit ihm spielt, statt gemeinsam zu spielen, das macht sie wütend. Bei diesem Spiel dann auch noch ruhig zu bleiben, um nicht zu provozieren und Grund für weitere Aggression zu bieten, ist schwierig, weil sie am liebsten auch gerne zuschlagen würde. Das heißt, sich des eigenen Gefühls bewußt zu sein und doch diesem nicht folgen zu dürfen. Die eigene Aggression an dieser Stelle auszuleben würde zur Eskalation beitragen und das geht nicht. Hier reagiert sie, heftig dem Schulleiter zustimmend, als lege sie sich dieses Verbot als ein Überich-Gebot noch einmal auf, um gegen die Verführung, anders zu handeln, gewappnet zu sein. Darauf deuten auch die Wörter »du mußt«, »wir (die Lehrer) müssen« hin. Daß man eigentlich etwas anderes möchte, klingt nur durch die Verwendung des Konjunktivs (»ich würde«) an. An dieser Stelle erlebt sie ihren Lehrerberuf als äußerst belastend, ja halb krank machend. Obwohl sie sich vor vielen Gewaltsituationen noch durch ihre persönliche Ausstattung (sie ist groß) und durch ihre interaktive Kompetenz (sie kann mit ihnen sprechen) und durch im Wissen um die Anerkennung, die sie bei Schülern hat (die Schüler würden ihr helfen), geschützt fühlt, ist die geforderte emotionale Beherrschung auch für sie nur schwer auszuhalten. Frau A. vermutet, daß diejenigen Kolleginnen und Kollegen, die diesen Schutz (oder einen anderen) nicht haben, »ganz« krank werden. Für sie heißt das, daß die krankmachenden Faktoren im Lehrerberuf nicht so sehr die gewalttätigen Schüler mit ihrer Tat selbst wären, sondern die professionell zu unterdrückenden aggressiven Antworten. Darf das entsprechende Gefühl der Wut nicht raus, wird es gegen sich selbst gerichtet und macht krank. Zumindest unbewußt versucht sie sich aus diesem Schema zu befreien, wie wir in ihrem ersten Beitrag gehört haben: Frau A. macht eine Gebärde, die aggressiv ist, und leitet damit gestisch ihre Aggression nach außen. Diese spontane Handlung hat ihre innerlogische Bedeutung: Damit schafft sie sich ein Stück Handlungsfreiraum, der hilft, sich der Situation wieder zu bemächtigen. Eine solche unbewußte Entlastungsstrategie birgt aber zugleich auch die Gefahr, einer weiteren, nicht intendierten Eskalation.

Ein weiterer Lehrer berichtet von einem Pausenhof-Vorfall, der sich während des Unterrichts am Nachmittag abgespielt hat:

IV. »Ich habe mich selten in meinem Leben so hilflos gefühlt.«

Herr E.: »Da hatten wir Nachmittagsbetrieb, jetzt haben wir ihn sozusagen ganz offiziell, damals war das so eine Sache. Dann war das so, daß hier um zehn nach eins Unterrichtsschluß ist. Ich bin etwas essen gegangen, und die Leute kamen so um halb drei wieder, und wir haben dann nachmittags da etwas gemacht. Ich war also essen gewesen und kam mit dem Auto auf den Schulhof gefahren, und da sah ich eine Gruppe von türkischen Mädchen unserer Schule, die aber umringt waren von einer Gruppe etwas älterer ausländischer Jugendlicher, die ich nicht kannte. Und aus dem ganzen Verhalten, ohne daß ich noch was hören konnte, allein vom Sehen, wirkte das wie eine Bedrohung. Die Mädchen waren eingeschüchtert in der Mitte. Dann habe ich erst überlegt, wo hältst du jetzt und wo parkst du? Dann habe ich geparkt und bin dann so ganz langsam und ruhig – da geht das ja schon los, nicht, komme ich aufgeblasen ... – dann bin ich also ganz ruhig und langsam dahin gegangen, einfach nur interessiert, und dann merkte ich aber, daß unsere Mädchen böse Angst hatten. Dann habe ich die freundlich aufgefordert, den Schulhof zu verlassen. Und dann ging das wieder so wie üblich: ›hier kann man doch ...‹ Aber irgendwie haben wir das hingekriegt. Dann sagten die Mädchen, sie hätten Angst. Da hab ich ihnen gesagt: ›Ihr

> wißt, ich gehe jetzt hoch in die Chemie, ich kann euch jederzeit hören, ihr könnt mich hören, wenn irgend etwas ist, meldet euch ...‹ Das waren keine drei Minuten vergangen, da kamen die Jungen wieder und dann riefen sie: ›Herr E.‹ und dann, muß ich sagen, war natürlich die Situation eine andere. Jetzt konnte ich nicht mehr ... wie auf dem Schulhof. Es war nachmittags, es war keiner da, Schulleitung war nicht besetzt, also Sekretariat war nicht besetzt. Ich bin dann also langsam raus und habe noch einmal nachgefragt und dann wurden sie aggressiv. Der eine sah fürchterlich aus, messerzernarbtes Gesicht und so, der sagte: ›Äh, willste was?‹ Ich sagte: ›Ich will gar nichts, ich möchte nur, daß ihr die Schule verlaßt!‹ Denn zog der ein Messer und schnappte das auf und stand so auf 10 cm. Also ich muß sagen, ich habe mich selten in meinem Leben so hilflos gefühlt, einmal von der konkreten Bedrohung, wenn ich jetzt noch etwas gemacht hätte, der hätte zugestoßen, und zum anderen standen ja aber auch die Mädchen da, und irgendwie verliert man ja auch Gesicht. Und es war auch weit und breit keiner da. Ich habe dann nur den Mädchen gesagt: ›Tut mir einen Gefallen, geht schon mal in die Chemie!‹ und bin dann ganz langsam zurück. Ich habe mich nicht umgedreht, bin also rückwärts gegangen, und dann haben die wohl gedacht, ich riefe die Polizei oder was und verschwanden blitzartig. Ich hab sie dann nicht gerufen, es bringt ja nichts, wenn die Polizei auch gekommen wäre. Ich habe mit den Mädchen dann noch mal gesprochen und dann sagten sie, sie würden die auch nicht kennen, sie seien Türkinnen und das seien Kurden gewesen, und die hätten sie angemacht, sexuell angemacht. Als ich nun kam, hätte ich da wohl gestört. Also, das ist mir noch nie passiert, hatte so etwas wohl im Fernsehen gesehen.«

Ein Überschwappen der verbotenen Situation, des (behördlicherseits) nicht erlaubten, also nicht offiziell abgesicherten Nachmittagsunterrichts auf die Schulhofszene wird deutlich: Die Bedrohung, das Gefühl, daß etwas Verbotenes vor sich geht, hängt über der gesamten Szene. Da wird etwas irgendwie heimlich gemacht, während die anderen, Schüler, Lehrer und die Schulleitung, nicht da sind. Das ist eine Gesamtstimmung, die zu Ängsten, Phantasien und Projektionen geradezu einlädt.

So ist der Lehrer auch bei der Betrachtung der ausländischen Schüler und seiner Schülerinnengruppe, die er auf dem Schulhof sieht, sofort überzeugt, etwas Bedrohliches vor sich zu haben. Es sind türkische Mädchen, die – so scheint es – normalerweise nicht mit jungen Männern locker herumstehen, sondern in ihrer gleichgeschlechtlichen Gruppe alleine sind. Jetzt jedoch sind sie umringt von einer Gruppe etwas älter aussehender ausländischer Jugendlicher, die Mädchen erscheinen ihm eingeschüchtert, alles deutet für ihn auf eine bedrohliche Situation für sie hin. Er versucht dann ganz bewußt, die Jungengruppe nicht zu provozieren, nähert sich ruhig und langsam an und glaubt dabei nur interessiert zu wirken. Seine Befürchtung wird sogar noch übertroffen: Die Aussage, »unsere Mädchen hatten böse Angst« zeigt sein starkes Verantwortungsgefühl für die Schülerinnen. Sie hatten seiner Meinung nach so viel Angst, daß sein sofortiges Eingreifen nötig wurde. Herr F. fordert daraufhin die männlichen Jugendlichen seiner Meinung nach »freundlich« auf, den Schulhof zu verlassen, was auch geschieht. Wie er das geschafft hat, ist ihm nicht ganz klar, und ihm bleiben Zweifel, ob der Erfolg wirklich anhält. Die Mädchen bestätigen seine Einschätzung, daß sie Angst hätten. So fordert er sie auf, sich bei ihm in der Chemie zu melden, wenn, wie er fürchtet, die Jungen wiederkommen. Als das geschieht, kann er nicht mehr freundlich mit ihnen umgehen. Er erlebt dies als eine Provokation, der er begegnen muß. So wie in den Schilderungen von anderen Lehrern ist auch hier das Alleine-auf-sich-gestellt-Sein von Bedeutung: Die Abwesenheit der Schulleitung und der Sekretärin macht ihm deutlich, daß er in einer schwierigen Situation ganz alleine auf sich gestellt ist. Als einer der Jungen, der ihm schon durch sein Äußeres sehr bedrohlich vorkommt, aggressiv nachfragt, versucht er, so erzählt er, weiterhin höflich zu bleiben und die Aufforderung an sie als seinen Wunsch, seine Bitte an sie zu formulieren. Doch das nützt ihm alles nichts, der Junge zieht ein Messer. Der Lehrer glaubt, daß dieser zugestoßen hätte, wenn er irgend etwas gemacht hätte. So bittet er die Mädchen in den Chemieraum zu kommen und geht selbst rückwärts zum Schuleingang. Die Jugendlichen verlassen daraufhin schnellstens den Hof, weil sie annehmen, so meint er, daß er die Polizei rufen werde. Das anschließende Gespräch mit den Schülerinnen klärt für ihn die Situation noch weiter und bestätigt ihn in seiner Annahme, daß die Mädchen zu recht Angst hatten, da sie sich sexuelle belästigt gefühlt haben. Er habe (die Jungen) dabei gestört, deshalb die Aggression. »Ich hab mich selten in meinem Leben so hilflos gefühlt«, so kommentiert er seine Lage angesichts des Messers und der Mädchen. Das Messer symbolisiert körperliche Gewalt und damit Angst vor Verletzung. Es geht aber auch um die Sorge, sein Gesicht vor den Mädchen zu verlieren und damit um Angst vor Beschämung und Abwertung, Angst, in der Beschützerrolle zu versagen. Herr F. erlebt sich als Einzelkämpfer in einer ihn überfordernden Situation (ein Eingreifen der Polizei wird als sinnlos empfunden). Auf seinem Rücken werden Spannungen und kulturelle Unterschiede zwischen türkischen und kurdischen Jugendlichen ausgetragen, kulturelle Tabus (das Verbot für türkische Mädchen, mit männlichen Jugendlichen alleine zusammen zu sein) durchbrochen, für deren Einhaltung er sich als Lehrer verantwortlich fühlt. Er erlebt hier etwas, das er bisher nur im Fernsehen gesehen hat, und ist darüber erstaunt, daß *ihm* so etwas zustößt. Er verschafft sich danach, ebenso wie seine Kollegin, Gewißheit darüber, ob dieser »Messernarbige«, der Junge mit dem Messer, wirklich so gefährlich war, wie er annahm. Er erfährt von anderen Jugendlichen, daß dieser Drogendealer sei, mehrere Vorstrafen habe und daß er sich bloß raushalten solle. Damit hat er das Gefühl, zu recht Angst gehabt zu haben und richtig reagiert zu haben. Trotz aller Hilflosigkeit bekommt die Szene so für ihn einen positiven Sinn. Er hat die schwierige Situation gemeistert, die Schülerinnen und sich beschützt und ist die Jungen, vor allem diesen aggressiven Kriminellen, ohne Polizei losgeworden. Aber es war seine schlimmste Erfahrung.

Seine Interpretation des Geschehens läßt von Anfang an keinen Raum für eine mehr spielerische Sichtweise der Interaktion zwischen den Jugendlichen. Er sieht nur das Bedrohliche an den Jungen, die den Mädchen etwas antun wollen. Nun wäre ja auch denkbar, daß die Mädchen gar nicht so abgeneigt waren, mit den Jungen Kontakt zu haben, daß er vielleicht wirklich gestört hat, und zwar beide Gruppen. Da die Mädchen dieses Interesse an Jungen, noch dazu an kurdischen, nicht haben dürfen, waren sie vielleicht andererseits auch dankbar, daß der Lehrer kam und diese ambivalente Situation für sie beendete. Auch seine eindeutige Interpretation der von ihnen als mehrdeutig erlebten Szene könnte für sie hilfreich gewesen sein. Das möglicherweise Spielerische dieser Interaktion (von beiden Seiten) wird so aufgelöst in eine totale Bedrohungssituation der einen durch die andere Seite. Die Jungen werden als Schuldige ausgemacht. Das schafft natürlich für diese Jugendlichen (noch mehr) Aggression. Neben der gesellschaftlichen Ausgrenzung als Ausländer (Kurde), die sie erleben, werden sie hier nun als junge Männer durch einen erwachsenen Mann verscheucht. Als diejenigen, die als machtvolle Partei vor den Mädchen auftreten wollen, werden sie zu Ohnmächtigen, die gehorchen sollen. Von einem Lehrer solchermaßen behandelt zu werden, heißt auch, wieder in eine dumme Schülerrolle zu rutschen. Das bedeutet ein hohes Maß an Gesichtsverlust, den sie nicht hinnehmen können, schon deshalb nicht, weil männliches Ehrgefühl einen hohen Stellenwert in ihrer Kultur hat. Dies umso mehr, je bedrohter das eigene Selbstbild ist. So ist es nicht verwunderlich, daß gerade derjenige, der als krimineller Jugendlicher bereits stigmatisiert ist, am meisten unter dieser Zurechtweisung leidet und sich dagegen zur Wehr setzen muß. Das Mittel der Wahl ist – wie es in vergleichbaren Situationen auch in den anderen berichteten Gewaltszenarien deutlich wird – die Androhung von körperlicher Gewalt.

Zu der Heimlichkeit, die sich in der Szene widerspiegelt, gehört eine erotische Komponente, die durch die Kontaktsuche zwischen den Mädchen und Jungen spürbar wird. In diese Atmosphäre gerät der Lehrer, der in seiner Lehrerrolle auch als Mann mit den Mädchen interagiert. Er will sie vor den Jungen beschützen, das ist eine gute und sinnvolle pädagogische Haltung, gehört als Fürsorge- und Aufsichtspflicht unmittelbar zu seinem pädagogischen Auftrag, hat aber auch eine verborgene Seite: Er gerät damit leicht auch in eine paternale Rolle hinein. Damit ist er aber in einer konkurrenten Situation mit den Jungen, will sich von ihnen die Mädchen nicht wegnehmen lassen. Fragen läßt sich in dieser Szene auch, zu wem gehören die Mädchen?: Es sind unsere, sagt er (nicht die der Jungen). Herr F. holt sie dann vom halb öffentlichen Raum, dem Schulhof, in das Schulhaus, das damit den Charakter einer familiären »Haut« bekommt, die gegen Außenbedrohung Schutz bietet. Hierzu trägt auch väterliche Autorität bei, die erfordert, sich in die Auseinandersetzung mit den jungen Männern zu begeben, eine Auseinandersetzung, die ihn auch mit einem Gesichtsverlust als Mann konfrontiert. Die hier geschilderte Szene zeigt, daß neben den professionellen Rollenanteilen auch Übertragungs- und Gegenübertragungsgefühle die Dynamik einer Konfliktsituation verschärfen können. Mit diesen Rollenimplikationen sind gerade Lehrer durch den Lebensraum Schule konfrontiert. Sie werden – häufig unbewußt – in mütterliche oder väterliche Rollenübernahmen durch ihren erzieherischen Umgang mit den Kindern und Jugendlichen gedrängt.

Auch der Leiter der Schule, Herr D., berichtet von Gewalterfahrungen. Diese beziehen sich allerdings nicht auf den Pausenhof der Schule, sondern auf den Stadtteil.

V. »Das hat in diesem Augenblick getroffen, tief rein.«

> Herr D.: »Ich bin also hier in aggressivster Weise von hinten angeschrien worden mit einer Stimme und einer Bedrohung, das hat in dem Augenblick getroffen, tief rein. Ich hab mich aber nicht umgedreht und hatte nur vier Schüler gesehen unserer Schule und hab sie am nächsten Tag dann reingeholt. Ich sag: ›Du, hör mal zu, was war denn eigentlich gestern los? Ihr wart das doch nicht?‹ ›Ne, so etwas würden wir nie machen, das war der und der.‹ Der hier mal die Schule verlassen mußte aufgrund irgendwelcher Dinge. Wo eben hier konsequent gesagt worden ist: So geht das nicht ... Ein zweites und ein drittes Mal ist mir ähnliches passiert, wo eine ganze Gruppierung zusammenstand, wo ich angemacht worden bin. Aber ich weiß genau, das gehört einfach zu ihrem Gebaren, das ist eben so ein Auswuchs aus ihrer Lebensgeschichte heraus und es trifft mich sozusagen nicht.«

In der Situation selbst läßt er sich zwar nicht provozieren, doch gefühlsmäßig ist er sehr betroffen (›tief rein‹). Indem er jedoch die Lebensgeschichte dieser Jugendlichen kennt, kann er die erlittene Kränkung relativieren. Die Jugendlichen haben eben solches Gewaltgebaren als einen subkulturellen Habitus entwickelt. Dieser wird durch ihre Lebensgeschichte verständlich und verliert damit einen Teil seiner personalen (gegen ihn gerichteten) Zielrichtung: Sie sind eben so. Außerdem gilt der Angriff nicht ihm als Person, so interpretiert er die erste Szene, sondern er bekommt als jemand, der klare Autorität ihnen gegenüber gezeigt und damit Sanktionen ausgesprochen hat, diese Gewaltauswüchse zu spüren. Diese reflektierte und distanzierte Haltung kann er einnehmen, nachdem er sich vergewissert hat, daß keiner seiner Schüler in den Vorfall verwickelt war. Dann wäre er – so läßt sich ergänzen – deutlich betroffener gewesen. So bleibt ihm die Sicherheit, daß die Schüler seiner Schule für ihn persönlich keine Bedrohung darstellen. Es sind auch hier die Fremden, die Ehemaligen, die Zurückgewiesenen, die man nicht (mehr) als Schüler kennt, die Aggression und Gewalt zeigen.

Herr D. nimmt auch zur Gewaltfrage auf dem Schulhof Stellung. Weniger die Schüler als die Lehrer stehen bei diesen Interaktionen für ihn im Mittelpunkt: nämlich deren Umgehen mit ihren eigenen Aggressionen. Er sieht gefährliche Situationen immer dann entstehen, wenn einzelne Lehrer ihre Aggression nicht beherrschen können und sie auch (den Schülern gegenüber) ausdrücken. Das heißt, nicht so sehr die Jugendlichen sind für ihn das Problem, sondern eher bestimmte Haltungen von seinen Kollegen, die gefährliche Situationen schaffen. Wenn er über die Jugendlichen spricht, die von Außen auf den Hof kommen, so in einer verallgemeinerten, wertfreien Weise: Er nennt die Jugendlichen »Besucher« und verweist auf die Probleme, die seiner Meinung nach vor allem durch das adoleszente Alter und die islamische Kulturzugehörigkeit vieler Schülerinnen und Schüler für die Schule entstehen: Für die jungen islamischen Mädchen ist die Schule der einzige Ort, wo sie ihre Freunde ohne Wissen der Familie treffen können. Also kommen diese in den Pausen auf den Schulhof und geben sich als Familienangehörige aus. Herr D.: »Es sind immer dieselben Anlässe, aus denen heraus dann so unangenehmen Situationen entstehen.«

Damit werden die erzählten Szenen kommentiert, finden keine Personalisierungen statt, das Unangenehme der Situation wird hervorgebracht durch ein gesellschaftliches Phänomen, mit dem Schule zu tun hat, das vor allem durch ein falsches Verhalten von Lehrern gefährlich eskalieren kann. Er erzählt an dieser Stelle keine eigenen erlebten Gewaltszenen, sondern vermittelt eher einen allgemeinen Blick auf die Institution Schule, sowohl auf die Lehrer als auch auf die männlichen jugendlichen »Besucher«. Diese Distanz erscheint mir einmal durch seine Leitungsrolle und die dadurch veränderten Erfahrungen erklärbar: Ein gewisser Respekt, der ihm als Leitung durch die Schüler entgegengebracht wird, schützt ihn und verhindert möglicherweise direkte Gewaltandrohungen gegen ihn (zumindest im Bereich der Schule). Hinzu kommt, daß er als Leitung vermutlich keine Pausenaufsichten mehr zu machen braucht und auch von daher geschützter vor den negativen Erfahrungen seiner Kollegen ist. Das erspart ihm ohnmächtige Angriffs- oder Verfolgungsszenarien auf dem Hof. So kann er viel von seiner Macht behalten, muß nicht um seine Anerkennung und Würde kämpfen.

Aus dieser Distanz heraus scheint er auch das Gruppengespräch zu verfolgen und bemerkt, daß sich die Äußerungen der Lehrer und Lehrerinnen bisher um Erfahrungen drehen, die nicht zur Schule gehörende, von außen kommende »Besucher« betreffen:

> Herr D.: »Aber es fällt jetzt im Moment auf, als ob sozusagen in der Schule selber Gewalt nicht die Rolle spielt, sondern von außen kommt. Man müßte das anders bewerten.«

Herr D. möchte andere Akzente im Gruppengespräch setzen. Er möchte nicht den Eindruck erwecken, daß sie als Kollegium die Gewaltproblematik sozusagen nach außen verlagern (die anderen sind schuld, weil sie von außen die Gewalt in die Schule tragen). Auf diesen Einwurf reagiert eine Lehrerin und berichtet von Gewalterfahrungen mit einem ihrer Schüler während des Unterrichts. Danach kehrt das Gruppengespräch jedoch wieder zum Ausgangspunkt zurück, zur Gewalt, die von außen kommt. Ist es für die Lehrer einfacher, zunächst das Thema Gewalt so weit wie möglich draußen auf dem Schulhof zu lassen? Wird sie im normalen Lehreralltag als so gravierend und schmerzhaft erlebt, daß man daran lieber nicht erinnert werden möchte und deshalb nichts davon erzählen will? Könnte sich dahinter auch die Sorge verbergen, die Anerkennung der Kollegen zu verlieren, da besagte Erfahrungen auch als pädagogische Schwäche ausgelegt werden können? Also scheut man davor zurück, sich in dieser Weise zu zeigen? Eine langsame Annäherung an diese Ebene wird erst durch den Schulleiter angestoßen. Gibt er sozusagen die Erlaubnis, die Ermutigung, auch darüber zu sprechen? Das ist ihm sicherlich ein wichtiges Anliegen. Wie weit dieses Vorgehen aber auch mit uns als Außenstehende zu tun hat und dem Eindruck, den wir aus dem bisherigen Erzählschwerpunkt gewinnen könnten, kommt mir an dieser Stelle in den Sinn. Muß er sich in seiner Leitungsrolle nicht als offener, die Gewaltproblematik nicht tabuisierender Schulleiter zeigen, um sozusagen sich und die Schule im guten Licht erscheinen zu lassen? Auf der anderen Seite kann dieses Umgehen mit der Gewaltproblematik im Verlauf unseres Gruppengesprächs aber auch die Annahme stützen, daß keine so großen Probleme innerhalb der Lehrer-Schüler-Interaktion bestehen, weil Schüler und Lehrer sich kennen. Eine befriedigende Kommunikation über Erlebtes unter den Kollegen würde ebenfalls entlastend wirken, so daß deshalb wenig Kränkendes und Nichtausgesprochenes im Raum steht. Diese Sichtweise ließe sich damit stützen, daß diejenige Lehrerin, die als einzige von einer Schwierigkeit mit einem Schüler erzählt, aus einer anderen Schulstruktur (gymnasiale Oberstufe) an diese Schule gekommen ist, das Schülerklientel also nicht kennt. (So erklärt indirekt der Schulleiter dann auch ihre Schwierigkeiten bei dem von ihr geschilderten Vorfall.) Sie vermag aber andererseits – und das würde eher die erste These stützen – auch die ›blinden Flecke‹ zu benennen. Das bedeutet, mehr den Blick von außen auf das Geschehen in der Schule richten zu können, dabei auch die im Unterricht stattfindenden gewaltförmigen Auseinandersetzungen aussprechen zu können, ohne vielleicht einer internen kollektiven Idealisierung zu unterliegen, die die Identifikation mit einer Organisation mit sich bringen kann.

VI. Gewalt existiert auch innerhalb der Schule: »Es hat mir einen erheblichen Schrecken eingejagt.«

Frau F.: »Ich erinnere mich an ein Beispiel in einer Klasse 7. Französisch, da war ein Schüler sehr schlecht und das ärgerte ihn sehr, daß er keine guten Noten hatte. Dann schließlich ging er so weit, daß er dann in den Raum rief: ›Ich schieße Frau F. tot!‹ Das war für mich zum ersten Mal, daß ich so etwas hörte. Da bin ich zu Ihnen (gemeint ist der Schulleiter) gekommen. Und wir haben darüber gesprochen, wie ernst das zu nehmen sei, ob das etwas sei, was ernst gemeint war oder nur so, was man halt alles in einem Ärger sagt. Es ist dann nichts mehr gefolgt, es ist dann so gut ausgelaufen, ich lebe ja noch, aber es hat mir einen erheblichen Schrecken eingejagt, so etwas zu hören. Für mich war es auch eine ganz neue Schulart, also ich war früher auf der Sek II.«

GL: »So daß sie auch nicht einschätzen konnten, wie ernst das gemeint war aus der Situation heraus?«

Frau F.: »Nein, es war ein ausländischer Schüler, die haben eben ein anderes Temperament, eine andere Moralvorstellung, und das kann man nicht einschätzen, es kann also nichts sein, es kann aber auch ernst sein.«

G.L.: »Und haben sie unmittelbar auf den Schüler reagiert, als er das gerufen hat?«

Frau F.: »Nein, nein, ich bin zu Herrn D. (Schulleiter) gegangen und hab ihm das erzählt, um auch zu wissen, wie das einzuschätzen ist. Nein, was sollt ich da machen, das ist eine Drohung (ja, das ist die Frage, nicht) da mach ich mich doch nur lächerlich, wenn ich, wenn ich mich da jetzt so klein vor dem Schüler ausbreite, nicht. Ich bin, ich habe nichts darauf gesagt.«

Die Lehrerin stellt den Gewaltausbruch des Schülers in den Zusammenhang mit Leistungsversagen. Sie meint, daß die Aggression des Schülers dadurch hervorgerufen wurde, daß er seine schlechten Französischleistungen bei ihr nicht ertragen konnte. Er macht dieses kund, indem er im Klassenraum androht, sie zu erschießen. Sie reagiert nicht auf diese Äußerung des Schülers, empfindet sie als Drohung, aber zweifelt auch gleichzeitig selbst an dieser Auslegung. Sie kann den Schüler nicht einschätzen, weil er ausländischer Herkunft ist. Seine Äußerung sei schwer einzuschätzen, denn diese ausländischen Schüler hätten ein anderes Temperament und eine andere Moralvorstellung. Da sie nicht weiß, was sie Sinnvolles daraufhin tun bzw. antworten könnte, sie sich nicht lächerlich machen bzw. vor dem Schüler »klein« machen will, schweigt sie. Sie geht jedoch zum Schulleiter, um dessen Einschätzung des Vorfalls zu erfahren. Es ist dann auch nichts weiter passiert, es ist, wie sie etwas zögerlich feststellt, gut ausgegangen, denn – ich lebe ja noch –, fügt sie an. Aber der Schrecken über diesen Vorfall ist noch vorhanden, eine solche Drohung anhören zu müssen, ist für sie selbst schon Gewalt und macht ihr zu schaffen.

Auch in der hier geschilderten Gewaltszene ist für die Lehrerin keinerlei Spielraum denkbar. Die Aussage des Schülers wird zwar ambivalent bewertet und kann in ihrer Aussagekraft angezweifelt werden, affektiv wird sie aber als eindeutige Bedrohung empfunden. Hilflosigkeit und Ohnmacht werden deutlich (was kann ich da machen?), aber auch ihr Unwillen, sich vor dem Schüler mit ihrem Schrecken zu offenbaren oder in irgendeiner Weise etwas von sich als Person mitzuteilen. Auch wenn sie die Schüleräußerung ins Leere verpuffen läßt, kommuniziert sie. Frau F. sucht Hilfe bei einem Dritten. Der Schulleiter soll die Frage nach der Ernsthaftigkeit oder Ungefährlichkeit der Bedrohung beantworten. Frau F. scheint in der Lehrer-Schüler-Interaktion nur das Schülerverhalten und nicht auch ihr Verhalten als gewaltauslösend anzusehen. Auf unsere Nachfrage, ihre eigene schulische Versetzungssituation (vielleicht als strukturelle Gewalt von seiten der Behörde gegen sie zu begreifen) mit der Gewaltsituation im Unterricht zu verknüpfen, reagiert sie mit einem entschiedenen nein und führt die Schülerseite als Grund für ihre Verunsicherung an. Die Annäherung an den Gedanken, selbst ein Opfer von Gewalt geworden zu sein und nun etwas (aus guten Gründen) nicht zu können, will sie nicht mitvollziehen. Damit wäre auch Verständnis für sich und damit auch Verständnis für die Schüler, denen es schlecht geht mit bestimmten Situationen, die sich als Opfer ihrer Leistungsforderungen sehen, verbunden. Auch unsere weitere Nachfrage, die ebenfalls das Augenmerk auf ihre Person, nämlich auf ihre Reaktion in diesem Moment legen möchte, wird mit einem zweifachen »nein« beantwortet. Inhaltlich korrekt, wirkt es aber daneben auch wie eine Zurückweisung der Frageperspektive. Nachgeschoben wird dann eine Begründung für ihr Schweigen, die viel mit der Beschämung zu tun hat, die sie befürchtet, wenn sie ihre Gefühle zeigt. Es geht um die Befürchtung, sich klein zu machen, als (verletzbare) Person sichtbar zu werden, also letztlich um Macht und Ohnmacht, um Gesichtsverlust sowie um die Angst, nicht anerkannt zu werden. Was zählt, sind Leistungen, die kognitiven Anteile der Person. In diesem Rollenverständnis handelnd wird auch das folgende verständlich: Als entscheidendes Moment, das Aggressionen hervorbringt, sieht sie den Umgang der Schüler mit der von der Schule zu fordernden Leistung an. Was ebenfalls an dieser Szene deutlich wird: Sie fordert eine Leistung, die in ihren Augen verweigert wird; auf ihre Sanktion hin (die schlechte Note) wird der Schüler aggressiv. An einer anderen Stelle des Gruppengespräches stellt sie diese Sichtweise ausführlicher dar:

> Frau F.: »Solange ich die Schüler in Ruhe lasse und wir arbeiten da irgendwie miteinander, geht das alles gut. Die Aggression entsteht in dem Augenblick, wo ich von ihnen eine Leistung fordere, die sie aufgrund irgendwelcher Bedingungen, sozusagen nicht bereit sind zu bringen. Und das sind immer mehr, die nicht bereit sind, sie zu bringen. Und die Hoffnungslosigkeit der Hauptschüler heute in der Gesellschaft, dieses: Die kriegen sowieso keine Stelle, dieses: Perspektive ist anscheinend nicht da, wirkt sich dazu noch aus. Was also, wozu muß ich mich denn anstrengen, und die Lähmungen, die da sind, aufgrund der häuslichen Beziehungen und ihrer eigenen persönlichen Probleme, die sie alle haben. Es ist tatsächlich eine Erfahrung, wenn ich Leistung fordere, kriege ich Probleme. Und jetzt muß ich damit auch umgehen, damit muß ich irgendwie umgehen, das ist ein Teil der Aggressionen, die entstehen, innerhalb der Schule.«

Irgendwie zusammen arbeiten, das kann man als Lehrer problemlos machen, aber wehe, man fordert Leistung. Diese sind die Schüler aus irgendwelchen Gründen nicht mehr bereit, zu erbringen. Und die Zahl der Verweigerer steigt ständig an. Zu diesen eher für sie nebulösen Gründen kommen weitere hinzu: Die gesellschaftlich als gering eingeschätzten beruflichen Chancen der Hauptschüler, die ›anscheinend‹ keine Perspektive haben, schaffen Unlust an Leistung. Hinzu kommt die Lähmung wegen häuslicher und persönlicher Probleme. Diese Probleme sind auf einmal auch ihre, denn wenn sie Leistung fordert, bekommt sie die damit verbundene Aggression ab. Mit dieser muß sie irgendwie umgehen.

Die pädagogische Arbeit ist für sie eindeutig auf der Leistungsebene angesiedelt Hier scheiden sich die Grenzen klar, hier gibt es den Lehrer, zu dessen Aufgabe es vor allem gehört, Leistung zu fordern und den Schüler, der diese zu erbringen hat. Alles andere Arbeiten ist ein Verwischen dieser Grenzen, ein nicht oder nur in Maßen zulässiges problemloses Miteinander. Steckt hierin ein Vorwurf, daß die meisten ihrer Kollegen es sich leicht machen und keine Leistung mehr fordern, sondern auf einer für sie uneinschätzbaren Arbeitsweise mit diesen etwas machen? Dieses bedeutet für sie vor allem, daß die Schüler in Ruhe gelassen werden. Das kann sie auch, aber will es nicht. Sie will und muß im Einklang mit dem schulischen Auftrag kognitives Lernen und dementsprechende Leistungen fordern können. Ihr pädagogisches Selbstverständnis beruht vor allem auf der kognitiven Leistungsebene, nicht auf der Ebene sozialen (gemeinsamen) Lernens. Hier offenbart sich ein Dilemma im Auftrag der Schule selbst: Einerseits soll eine pädagogische Betreuung und Förderung der gesamten Persönlichkeit des Schülers erfolgen, die dabei auch das Selbstwertgefühl des Schülers fördert und ihn anerkennt, andererseits sollen realitätsgerecht Stärken und Schwächen seiner kognitiven Leistung aufgezeigt und bewertet werden. Zwischen diesen verschiedenen Rollenvorstellungen offenbart sich eine Kluft, ausgelöst an dieser Stelle durch unterschiedliche pädagogische Erfahrungen und Zielvorstellungen. Diese sind zum Teil bedingt durch die verschiedene berufliche Lehrersozialisation in Schulstufen mit sowohl im Hinblick auf das Alter als auch im Hinblick auf die Leistung unterschiedlichen Schülergruppen. Damit treffen Leitbilder aus gymnasialen Strukturen auf anders gelagerte schulische Strukturen und ein anderes pädagogisches Selbstverständnis. So weckt sie bei Schülern, die den von ihr geforderten Leistungsforderungen nicht folgen, sich verweigern oder sogar drohen, Aggressionen. Ihr Verhalten wäre dann in ihren Augen ein Beweis für die Standfestigkeit und den Mut, sich selbst durch eine andere Lernumgebung nicht davon abhalten zu lassen, weiter Leistung zu fordern.

Weitere Reflexionen im Verlauf des Gruppengespräches über die mögliche Entstehung von Gewalt innerhalb der Schule stellen die Beziehung zwischen Lehrern und Schülern in den Mittelpunkt: Gewalt kann in den Beziehungen leichter ausbrechen, die durch wenig Nähe und viel Distanz gekennzeichnet sind. Das kann dann der Fall sein, wenn man sich nur als Fachlehrer begreift oder wenn man, von einer anderen Schulart und Schulstufe kommend, in die Position eines Fremden rutscht. Gewalt kann auch immer dann ausbrechen, wenn Schüler als Personen nicht geachtet werden, wenn nicht differenziert wird zwischen einem bestimmten abzulehnenden Verhalten und der Person des Schülers. In einer veränderten Lehrerhaltung, die auch das gesamte Schulklima bestimmen soll, wird dann auch die Chance für eine möglichst gewaltfreie Schule gesehen.

Fazit

Der Diskurs verläuft bei der Diskussion um Gewalt innerhalb der Schule auf der gleichen Argumentationslinie wie zu Beginn der Diskussion über die Gewaltursachen auf dem Pausenhof. Waren es dort die von Außen kommenden Schüler, sind es hier die von Außen kommenden Lehrer. Auch sie sind gewissermaßen mit dem Phänomen der Fremdheit konfrontiert, denn die Schüler sind dem Lehrer nicht oder wenig als Personen bekannt und damit fremd. Diese Fremdheit fördert Aggression und schafft gewaltförmige Beziehungen. Dann ergeben sich all diese Situationen, die ihnen erheblichen Schrecken und ein schlimmes und nachhaltiges Erlebnis bereiten. Kennt man als Lehrer die Schüler gut, dann ist das Problem lösbar. Sicherlich erleben auch die Lehrer, die von keinen Erfahrungen mit Gewalt in ihren Klassen berichten, Situationen, die Aggression enthalten, möglicherweise haben sie aber andere Schutz- und Bewältigungsmechanismen, haben sie andere Bewertungsmaßstäbe für diese Situationen. Die Erfahrungen hinterlassen dann nicht solche zerstörenden Spuren, werden eventuell eher als Routine, bewältigbarer Lehreralltag, als etwas Alltägliches, Gewohntes eingeordnet und bearbeitet. Sie erleben die eigenen Schüler nicht als Fremde und die Nähe zu ihnen schafft mehr Sicherheit im pädagogischen Umgang. Fehlt die Nähe, die Sicherheit und Anerkennung einer institutionell abgesicherten Lehrer-Schülerbeziehung, entstehen Gewalterfahrungen, Angst-, Ohnmachts- und Verlassenheitsgefühle, Kränkung, Wut und Scham stehen dann im Raum. Probleme der Grenzübertretung und der Anerkennung stellen sich.

»Die weint nicht, die macht das Maul auf; die versteht auch zu strafen.«

Ein Gruppengespräch mit den Mädchen einer 10. Klasse

Erika von der Vring

Die Mädchen und Jungen, mit denen wir das Gruppengespräch durchgeführt haben, besuchen gemeinsam eine 10. Klasse in einem Stadtteil des Bremer Westens. Warum haben wir sie getrennt befragt? Die statistisch erfaßte Gewalttätigkeit ist immer noch vorwiegend Jungengewalt, und etwa 90 % der Opfer sind auch wieder Jungen. Es muß daher Unterschiede in den Gewalterfahrungen von Jungen und Mädchen geben. Wir sind davon ausgegangen, daß diese Unterschiede deutlicher zum Ausdruck kommen, wenn die Jugendlichen in geschlechtshomogenen Gruppen über ihre Erfahrungen sprechen. Darüber hinaus nahmen wir an, es könnte in dieser Gruppenzusammensetzung leichter sein, Gefühle zum Ausdruck zu bringen, die mit Gewalterfahrungen verbunden sind; wie Scham, Wut, Angst und Unsicherheit, aber auch Stolz, Stärke, Überheblichkeit, »Coolness« und Selbstbewußtsein. Das Gespräch wurde wie bei den Jungen mit folgender Fragestellung eingeleitet: Wie sicher fühlt Ihr Euch hier in der Schule, aber auch auf dem Schulweg und in Eurem Stadtteil? Gibt es Vorfälle, von denen man sagen kann, ja, hier ist Gewalt im Spiel?

Viele Gesprächssequenzen werden ausführlich in der Sprache der Mädchen beschrieben. Die wörtliche Wiedergabe ganzer Textpassagen erscheint sinnvoll, weil die Jugendlichen für uns schon fast ein »fremder Stamm« sind, in dessen Sprache und Regelsysteme wir uns einhören müssen, um einen Zugang zu finden zu ihrer Wahrnehmung und Verarbeitung des konfliktreichen Umgangs miteinander. Meine besondere Aufmerksamkeit bei der Interpretation richtet sich auf die Frage verbindlicher Regeln für das Verhalten in Auseinandersetzungen; auf die Frage nach den Schutzmechanismen, über welche die Mädchen verfügen; und auf ihre Erwartungen an bzw. eine mögliche Unterstützung durch die Erwachsenen.

Ein auffälliger Unterschied zu den Jungen dieser 10. Klasse stellt die Thematisierung von Beziehungsproblemen im Rahmen des Gruppengesprächs dar.

Das sind insbesondere die Konflikte mit Freundinnen bzw. Schulkameradinnen. Die eigentlichen Gewalterfahrungen im öffentlichen Raum werden im zweiten Teil dieser Ausarbeitung dargestellt. Ein weiterer Bereich, über den die Mädchen berichtet haben, betrifft die sexuelle »Anmache«. Insbesondere junge Männer ausländischer Herkunft suchen hin und wieder Kontakt in einer Weise, die bei den Mädchen Gefühle von Entwertung oder Bedrohung auslöst und sie veranlaßt, bestimmte öffentliche Räume, z. B. den Park oder das Jugendfreizeitheim zu meiden. Hier müßte genauer erforscht werden, inwieweit unterschiedliche Normen der Herkunftskulturen, spezifische Bedingungen der Zuwanderung und schlechte Integrationsvoraussetzungen Gewalt und Unsicherheit im öffentlichen Raum verstärken.

Alle Schulen im Bremer Westen spiegeln die heterogenen sozialen Milieus des Stadtteils. In jedem Schulzentrum sind daher Schüler und Schülerinnen mit sehr unterschiedlichen familiären, kulturellen und außerschulischen Erfahrungsräumen. Zwischen den Schulklassen ergeben sich auffällige Unterschiede, die nicht nur das Leistungsniveau der Schularten betreffen, sondern auch das Sozialverhalten, je nachdem, welche sozialen Milieus sich als tonangebend in einer bestimmten Klasse durchsetzen. Das Rollenverhalten, der Umgang miteinander, die Art der Konflikte sowie die Nutzung des öffentlichen Raums, die in unserem Gruppengespräch deutlich werden, sind deshalb nicht typisch für *die* Mädchen im Bremer Westen. Man kann aber davon ausgehen, daß die Erfahrungen mit Bedrohung und Gewalt oder die Bedeutung von Schutzmechanismen nicht auf diese Mädchengruppe beschränkt sind, sondern daß sie sich bei Kindern und Jugendlichen in vergleichbaren Lebensumständen wiederfinden.[1]

I. Konflikte mit Freundinnen

Inwieweit Beziehungsprobleme mit Gewalt ausgetragen werden, ist von vielen Faktoren abhängig wie Alter, Geschlecht, Milieu, Lebenssituation, persönliche Gründe für Aggression und Fähigkeiten der Frustrationsverarbeitung. Freund-

---

[1] Kursiv gesetzte Wörter in den Dialogen verweisen auf eine besonders nachdrückliche Betonung. Leider fielen sich die Schülerinnen öfter ins Wort oder es redeten mehrere zur gleichen Zeit. Unverständliche Wörter oder Satzteile werden durch ... gekennzeichnet. Die Abkürzung Gl meint einen der beiden Gesprächsleiter. S sind Schülerinnen, die sich auf der Tonbandaufnahme nicht mehr identifizieren lassen und kurze Anmerkungen machen oder Zwischenfragen stellen. Anmerkungen in Klammern beschreiben non-verbale Äußerungen von Schülerinnen.

schaften in der Adoleszenz sind mit neuen emotionalen Erfahrungen, mit starken Gefühlen und Unsicherheiten verbunden. Streit, Konflikt, Enttäuschung und Versöhnung gehören daher zum Alltag der Jugendlichen.

»Stand sie halt mit vier Leuten dreimal vor meiner Tür und wollte mich verprügeln!« [2]

Auf die Frage, ob sie auch schon gewalttätig angegriffen wurde, sagt Nicole:

> »Nö, meine beste Freundin, meine beste Freundin wollte mich mal verprügeln. Die hat mich runtergeklingelt, und denn bin ich da hingegangen, und dann standen da irgendwie 2 Jungs und 2 Mädchen und waren alle so um mich 'rum im Kreis ..., dann haben die halt soviel rumgeschrien, daß meine Mutter das oben gehört hat. Und dann kam sie so runtergestiefelt. (Nicole imitiert das durch laute Schnalzlaute.) ›Wenn Ihr meine Tochter nicht in Ruhe laßt, gibt's Ärger!‹ *Meine Mutter ist 'n Weib*! (Allgemeines Lachen und Kommentare, die durchaus auch Bewunderung für Nicoles starke Mutter zum Ausdruck bringen.) *Die sind noch 'nen paarmal wiedergekommen, und dann hab' ich mich aber wieder vertragen.*«

Nicole macht hier einen wichtigen Unterschied zwischen »verprügeln« und Gewalt. Das ist um so erstaunlicher, als ein Verhaltensmuster, das aggressiven Jugendcliquen häufig vorgeworfen wird – viele gegen einen – hier von ihrer Freundin eingesetzt wird. Es scheint, als werde eine äußerlich ähnliche physische Bedrohung, je nach Kontext, als Gewalt oder eher »normale« Ausweitung eines Konfliktes angesehen. Das kann durchaus dafür sprechen, daß in Auseinandersetzungen mit Freundinnen Grenzen eingehalten werden und Werte Gültigkeit haben, die sonst den Jugendlichen häufig von Erwachsenen pauschal abgesprochen werden. Man kann Nicoles Bewertung der Situation auch anders verstehen. Für die Sieger in einer physischen Konfrontation steht der Gewaltaspekt viel weniger im Vordergrund als das Gefühl, sich überlegen und stark zu fühlen. Zwar hat beim ersten Mal das Eingreifen der Mutter verhindert, daß sie verprügelt wurde, aber die beiden nächsten Male hat sie das offensichtlich schon selbst geschafft.

> Nicole: »Susanne, Susanne kann sich wehren, aber die hat nur 'ne große Schnauze, sie stand *mit 4 Leuten* da und hat's *nicht* gemacht, aber sie stand dreimal vor meiner Tür, und sie hat mich dreimal nicht verprügelt.«

---

[2] Meine Interpretation orientiert sich vorwiegend an soziologischen und erziehungswissenschaftlichen Fragestellungen. Zitate als Überschriften sind deshalb nicht, wie bei den tiefenhermeneutischen Interpretationen, als »Schlüssel« zum Verständnis auch der latenten Vorstellungen und Phantasien zu verstehen, sondern lediglich als Titel für die einzelnen Falldarstellungen, an denen ich unterschiedliche Aspekte der jeweiligen Gewalterfahrung aufzuzeigen versuche.

S: »Aber *wollte*? Kam und wollte?«

Nicole: »Und wie, die war so *sauer*, äh die hat nämlich ...«

S: »Warum?« ...

Nicole: »Och das war gegen die Andrea und Eifersucht, und ach es ging um irgend 'nen Typen, wo sie gar nichts mit zu tun hatte; das war, ist zwar meine beste Freundin, aber sie hatte damit überhaupt nichts zu tun, kein bißchen. Sie wußte davon erstens gar nichts und hatte das dann irgendwie erfahren um tausend Ecken 'rum. Meinte sie dann natürlich, ich hätte dem Typen weh getan und ... oder sie suchte immer 'nen Grund, und dann stand sie halt mit vier *Leuten dreimal vor meiner Tür* und wollte mich verprügeln und hat sie aber nicht getan!«

Nicole ist richtig stolz, daß sie trotz ihrer physischen Unterlegenheit keine Prügel einstecken mußte. Man erfährt jedoch nicht, wie sie das hingekriegt hat. Die Art, wie sie das Eingreifen ihrer Mutter beschreibt, läßt ihre Bewunderung für so ein »starkes Weib« deutlich zum Ausdruck kommen, die zudem von Klassenkameradinnen geteilt wird. Ihr Stolz auf die Mutter läßt auf ein Ich-Ideal schließen, das Durchsetzungsvermögen und Stärke hoch bewertet. In dem Gruppengespräch wird deutlich, daß sie verbal dominiert, indem sie häufig das Wort ergreift und dann in Halbsätzen und Wiederholungen so schnell redet, daß andere schwer dazwischenkommen. Vor allem aber kann sie verbal aggressiv werden. Dabei setzt sie nicht nur Beschimpfungen und eine aggressive Stimmlage ein, sondern Ironie und die witzige Hervorhebung von Schwächen, mit der man andere lächerlich machen kann. Sie hat auch offensichtlich keine Angst, sich zu schlagen, wie die spontane Äußerung zweier Mädchen auf unsere Frage an Nicole nach ihren Gewalterfahrungen verrät: »Na, das ist ja selber so eine!« Dennoch ist sie nicht das, was die Mädchen unter einem »Schlägerweib« verstehen.

»Ich mußte sie, ich mußte sie zwicken und triezen und treten, bis sie irgendwann mal ihr Maul aufgemacht hat.«

Nicole und Anna erinnern sich an einen Streit während eines Sommerurlaubs mit anderen Mädchen in Spanien. Beide waren damals schon einmal »die besten Freundinnen« von Susanne gewesen. Nicole scheint die Beziehung zu Anna erzwungen zu haben; sie wollte zumindest deren Desinteresse oder stumme Ablehnung nicht mehr hinnehmen.

Anna: »Nee, also ich prügel' mich nicht gern ...«

Nicole: »Vor allen Dingen, Du kriegst ja nicht das Maul auf!«

Anna: »Ja, also doch, wenn ich richtig sauer bin.«

Nicole: »Nee!«

Anna:. »Doch, denn leg ich los.«

Nicole: »Nein!«

Hier mischen sich andere Schülerinnen ein und betonen, daß Anna sich durchaus wehren kann, insbesondere gegen Lehrer und daß sie nicht weint:

Nicole: »Ja und ich hab ja auch darauf gewartet, daß Du mal sagst, daß Du mich nicht haßt, weil wenn Du ...«

Anna: »Also, wenn Du nicht mit mir sprichst, dann sprech ich auch nicht mit Dir.«

Nicole: »Ich hab mich mit Dir getroffen auf'm Campingplatz.«

Anna: »Ja da, ... war mir das scheißegal, da war ich breit, ganz einfach breit, breit! (Gelächter)

Anna: »Ja, die waren echt zu viert und haben alle auf mich da, ich saß da und ..... und ich hatte mal wieder 'nen Grund.« ...

S: »Natascha«

Anna: »War ja der Grund, ist ja egal.«

Nicole: »Was kann ich denn dafür, wenn Du zweimal an einem Tag Scheiße gebaut hast.« (Gelächter, allgemeines Durcheinanderreden)

Gl: »Und was ist da passiert? Ich hab' Euch immer noch nicht ganz ...«

Anna: »Ja, die haben mir immer Prügel angedroht und so, da hab ich gesagt, so, ich fahr jetzt nach Hause. Ich hab' meine Sachen gepackt und alles und denn hab' ich gesagt, so, jetzt fliege ich nach Hause.«

Nicole: »Hab ich noch gedacht, schade, hat se nicht gemacht.«

Anna: »Ja, ich wollte auch, aber ich durfte nicht fliegen.«

Nicole: »Pech aber auch.«

Gl: »Habt Ihr Euch dann wieder vertragen, danach?«

Nicole: »Ja, nee, ich hab 'ne andere, und sie hatte denn ihre Freundin gesucht und ich mir meine, aber zurückgekommen ist sie dann nicht.« (sehr leise)

Bezeichnend für diesen sehr lebhaft dargestellten Konflikt ist, wie unsichtbar der konkrete Grund für die Auseinandersetzungen bleibt. Susanne »suchte immer 'nen Grund«, »Natascha war ja der Grund, ist ja egal«, Nicole »hatte mal wieder 'nen Grund«, der meist mit »Scheiße bauen« umschrieben wird, wobei nicht ausgeführt wird, welche Bemerkungen als so kränkend empfunden werden, daß man »auf's Maul hauen« muß, aus dem sie kommen. Die Berechtigung dazu wird von Nicole nicht hinterfragt. Sie, die ihren Mund als »Waffe« einsetzt und sich durchaus verbal verständigen und abwiegeln kann, scheint dennoch in gewissen Situationen Prügel für die angemessene Reaktion zu halten. Anna hat andere Maßstäbe. Sie ist auch ein starkes Mädchen, denn »sie weint nicht« und »kann sich wehren«. Sie betont aber, daß sie sich nicht gerne prügelt.

Dieser Unterschied im Umgang mit Konflikten kann einer Lösung im Weg stehen. So wie die Mädchen den Konflikt in unserem Gruppengespräch darstellen, scheint es sich um einen aktuellen Streit zu handeln, obwohl er schon ein halbes Jahr zurück liegt. Der letzte, von Nicole ganz ungewöhnlich leise gesprochene Satz vermittelt auch Traurigkeit darüber, daß es immer noch nicht zu einer Verständigung zwischen den beiden Mädchen gekommen ist. Man kann vermuten, daß die unterschiedlichen Gewohnheiten im Umgang mit Konflikten, insbesondere in der Frage, ob und wann Prügel eingesetzt werden, dabei eine wichtige Rolle spielen. In einem kurzen Seitengespäch über Auseinandersetzungen mit den Eltern werden die Verhaltensweisen der Eltern in Konflikten mit ihren Töchtern thematisiert. Einige Mädchen berichten, daß Konflikte mit ihren Müttern durch Androhung von Schlägen oder Schläge beendet werden, andere Mädchen sind daran gewöhnt, daß sie in solchen Situationen die Gründe für ihr Verhalten mit den Eltern diskutieren müssen.

Zur Konfliktlösung gehören allerdings auch sprachliche Kompetenzen. Wenn man hört, wie mühsam und unklar sich viele der Schülerinnen ausdrükken und wie vieles sie in halben Sätzen nur andeuten, stellt sich die Frage, ob ein Teil der Schlägereien unter den Mädchen nicht auch aus der Unfähigkeit entsteht, sich über die Ursachen des Konfliktes zu verständigen; was ja eine Voraussetzung dafür wäre, eine für beide akzeptable Lösung zu besprechen.

Warum werden überhaupt so häufig Prügel angedroht? Dieses auf physischer Überlegenheit beruhende Konfliktlösungsverhalten haben die Jugendlichen meistens in der Familie oder in dem Milieu, in dem sie aufwachsen, gelernt. Spezifische Probleme der Adoleszenz verstärken die Bereitschaft, sich auf diese Weise durchzusetzen. Den Jugendlichen gelingt es häufig noch nicht, ihren kindlichen Egozentrismus zu überwinden und sich in die Andersartigkeit des anderen zu versetzen. Für einen toleranten Umgang miteinander spielt auch die eigene Identitätsstärke eine Rolle, die in der Adoleszens besonders starken Verunsicherungen ausgesetzt ist. So kann ein und dieselbe Person heute als »beste Freundin« und morgen als »Schlampe« empfunden werden. Wenn ein erwartetes Verhalten nicht eingehalten wird, ist die Versuchung groß, den anderen nachdrücklich, notfalls mit Gewalt, auf die eigene Linie zwingen zu wollen. Die häufige Androhung von Prügel muß daher als Versuch verstanden werden, den anderen dazu zu bringen, sich den eigenen Erwartungen und Normen entsprechend zu verhalten.

»Das ist 'ne Frau von mir!«

Der folgende Dialog gibt einen Einblick in die gegenwärtigen Beziehungen zwischen Nicole, Anna und Susanne. Susanne, die zunächst Nicoles, dann Annas »beste Freundin« war, hat sich zum Zeitpunkt des Gruppengespräches wegen eines Freundes von beiden Mädchen zurückgezogen.

Nicole: »Das ist doch nicht wieder meine Freundin!«

Anna: »Aber Du, wieso, Du willst doch wieder was von ihr, Du rufst doch ständig hinter ihr her.« (Gelächter)

Nicole: »Susanne hat doch selber gesagt, daß sie von mir jetzt nichts mehr wissen will, weil sie jetzt 'nen Freund hat, und daß ich ihr scheißegal bin.«

Anna: »Ach so! Und dann sagt sie zu mir: »Wenn *ich*, 'nen Freund hab, dann *bleib_aber* doch dabei!.‹« (affektierte, ganz hohe Stimmlage)(Gelächter)

Nicole: »Hab' ich gesagt, als *ich* 'nen Freund hatte, da hab' ich mich ja auch immer 'nen bissel gekümmert. Meint sie, 'das ist *mir* doch scheißegal‹.« (Gelächter)

S: »Und denn hat die sich da eingemischt, und dann wollte sie *Dir* in die Fresse hauen.«

S: »Und dann *Dir*, weil ich mich da wieder zwischen die beiden eingemischt haben soll.«

Nicole: »Als *die beiden* beste Freunde waren, durfte ich nicht mit ihr irgendwas machen und denn meinte sie, krieg ich was auf die Fresse, weil Du da mitgingst.«

S: »Ich sollte auch was auf die Fresse kriegen, weil ich darüber geredet hab!« (Gelächter)

S: »Susanne meinte immer zu ihr: ›Das ist so 'ne Fotze, die will uns auseinanderbringen!‹ Auch wenn sie einer nur so gefragt hat: ›Na, wie geht's?‹ – ›Das ist 'ne Frau von *mir*, die will uns auseinanderbringen!‹«

Nicole: »Als ich mit Susanne beste Freundin war, hab ich mich mit Jovanka mal verabredet, dann ging das so: ›Das ist 'ne Schlampe, die will uns auseinanderbringen!‹ Die Frau ist einfach 'nen bißchen, 'nen bißchen bedürftig, 'nen ganz kleinen Schaden, ganz klein.« (sehr ironisch) (Gelächter)

Der im Gruppengespräch dargestellte Streit ist für die Mädchen von großer Bedeutung. Die Beziehung zu Susanne, einer Mitschülerin, war offensichtlich auch der eigentliche Grund für den Streit in Spanien. Obwohl sie gar nicht dabei war, ging es »16 Tage, die ganze Zeit nur um Susanne«. Aus der lebhaften Beteiligung mehrerer Klassenkameradinnen in den betreffenden Diskussionsphasen läßt sich auf ihre intensive Einbeziehung in den Konflikt schließen. Die Schülerinnen berichten, daß Susanne ihre Position ausnutze, um ihre Freundinnen zu bevormunden und gegebenenfalls zu bestrafen. Sie verbiete ihnen, mit anderen auszugehen, über Probleme im Zusammenhang mit ihr auch nur zu sprechen oder sonstwie »Scheiße zu labern«. Um das geforderte Verhalten durchzusetzen, so erzählen die Schülerinnen, würden Prügel angedroht und auch eingesetzt. Der fortdauernde Konflikt ist allen Klassenkameradinnen vertraut, und seine Darstellung wird von viel Gelächter und Durcheinanderreden begleitet. Ein solcher Konflikt scheint auch für die nicht unmittelbar Beteiligten von großem Interesse zu sein und viele Gelegenheiten zum Schimpfen, Lästern und Lachen, für Emotionen und Koalitionen im kopflastigen Schüleralltag zu bieten. In irgendeiner Form haben viele Schülerinnen mit ähnlichen Problemen zu tun, z. B. mit der Schwierigkeit, daß enge Beziehungen zu Jungen die vorher bestehenden Mädchenfreundschaften stark beeinträchtigen können.

Der intensive Kommunikationsprozeß, den private Beziehungskonflikte in Gang setzen, könnte helfen, Gruppennormen und Verhaltensmaßstäbe zu thematisieren und abzusichern. Im Verlauf des Gruppengesprächs werden z. B. Susannes Dominanzansprüche lächerlich gemacht, u. a. auch ihre ständige Drohung, Freundinnen oder anderen Schülerinnen »in die Fresse« zu hauen. Hier führt die intensive Kommunikation vielleicht zu einer Verstärkung kritischer Einstellungen gegenüber solchen Machtansprüchen. Vorstellbar ist aber auch, daß solche Kommunikationsprozesse keine Hilfe bei der Lösung solcher Konflikte sind oder sogar einen Konflikt eskalieren lassen, weil zu viele andere einbezogen werden und immer wieder neue Aufregung darüber entsteht, wer wann was zu wem gesagt hat.

Wie die häufige Androhung von Prügeln wirft auch die drastische Sprache einige Fragen auf. Es scheint, als seien die verbalen Abwertungen und Feindbilder häufig auf die Konfliktsituation beschränkt und durchaus vereinbar mit Zuneigung und Verständnis oder sogar Respekt. D. h., an der drastischen Sprache allein läßt sich nicht ablesen, ob es um wirkliche Feindschaft oder einen »normalen« Streit geht; ob sie den Übergang zu physischer Aggression ausdrükkt oder als eher äußerliche Form gewählt wird, um einen Konflikt – u. U. auch erst bei der nachträglichen Darstellung – dramatischer zu gestalten. Man fragt sich auch, was es für das Verhalten der Schülerinnen in Konfliktsituationen bedeutet, wenn neben der starken verbalen Abwertung durchaus Bewunderung für Susannes Durchsetzungsvermögen mitschwingt.

Im Gruppengespräch bleibt unausgesprochen, was eigentlich die Gründe für Susannes Attraktivität sind. Was tut sie, um Jugendliche so an sich zu binden, daß diese ihr gehorchen oder sie bei Strafaktionen unterstützen? Wie schafft sie es, daß zwei starke Mädchen wie Anna und Nicole sich von ihr Vorschriften machen und Prügel androhen lassen? Susanne scheint die Führungsposition in einer Jugendclique übernommen zu haben und die Mädchen müssen ganz bestimmte Vorteile von einer solchen Gruppenzugehörigkeit haben. Bedürfnisse wie Zugehörigkeit und Anerkennung,

Erleichterung der Ablösung von den Eltern, gemeinsame Erlebnisse und Unterhaltung, gemeinsamer Medienkonsum und Spaß bewirken, daß die meisten Kinder und Jugendlichen einen großen Teil ihrer Freizeit in Gruppen von Gleichaltrigen verbringen. Wenn man von den Gewalterfahrungen ausgeht, die die Mädchen machen oder von denen sie in der Schule, der Umgebung oder aus den Medien hören, könnte die Zugehörigkeit zu einer Gruppe auch noch eine wichtige Schutzfunktion haben, besonders in Wohngebieten und Milieus, wo soziale Kontrolle und staatliches Gewaltmonopol die Sicherheit im öffentlichen Raum immer weniger gut gewährleisten. Wenn wir davon ausgehen, daß Susanne in einer Jugendclique die Führungsrolle ausübt, könnte der Anspruch »das ist 'ne Frau von mir« darauf hinweisen, daß in einer solchen Gruppe die Anführerin dafür sorgen muß, daß die starken Mädchen der Gruppe nicht verloren gehen.

»Ich hab' mich wieder mit ihr vertragen, und alle anderen waren dann voll sauer, weil ich die eigentlich verprügeln sollte.«

Hier war Brigittes Ärger über eine Bemerkung Nicoles zu Ulrike, der besten Freundin von Brigitte, so groß, daß sie Nicole durch Jovanka Prügel für die nächste Pause ansagen läßt. Eine solche Ansage zieht alle Klassen der Schule und einige Sympathisanten aus der Nachbarschule als Zuschauer auf den Schulhof. Nicole soll durch Provokationen auch anderen die Gelegenheit verschaffen mitzuprügeln. Bevor die Schlägerei losgeht, reden Brigitte und Nicole miteinander und klären, daß Jovanka aufgrund eines Mißverständnisses die Prügelei angesagt hätte.

> Nicole: »Ich habe mich wieder mit ihr vertragen mit Brigitte Meyer, die mich eigentlich verprügeln wollte. Wir beide sind dann gegangen und alle anderen waren dann voll sauer, weil ich die eigentlich verprügeln sollte und meinten ich bin feige.«
>
> Gl: »Die Zuschauer waren sauer?«
>
> S: »Und denn kommen alle an: ›*Hau* ihr was aufs Maul, die kriegen jetzt *Prügel*!‹ ›Jetzt bin ich bei Laune drauf, ich will eine aufs Maul hauen!‹«
>
> Nicole: »Jovanka hatte irgendwas falsch verstanden, sie kam morgens zur Schule und meinte so, ›Du sollst von Brigitte was auf 's Maul kriegen!‹, weil ich zu ihrer besten Freundin irgendwas gesagt hätte. Aber weil Jovanka das aus Versehen falsch verstanden hat, soll ich ihr dafür was auf die Schnauze hauen? Ich, obwohl ich gar kein Interesse hab, weil die ist so *klein* und (lacht auf) denn nur so auf die Schnauze hauen, warum soll ich das denn tun? Am Ende meinten dann alle, ich sei *feige*. Und weil ich ihr nichts auf die Schnauze gehauen hab', waren sie dann sauer auf mich, nur weil ich sie nicht verprügelt hab, meinten: ›Jovanka ist doch Dreck.‹«

Der friedliche Ausgang des groß angesagten Spetakels vermittelt den Eindruck einer ausgesprochen autonomen Entscheidungsfähigkeit der betroffenen Mädchen, die sich nicht nur verbal einigen, sondern sich über die Wünsche der Schau- und Schlaglustigen hinwegsetzen. Die Beschreibung der Zuschauerreaktionen zeigt, daß bei einigen Schülern und Schülerinnen eine Lust auf Gewalt besteht, die über die Sensationslust beim Zuschauen hinausgeht: »Jetzt bin ich bei Laune drauf, ich will eine auf's Maul hauen!« Dieses Bedürfnis, eigene Aggressionen irgendwie physisch abzureagieren, ohne damit auf ein persönliches Beziehungsproblem Einfluß nehmen zu wollen, ist einer der wichtigen Faktoren bei der Entstehung eines gewalttätigen Klimas, das zu Unsicherheitsgefühlen, Ängsten oder zur Ermutigung von Gewalt im öffentlichen Raum beiträgt.

II. Gewalterfahrungen

Ich möchte die weitere Interpretation mit einigen allgemeinen Überlegungen beginnen. Es erscheint sinnvoll, gewalttätige Auseinandersetzungen im öffentlichen Raum von verbalen Übergriffen und den »normalen« Prügeleien, die ja auch mit der Zufügung von physischem Schmerz verbunden sind, zu unterscheiden. Als gewalttätig bezeichne ich Handlungen, die eines oder mehrerer der folgenden Kriterien aufweisen:

* Körperliche Übergriffe finden statt, ohne daß zwischen Täter und Opfer ein persönlicher Konflikt vorangegangen ist.
* Körperliche Gewalt wird angedroht, um Gegenstände oder ein bestimmtes Verhalten zu erpressen, wobei sich die Ernsthaftigkeit der Drohung schwer einschätzen läßt.
* Ein Konflikt eskaliert in einer Weise, daß schwere Verletzungen aus Wut zugefügt oder zumindest in Kauf genommen werden.
* Kinder oder Jugendliche geraten in eine Außenseiterrolle und werden über einen längeren Zeitraum in der Klasse, dem Pausenhof oder auf dem Schulweg bedroht, geschlagen oder erpreßt.
* Gewalttätige Auseinandersetzungen mit bestimmten Gegnern oder Gruppen (Bandenkriege) werden provoziert oder geplant.

Es scheint, daß bei den meisten Jugendlichen das Tabu gegen Schlagen aus purer Lust oder zur Demonstration von Stärke weiterbesteht, und daß die anderen zumindest die Form wahren, indem sie in der Regel vor dem Zuschlagen einen Grund benennen.

Kirsten: »Ja, ich mein, das kommt immer drauf an, sag' ich mal, wie die Laune von dem ist. Wenn er gute Laune hat, dann kommt man eigentlich so mit 'nem Schlag ins Gesicht weg oder so; und wenn er schlechte Laune hat oder ihm gefällt die Frisur nicht oder so.«

S: »Das ist oft schon, wenn man falsch guckt oder so: ›Guck woanders hin!‹«

Kirsten: »Man braucht nur einmal von unten gucken, dann heißt es gleich, ›meine Ehre, wie guckst Du mich an, dummes Stück!‹«

S: »Irgend 'nen Grund haben die ja schon.«

S: »Jedesmal!«

S: »Ja!«

Gl: »Und wie ist es jetzt so bei den anderen?«

S: »Immer einen Grund haben die ja.«

Gl: »Also die suchen einen, meinste?«

S: »Ja, die finden *jedesmal* irgendwas, *jedesmal.*«

S: »Hauptsache, eins zu poolen.«

S: »Jedesmal ...« (Durcheinander)

Kirsten bezieht sich hier auf einen Achtkläßler, der für seine Gewalttätigkeit bekannt ist. Dann verallgemeinern die Mädchen ihre Erfahrungen, und es wird deutlich, daß bestimmten Jugendlichen ihre Begründung für die Prügel, die sie austeilen, überhaupt nicht abgenommen, sondern als Vorwand durchschaut wird.

»Dann war da immer so eine Anführerin, die hatte irgendwas gegen mich, immer nur gegen mich!«

Nadja erzählt, wie sie vor einiger Zeit mit ihren zwei Freundinnen auf der Straße mehrfach von einer Mädchenclique mit etwa 10 Mitgliedern angegriffen wurde.

Nadja: »Dann war immer so eine Anführerin, die hatte irgend was gegen *mich*, immer *nur* gegen *mich*! Dann fand sie irgend so einen Grund: ›Mir hat irgendwie so einer erzählt, daß so ein Mädchen, rothaarig, genauso eins wie Du irgendwie Scheiße gelabert hat, und ich glaube, daß Du es bist.‹ – Und dann verprügeln sie mich.«

S: »Einfach so!« (Gelächter)

Nadja: »Ich weiß nicht mal, was ich gesagt habe!« (sehr laut, empört)

Gl: »Hm, und die haut dann richtig zu?«(Gelächter)

Nadja: »Immer auf den Rücken, immer mit den Füßen oder so.«

Gl: »Ach so, das ist ja ganz schön gefährlich, nicht? Kriegt man da nicht Angst vorm Schmerz?« (Gelächter)

Nicole: »Wenn es knackt, dann weiß ich, daß es ein bißchen gefährlich war!«

Wie in den folgenden Situationen, geht es hier um das gefahrlose Ausleben eines wie auch immer motivierten Bedürfnisses nach Gewalthandlungen von bestimmten Gruppen oder Gruppenmitgliedern, die sich an ungeschützten Einzelnen oder kleineren Gruppen vergreifen.

»Lustige Zeit gewesen!«

Jovanka: »Ja, ich war doch mal 2 Jahre an unserer Schule fertig gemacht. Das war auch 'ne schöne Zeit, war nicht schlecht.«

Gl: »Wo war das, auch hier?«

Jovanka: »Nee, OS war das. Da konnte mich wohl *keiner* ab.«

S: »Bei mir war das auch immer so.«

Gl: »Was heißt da 2 Jahre fertiggemacht, das klingt ja schon ziemlich schlimm?«

Jovanka: »Ja, die wollten nur Geld haben, ich hab dann immer bereitwillig gezahlt.«

Gl: »Ja, hast Du niemand was gesagt oder?«

Jovanka: »Nee, nee, das wär mir nicht so gut bekommen.«

Gl: »Und Deinen Eltern?«

Jovanka: »Nee!«

Gl: »Warum? Hattest Du Angst?«

Jovanka: »*Ich* muß ja wieder zur Schule danach, also ... Ich gehe danach dann wieder hin, und dann ist das nicht so lustig.«

S: »Kriegst du noch mehr drauf!«

Jovanka: »Also immer, wenn ich irgendwas gesagt habe oder so, dann kamen sie nachher alle zu mir: ›Was hast Du schon wieder gelabert?‹ Wurde ich wieder schön verprügelt. (Gelächter) Lustige Zeit gewesen.«

Nur auf Nachfrage räumt Jovanka ein, daß die Zeit eigentlich gar nicht lustig war, und daß sie sich unter 19 Mädchen als das einzige gefühlt hat, »das nicht so willkommen war.« Offensichtlich hat sich Jovanka in ihrer neuen Schule aus der Rolle des Sündenbocks befreien können, ebenso wie Mascha, die eine ähnliche Geschichte aus ihrer Grundschulzeit ganz anders erzählt.

»Weil ich halt aus Polen bin.«

Gl: »Und wie ist es bei Euch, habt Ihr das auch schon erlebt?«

Mascha: »Als ich nach Deutschland gekommen bin, da wurde ich oft von den Mädchen verprügelt und so, weil ich halt aus Polen bin. Und tja, es hieß denn ›Scheißpolacke‹ und so, das war am Anfang. Sie haben halt meine Schulsachen geklaut, zum Teil verbrannt oder so, und denn mußt ich zahlen, oder sie haben mich auf dem Heimweg verprügelt und geschlagen oder sonst was.«

Gl: »Was hast Du dann gemacht, wie hast Du 's weggekriegt?«

Mascha: »Ich bin nach Hause, hab es meiner Mutter erzählt und meine Mutter ist zur Schulleitung. Und meine Mutter konnte auch nicht viel machen, die konnte auch kein Deutsch, nicht. Und die Lehrer haben ja auch nichts getan, die haben das immer mitgekriegt, und die haben auch nichts dagegen gemacht!«

Für Mascha hat sich die Situation erst verbessert, als sie eine Klasse wiederholen mußte und ihre Klassenkameradinnen die Schule gewechselt hatten. In der Schule und auf dem Schulweg fühlt sich Mascha heute sicher. Sie hört von Mitschülern, daß es Gewalt auch an der neuen Schule gibt, und betont, daß ihr noch nie etwas passiert ist. Ihre Stellung in der »Hierarchie« der Mädchen scheint jedoch auch in der neuen Klasse immer noch ganz unten zu sein. Nur während ihres Berichtes hören die meisten Schülerinnen nicht zu, sondern flüstern und kichern leise über irgend etwas anderes. Mascha berichtet ernst und sachlich und in einer monotonen Weise. Wut oder Empörung scheinen nicht vorhanden zu sein. Die resignative Tonlage wird nur einmal unterbrochen, als sie berichtet, daß die Lehrer immer davon gewußt, aber auch nichts gemacht hätten. Anders als Jovanka vermittelt sie den Eindruck, daß ihr zwar Unrecht widerfahren, sie persönlich aber nicht dafür verantwortlich sei. Sie fühlt sich als Opfer von Vorurteilen und Fremdenfeindlichkeit, mit der eben viele ausländische Kinder in Deutschland leben müssen.

Bei Jovanka bleibt unklar, ob und wie sie ihre Ausgrenzung verarbeitet hat. Ist ihre Ironie mehr als ein Mittel, welches das Sprechen über eine so demütigende und beängstigende Erfahrung überhaupt erst möglich macht? Lachen in Verbindung mit Ironie schafft Distanz, weil Gefühle der Demütigung, die jedes Opfer von Gewalt erlebt, reduziert werden, indem man sich über die Täter lustig macht und sie dadurch abwertet und verharmlost. Die lustige Darstellung bewirkt aber auch, daß die Schuldfrage überhaupt nicht gestellt wird.

»Ich glaub', ich bin nicht grad so die Starke, die sich das so leisten kann.« Silvia erzählt, wie sie und ihre gleichaltrige Freundin als Dreizehnjährige bei »Burger King« von zwei 17–18jährigen Mädchen »abgezockt« worden sind.

Silvia: »Da kam so 'n Mädchen rein, also die wollt' was zu essen haben und Geld und Zigaretten (kichert). Da saßen 20 Leute um uns rum, haben nur geguckt, fand ich *ziemlich nett.* (sehr ironisch, Gelächter) Haben da alle, also die Erwachsenen haben gegafft, und wir haben denen dann unser Essen gegeben, das war's.«

S: »Und Geld?«

S: »Und Zigaretten!« (Gelächter)

Sivia: »Ja, und 2 Mark.« (Gelächter)

Gl: »Hm, und die Erwachsenen haben gar nichts gemacht?«

Silvia: »Nee!«

S: »Sind die denn abgehauen, oder haben sie sich dazugesetzt?«

Silvia: »Die haben sich hingesetzt, und kein Arsch hat was gesagt.« (Durcheinander, Gelächter)

Gl: »Und wie war das, habt Ihr da Angst gehabt?«

Silvia: »Ja, das *glaub* ich schon (ironisch), 5 Jahre älter, da *kriegt* man Angst!« (Gelächter)

Gl: »Also hast Du auch nicht die angeschrien oder so?«

Silvia: »Ich *glaub* nicht. *Ich glaub, ich bin nicht grad so die Starke, die sich das so leisten kann.*« (Gelächter)

S: »Warst Du alleine?«

Silvia: »Nein, mit 'ner Freundin, die hat die ganze Zeit geheult ... und ich durfte ... Ich glaub', sie ist nicht so 'ne ganz große.«

Gl: »Wovor hast Du eigentlich Angst gehabt?«

Silvia: »Daß die mir eins auf's Maul hauen.« (Gelächter)

Gl: »Also richtig vor Schlägen? (Gelächter) Was haben die gesagt?«

Silvia: »Die schlagen mir die Fresse ein, bäng, bäng!« (Durcheinander, Gelächter)

Erwachsene, die in einer solchen Situation nur gaffen und in Ruhe weiter essen, sind in Silvias Augen »Ärsche«, die nichts sagen. Geht es hier um Gleichgültigkeit, um einen Mangel an Zivilcourage oder um fehlendes Einfühlungsvermögen? Anders als bei den beiden vorher beschriebenen Fällen, wäre es hier ein Leichtes gewesen, hilfreich einzugreifen. Es stellt sich natürlich die Frage, warum sich keines der Mädchen an die Erwachsenen gewandt hat. Offensichtlich hatten sie Angst, daß die Jugendlichen ihnen draußen auflauern und »eins auf's Maul hauen«. Angesichts der relativ geringen Wahrscheinlichkeit eines solchen Verhaltens im Falle einer deutlichen Zurechtweisung der großen Mädchen durch die Erwachsenen kann man vermuten, daß die Intensität von Informationen über Gewalt in der Berichterstattung und den Unterhaltungsfilmen Ängste vor Gewalt und Racheakten ständig neu erzeugen. Verfestigte Vorstellungen über Täter gehen in die Reaktionen ein und begünstigen die Täter, indem sie einen vorwegnehmenden Gehorsam und ein viel zu schnelles Nachgeben bewirken.

Bei Mascha haben die Erwachsenen – Mutter und Schulleiter – versucht zu helfen, waren aber dazu nicht in der Lage. Von den Lehrern behält sie den Eindruck, daß diese alles gewußt haben und eigentlich etwas hätten tun müssen. Jovanka hat mit ihrer Mutter gar nicht erst gesprochen. Sie und eine Mitschülerin erklären, warum die Eltern häufig nichts erfahren. Die Schüler werden bedroht für den Fall, daß sie Erwachsene einbeziehen, und da sie wissen, daß diese sie nicht ständig überwachen können, sagen sie lieber gar nichts. Nur Erwachsene, die unmittelbar selbst eingreifen, können aus der Sicht der Schülerinnen wirklich helfen. Das waren in zwei Konflikten die Mütter. Der einzige Vater, von dem die Rede ist, macht seiner Tochter Silvia hinterher Vorwürfe, daß sie sich nicht gewehrt habe; Vorwürfe, die Silvia zurückweist, denn sie sei »doch nicht lebensmüde«.

Während die Mädchen berichten, fühle ich mich zunächst verunsichert durch ihr häufiges Lachen, insbesondere wenn irgendeine Gemeinheit zur Sprache kommt. Die lustige Darstellung und die entsprechende Reaktion der Zuhörer scheinen überhaupt nicht zu dem ernsthaften Inhalt zu passen. An Silvias und anderen Berichten läßt sich aber nachvollziehen, welche Funktion diese Art des Erzählens hat. Die Verbindung von Ironie und Gelächter bewirkt, daß sie nicht ausschließlich in der Rolle des armen Opfers dastehen. Die Mitschülerinnen lachen zusammen mit Silvia – im Nachhinein – die großen Mädchen aus und geben ihr durch ein empörtes Lachen über die Vorwürfe ihres Vater außerdem das Gefühl, sich richtig verhalten zu haben. Andere Lachanlässe scheinen Fragen von uns zu sein, die für die Schülerinnen offensichtlich naiv klingen. Daß wir wissen wollen, wovor man in einer bestimmten Lage Angst hat oder was genau »auf die Fresse hauen« bedeutet, löst allgemeine Erheiterung aus.

»Wenn Du was sagst, dann kommen wir wieder, und dann knallen wir Dich ab!«

Kirsten erzählt, daß ihr Bruder und einige Klassenkameraden vor einem halben Jahr von älteren Schülern mit einer Waffe bedroht wurden und ihnen ihre Jacken und ihr Geld geben mußten. Eine Lehrerin habe dies aus 20–30m Entfernung beobachtet, den Vorfall als »Kinderstreich« angesehen und die Gaspistole für eine Wasserpistole gehalten. Den Jungen sei angedroht worden, sie abzuknallen, und deswegen hätten sie sich zunächst den Eltern nicht anvertraut. Der Sohn der Elternsprecherin habe sich schließlich an seine Mutter gewandt, und diese sei aktiv geworden. Sie hätte die Jungen einige Wochen auf dem Schulweg begleitet und sich gleichzeitig für den Verweis des Pistolenbesitzers von der Schule eingesetzt. Zwei Monate lang sei nichts passiert, bevor sich Eltern zusammengeschlossen hätten. Zunächst hätten die Lehrer gesagt, sie könnten da nichts machen, denn »anscheinend interessiert die Lehrer das nicht sehr toll, was hier in der Schule abgeht. Da mußten erst die Eltern eingreifen, bevor da sich was getan hat«.

An Kirstens Darstellung verwundert die Bemerkung, daß durch den Zusammenschluß der Eltern nichts herausgekommen sei, obwohl der Junge auf Elterndruck von der Schule verwiesen worden ist. Auch die »abgezockten« Jugendlichen konnten geschützt werden, nachdem sie trotz der Morddrohung über den Vorfall geredet hatten. Kirstens Bemerkung von der Wirkungslosigkeit der Eltern widerspricht also dem von ihr selbst geschilderten Ergebnis des Eingreifens der Eltern. Dieser Widerspruch könnte Ausdruck der Ängste von Jugendlichen sein, die entstehen, wenn sie merken, daß bei Erpressungen mit Gewaltandrohung ihre Eltern und Lehrer nicht in der Lage sind, sie durch individuelles Handeln wirksam zu schützen.

Die Machtlosigkeit der Lehrer wird von Kirsten auf unverzeihliche Naivität, boshafte Verharmlosung und mangelndes Interesse zurückgeführt. Den Lehrern scheint ganz egal zu sein, was den Schülern passiert. Eine solche Verallgemeinerung zeigt, daß die Fähigkeit oder Bereitschaft, das Verhalten der Lehrer aus deren Perspektive zu verstehen, bei Kirsten nicht vorhanden ist. Vielleicht trifft ihre Einschätzung aber insofern einen wunden Punkt, als es bei vielen Lehrern eine Tendenz gibt, über Gewalt im alltäglichen Schulleben hinwegzusehen bzw. eine Unfähigkeit, mit einer gemeinsamen Strategie dieses Problem in ihrer Schule anzugehen.

Es gibt Bemerkungen der Schülerinnen über die Machtlosigkeit der Lehrer, bei denen sich Gerüchte, Wunschdenken und eine Realitätswahrnehmung mischen, die von Action- und Gewaltfilmen über amerikanische Schulen geprägt zu sein scheinen. Danach seien in der Schule nicht nur Lehrer geschlagen und Notenverbesserungen erpreßt worden, sondern beinahe wäre die ganze Schule in die Hand der bösen Schüler geraten. Die Mischung von Empörung und Begeisterung, mit der sie dieses berichten, bringt ambivalente Gefühle zum Ausdruck. Einerseits geht es um durchaus lustbetonte Phantasien und Wünsche, die eigene Machtlosigkeit zu überwinden und in der Schule bestimmen zu können. Andererseits wird die schwache Position von Lehrern gegenüber gewaltbereiten Schülern an mehreren Stellen des Gespräches kritisch gesehen und ihr Eingreifen erwartet – ähnlich wie in den Filmen am Ende meistens die Ordnung wieder hergestellt wird, weil die brutalen Schüler nicht nur brutal zu den Lehrern, sondern immer auch zu den besonders fairen und mutigen Schülern oder Schülerinnen sind.

»Wenn die sich geschminkt haben, dann fühlen die sich noch stärker!«
Sonja erzählt von einer Freundin, die mit anderen Mädchen schwimmen geht. Danach, wenn sie ihre »Kriegsbemalung« angelegt haben, »sind sie bestätigt in ihrer Kraft«. Dann verprügeln sie 8–10jährige Mädchen, wofür sie auch schon »von den Bullen gefaßt und angezeigt wurden«. Die Frage, die sich hier stellt, zielt auf die Verbindlichkeit von Wertvorstellungen: Sonja berichtet im Rahmen des Gruppengesprächs sehr kritisch über das Verhalten ihrer Freundin. Aus dieser und anderen kritischen Äußerungen könnte man schließen, daß von den Mädchen dieser zehnten Klasse bestimmte Wertvorstellungen geteilt werden: Gründe für Schläge sollen nicht vorgeschoben sein; groß gegen klein, viele gegen einen oder Drohungen mit den großen Brüdern gelten als unfair. Wie fest diese Werte sind, wie viele Ausnahmen für wen akzeptabel sind, läßt sich auf der Grundlage des Gruppengespräches nicht einschätzen. Würde Sonja in einem anderen Kontext, z. B. in einer Gruppe mit ihrer Freundin, dieses Verhalten kritisieren? Könnte es ein Grund sein, diese Freundschaft zu lösen? Eine bemerkenswerte Gewaltakzeptanz zeigt sich allerdings darin, daß Sonja keine Scheu hat, vor ihrer Klasse zu erzählen, daß sie ein Mädchen zur Freundin hat, welches häufig kleinere Mädchen so schlägt, daß die Polizei eingreift.

»Ich laß mich nämlich nicht unterkriegen von irgend so 'nem Blödmann!«
Ulla erzählt »ein Beispiel von vielen Sachen«. Erkan aus ihrem Wohnviertel sei 18, ziemlich kräftig und mache überhaupt nichts, weder Schule noch irgendeine Arbeit.

> Ulla: »Der unterdrückt einige; wenn er sagt, ›geht mal zu »Comet« und holt Sachen‹, dann rennt wirklich *jeder*, weil sie halt Angst haben. Und wenn er Lust und – wenn er schlechte Laune hat, verprügelt er welche (einige lachen). Ja, und denn war das halt, ich sollte für ihn Zigaretten holen und hab ich gesagt, ›ne, das *mach'* ich nicht!‹. Da hat er gesagt, ›wenn

Du jetzt keine Zigaretten holst, denn hau' ich Dir das Gesicht kaputt!‹ ›Ist *mir* doch egal, ich hol' keine Zigaretten, ich bin nicht dein *Bimbo*!‹ Ja, und dann wurde ich von ihm und seinem Bruder zusammengehauen, ja und irgendwie keiner hat was gemacht, weil sie Schiß vor dem hatten.«

Gl: »Standen da andere drumrum?«

Ulla: »Nee, die saßen etwas weiter weg, die wollten sich nicht einmischen, weil, er hat halt größere Brüder und auch Freunde. Ja, und dann ist einer zu meiner Mutter gegangen und hat da Bescheid gesagt. Meine Mutter kam dann mit (kurzes Auflachen), ich weiß nicht, was das war, mit irgend so 'nem Brett oder so, und hat den dann zusammengehauen. (Gelächter) *Nee*, das war, weil da hat er gerade hierhin getreten an meinen Kopf, also da waren Wirbel verletzt.«

Gl: »Du warst auf dem Boden?«

Ulla: »Ich war auf dem Boden, er hat mir *gegen den Kopf* getreten, hierhin und gegen Schulter und Hals. Und dann kam meine Mutter und hat dem eins mit dem Brett übergezogen über 'n Kopf. Ja, und da kam Polizei und alles, ja, die haben ihn dann mitgenommen. Ja, und zwei, drei Wochen später ging das dann wieder los.«

Ulla: »Und hat für uns so sozusagen drei, vier Straßen...«

Gl: »Drei, vier Straßen die sozusagen sein Revier sind.«

Ulla: »Da ist das denn so, man muß für die einkaufen gehen, man muß von seinem *eigenen* Geld für die Zigaretten holen und so, und wenn man das nicht macht, kriegt man Schläge. Nach dem Vorfall z. B. hat die Polizei gesagt, auf 200 Meter darf er nicht an mich ran; und dann hat er halt angefangen so, kam er näher ran und hat mich zwar nicht direkt angefaßt aber gesagt, ›wenn ich Dich allein im Park erwische, vergewaltige ich dich! (empörte Ausrufe) und dann bring' ich dich um!‹ und so. Na, da kann man nichts gegen machen, weil die Polizei meinte, solange er's nicht tut (wenige lachen), können die nichts machen, wenn ich jetzt hingehe und sag', der hat mich bedroht, denn können die nichts machen; erst wenn er 's getan hat.«

S: »Das ist ziemlich scharf.«

Gl: »Und wie fühlst Du Dich dabei?«

Ulla: »Ich mein, am Anfang war das so, ich war auch in psychologischer Behandlung durch den Fall; also ich bin da einmal die Woche hingegangen, weil ich halt abends Angst hatte. Ich bin immer durch den Park gerast. Ich hatte Angst zur Schule zu gehen alleine, und all so was. Und wenn ich halt ›nen Türken gesehen hab‹, oder der aussah wie er, dann (zittrige Stimmlage) hab' ich Schweißausbrüche gekriegt, hab' gezittert und bin nur noch gerannt. Ja, und dann fing das an, denn hat sich irgend 'ne Aggression aufgebaut. Nee, ist nicht mehr (ruhig). Vor einem Monat oder so, hat er auch schon wieder so angefangen, da hat' ich Chips, ›Ja gib' mal her!‹ ›Nee, hab ich gesagt, kauf Dir selber welche, hast kein Geld oder so?‹ Und da hat er auch nichts gemacht. Also Angst nicht mehr. (sehr nachdenklich) Ich meine, wenn man Angst zeigt, dann macht die das vielleicht irgendwie geil oder so. Muß nicht sein. Ich laß mich nämlich nicht unterdrücken von irgend so 'nem Blödmann!« (allgemeines Schweigen)

Weiter oben habe ich gezeigt, daß das häufige Lachen der Mädchen die Funktion hat, den Täter kleiner zu machen und als Opfer Distanz zu gewinnen. Als Ulla erzählt, wie ihre Mutter mit dem Brett auf Erkan einschlägt, lachen die Mädchen über die Mutter wie über andere gewalttätige Akteure. Diese Bewertung weist Ulla sofort mit einem energischen »Nee!« und dem Hinweis auf ihre Verletzungen zum Zeitpunkt des Eingreifens der Mutter zurück. Damit wird das Zuschlagen der Mutter als Notwehrhandlung deutlich, die Respekt verdient. Ähnlich wie in dem Erpressungsfall verhindert eine Mutter Schlimmeres, weil sie unmittelbar eingreift. Aus Ullas Perspektive ist es hier die Polizei, die versagt. Wie die Lehrer ist sie nicht da, wenn man sie braucht, und ihr nachfolgender Umgang mit den Tätern ist viel zu lasch. Ulla überlegt nicht, ob die Anzeige und die 200-Meter-Grenze vielleicht vernünftige Maßnahmen sind, um eine weitere Eskalation zu umgehen. Diese Grenze gilt auch für sie und verhindert, daß sie auf Ansinnen Erkans auf eine Weise reagiert, die ihn als Arbeitslosen stark beschämen muß. Sie verweigert ihm nicht einfach die Chips, sondern betont, daß er ja wohl kein Geld habe, sich selber welche zu kaufen. Daß die Polizei erst handeln kann, wenn eine Drohung realisiert wird, ist gut zu begründen, aber Ullas Wut über dieses Prinzip läßt sich nachvollziehen. Sie will, daß die Polizei genauso brutal mit Erkan umgeht, wie er mit ihr. Weil die Verhältnisse nicht so sind, empfindet es Ulla als großen Vorteil, daß sie inzwischen den Ruf hat, ein Schlägerweib zu sein.

»Da hat man da so ‘nen Standard, dann ist man so ‘n Schlägerweib!«

Ulla erzählt, daß viele Mädchen um sie einen Bogen machen und gar nicht versuchen würden, mit ihr Streit anzufangen, seitdem sie Jessica Loose verprügelt habe. Mit dieser und ihrer Clique von 16–17jährigen Mädchen lag sie damals im Streit. Sie hätten dann aus Rache ihre kleine Schwester mit ihren Freundinnen zusammengeschlagen und dabei auch die Ratte eines der Mädchen zertreten. Als sie und ihre Mutter zur Hilfe gekommen sei und ihre Mutter sich eines der Mädchen »vorgeschnappt« habe, sei folgendes passiert:

> Ulla: »Da hat Jessica Loose meiner Mutter mit der Faust eine runtergehauen. Ja und meine Mutter lag auf dem Boden, und da bin ich *total* ausgerastet. Da hab’ ich so vom Bahnhof diese großen Steine genommen und hab’ einen diesem Mädchen –. Und dann ist Jessica Loose auf mich losgegangen, und ich hab’ sie so verprügelt, daß sie eine leichte Gehirnerschütterung hatte, Splitterbruch an der Schulter und was mit der Wirbelsäule. Also ich hab’ so auf sie eingeprügelt, ich hab’ da nur gesehen: meine Schwester am Heulen, weil – meine Mutter wurde gehauen, und da war mir alles scheißegal, und da hab’ ich meine ganzen Aggressionen an ihr ausgelassen.«
>
> S: »Hätte ich auch!«
>
> S: »Gerecht!«

Ulla: »Und da hab ich nur gedacht, nee, wie kann man auf meine Mutter einhauen!«

S: »Gerade Jessica Loose, die fühlt sich doch auf jeden Scheiß immer so wichtig.«

Ulla: »Ja, das war immer, sie hat unterdrückt und so. Und da hab ich ihr halt den Arsch voll gehauen und seitdem, wenn sie auch mit Freunden von fünf, sechs – und ich bin allein – macht sie 'nen ganz großen Bogen.«

S: »Cool!«

S: »Ja, echt.« (bewundernd, einige lachen eher zurückhaltend)

Gl: »Und seitdem fühlst Du Dich ganz sicher?«

Ulla: »Ja weil – bei uns geht das so. Wenn man sich einmal richtig prügelt, und das sehen 'nen paar Leute – z. B. Jessica Loose ist da angesehen, sie versteht auch zu strafen. Und wenn man sich mit der mißt und sie auch runterkriegt, dann hat man da so 'nen Standard, dann ist man so 'n Schlägerweib. Seitdem ich sie halt verprügelt hatte, machen viele um mich 'nen Bogen oder versuchen erst gar nicht, irgendwie Streit mit mir anzufangen. So jetzt von den Mädchen her.«

Auf die Frage, wie oft sie mit solchen Konflikten konfrontiert seien, bewegen sich die Antworten der Mädchen zwischen »oft« und »weniger«. Ulla meint, es käme darauf an, wo man wohne. Wenn man da wohne, wo eine Mädchenclique Streit suche oder Erkan sein »Revier« habe, sieht sie offensichtlich nur die Möglichkeit, sich unterdrücken zu lassen oder eine gewalttätige Auseinandersetzung auf sich zu nehmen.

Zusammenfassend läßt sich sagen, daß die Antworten auf meine leitenden Fragestellungen ziemlich unbefriedigend bleiben. Verbindliche Regeln, die ich für das Verhalten der Mädchen in Konfliktsituationen herausfinden wollte, kann ich aus dem vorliegenden Material nicht ableiten. Das soll nicht heißen, daß alles erlaubt ist, sondern daß – je nach Machtposition in der Gruppe und den eigenen Maßstäben – den Einzelnen Unterschiedliches erlaubt ist. Dabei kann eine konträre Bewertung der Mittel, die bei der Austragung von Konflikten eingesetzt werden, zur Eskalation von Konflikten beitragen.

Die Beziehungen der Mädchen zu den Erwachsenen sind geprägt von dem Wunsch nach Autonomie und dem Wunsch nach Hilfe. Wenn sie zu den Unterlegenen gehören oder wenn es gefährlich wird, beanspruchen sie den Schutz von Erwachsenen – Lehrern, Eltern, Polizei – und empfinden es als Versagen, wenn diese nicht helfen oder helfen können. In der Regel bauen sie jedoch nicht auf deren Hilfe oder fürchten sogar ihre Einmischung als Bedrohung für ihre eigene Sicherheit. Als hilfreich wird nur ein direktes tatkräftiges Eingreifen angesehen, wenn sie sich in einer bedrohlichen Lage befinden. Da sie selbst, ihre Freundinnen oder Mädchen, die sie kennen, Gewalterfahrungen im öffentlichen Raum gemacht haben, versuchen sie, sich eigene Schutzmechanismen aufzubauen.

Einige Aspekte des Konfliktlösungsverhaltens der Mädchen erscheinen mir problematisch. Einerseits fasziniert die Lebendigkeit, mit der manche Mädchen ihre Emotionen und ihre körperlichen Fähigkeiten in Konflikten mit anderen ausleben. Sie können sich durchsetzen, sie wehren sich gegen Unterdrückung »durch irgend so 'nen Blödmann«, lassen sich oder ihre Mutter nicht beleidigen und zeigen, daß die Jungen nicht mit ihnen machen können, was sie wollen. Es gibt also durchaus emanzipative, das Selbstbewußtsein stärkende Aspekte.

Je häufiger und unbegrenzter Konflikte jedoch mit Gewalt ausgetragen werden, desto deutlicher werden auch die negativen Seiten einer solchen Entwicklung. Beim Aufbau von Schutzmechanismen gewinnen körperliche Überlegenheit und Skrupellosigkeit an Respektabilität. Einige Mädchen finden es »cool« und »gerecht«, daß es Ulla gelungen ist, Jessica richtig zu verletzen und deren Freundin einen Stein gegen den Kopf zu hauen. Die Schwere der Verletzungen ist letztlich vom Zufall abhängig. »Auge um Auge« scheint bei einigen der Mädchen ein akzeptierter Maßstab zu sein.

Bisher männliche Eigenschaften werden auch für Mädchen attraktiv: »die weint nicht«; »die macht das Maul auf«; »die versteht auch zu strafen«; wer sich einmal richtig prügelt, mit der fängt kein Mädchen einen Streit an; man darf keine Angst zeigen, denn das »macht die vielleicht geil«. Es gibt Gruppen mit einer Hierarchie, bei der die Bereitschaft zu physischer Gewalt eine wichtige Rolle spielt, mit Anführerinnen, die Gehorsam und Respekt mit Hilfe von Prügelstrafen herstellen und die ihre physische Überlegenheit nicht nur zur Verteidigung einsetzen. Die Mädchen übernehmen Verhaltensweisen, die bisher männlichen Jugendlichen, zum Teil auch nur den männlichen Jugendlichen der Unterschicht, vorbehalten waren. Wer »nur 'ne große Schnauze« hat und sich nur an Kleineren vergreift, also ein traditionell erlaubtes Muster weiblicher Aggression zeigt, wird verspottet. Äußerst männlich wirkt z. B. Susannes Kampfansage an Nicole, weil diese angeblich »irgend 'nem Typen weh getan« habe. Die Orientierung an den Jungen wirkt bis in die Sprache hinein. Wenn Nicole ihre energische Mutter nachahmt oder Brigitte, die ihr befiehlt, hinunter zu kommen, um sich verprügeln zu lassen; oder wenn eine Schülerin das große Mädchen nachäfft, das von Silvia den Hamburger verlangt, dann werden die Stimmen nicht nur laut, sondern tief und männlich. Um sich untereinander zu beschimpfen, gebrauchen die Mädchen Ausdrücke wie »Schlampe« oder »Fotze«, die Männer benutzen, wenn sie eine starke Abwertung des weiblichen Geschlechts zum Ausdruck bringen wollen.

Wenn sie als ungeschützte Einzelne zufällig Opfer einer Mädchenclique werden oder irgendwelchen, nicht auf ihre Person bezogenen Aggressionen oder Bedrohungen ausgesetzt sind, fordern die Mädchen polizeilichen Schutz sowie strengere Gesetze und Strafen. Gleichzeitig werden durch die Zugehörigkeit zu einer Gruppe Schutzmechanismen aufgebaut. Wer nicht so stark ist wie Ulla oder sich durch die Zugehörigkeit zu einer Gruppe sicher fühlen kann, braucht ältere Geschwister oder starke Freunde:

Fatma (auf die Frage nach ihren Gewalterfahrungen): »Ich hatte so was noch nie.«

S: »Die hat auch Brüder!«

S: »Genau!«

S: »Deswegen traut man sich auch oft nicht an Türken ran. »Faßt Du mich an, ich hol meine große Bruder!«

Fatma: »Das mach' ich aber nicht.«

S: »Das machen aber viele, deswegen, ich gehe nicht an Türken.«

S: »Du hast 8 Brüder, ne?«

Fatma: »Acht?? Zehn!! Nein, einen älteren und einen 15-jährigen.«

Gl: »Aber das könnte natürlich schon irgendwie auch ein guter Schutz sein.«

Fatma: »Ja, das ist so.«

S: »Ich find's auch cool, daß ich 'nen großen Bruder hab'.«

Das heißt, es gehört zum Grundwissen, darüber informiert zu sein, wer Brüder, ältere Geschwister oder starke Freunde hat. Fatma braucht noch nicht einmal mit ihren Brüdern zu drohen, man weiß es, so wie man von einer anderen Schülerin weiß, daß sie zwar eine 18jährige Schwester hat, aber »die ist denn auch nicht ganz die Starke«. Mädchen, die über den Schutz von Älteren, Starken oder Gruppen verfügen, sind in der Regel gut abgesichert. Für Mädchen, die über solchen Schutz nicht verfügen, besteht die Gefahr, daß sie sich »rauszuhalten« haben, indem sie z. B. beleidigenden Verhaltensweisen der »Starken« keine verbale Aggression entgegensetzen dürfen, ihre Interessen zurückstellen oder auf ihre Rechte verzichten. »Ich glaub, ich bin nicht grad die Starke, die sich das leisten kann« – in dem hier zitierten Fall – auch nur zu widersprechen. Deshalb bedroht die Bereitschaft, Konflikte durch physische Konfrontation ohne begrenzende Regeln auszutragen, nicht nur das Recht auf körperliche Unversehrtheit, sondern auch die Lebendigkeit und Freiheit der verbalen Kommunikation.

Eine solche Einschüchterung kann sich im übrigen nicht nur gegen die außenstehenden Einzelnen, sondern auch gegen die Mitglieder der schützenden Gruppe richten. Einerseits besteht eine kreative Leistung der Gruppen darin, daß sie sich aus Resten traditioneller Regeln und aus aktuellen eigenen Bedürfnissen Gruppenregeln machen und damit Verhaltenssicherheit ermöglichen. Andererseits müssen diese Regeln weder vernünftig, noch besonders stabil sein; und man kann davon ausgehen, daß es Gruppen gibt, in denen getan wird, was der Anführer oder die Anführerin will, ohne auf persönliche Bedürfnisse der »einfachen Mitglieder« Rücksicht zu nehmen. Ein Beispiel hierfür sind die vehementen und beleidigenden Vorwürfe, die einer Schülerin gemacht werden, weil sie nicht mehr mit den anderen in das von ihnen besuchte Freizeitheim kommt, sondern lieber mit ihrem Freund in einem anderen »abhängt«. Der Streit eskaliert in einer Weise, die in starkem Widerspruch zu Vorstellungen einer individualisierten Jugend steht, die frei nach ihren subjektiven Bedürfnissen ihre Freizeitvergnügungen auswählt.

Je mehr die Selbsthilfe der Bürger verschwindet, die immer das staatliche Gewaltmonopol ergänzt hat, je weniger also die Gesellschaft und die Erwachsenen gewährleisten können, daß Kinder und Jugendliche sich sicher fühlen, um so mehr versuchen diese, sich selbst zu helfen. Wie das Gruppengespräch zeigt, sind die Formen dieses Selbstschutzes äußerst ambivalent. Einerseits geht es um autonome Problemlösungen außerhalb der Institutionen, die Selbsttätigkeit der Jugendlichen stärken sowie Spannung und Lebendigkeit hervorbringen. Deshalb sind insbesondere die Überlegenen gegen die Einmischung von Erwachsenen oder gegen Reglementierung. Andererseits kann eine zivilisierte Demokratie Selbstregulierung nicht hinnehmen, sobald sie mit Einschüchterung und Mißhandlung von Schwachen verbunden ist.

Die Herstellung von Sicherheit im öffentlichen Raum, das wird beim Nachdenken über die Gewalterfahrungen der Mädchen deutlich, kann keinesfalls von Polizei und Justiz alleine geleistet werden. Wenn sich die Innere Sicherheit heute an vielen Stellen auflöst, weist das auf einen komplexen gesellschaftlichen Wandel und den Zusammenbruch hilfreicher Strukturen in wesentlichen Bereichen der Lebenswelten der betroffenen Kinder und Jugendlichen hin. Gesellschaftlicher Wandel stellt aber immer von neuem der ganzen Gesellschaft die Aufgabe, Werte und Normen zu entwickeln und Strukturen zu verankern, die sowohl die Entstehung als auch das gewalttätige Ausleben von Frustration und Aggression begrenzen können.

»Das ist eine Frage der Einschätzung.«

Ein Gruppengespräch mit jugendlichen Schülern über ihre Gewalterfahrungen im Stadtteil

Renate Haack-Wegner

Die Gruppe der männlichen Jugendlichen steht im Zusammenhang mit der Gewaltdiskussion immer wieder im Brennpunkt der Medien und der Wissenschaft, sei es als Täter oder als Opfer. Auch die Verbindung zwischen Schule und Gewalt ist vielfach Thema. Deshalb haben wir uns entschieden, mit einer Schulklasse des Bremer Westens ein Gruppengespräch über ihre Erfahrungen mit Gewalt zu führen. Neun junge Männer einer 10. Klasse nahmen an diesem Gespräch teil. Wir fragten sie nach ihrer Einschätzung: »Wie sicher fühle ich mich eigentlich hier, im Stadtteil oder in dem Bereich, wo ich lebe, wo ich in die Schule gehe?«

Das Gespräch dreht sich zunächst um die Frage, ob sie sich in diesem Stadtteil bedrohter fühlen als in anderen:

> »Also, es gibt in der Neustadt genauso viele Plätze wie hier. Also hier laufen zwar mehr Penner rum, aber ist es nicht sicherer oder so. Das ist alles Quatsch, ich mein, so' n paar Idioten, die einen anmachen und die gibt's in der Neustadt, die gibt's in G. und W., so' n paar Abziehsäcke.«

So wenig wie sie die Besonderheit betonen möchten, so gering soll auch das Ausmaß der Bedrohung erscheinen:

> »Also, das ist immer extrem übertrieben und genau so wie das mit den Prügeleien in der Schule.«

Als wir jedoch ihre Aussagen in diesem Sinne ernst nehmen und ihnen zusammenfassend zurück spiegeln, kommt Widerspruch auf. So einfach scheint für sie die Situation doch nicht zu sein. Diese Einwände werden zunächst nur in Form einer allgemeinen Einschätzung geäußert, »in W. wird angeblich ganz viel abgezogen«, die noch deutlichen Zweifel und Distanziertheit erkennen läßt. Im weiteren Gesprächsverlauf werden dann aber nach und nach von allen Teilnehmern persönliche Erfahrungen mit Situationen geschildert, in denen sie die Opfer von »Abzieh-Angriffen« waren.

Die Situation im öffentlichen Raum: »He Mann, hast Du Kippe?«

Ein Schüler berichtet:

> »Ich bin auch zweimal von so einer Art Türkenclique komplett zusammengeschlagen worden. Ja und ziemlich handgreiflich, da waren wir zu zweit. Kennen Sie doch bestimmt hier beim Kindergarten im Park, nicht. Ja, das war auch abends, und da sind wir einfach so durchgegangen. Aber da standen sie auf einmal vor uns, haben auch hier auf die Tour: ›Hier, hast Geld, hast Kippe?‹ Ja und denn kann man eigentlich nur ›ja‹ sagen, dann. Wir haben nun ›nein‹ gesagt und haben natürlich was abgekriegt da. Zwanzigmarkschein und eben 4 oder 5 Schachteln Zigaretten waren das.«

Und später ein anderer:

> »Und mir haben se mal knappe vier Mark abgezogen und danach ganz fiese 5 Mark.«

Es geht in diesen Situationen also um Geld (kleinere Summen) und Zigaretten, beides für Jugendliche zentrale Gebrauchsgegenstände, die leicht bei jedem jungen Mann, dem man begegnet, auch vorausgesetzt werden können. Hinter diesen pragmatischen Bereicherungs-Situationen vermitteln diese Szenen aber noch etwas anderes: Zigaretten sind in unserer Gesellschaft (u. a. via Werbebotschaft) auch ein Bild, ein Symbol für eine oft rauhe, naturhafte, körperbetonte Männlichkeit, während Geld Ansehen und Macht verkörpert. Wer im Besitz dieser beiden Symbole ist, hat also etwas, was ihn neben dem reinen Gebrauchswert auch symbolisch aufwertet, ihn potent macht. Wer diese Gegenstände nicht mehr hat, ist damit auch einen Teil seiner Macht los; diese ist von ihm ›abgezogen‹ worden und jemand anderes hat sich diese ›angezogen‹. So geht es in diesen »Abzieh-Szenen« nicht nur um eine dinghafte Bereicherung, sondern auch darum, wer mächtig und wer ohnmächtig ist. Diejenigen Jugendlichen, die etwas von dieser Potenz abgeben müssen, werden ohnmächtig gemacht, die anderen werden mit diesen eroberten Symbolen mächtig. Diese Interaktionsform wird in der Subkultur, in der sich diese Jugendlichen bewegen, alltäglich inszeniert und mit gleichem Ablauf wiederholt. Sie wird Teil einer spezifisch männlichen jugendlichen Identitätskonstituierung, deren aggressive Anteile unter anderem in diesen ritualhaften Dialogen ihren Ausdruck finden. Dieses Ritual[1] ist den Jugendlichen bekannt. Man weiß, daß, wenn man sich

[1] Der Begriff Ritual wird hier in einem abgewandelten Sinn benutzt, indem er einerseits das Ritualhafte der Interaktionen betont, andererseits aber nicht den traditionellen und auf gesamtgesellschaftlicher Akzeptanz beruhenden Aspekt dieses Begriffes übernimmt.

unterwirft, also Geld und Zigaretten herausrückt, einem in der Regel nichts passiert. Verweigert man sich und zeigt kein Unterwerfungsverhalten, durchbricht man den ritualisierten Ablauf, erzeugt dieses Wut; dann ist man natürlich dran, wird dafür bestraft und zwar sofort und körperlich durch Schläge. In dieser Szenerie kennt man sich aus, sie hat beinahe etwas Alltägliches, Selbstverständliches; auch für die Opfer.

Beim distanzierten Erzählen davon im Rahmen der Gruppendiskussion können sie sich über ihre erlebte Situation lustig machen (»fiese« fünf Mark hergeben zu müssen) und gewissen Spaß an einer Art Reinszenierung haben, in der sie sprachlich in die Rolle der Täter schlüpfen und diese nachmachen. Damit haben sie wieder Macht, und können die ehemals Mächtigen kleinmachen, indem sie deren verstümmelte Sprache und deren Intonation übertreibend nachahmen. Dieses ist eine Form der nachträglichen Bearbeitung der Erfahrungen, die dazu dient, die empfundene Schmach wiedergutzumachen und sich aufzuwerten. Die »Abzieh-Erfahrungen« der Jugendlichen geht aber auch über diese für sie eher alltäglichen Bedrohungs-Situationen hinaus, so erzählt ein Schüler:

> »Mich haben sie mal überfallen nach einem Konzert beim Schlachthof, mit zwei anderen zusammen. Das waren drei Deutsche oder so, und die sind alle angekommen und hatten eine Knarre hinten drin. Und denn haben sie halt nur gezeigt, daß sie eine Knarre haben. Und haben wir's auch nicht drauf angelegt, daß der die zieht; und die haben uns, meinten dann hinterher: ›Ja, wir sind organisiert.‹ Und die waren auch älter, so zwanzig oder so. Die haben wir auch eine Stunde später noch mit dem Auto da rumfahren sehen in F., und die haben richtig geguckt, ob wir zu den Bullen gehen oder nicht.«

Hier ist auch beim Erzählen die Ernsthaftigkeit, die Eskalation der Bedrohungssituation spürbar: Die Gegner waren junge Erwachsene, und im Hintergrund existierte (ob real oder nicht, ist unwichtig, weil es für die Jugendlichen in dem Moment subjektive Realität war) eine Waffe. Hier geht es für sie nicht um einen ritualisierten Kampf Jugendlicher um Männlichkeit, ein Hin und Her eines in Szene gesetzten Unterwerfungs- oder Widerstandrituals, als das die bisher geschilderten »Abzieh-Situationen« verstanden werden können, sondern um erwachsene Räuber, die sich bereichern wollen.

Das »Abzieh-Szenarium« bleibt im Vordergrund und entwickelt sich zum zentralen Thema des Gruppengespräches. Dabei geht es in den einzelnen Äußerungen darum: Wo wird man abgezogen, wer wird überhaupt abgezogen, und wie muß man sich dabei jeweils verhalten? Ein Schüler berichtet dazu:

> »Hier in F. also die Leute, die da Stunk machen, sind meistens Türken oder Ausländer, die kenn´ ich auch alle. Aber wenn ich nach W. komme oder nach N., wo ich weniger Leute kenne, da kriegt man doch schon ein bißchen mehr ab.«

Ob man abgezogen oder verprügelt wird, liegt also einmal daran, ob man sich auf bekanntem Territorium bewegt oder auf unbekanntem. Dort sind die Chancen, verschont zu bleiben, ungleich schlechter. Die Unsicherheit nimmt also zu, denn »in der Fremde« gibt es keinen Schutz durch Leute, die man kennt; wie wir im weiteren Verlauf des Gesprächs durch einen anderen Schüler erfahren:

> »Wenn mich hier so eine Gruppe von zwei bis drei Türken anquatscht, dann erwäge ich doch eher schon wegzugehen oder die Straßenseite zu wechseln als in N.«

Auf bekanntem Territorium kommt es darauf an, welche Position man dort hat, ob man also Opfer wird oder verschont bleibt. Die Schüler meinen:

> »Den müssen sie vom Sehen her kennen und einschätzen können. Die ziehen auch keinen ab, den sie nicht kennen.«

Anscheinend ist das Risiko für die Angreifer dann besser kalkulierbar, fühlen diese sich sicherer, wenn sie wissen, mit wem man sich anlegen kann und mit wem besser nicht. Dies bestätigt ein weiterer Schüler:

> »Ja, vor allem, die Leute, bevor die großartig kommen und sich mit dir prügeln, also, richtig prügeln; wenn das nur so eine Balgerei ist, dann ist es was anderes. Aber wenn die dann wirklich mit zwei, drei Mann kommen und wollen dich zusammenschlagen, dann erkundigen sie sich vorher, also wer du bist. Dann erkundigen sie sich halt bei deinen Freunden, denn hat man halt so einen gewissen Ruf, so das und das und der kennt die und die Leute und so was. Und das ist, wenn du genug Leute kennst, entsprechende Leute kennst;, wenn du nur also Grundschüler kennst oder irgendwelche Idioten so, denn ist das scheißegal; aber wenn du dann halt Leute kennst, die dann auch also zuschlagen, dann ist das etwas anderes.«

Diese allgemein gehaltenen Statements bestätigt dann ein Schüler mit der Schilderung seiner eigenen Situation:

> »Der wohnt in meiner Nachbarschaft, hab keinen Kontakt zu ihm, doch sehe ich ihn manchmal auf der Straße. Dann blöken wir uns blöde an, das war's dann aber auch; weil, also ich kenne einige Leute. Aber wenn ich da normal wohnen würde und ich würde da kaum jemand kennen, dann hätt´ der mich schon lange zusammengeschlagen.«

Die allgemeinen Formulierungen »gewisser Ruf«, »bestimmte, entsprechende Leute« fallen bei fast allen Äußerungen auf. Wir als Fremde, als Erwachsene und Forscher, müssen sie füllen, während die Schüler untereinander genau wissen, was sie damit meinen. Erst bei der letzten Wiederholung charakterisiert der Schüler dann diese Leute als solche, die zuschlagen und daher Macht und Ansehen haben. Wenn man davon profitieren kann, weil man zu ihrem Freundeskreis gehört oder zumindest unter ihrem Schutz steht, dann wird man eher verschont.

Das scheint aber auch nicht nur positiv und problemlos zu sein. So sagt ein anderer Schüler dazu:

> »Ja, so ist es einmal ganz gut, daß man viele Leute kennt, weil man dann praktisch ein Stück sicherer ist irgendwie. Aber andererseits ist es dann auch ...«

Es bleibt offen, was er damit meint. Spielt er auf die Situation, die Jugendliche ohne diese Freunde und diesen Ruf haben, an, oder ist auch die Situation für die anderen nicht immer so einfach, wie es sich anhört? Bedeutet die Kehrseite dieses Schutzes, daß man in dieser Szenerie unentrinnbar bleiben muß und vielleicht bestimmten Gruppenzwängen unterworfen ist, die ein bestimmtes Handeln erzwingen, daß also ein Stück weit Autonomieverlust beklagt wird?

Auf jeden Fall, so lernen wir aus ihren Erfahrungen, gehört noch mehr dazu, eine »Abzieh-Situation« einigermaßen heil zu überstehen. Dabei geht es um die genaue Wahrnehmung und die richtige Reaktion in der jeweiligen Situation. Es gibt hierfür anscheinend Spielregeln. Von deren sinnvoller (situativer) Anwendung hängt es wesentlich ab, ob man es schafft, mit heiler Haut davonzukommen oder wenigstens sein Gesicht zu wahren.

Die Regeln

Regel Nr. 1: Niemals in die »Duckmäuserposition« kommen

> »Wenn man dann, wenn die ankommen ›hast' ne Kippe‹, nicht sofort aggressiv reagiert: ›nein, Mann, verpiß Dich‹ oder so was sagt – oder mußt doch nicht immer so hart sein, also: ›nein, hau ab‹ sagst, wenn man das nicht sofort macht, irgendwie diese Duckmäuserposition macht, dann hauen die dich. Dann ist das scheißegal, wer du bist oder so. Weil dann bist du, du kennst niemand, und das macht auch nichts. Und dann schlagen sie dich zusammen und ziehen dich ab, so, wenn du das nicht sofort machst. Also, du mußt selber total sofort schnell aggressiv werden hier.«

Das bedeutet, auf die Machtfrage so zu reagieren, daß sofort und eindeutig klar wird, daß man sie sich nicht nehmen läßt. Zeigt man Schwäche, also bietet man selbst schon die ohnmächtige Position an, dann gerät man gnadenlos und total in diese Position hinein.

Regel Nr. 2: Den richtigen Ton treffen

Dabei ist es ein Balanceakt, den richtigen Ton zu treffen, d. h. zwischen genügender Aggressivität und zuviel davon zu unterscheiden:

»So aber wenn Du sagst: ›verpiß Dich, Du Wichser‹, dann kriegst du was auf die Fresse. Aber du mußt denen zeigen, daß du dich wehren würdest; aber du mußt die nicht zusätzlich provozieren.«

Die Situation muß dann umkippen, wenn man neben seiner Machtbehauptung die Stellung der anderen angreift und diese in die ohnmächtige Position zu bringen versucht. Das können die anderen sich dann nicht gefallen lassen und müssen, schon aus dem Grunde, selbst noch etwas wert sein zu wollen, angreifen. Diese beiden groben Orientierungsregeln gelten aber nicht immer, siehe:

Regel Nr. 3
Wenn die Angreifer in der Überzahl sind, sollte man lieber weglaufen, bevor man überhaupt von ihnen angesprochen werden kann, zum Beispiel die Straßenseite wechseln.

Regel Nr. 4
Aber selbst wenn man mit seiner Gruppe in der Überzahl ist, ist dieses keine klare Handlungsaufforderung, die Ansprüche zurückzuweisen, denn die richtige Einschätzung der offenen oder sogar der verborgenen Macht der Angreifer ist wichtig:

»Das war hier in W.; das war das erste Mal, daß ich so angequatscht wurde. Da war ich relativ alkoholisiert und da haben uns drei solche kleinen Araber oder Türken angemacht, ja solche kleinen. Wir waren zehn Mann, und das ging: Die haben einige von uns abgezogen. Das muß man sich mal vorstellen, solche Kleinen, die jeder von uns echt alleine totgehauen hätte. Und da meinten die anderen: ›Nee, laß mal lieber, die haben große Brüder und so.‹ Nicht, also so etwas, das finde ich hier in W. ganz ...«

Die erwarteten Größenverhältnisse, die ein Nachgeben veranlassen würden, sind normalerweise: Viele gegen Wenige, Große gegen Kleine. In der beschriebenen Situation verkehrt sich dieses ins Gegenteil: Drei gegen Zehn und Kleine gegen Große. Sich schon bei einem einzigen der Jugendlichen so weit vorzuwagen, ist normalerweise schon unvorstellbar. Eine solche Positionsbedrohung (kleine Kinder als Angreifer) ist derart frech, daß derjenige oder diejenige, die sie wagen, eigentlich nur eine massive Strafe dafür verdienen. In doppelter Weise muß die Reaktion der jungen Männer deshalb paradox ausfallen, für sie selbst und nach außen: Sie geben den Kleinen und den Wenigen nach. Sie tun dieses, da hinter diesen drei Kleinen ihrer Meinung nach eine unsichtbare zweite Linie von vielen und riesig großen und potenten Brüdern (»so groß – 3 Meter groß«) steht. So wird die ungeheure Wut, die sich in dem Wort »totgeprügelt« ausdrükkt, verstehbar, die Wut darüber, nicht so handeln zu können, wie man eigentlich müßte, nämlich die Kleinen verscheuchen und ihnen einen angemessenen Denkzettel verpassen.

Diese Angst vor konkreten Brüdern weitet sich aus auf jeden Angreifer aus einem südlichen Herkunftsland, von dem eine nicht einschätzbare Bedrohungssituation ausgeht, bei der auf kein bekanntes Ritual zurückgegriffen werden kann und auf die man besser mit Nachgeben und Rückzug reagiert:

> »Wenn das irgendwie ein südländischer Typ ist, dann: oh, vorsichtig.«

Das gleiche gilt auch für andere Angreifer:

> »Straßendiebe, die gucken ... das sieht man allein schon echt am Gesicht; die haben alle, also manche haben schon so 'n aggressives Gesicht, daß sie dich angucken, also da weiß man sofort, daß man lieber die Straßenseite wechseln muß. Wenn die gerade in Stimmung sind.«

Hier ist nicht die Herkunft entscheidend, sondern der Gesichtsausdruck. Ungezügelte Aggression, impulsives Handeln und kein Pardon scheinen sich hinter diesen Gesichtern zu verbergen. Auch an dieser Stelle des Gruppengespräches wird der hohe Stellenwert des Blickens, des sehr genauen Wahrnehmens, der visuellen Interaktionsebene deutlich. Dieses ist eine Fähigkeit, die als Überlebensstrategie für ihre spezifische (männlich adoleszente und soziale) Realität besonders geschult und differenziert entwickelt werden muß.

Regel Nr. 5

In Situationen, in denen Waffen eine eindeutige Rolle spielen, sollte ebenfalls nicht aggressiv reagiert werden:

> »Dann kamen die auch zu viert an, haben gleich das Portemonnaie geklaut, und die standen dann auch mit Messern vor uns. Und da hab ich mir wenigstens gedacht, da werde ich nicht gleich aggressiv, ein Messer ist doch irgendwie schneller als eine ...«

Ein weiterer Schüler bestätigt diese Erfahrung:

> »Vor allen Dingen, was das für Leute sind; die waren halt doppelt so breit wie und denn die Knarre hinten in der Tasche.«

Insgesamt geht es also in den geschilderten Situationen um das Kennen der richtigen, der wesentlichen Leute und um das Erkennen der richtigen, der wesentlichen Hinweise in der jeweiligen Szene. Der Zwang, ins Handeln zu kommen, sich für die eine oder andere Strategie zu entscheiden, ist stets vorhanden und sicherlich nicht wenig anstrengend. Gleichzeitig wird aber auch deutlich, daß zumindest in

Situationen, die nicht allzu bedrohlich sind, d. h., wenn sich beide Parteien mit etwa gleichwertigem Aufwand an die bekannten Spielregeln halten, der spielerische Charakter (wer kann sich durchsetzen, wer gewinnt?) auch mit vorhanden ist. Kippt dieses Szenarium um, bleiben Angst und Beschämung, symbolisiert im folgenden Bild des nur noch Unterhose tragenden Jugendlichen, zurück:

> »Wenn da irgend so 'n Ali ankommt, den du irgendwie scheiß anmachst, dann kann es sein, daß du dann später da in Unterhose sitzt.«

Diese Beschämung wird noch deutlicher, wenn sie sich selbst von Jüngeren, Kindern angreifen lassen müssen, die ja eigentlich überhaupt keine Macht haben. (»Die gehen einem echt bis zum Knie und dann: ›Was willst denn machen, willst mir die Knieschiebe durchkauen oder sonst was?‹«). Und dann doch die Erfahrung der Ohnmacht, des Nachgebens, weil deren »drei Meter große Brüder« als geschlossene machtvolle Gruppe ihrer Meinung nach im Hintergrund lauern. Diese Szene hat sowohl tragische als auch komische Anteile, doch hier erscheint die in dem Gruppengespräch auftauchende Situationskomik wie ein Rettungsring, nicht unterzugehen, die eigene Ohnmacht nicht allzu beschämend spüren zu müssen. Es erwächst neben der in der Originalszene erlebten Ohnmacht beim Erzählen davon die Möglichkeit der Wiederbemächtigung. Durch das sprachliche Symbolisieren in dieser Bildhaftigkeit erschaffen sie sich Distanz und können das Traurige doch noch zu etwas Lustigem machen und Spielräume für Selbstironie entfalten.

Daß wir nur die eine Seite ihrer Gewalterfahrung in den »Abzieh-Situationen« erzählt bekommen haben, nämlich die Sicht der Betroffenen, kann daran liegen, daß sie wesentlich nur derartige Erfahrungen gemacht haben. Es ist aber auch zu bedenken, daß sie Fremden gegenüber auch nicht unbedingt die andere Seite, wo sie eventuell selbst aktiv in dem »Abzieh-Geschehen« mitmischen oder mitgemischt haben, erzählen wollen. Wir haben keine Nachfragen in diese Richtung gestellt, obwohl an einer Stelle des Gesprächs dieser Hinweis vorhanden war:

> »Ja, weil das eine Mal, da waren wir beide zusammen; und das waren zwei Idioten, die haben uns angequatscht; die haben dann aber nichts gekriegt. Wir haben den einen davon denn nachher noch abgezogen.«

Hier wirkt es auf uns so, als wenn das Spielerische noch deutlicher hervortritt, ähnlich einem Räuber- und Gendarmspiel in abgewandelter Form: Mal bin ich der Räuber, mal du. Eine alltägliche, beinahe schicksalhafte Erfahrung scheint für sie realitätskonstituierend: Mal ist der eine der Gewinner, mal der andere.

Die Situation in der Schule: »Das waren halt gewisse Hierarchiekämpfe.«

Da die Jugendlichen im bisherigen Gesprächsverlauf über keine Erfahrungen mit Gewalt in der Schule berichten, fragen wir nach. Die »Abzieh-Situation« erscheint für sie an diesem (eher geschlossenen) sozialen Ort kein Problem zu sein, denn:

> »Wenn bei hier auf dem Schulhof jemand ankommt und mich abziehen will, denn kann ich auch, glaube ich, sicher sein, daß A und B (Mitschüler, R. H.-W.) hier ankommen und uns denn helfen.«

Das gilt für von draußen kommende Schulfremde, während man sich inzwischen, in der 10. Klasse, von den eigenen Mitschülern vor dem Abziehen sicher fühlt, so ein anderer Schüler:

> »Vom Jahrgang würde es auch keiner machen bei uns in der Schule, weil das wäre ja bescheuert, weil die Eltern sind sofort beim Lehrer, und denn ist der draußen.«

Dabei klingt dann an, daß früher durchaus solche Mitschüler unter ihnen waren, die aber im Laufe der Schulzeit aus der Klasse verschwunden sind, wie drei weitere Schüleräußerungen vermitteln:

> »Da hat unser Lehrer für gesorgt.«
>
> »Die hat Herr P. ausgemustert.«
>
> »Die haben sich verabschiedet.«

Wir fragen nach anderen Formen von Gewalt in der Schule, wie z. B. Erpressung. Wir erfahren: Diese Fälle sind ihnen aus ihren früheren Schuljahren bekannt, gehören aber heute nicht mehr zu ihrem Schulalltag, sondern einer längst überwundenen Phase an, der Mittelstufe, wo die schon vorher erwähnten Schüler in ihrer Klasse waren. Außerdem waren sie selbst nicht betroffen, denn:

> »Da waren wir die lieben Klassenkameraden, da blieben wir noch verschont.«

Sie erwähnen auch Prügeleien, aber auch die gehören in diese Zeiten, in denen die Hierarchie unter ihnen noch geklärt werden mußte:

> Schüler A: »Da denke ich, wird man langsam erwachsen, da hat man die Hierarchie-Kämpfe hinter sich. Und also, da gibt's natürlich noch Praktiken, aber dann wird es echt seltener.«
>
> Schüler B: »Die Hierarchie ist geklärt, da braucht man sich nicht mehr zu prügeln.«

Auch aus pragmatischen Gründen empfiehlt es sich nicht, sich anhaltend an Klassenkameraden zu vergreifen, obwohl man es manchmal durchaus auch heute noch möchte:

> Schüler C: »Es geht ja wohl nicht, daß Du dem drei Jahre lang immer eine auf die Fresse haust, vielleicht wird er noch einmal irgendwann zurückhauen.«

Die Schule erscheint einerseits wie ein Schutzraum, wo Eltern und Lehrer zur rechten Zeit für sie gesorgt haben, indem sie eingriffen, und wo man aus bestimmten Gründen Glück hatte, verschont zu werden, weil man zu einer Gemeinschaft gehört, gegen die nicht vorgegangen wird und weil man Hilfe von den Mitschülern bekommt. Sie erscheint aber auch wie ein Kampfraum, in dem die eigene Position erkämpft werden muß, was bei Jungen zumindest nicht ohne körperlichen Einsatz abläuft. Ist dieses dann geklärt, hat man (zumindest hier) seine Ruhe. Das mag erklären, warum das Thema Schule von ihnen nicht selbst ins Gespräch gebracht wurde, warum auch die Erzählbereitschaft gebremst und das Thema nach kurzer Zeit erschöpft war.

Vielleicht sind wir aber auch zu nahe an diesem Ort dran, denn das Gruppengespräch fand in einem Raum der Schule statt, und die Schüler kennen sich gut untereinander, so daß eventuelle leidvolle oder kritische Situationen nicht voreinander geäußert werden können, ohne Geheimnisse zu verraten, ohne Einblicke in eigene informelle schulische Gruppenstrukturen zu geben. Auch ihre Sicht der Schule, ihre Identifikation mit der Schule, spielt dabei möglicherweise eine Rolle. Diese wird zwar als nicht ohne Gewalt erlebt, aber doch nicht als ein schlimmer Ort: »Es gibt auch garantiert noch mehr Schulen, die krimineller sind als hier.«

Gefährliche Orte

Das Gespräch kehrt wieder zum öffentlichen Raum zurück, und wir fragen nach bestimmten Plätzen/Orten, die von ihnen eher gemieden oder mit Vorsicht betreten würden. Ein Stadtteil wird benannt, ebenso eine Straße. Auf Nachfragen hin wird deutlich, daß dieses Orte sind, die sich für sie über die dort anwesenden Menschen als gefahrvoll definieren. So sagt ein Schüler:

> »Die ganzen ausländischen Mitbürger sind da ja so.«

Zwei weitere Schüler ergänzen dies:

> »Man sieht das gleich, wenn da Typen sind, die halt so aggressiv schon aussehen.«

> »Das kenne ich auch, da fahre ich auch immer lieber etwas schneller vorbei, weil ich ja die Leute, die da rumhängen, kenne; so vom Fußballspielen früher und sind nun doch nicht meine besten Freunde. Also mit denen hatte ich auch schon Probleme.«

Es sind also nicht besondere geographische Gegebenheiten der Orte, die diese bedrohlich machen, sondern die sich dort aufhaltenden Menschen, vor allem die gleichaltrigen männlichen Jugendlichen, die als Kriterium für die Einstufung von gefährlichen Orten eine Rolle spielen. Ausländisch oder aggressiv aussehende Fremde sind ein Grund, diese Orte zu meiden, ebenso wie solche männliche Jugendliche, die man zwar kennt, aber mit denen man negative Erfahrungen gemacht hat. Dieses eigene jugend- und jungenspezifische höchst fragile Regelwerk dient dazu, Orientierung bei Interaktionen mit anderen Jugendlichen im öffentlichen Raum zu stiften. Wäre das Einbeziehen der Erwachsenen, der Anderen für ihre Sicherheit überhaupt nötig oder hilfreich?

Hilfe von Außen

Wir fragen nach der Möglichkeit, von außen als unbeteiligter Passant diese bedrohlichen Situationen zu erkennen und eventuell einzugreifen. Die Jugendlichen verstehen zunächst die Fragerichtung nicht, und das Gespräch kehrt wieder zum alten Thema zurück, zur Beschreibung bestimmter Situationsmerkmale in bedrohlichen Interaktionen. Wir beharren auf unserer Frage und erfahren aus zwei Schüleräußerungen, daß die Situation für Außenstehende zwar nicht leicht als solche zu erkennen sei, aber es ihrer Meinung nach doch möglich wäre:

> »Wenn man genau hinsieht ... Meistens stellen die sich dann so um einen rum; und man sieht ja auch, ob die sich kennen und sich die Hand geben oder wenn der normal antwortet und nicht so ängstlich und so.«

Die Haltung der Erwachsenen: »Das finde ich echt ziemlich arm.«

Dieses genaue Hinsehen oder sogar Eingreifen haben die Jugendlichen jedoch noch nicht erlebt. Sie schildern eher das Gegenteil:

> »Also wenn die Leute, also in der Regel sind das ja ausländische Mitbürger, die dann kommen und dann gehen die ganzen Deutschen vorbei; das finde ich ziemlich arm. Weil denn hatten wir einmal die Situation, da haben wir ein Auto angehalten, denn saß da zufällig ein Türke drin, also ein Erwachsener, und der hat dann gesagt: ›Eh Jungs, laßt das!‹ und

die dann: ›Ja, ok‹ und sind dann weggegangen. Da brauchten wir gar nicht großartig sagen irgendwie: ›Bitte, bitte helfen Sie uns‹, sondern der hat's sofort gemacht. Und das finde ich ziemlich arm irgendwo von den Deutschen, daß die so vorbeigehen.«

Hier unterscheiden die Jungen aufgrund ihrer Erfahrung zwischen den ausländischen und den deutschen (männlichen) Erwachsen: Die deutschen schneiden dabei deutlich schlechter ab; die Macht, die türkische Männer über ihre Gruppe haben, wird dagegen als hilfreich empfunden. Die Erfahrung von kritischer oder helfender Solidarität und klarer Autorität, mit denen sich die türkischen Erwachsenen um Jugendliche kümmern, haben sie bei den Deutschen nicht gemacht. Das Wort »arm« beschreibt dieses Fehlen, diesen Mangel daran. Ein weiterer Jugendlicher faßt diese Erfahrung in die Worte: »und drücken sich.« Hier schwingt die gleiche Enttäuschung mit, aber verbunden mit der Idee, daß die Erwachsenen das durchaus könnten, wenn sie wollten, es aber nicht wollen, weil sie zu feige sind. Bedauern, aber auch Bewertung: jämmerliche, schwache Erwachsene, klingt an. Dieses wertet die Erwachsenen ab und läßt die Jugendlichen eher als die Kompetenteren und Stärkeren erscheinen. Diese negativen Erlebnisse mit Erwachsenen werden komplementiert durch andere, eher vermittelte Erfahrungen von Erwachsenen, vor allem über alte Menschen, die sich ständig über die Kriminalität in den Straßen beschweren, aber nichts dagegen tun:

»Und denn die ganzen Opas, die sagen: ›Mann, die Kriminalität auf den Straßen, werden alle so frech und so, nicht‹. Aber helfen oder so, ist da keiner, das ist ganz schlimm. Da gehen hunderte von Leuten vorbei; kann man sagen: ›bitte helfen Sie uns‹, dann gucken die und gehen weiter, da bleibt keiner bei uns stehen.«

Die Hilfe, die von Erwachsenen, sogar von alten Leuten (»einer Oma«) kommen könnte, wird aber andererseits von ihnen wirkungsvoller eingeschätzt als mögliches Eingreifen Jugendlicher. Nur der Erwachsene kann verhindern, »daß der totgemacht wird« und ist nicht so gefährdet, ebenfalls verprügelt zu werden, denn: »der ist ja noch so 'n Stückchen weiter als so 'n Jugendlicher«.

Ihre eigene Bereitschaft, als Jugendliche einzugreifen, ist eher verhalten. Es gibt welche, die schon mal geholfen haben, andere, die abwägen, ob sie die Situation sinnvoll einschätzen können, und wieder andere, die eher nicht eingreifen würden:

»Da riskiere ich nicht meinen Kopf für, denn mache ich lieber selbst eine Fliege.«

Um so »schlimmer« dann die Erfahrung, daß auch die Erwachsenen nicht eingreifen. An dieser Stelle kommt es uns als Zuhörer so vor, als wenn der Generationsvertrag eingeklagt werden soll, als wenn sie den Erwachsenen hier die Rolle der mächtigen Beschützer und den Jugendlichen die Rolle der zu Beschützenden zuschreiben. Sie beklagen sich über dessen Vernachlässigung und weisen auf die emotionalen Folgen, ihre Enttäuschung, hin, die diese Aufkündigung bringt. In fremden Kulturen, wie in der türkischen, ist dieses Verhältnis nach ihren Erfahrungen noch intakter, und ihre Sehnsucht danach wird deutlich. So sind die Erwachsenen in ihren Augen zwar einerseits ihnen überlegen und sollen das auch sein, aber andererseits doch »ziemlich arm«, eine Ambivalenz, die adoleszente Idealisierungs- und Entwertungsthematik ebenso widerspiegelt wie reale gegensätzliche soziale Erfahrungen.

Polizei und Justiz: »Das finde ich schon ziemlich kraß, daß da nichts passiert.«

Versagen in ihren Augen schon die Erwachsenen durch ihre Passivität, so erleben sie auch die institutionelle Hilfe durch die Polizei und die Justiz als wenig wirkungsvoll. Die Gründe dafür sind höchst unterschiedlich: So wird einmal der lange Zeitablauf beklagt, der zwischen der Anzeige und der Verurteilung liegt:

> »Ich fand das irgendwie ziemlich Scheiße, weil, erst einmal war das zwei Monate später. Ich bin dann gleich am selben Tag noch zur Polizei gegangen, und dann durfte ich mir Fotos ansehen, wußte überhaupt nicht mehr, wie der Mensch aussieht, also konnte mich grob daran erinnern, habe auch Fotos ausgesucht, von denen ich glaubte, der war es. Dann war ein halbes Jahr später die Gerichtsverhandlung. Da durfte ich 3 Stunden vor dem Gerichtssaal warten und hab denn gesehen, wie dieser Kerl da saß und hatte auch gestanden, aber ich hätte garantiert nicht mehr sagen können, ob er's war. Und es war mir im Grunde auch scheißegal, ich hatte es bis dahin schon wieder vergessen.«

Weder wird die polizeiliche Ermittlungsarbeit – Fotos durchsehen – noch die Gerichtsverhandlung für den Jugendlichen als wirkliche Hilfe, als eine sinnvolle »Wiedergutmachung« für sich im emotionalen Sinne erlebt: Sie kam zu spät und hatte gar nichts mehr mit ihm zu tun. Ein anderer Jugendlicher sagt:

> »Die Bullen brauchen viel zu lange, wenn man die (Abzieher, R. H.-W.) mit zur Polizei nimmt, das habe ich einmal gebracht. Die haben seine Personalien aufgenommen und dann durfte er wieder gehen, nicht. Und so etwas finde ich echt kraß, weil dann, der gehört an sich erst mal einen Tag hinter Gitter oder so und dann sollen ihn seine Eltern abholen. Vielleicht hat er da einen Monat später einen Brief gekriegt, und ich hab bis heute nichts gehört. Das ist schon über'n halbes Jahr her, und das finde ich schon ziemlich kraß, daß da nichts passiert so, weil, wenn das denn wirklich jemand wäre, der mich kennen würde, ja, der

hätte am liebsten morgens vor meiner Tür gestanden mit 2, 3 Leuten und dann wäre ich fällig gewesen.«

Neben der Enttäuschung an der fehlenden direkten und nur so in seinen Augen wirkungsvollen Bestrafung, in die auch die Eltern einbezogen sein sollten, beklagt er den mangelnden Schutz, den er durch die Polizei erfährt. Sie läßt ihn allein und liefert ihn damit der Gewalt erneut und noch mächtiger aus als vorher, verschlechtert also eigentlich seine Situation, anstatt sie zu verbessern. Dieses ist um so schlimmer, weil sowieso schon Mut dazu gehört, zur Polizei zu gehen, denn man weiß ja, daß oft hinter den Tätern noch andere, mächtigere Bündnispartner stehen, denen man nach einer Anzeige ohnmächtig ausgeliefert ist. So berichtet ein anderer Schüler:

»Und das sieht man auch am Schlachthof, da haben se einen Kumpel abgezogen und dann fuhren die da noch zwei Wochen später mit ihren großen Brüdern im Auto dreimal täglich am Schlachthof vorbei und haben den gesucht, weil der zur Polizei gegangen ist.«

Damit nützt auch die punktuelle Anwesenheit der Polizei ihnen gar nichts, denn die Angreifer (»die sind ja nicht dumm«) warten ab, bis diese weg ist:

»Wenn die weg ist, dann bist du dran, nicht. So, du sitzt da und die machen nichts, und du sagst zur Polizei:› Bitte bleibt hier oder nehmt die mit‹ oder so was, dann bleiben sie vielleicht noch fünf Minuten und dann gehen sie.«

An diesem Punkt des Gruppengespräches angekommen, die Rat- und Hilflosigkeit der Jungen nachvollziehend, stellen wir die Frage nach möglichen Lösungen, Hilfen, die sie sich vorstellen könnten, z. B. sich selbst zu wehren, »so irgendwie aufzurüsten?«. Die Antworten geben den offiziellen normativen Verhaltenskodex wieder, daß dieses verboten sei: »Dürfen wir ja nicht.« (Nach dem Gruppengespräch bekommen wir allerdings mit, daß zumindest einer von ihnen zwei Messer hat, mit denen er auf dem Schulflur spielerisch eine Bedrohungsszene nachstellt.) Erzählen sie uns nichts über ihre heimliche Aufrüstung, oder empfinden sie diese Art Messer eher als normales Zubehör und nicht als eine Waffe, oder nutzt ihnen im Notfall die Gegenwehr auch gar nichts?:

»Na gut, das ist aber auch unwahrscheinlich, daß so 'n Achmed so zur Polizei geht und sagt, der hat mich zusammengeschlagen, weil ich ihn abziehen wollte. Aber es ist halt, der geht dann nicht zur Polizei, der geht dann, was weiß ich, zum großen Mafiaboß oder so: ›Ich bin Dein Dealer, der Kerl hat mich zusammengeschlagen, weil ich ihn abziehen wollte‹.«

Ihr Problem ist nicht die Angst vor einer eventuellen Anzeige bei der Polizei, wenn man den Angreifer seinerseits angreift. Diese offizielle Institution spielt keine so wichtige Rolle in dem Gewaltsystem, in dem die Jugendlichen eingebunden sind, denn bedrohlich sind nicht Polizei und Justiz, sondern die hinter den Angreifern stehende größere Macht, die nicht an die Rechtsnormen gebunden erscheint, repräsentiert in dem Symbol der Mafia. So ist es in diesem Zusammenhang auch nicht erstaunlich, daß weder der persönliche Besitz einer Schußwaffe noch der eines Kampfhundes begrüßt oder als besonderer Schutz empfunden wird. In diesem Spiel mitzumischen bedeutet automatisch, sich auf eine andere Ebene der Gewalt einzulassen, mit der sie nichts zu tun haben wollen. Wir empfinden in dieser Phase des Gruppengespräches ihre Ohnmacht sehr deutlich. Man kann als Jugendlicher nicht zur Polizei gehen, man kann sich aber andererseits auch nicht aufrüsten oder sich aggressiv wehren. Es gibt nur einen schmalen Spielraum in den »Abzieh-Situationen«, in dem man eine Chance hat, in dem das ganze mehr ein Spiel bleibt und man sein Gesicht wahren kann. Aber man bewegt sich auf einem höchst schwankenden, unsicheren Terrain, das schnell den spielerischen Charakter verlieren und zum bitteren Ernst werden kann. Daneben geht es bei jeder Auseinandersetzung nicht nur um die Sorge um den glimpflichen Ausgang, sondern auch darum, seinen Ruf nicht zu verlieren. Im Vergleich zu den Mädchen formulieren verschiedene Jungen deren Vorteile:

»Als Mädchen ist man momentan echt gut dran.«

> Schüler A: »So ‘n Besoffener oder so, der schlägt wohl eher einen Jungen, als daß er ein Mädchen schlägt.«
>
> Schüler B: »Aber Mädchen macht der an, und ich würde sagen, kein Türke würd’ ein Mädchen abziehen.«
>
> Schüler C: »Erstens hast du (als Mädchen, R. H.-W.) nicht so das Problem, deinen Ruf zu verlieren, wenn du wegläufst, zweitens, dir passiert echt nichts.«

In der »Abzieh-Szene« sehen sich die Jungen im Vergleich zu den Mädchen als bedrohter an und empfinden bestimmte männliche Rollenattribute, wie den »guten Ruf«, (als cooler Held dazustehen) eher als belastend. Aber auch die Mädchen gehören ihrer Meinung nach insgesamt zu den Unterlegenen, den Ohnmächtigeren. Das heißt, auch als Junge und Mädchen gemeinsam, als ein Paar, ist man nicht geschützter, im Gegenteil:

> Schüler D: »Das ist echt Kraft, also der eine bedroht dich und der andere macht deine Freundin an, das ist echt Kraft!«

Die »Kraft« des männlichen Angreiferpaares gewinnt in seiner Phantasie faszinierende Ausmaße, die er einen Moment, wie in der Rolle der anderen seiend, auskosten kann. Doch die doppelte Macht eines männlichen Angreifer-Paares erzeugt die doppelte Ohnmacht der anderen, vor allem aber, nach Meinung der Jugendlichen, die des Jungen. Das »Angemachtwerden« der Mädchen erscheint ihnen letztlich erträglicher zu sein (auch wenn diese vielleicht sogar angefaßt werden) als ihre eigene Situation, abgezogen zu werden:

> Schüler E: »So ich mein', o.k. es gibt natürlich einige Leute, die würden dich (das Mädchen) vergewaltigen, aber das wären wirklich die Straftäter schlechtweg hin, die würden den Jungen auch totschlagen. Aber zwei Türken, die würden auf keinen Fall irgendwie Mädchen oder so anmachen. Würden die vielleicht freundlich nach einer Kippe fragen. Wenn die sagen ›nein‹, dann ist's gut, und wenn die sagen, ›verpiß dich‹, gut, dann würden sie's vielleicht nicht machen, dann würden die vielleicht noch eine halbe Stunde hinterherdackeln und immer ›Na, wie heißt Du?‹ und so was machen, aber auf keinen Falle anfassen oder anschreien.«
>
> Schüler F: »Ja, anfassen vielleicht auch.«
>
> Schüler E: »Ja, aber nicht ... als Mädchen ist man momentan gut dran.«

Das Anfassen der Mädchen ist ein anderes Anfassen als solches, das die Jungen erfahren, und aus ihrer Sicht weniger schwerwiegend. Die Erfahrung auch aus diesem Ausschnitt des Gruppengespräches verstärkt den Eindruck: Sie fühlen sich im öffentlichen Raum ihres Stadtteils gerade als Jungen wenig sicher. Was könnte ihnen denn überhaupt ein Gefühl von Sicherheit vermitteln, fragen wir. Ihre Lösungsvorschläge sind sofort da und werden emotional und engagiert vorgetragen:

Lösungswege: »Die braucht mehr Freiheit, die Polizei.«

Diese Freiheit soll nach verschiedenen Schüleräußerungen so aussehen:

> »Entweder die Polizei greift härter durch, denn müssen wir einfach mal ein härteres Strafgesetz.«
>
> »Die braucht mehr Freiheit, die braucht mehr Freiheit, die Polizei, denn so wie das jetzt aussieht, denn, wenn jetzt so 'n Ex-Knasti einen Bullen anmacht, und der zieht irgendwie die Waffe und schießt ihn wirklich um, dann wird der dafür bestraft wegen Mord. Das geht so irgendwie nicht weiter.«
>
> »Nö, wenn die einen festnehmen, den müssen sie sofort wieder freilassen, weil er einen festen Wohnsitz hat.«
>
> »Den müssen sie also echt nicht so mit Samthandschuhen anfassen. Was soll denn das? Wenn der Drogen verkauft, kann er doch was in die Fresse kriegen. Der braucht nicht

unberechtigt, wenn der auf dem Boden liegt, mit Handschellen und so, braucht ihn nicht unberechtigt reintreten, aber ...«

Die Polizei soll sich besser wehren können und auch selbst in bestimmter Weise bestrafen dürfen. Mächtig bleiben, gleich einsperren und einmal kurz schlagen, so könnte es nach ihrer Meinung klappen. Hier wird aber auch die schmale Gratwanderung deutlich, die dem Polizisten eine direkte und körperliche Strafe erlaubt, ihm aber nicht die Freiheit zum brutalen Prügler geben will. Es geht nicht um ein wahlloses Ausleben von Gewalt, sondern um ein wirksameres Straf- und Abschreckungsprinzip: Hier soll wie in einer eher familiären Situation sofort und spürbar bestraft werden. Damit ist ihrem Gerechtigkeitsgefühl und Schutzbedürfnis anscheinend eher Rechnung gezollt als durch das scheinbar moderate Umgehen der Gesellschaft mit den mutmaßlichen Tätern. Sie sehen sich bestätigt in ihrem Ruf nach mehr Freiheit für die Polizei, denn auch ihnen bekannte Polizisten beklagen ihren ohnmächtigen Zustand:

»Die sagen auch, daß sie überhaupt keine Freiheiten haben, die können überhaupt nichts machen.«

»Doch ein bißchen zusammenhalten ...«

Die zweite Ebene, auf der Lösungen im Gespräch entwickelt werden, hat weniger mit offiziellen Aspekten zu tun, sondern mit ihrem eigenen Gruppenverhalten. Auch hier könnten sie sich eine machtvollere Position vorstellen, die ihre Ohnmacht und Beschämung umkehren könnte. Diese Ebene wurde allerdings von uns angesprochen, indem wir eine Szene aufnahmen, die sie vorher erzählt hatten und bei der die Sehnsucht nach einer anderen Lösung anklang. Hier zunächst ihre Schilderung der angesprochenen Situation:

»Mir hat das in N. gefallen, im Sommer eigentlich immer irgendwie Parties am See. Und dann hatten wir halt eine große, das waren irgendwie 120 Leute oder es war eine Geburtstagsfeier. Dann kamen halt auch türkische Mitbürger vorbei, die im übrigen noch in meiner Nachbarschaft wohnten, also einer von denen ist grade hingezogen, und die haben da dann auch einen Freund abgezogen, so, dem haben sie 10 Mark abgezogen, und die wollten uns dann halt, also einen Teil der Clique, so abziehen, haben es dann halt auch versucht. Leider ist das so, daß also ein Großteil einfach nicht zusammenhält. Das ist das Problem dabei. Da stehen echt 120 Leute, die sich alle kennen und denn kommen diese fünf Spasties und versuchen einen denn abzuziehen. Und das Seltsame ist, die schaffen es denn bei einigen, weil die Leute einfach nicht zusammenhalten. Die gehen auch von der Party, weil die vollkommen versaut war, weil da haben wirklich fünf Leute diesen Rest aufgemischt, weil keiner hat sich irgendwie angesprochen gefühlt.«

Das Erstaunen und die Enttäuschung über das unsolidarische Verhalten der deutschen Jugendlichen werden beim Erzählen noch einmal erlebbar, auch für uns. Wieder an diese Szene erinnert, formuliert ein Jugendlicher seine Rettungsvision:

> »Doch ein bißchen zusammenhalten, die zusammenschlagen, aber richtig, daß die merken, daß das Scheiße war; so richtig krankenhausreif schlagen, zur Strafe, auch wenn sich das krass anhört. Wenn mich jemand mit dem Messer bedroht, auch wenn ich den, so ohne daß ich ihn verletzen müßte, das Messer abnehmen könnte, würde ich es ihm echt noch mal irgendwie in die Schulter oder ins Bein rammen, damit der kapiert. Auf alle Fälle, wenn mich jemand mit dem Messer bedroht, denn nimmt der in Kauf, daß er mich verletzt oder mich tötet, und dafür wird der bestraft. Die Bullen machen das nicht, die nehmen das Messer, denn fahren sie ihn vielleicht noch nach Hause, und das war's! Da schlage ich den auch krankenhausreif, sorge ich dafür, daß der sein ganzes Leben etwas davon hat.«

Der junge Mann beginnt mit dem Thema des Zusammenhaltens, das sich für ihn so darstellt, daß er und die anderen gemeinsam handeln. Dieses Handeln sieht dann so aus, daß sie den Angreifer körperlich zurückweisen, und zwar auf sehr deutliche, verletzende Weise. Nur so wirkt Strafe. Diese Szene läßt ihn weitere entwickeln, in denen die Bedrohung größer wird, weil ein Messer da ist. Auch hier der gleiche Mechanismus: Er muß den Angreifer bestrafen, da die Polizei sowieso versagt, d. h., den Täter nicht straft, sondern im Gegenteil, ihn noch belohnt. Die abschreckende Wirkung meint der Jugendliche nur dadurch erreichen zu können, indem er selbst dafür sorgt, daß der Täter körperlich immer an diese Strafe erinnert wird. Dahinter steht eine Idee von Selbstjustiz, die er (ungern, aber notwendig) übernehmen muß, da diejenigen, die es eigentlich sollten, in seinen Augen versagen. Dafür muß man aber zusammenhalten und durch die anderen mitgetragen werden. Diese Idee eines Zusammenhaltens ist keine, die wir bei unserer Fragestellung im Hinterkopf hatten. Statt über eskalierende Formen hätten wir gerne etwas über deeskalierende Möglichkeiten des Zusammenhaltens gehört. Wir sind betroffen von der Wut, die durchschlägt, und der Macht, mit der diese in phantasierte Szenen umgesetzt wird.

Es steht eine ungeheure Portion Kränkung und Enttäuschung im Raum; anscheinend weniger hervorgerufen durch diejenigen, die sich an ihnen vergreifen, den »Abziehern«, sondern durch das Versagen der gesellschaftliche Ordnungsmacht, die nicht für sie, die Opfer, sondern eher für die Täter sorgt. Vielleicht werden diese Gefühle auch von der einen auf die andere Gruppe verschoben, weil sie sich mit den »Abziehern« ja auch arrangieren und diese deshalb nicht hassen können, ohne auch sich ein Stückchen damit hassen zu müssen. Emotional ist die Antwort die gleiche: Wut. Aus dieser werden die

Rachegelüste gespeist, die mit einem Bestrafungsauftrag verbunden und so für den Jugendlichen innerlich kanalisiert und legitimiert werden. Die Ohnmacht und Beschämung, die sie hinnehmen müssen, bekommt hier ihre zumindest phantasierte Umkehrung in Macht und Stolz. Die Gruppe und die Solidarität untereinander verschwinden in diesen Phantasien sehr schnell. Vorstellbar sind letztlich doch eher Einzelaktionen, die erträumte Gemeinsamkeit des Wehrens ist nicht weiter durch Erfahrungen füllbar. Es erscheint so, als wenn sie für diesen Bereich, also eine friedliche, deeskalierende Form von Zusammenhalt, keine Vorbilder, keine oder wenige erlebte Beispiele aus den eigenen Reihen haben, die sie aktivieren könnten.

Eine einzige Szene des Gruppengespräches beleuchtet ein Erlebnis, bei dem jemand Hilfe durch eine Gruppe erhalten hat. Die Situation spielte sich in einer Straßenbahn ab, vor oder nach einem Fußballänderspiel. Mehrmals kam ein betrunkener jugendlicher deutscher Fußballfan durchgelaufen und der Schüler erlebte folgendes:

> »Und dann habe ich hinter seinem Rücken Faxen gemacht und das hat er gesehen und dann hat er mich angemacht und dann hat es erst eine kurze Rangelei gegeben. Dann ist er wieder abgehauen und denn kam er nachher mit seinem Kumpel wieder und denn stand halt diese ganze Liverpooler Spielgruppe, und das waren, glaub ich, 10, 12 Leute, so und die standen dann und das ganze Abteil stand dann halt auf und hat gesagt: ›Er soll sich bloß verpissen‹. Dann haben die Leute auch ein bißchen Respekt gehabt. Dann ist er auch weggegangen. Was natürlich, wäre ich alleine oder mit zwei Leuten da gewesen, hätte es eine Prügelei gegeben, ich mein, besoffen, wie der war.«

Hier haben die ausländischen Jugendlichen ihm geholfen, indem diese zusammen etwas taten. Absolute Solidarität glauben sie bei den anderen, den ausländischen Gruppen zu finden. Einer der Jugendlichen schildert eine Freimarktsszene, in der es zu einer Messerstecherei gekommen ist, bei dem ein ausländischer Mann verletzt wurde, und daraufhin seine Landsleute losgingen, um den Messerstecher zu suchen. Sein Kommentar dazu:

> »Wenn ein Deutscher da abgestochen worden wäre, das hätt' niemand gemacht.«

Als Erklärung für das unterschiedliche Verhalten in beiden Gruppen wird von ihm angeboten:

> »Aber ich hab's noch nie gesehen, daß ein Türke einen Türken abzieht, das machen die nicht, die halten zusammen, weil sie, was weiß ich, die wissen, wir sind jetzt hier sozusagen Gäste, und wir müssen uns hier jetzt behaupten gegen die Deutschen. Und die Deutschen sagen sich, ja, wir wohnen hier, mir doch egal, wenn ich, wenn ich den einen nicht abkann, dann helfe ich ihm auch nicht, und die versuchen halt so weit wie möglich zusammenzuhalten ...«

Das solidarische Verhalten entspringt also ihrer Meinung nach aus einer Notlage, weil man als fremde Gruppe eine Minderheit in der Fremde ist und das nur überlebt, wenn man zusammenhält. Entfällt dieser Zwang, wie für die deutsche Mehrheit, fällt die Gruppensolidarität weg und jeder ist nur noch als vereinzeltes Individuum für sein Handeln selbst verantwortlich. Dabei entscheidet er sich nur noch für wenige Auserwählte, für die er sich einsetzen würde, weil er sie mag, die anderen sind ihm gleichgültig. Das heißt, daß ein globales Gruppengefühl, deutscher Jugendlicher zu sein, nicht ausreicht, sondern eine persönliche, emotionale Bindung da sein muß, um sich füreinander verantwortlich zu fühlen und sich füreinander einzusetzen. In der Türkei, so läßt diese Erklärung mitdenken, sieht das Verhalten der Türken nicht anders aus als das der Deutschen hier. Es werden von ihm also keine ethnischen Zuweisungen gemacht (die Türken sind so, die Deutschen so), sondern deren jeweiliges Verhalten wird relativiert und in einem gruppendynamischen, kulturellen Zusammenhang gesehen. Dieses konsequent zu Ende gedacht müßte dann auch heißen, daß sie für sich als Jugendliche in einer deutschen Gesellschaft auch keine Möglichkeit sehen, andere Erfahrungen zu machen, daß ihre Situation nicht veränderbar ist und jeder sich selbst als Einzelkämpfer durch den Dschungel des (jugendlichen und gesellschaftlichen) Lebens kämpfen muß, ständig bedroht von Depotentialisierung.

Fazit

Eine thematische Grundfigur durchzieht das Gruppengespräch: Wie erleben und verarbeiten diese männlichen Jugendlichen Erfahrungen von eigener und fremder Macht, vor allem aber die von Ohnmacht? Dieses Geschehen ist dreifach determiniert: von einer altersspezifischen (adoleszenten) Komponente, einer geschlechtsspezifischen (männlichen) Komponente und von einer gesellschaftsspezifischen Komponente, die gegensätzliche Strömungen aufweist (Individualisierung und Entsolidarisierung bei der gesellschaftlich dominanten Kultur, bei gleichzeitig verlaufenden Solidarisierungsprozessen gesellschaftlicher Minderheitengruppen in eben dieser Kultur). Dieses, situativ verbunden, erzeugt eine psychische und soziale Dynamik, die ein erhebliches Bewältigungsrisiko für die Jugendlichen schafft. Macht und Rivalitätskämpfe, Körperlichkeit und Potenz sind Themen männlicher adoleszenter Sozialisation. Eine Position in der Gruppen-Hierarchie muß im engen Zusammenhang mit männlicher Rollenidentität in dieser Phase weiter erarbeitet und befestigt werden. Die Frage nach dem eigenen Selbstwert beschäftigt den Jugendlichen in dieser Lebenszeit vermehrt, seine narzißtischen Strebungen und die damit einhergehenden Größengefühle müssen in der äußeren Realität ausprobiert und reguliert werden. Dabei stellen sich zwangsläufig Erfahrungen von Macht und Ohnmacht, von Stolz und Beschämung ein. Das Ringen um innere und äußere Sicherheit und Kompetenz bestimmt als ein wesentliches Moment seine psychosoziale Realität. Wie kann er nach außen, im sozialen Raum der Schule und im öffentlichen Raum auftreten, um seinen Ruf, seinen Stolz und seine Kompetenz zu wahren? Welche Rollenzuweisung sehen diese gesellschaftlichen Räume für ihn vor?

Nach unseren Ergebnissen erscheint der schulische Raum dabei wenig gefährdende und kränkende Erfahrungen dieser Art für die männlichen Jugendlichen dieser Altersstufe zu bieten. Hier sind die Kämpfe gegen Ende der Schulzeit ausgestanden, die Rollenzuweisungen erfolgt, und eine gewisse Statussicherheit ist erreicht. Die Clique gibt ihnen Schutz vor Übergriffen von außerhalb, aber auch die Lehrer (und die Eltern) sichern diesen Raum in ihrem Erleben für sie hilfreich ab. Daneben existieren Regeln und Sanktionen, die den Raum für Auseinandersetzungen einschränken, so daß diese sich vielleicht mehr in den öffentlichen Raum verlagern müssen.

Im öffentlichen Raum dagegen erleben sie sich weniger sicher, auch im inneren Sinne, hier sind sie ständig herausgefordert, ihren Ruf zu verteidigen. Sie sind weniger geschützt durch die Gruppe, sondern erleben sich als eher ohnmächtig. Hier haben sie keine oder wenig Macht und erhalten keinen hilfreichen Beistand durch Erwachsene oder Institutionen. In diesem offenen Raum muß sich geeinigt werden über die Frage: Wer hat die mächtige, wer die ohnmächtige Position? Dabei erleben sie sich überwiegend in der letzeren. So stehen symbolische Erniedrigungs- und Unterwerfungsrituale, die diejenigen produzieren müssen, die keine Macht haben, im Mittelpunkt ihres Alltags. Sie leben in einer sozialen und wirtschaftlichen »Abziehgesellschaft«: Jeder »zieht möglichst jeden ab«, weil er muß, so sind die sozialen Spielregeln. Damit verlieren die beschriebenen Situationen aber auch ihre (jugendspezifische) Harmlosigkeit, ihr spielerisches Moment. Da die männlichen Jugendlichen sich dabei eher in der Rolle der Ohnmächtigen, der Unterlegenen erleben und darstellen, stehen nicht die Erfahrungen von Spiel und Lust, einer altersspezifischen Faszination von Gewalt und deren Symbolisierung in Körpersprache im Vordergrund, sondern eher Situationen von Angst und Beschämung. Die erlebten

Kränkungen und Entwertungen rufen narzißtische Wut hervor, weil die in dieser Phase so wichtige Selbstwertthematik zentral berührt wird.

Wie gehen die Jugendlichen nun mit den Ängsten und der Wut um?

Die Bindung von Angst und Wut geschieht einmal durch die ironisierende Betrachtungsweise, die sie während des gesamten Gruppengespräches zeigen: Die lieben ausländischen Mitbürger, die keine großen Sachen machen, einem nur dauernd fieses Geld und Kippen abnehmen oder einen, nicht ganz so nett, mit dem Messer bedrohen oder mit einem Pitbull umherlaufen, den man nicht ganz so gerne mochte ... Das schafft Distanz, läßt den Schrecken außen vor, verkleinert und bewertet das Erlebte um und verkehrt so im gewissen Sinne Ohnmacht in Macht. Auch die Reinszenierungen der »Abzieh-Szenen« stellen einen solchen im geschützten Raum des Gespräches wieder möglichen Bearbeitungsprozeß dar, der aus dem passiven, ohnmächtigen und Wut erzeugenden Part befreit und durch das Nachahmen der Angreifer den Jugendlichen wieder zum aktiv Handelnden macht.

Die Wahrnehmung von sich selbst als Opfer bietet auch einem anderen kollektiven Abwehrmechanismus, dem der Projektion, Raum: Ganz von der eigenen Stärke und Gewalt wegzusehen und diese fast ausschließlich bei der jeweils anderen Gruppe anzusiedeln. Diese soll dann streng und mächtig verfolgt werden, entweder von den entsprechenden Institutionen oder, wenn diese versagen, in Selbsthilfe. Hier kann dann die Wut über die erlebten Kränkungen und Beschämungen zugelassen werden.

Diese Bewältigungsphänomene stellen ebenso wie der Versuch, das Vorkommen von Bedrohung zunächst herunterzuspielen, Überlebensstrategien dar, die aber gleichwohl abwehrhafte Züge (Distanzierung, Verkehrung ins Gegenteil, Entwertung) tragen.

Welches Konstrukt von ihrer gesellschaftlichen Position und von der anderer Gruppen wird an dieser zentralen Figur des Gespräches deutlich?

Da ist zunächst eine Irritation: Sie erleben sich als die Ohnmächtigen, die normalerweise in ihren gesellschaftlichen Rollen, männlich und deutsch, als die Mächtigen angesehen werden, während die sonst als gesellschaftlich benachteiligt und ohnmächtig angesehenen Gruppen, wie die Mädchen und die jugendlichen Ausländer, zumindest als die gesellschaftlich besser Geschützten oder Mächtigeren erlebt werden. Hier wird eine ganz andere Sicht von Wirklichkeit deutlich, die ihre innere und äußere psychosoziale Realität prägt, die geradezu umgekehrt zur gesellschaftlichen Sicht steht. Sie erleben aus ihrem depotenzierten Blick eine andere gesellschaftliche Realität als die aus der Sicht der

Mächtigen, der Gruppen, die in der Regel diese normativen gesellschaftlichen Zuschreibungen machen.

Genau so irritierend für uns sind ihre Einschätzungen der formalen Sicherungsinstitutionen Polizei und Justiz: Diese erscheinen in ihren Überlebensstrategien einen weit geringeren Platz einzunehmen als gesellschaftlich zugeschrieben und gewollt. Dagegen werden informelle mafia-ähnliche Strukturen als die eigentlichen gesellschaftlichen Ordnungsmächte gesehen. Auch hier stellt sich die Frage, ob ihre Bedeutungszuschreibung eine andere ist, weil ihre soziale Lebenswelt nicht mit der anderer, mehr gesicherter Statusgruppen vergleichbar ist.

Auch ihre Lösungsansätze liegen in einer ganz anderen Richtung, als wir uns diese im Rahmen eines zivilen Gesellschaftsentwurfes erhoffen. Diese gesellschaftlich normierten Sichtweisen und Erwartungen sind ihnen zwar durchaus vertraut, aber als Handlungsphantasie brechen andere, eher archaische Momente darüber durch, wie ihre depotenzierte Stellung aufzuheben sei. Aspekte ihrer Lebenswelt werden in den Szenen, die in dem Gespräch angeboten werden, symbolisiert und reflektiert. Sie zeigen uns als Spiegelung auch dahinter liegende kollektive gesellschaftliche Phänomene: So wird neben dem Thema der Depotenzierung auch das Suchen nach Sicherheiten inszeniert: Es geht um Vertrauen und Verläßlichkeit, um das Aushandeln von Regeln, die nicht mehr traditionell abgesichert sind, um sich zurechtzufinden und zu überleben.

Hilfe und verläßliche Reaktionen der Erwachsenen, die noch im geschützten Raum von Schule (Eltern und Lehrer) eher vorhanden sind, wo gewisse traditionelle und ritualisierte Rollenzuschreibungen existieren, gelten kaum mehr im öffentlichen Raum. Hier sind die Jugendlichen vereinzelt und auf sich gestellt, nicht (mehr) begleitet von gesellschaftlicher Solidarität. Auch bei dieser Problematik vermischen sich jugendspezifische und zeitspezifische (postmoderne) Züge zu einer komplexen Bewältigungs- und Belastungssituation: Auf der einen Seite stehen das Bedürfnis nach einem eigenen, nicht pädagogisierten und nicht durch Erwachsene bestimmten Leben und der Wunsch, bzw. die Sehnsucht nach neuer emotionaler und sozialer Bindung, die in der Gruppe und nicht mehr bei den Eltern und Lehrern gesucht wird. Aber trotzdem, und das ist die andere Seite, sollen die Erwachsenen nicht aus ihrer Verantwortung entlassen werden und im Notfall zur Verfügung stehen. Diese altersspezifisch wichtige Gradwanderung und konflikthafte Ambivalenz kann nicht genügend gut gelebt werden, wenn die erwachsene Gesellschaft aufgrund eines Entsolidarisierungsprozesses nicht mehr in der Lage ist, dieses soziale und emotionale

Netz zu spannen. Dieses Phänomen wird an dem Umgehen mit den Kampfproben deutlich: Sie sind höchst wichtige juvenile Initiationsriten, die man jenseits von Erwachsenenhilfe bestehen will und muß. Das geht aber besser, wenn man eine eigene mächtige Gruppe zur Seite hat und die Gesellschaft ihren wachen(den) Blick darüber hat. Dieser Initiationsritus kann schnell in eine psychosoziale Überforderungssituation umkippen, wenn die Gesellschaft die Jugendlichen nicht mehr begleitet, ihnen bestimmte, in ihrem Risiko angemessene Situationen im öffentlichen Raum eröffnet und ihnen für diese Bewältigung bestimmte traditionelle Rituale zur Verfügung stellt. Wenn dann noch dazu die Gleichaltrigengruppe, ihre Clique, nicht helfend zusammenhalten kann, weil diese durch die gesellschaftlichen Prozesse ebenfalls ihre solidaritätsverleihende Funktion verloren hat, dann geht das Spielerische und das Ausprobieren der Kämpfe zu schnell in Ernst über, dann werden sie dort verlassen, wo Hilfe nötig ist. Sie fühlen sich ungeschützt und überfordert und werden schnell wieder zu Kindern, die sich gesellschaftlich deutlich konturierte, gute und strafende Elternfiguren (vor allem Väter) erwünschen. Diese sollen gerecht und direkt in archaischer Weise eingreifen. Sie sollen nicht, wie die heutigen Vertreter der Erwachsenenmacht von ihnen erlebt werden, wegsehen oder sogar die bösen Kinder schützen und sie, die hilflosen, diesen auch noch ausliefern. Diese Haltung ruft bei ihnen Bitterkeit hervor und eine Realitätserfahrung, von den Erwachsenen abgeschrieben und verlassen worden zu sein. Der positive Ausgang adoleszenter Entwicklung wäre aber statt dessen, diese elterliche Welt aktiv verlassen zu können, gleichzeitig aber immer wieder auf sie zurückgreifen zu dürfen, denn sie sind ja eben noch nicht erwachsen.

»Die fühlen sich eigentlich hier sicher!«

Ein Gruppengespräch mit ElternsprecherInnen

Erika von der Vring

Im Unterschied zu den Teilnehmern an den Gruppengesprächen, die wir im Bremer Westen durchgeführt haben, ging es bei diesem Gespräch nicht darum, wie sicher die Befragten *sich selbst* in ihrem Stadtteil fühlen oder welche Erfahrungen mit Bedrohung oder Gewalt *sie selbst* gemacht haben, sondern wir wollten wissen, ob der Stadtteil ihrer Einschätzung zufolge ihren Kindern genug Sicherheit bietet. Wir fragten, ob ihre Kinder schon in Situationen geraten sind oder geraten könnten, die diese selbst oder sie als Eltern als bedrohlich empfinden.

Zur Teilnahme am Gruppengespräch hatten wir Elternsprecher von 5. und 6. Klassen (Orientierungsstufe) aus vier Schulen im Bremer Westen eingeladen. Wir gingen davon aus, daß die Elternsprecher am besten über die Situation in den Klassen Bescheid wissen und daher noch einiges berichten würden, was über die Erfahrungen ihrer eigenen Kinder hinausgeht. Darüber hinaus sind die Eltern eine wichtige Expertengruppe, von der wir Anregungen für die Verbesserung der schulischen Gewaltprävention erwarten können.

Mit der Auswahl der Eltern aus verschiedenen Klassen konnten wir darüber hinaus vermeiden, daß wir einen Anstoß zur Thematisierung von Konfliktsituationen innerhalb einer Klasse geben würden, die, sobald sie öffentlich angesprochen, aber nicht bearbeitet werden, bestehende Konflikte verschärfen können. An dem Gespräch nahmen sieben Mütter und ein Vater aus dem Bremer Westen teil.

Differenzen im Sicherheitsgefühl von Kindern und Eltern

Frau Bauer beginnt mit einer sehr positiven Einschätzung des öffentlichen Raumes, in dem ihre Kinder aufwachsen. Ihre Tochter besucht die 6. Klasse und geht oder fährt mit dem Rad dahin, wo sie will und »die will nicht, daß ich sie begleite«. Ihr zwei Jahre jüngerer Sohn »der ist 'n bißchen allein, 'n bißchen ängstlicher«, aber »die wurden auch noch nie irgendwie bedroht oder irgendwas! Die fühlen sich eigentlich hier sicher, obwohl ja viele sagen G., oh Gott, wie wohnst Du da, wie die das aus dem Fernsehen hören.«

Frau Christoph wohnt in O., ihre Kinder gehen in eine Gesamtschule im Bremer Westen. Die Kinder seien viel im Stadtteil unterwegs – zur Schule, ins Bürgerhaus, zum Sportverein – und »fühlen sich total sicher«. Ihre zwölfjährige Tochter könne mit allen Kindern umgehen, »sie kann sich auf die einlassen und sie kann mit ihnen, weiß ich nicht, ob das irgendwie 'ne Art Freundlichkeit ist, die den andern gefällt.« Sie sei selbstsicher, könne Ruhe zeigen und komme auch mit dem schlimmsten Rabauken der Klasse klar.

Frau Ludwig wohnt in G.. Ihr Sohn fühle sich dort sicher, gehe mit Klassenkameraden überall hin und habe keinerlei Ängste. Frau Zweig berichtet, sie habe sich über die Thematik des Gruppengespräches gewundert. Sie könne eigentlich gar keinen Beitrag leisten, denn ihr sei als Elternsprecherin nichts angetragen worden, und auch ihre Tochter habe »nichts irgendwie Gravierendes erzählt«.

Frau Ludwig meint, das gute Sicherheitsgefühl ihres Sohnes hinge damit zusammen, daß auch sie keine Angst habe, sich im Stadtteil zu bewegen oder im Dunkeln nach Hause zu gehen. »Nicht, daß ich leichtsinnig bin, aber ehe ich mich vorher schon begrabe, dann mach ich das erstmal«. Sie bringe ihren Sohn allerdings in die Trompetenstunde, weil er dafür in der Innenstadt umsteigen müsse, und sie befürchte, man könne ihm die teure Trompete wegreißen.

Die Söhne von Frau Ludwig und Frau Christoph, die sich nach Aussagen ihrer Mütter ohne Angst im Stadtteil bewegen, haben eigene Gewalterfahrungen. Diese tragen zu Unsicherheitsgefühlen der Mütter bei, obwohl sie die Kinder selbst nicht zu belasten scheinen. Frau Ludwigs Besorgnis richtet sich auf den ruppigen Umgang der Schüler untereinander in der Klasse ihres Sohnes. Sie sei auch von einigen Eltern aus der Klasse angesprochen worden, deren Kinder zu sehr getriezt würden. Sie sei mehrfach in der Pause in der Klasse gewesen und habe »Gefahr darin gesehen«, wie die Schüler sich schubsen und prügeln. Seitdem ihr Sohn auf eine Provokation hin von einem anderen Jungen so massiv gestoßen worden sei, daß er eine leichte Gehirnerschütterung gehabt habe, sei sie beunruhigt über das Verhalten einiger Kinder, die »ihre Minderwertigkeitskomplexe oder so was durch Gewalt ausgleichen«. Obwohl sie ihrem Sohn geraten habe, einen Bogen um diesen Jungen zu machen und ihm aus dem

Weg zu gehen, habe ihr Sohn ihm das nicht lange übel genommen und sei ziemlich bald wieder mit ihm losgezogen.[1]

Frau Christoph spricht über ihre Erfahrung einer großen Differenz zwischen Kindern und Eltern in der Wahrnehmung des öffentlichen Raumes. Sie habe sich, als ihr Sohn jünger war, intensiv mit diesem Problem auseinandergesetzt: »Einmal wie aufgehoben und wie sicher fühlen sich meine Kinder und wie sehe ich das als Mutter, und das war am Anfang total unterschiedlich«. Als »begluckende und behütende« Mutter habe sie lernen müssen, damit umzugehen, daß ihre Kinder »sich total sicher fühlen«, während sie selbst eher ängstlich sei. »Ich selber bin jemand, ich brauche eigentlich nur in 'ner Bahn sitzen oder im Bus oder in einem Zug und hör' diese Jugendlichen randalieren und lärmen und provokativ auftreten und *ich* reagiere ängstlich.« Allerdings habe ihr gegenwärtiges Sicherheitsgefühl auch damit zu tun, daß ihr heute 15jähriger Sohn »bestimmten Sachen mittlerweile aus dem Weg gehen kann, was früher nicht der Fall war«. Da habe er sich leicht provozieren lassen und zugeschlagen, was er heute nicht mehr täte.

Frau Christoph ist bewußt, wie abhängig ihre Sicherheitsgefühl von ihren eigenen Ängsten ist, und wie wichtig es für das Sicherheitsgefühl ihrer Kinder ist, daß sie das zu unterscheiden gelernt hat. Von Einfluß auf ihr eigenes Sicherheitsgefühl sind und waren darüber hinaus die Persönlichkeit und Entwicklungsstufe ihrer Kinder. Als ihr Sohn kleiner war, sei ihre Angst größer gewesen, insbesondere weil sie habe fürchten müssen, er könne jemanden verletzen oder verletzt werden. Während ihre Tochter gar nicht erst in solche Konflikte gerate und offensichtlich über ein gutes Repertoire an deeskalierenden Verhaltensweisen verfüge (»freundlich«, »selbstsicher«, »bewahrt die Ruhe«), habe ihr Sohn lernen müssen, weniger zu provozieren und in Konflikten nicht mehr zuzuschlagen. Ihr Sicherheitsgefühl als Mutter sei mit der zunehmenden Konfliktlösungskompetenz ihres Sohnes gewachsen.

Nur bei Frau Bauer und Frau Zweig scheint keine Differenz zwischen dem eigenem Sicherheitsgefühl und dem ihrer Kinder zu bestehen. Allerdings wird bei Frau Bauer die anfangs uneingeschränkt positive Einschätzung etwas dadurch relativiert, daß sie anführt, wie der Stadtteil G. von ihren Freunden und

[1] Wie wir aus dem Gruppengespräch mit den Schülern wissen, könnte, ganz entgegen dem Eindruck der Mutter, die Freundschaft mit diesem schlagkräftigen Jungen ein besserer Schutz vor Gewalt sein, als der Rat ihn zu meiden.

im Fernsehen eingeschätzt wird. Wenn sie daran denkt und betont, daß ihre Kinder sich hier »*eigentlich* sicher« fühlen und »*eigentlich* überall« hingehen, hört man hinter diesen Worten doch eine unausgesprochene Besorgnis, die zu Beginn des Gespräches nicht zu spüren war.

Das Elterngespräch stützt unsere These aus anderen Gruppengesprächen, daß das Sicherheitsgefühl nicht in direktem Zusammenhang mit der objektiven Gewaltbelastung des Stadtteils steht. Den Eltern ist zwar bewußt, daß im Bremer Westen mehr passiert als z. B. in Schwachhausen. Dies scheint aber für die unterschiedliche individuelle Einschätzung der Sicherheit der Kinder von untergeordneter Bedeutung zu sein. Wenn Eltern die Sicherheit des öffentlichen Raumes für ihre Kinder beurteilen, beziehen sie ihre eigenen Ängste, ihre Sicherheitsansprüche sowie die Persönlichkeit und Entwicklungsphase ihres Kindes ein. Eine wichtige Rolle spielen auch die Erfahrungen mit Gewalt, die ihre oder ihnen bekannte Kinder gemacht haben sowie die vorhandenen Hilfestrukturen. Manche Äußerungen erweisen sich weniger als Ausdruck fester Einstellungen, sondern scheinen stark abhängig von den Gefühlen und Informationen zu sein, die in bestimmten Gesprächssituationen vorherrschen.

Gewalterfahrungen der eigenen Kinder oder von deren Freunden verstärken die Unsicherheit

Die größte Bedrohung sehen die Eltern im Straßenverkehr und einer möglichen Gewalttat von Erwachsenen oder anonymen Jugendcliquen. Diese Gefahren werden als Schicksal angesehen gegen das sie als Eltern wenig tun könnten, egal in welcher Stadt man lebe. Ängste dieser Art werden im Alltag meistens erfolgreich verdrängt. Sie werden auch in dem Gruppengespräch nur am Rande erwähnt. Bei der Beurteilung der Sicherheit des öffentlichen Raumes für ihre Kinder wird vorwiegend Gewalt durch andere Kinder und Jugendliche in der Schule oder auf der Straße thematisiert. Diese scheinen für das alltägliche Leben der Kinder von erheblicher Bedeutung zu sein.

Herr Ponta berichtet von seinem 12jährigen Sohn: »Der fühlt sich allgemein unsicher«, wahrscheinlich wegen seines Herzfehlers, aber auch wegen der »Dinge, die er gehört hat, die passiert sein sollen«. Zwei seiner Freunde seien von älteren Jugendlichen fast vom Fahrrad gerissen worden, einem von beiden sei auch in einem Park Geld »abgezockt« worden. Obwohl er und seine Frau »eigentlich versuchen, ihn immer 'n bißchen raus zu kriegen«, gehe er selten mal alleine einkaufen oder führe mit dem Rad zu seiner Großmutter, »aber nur mit großen Ängsten und dann ganz schnell«.

Die schlechten Erfahrungen nahestehender Kinder im Stadtteil wirken sich auch auf das Sicherheitsgefühl von Herrn Ponta aus, obwohl sein Sohn bisher nicht unmittelbar betroffen ist. Herr Ponta möchte seinen Sohn zwar motivieren, mehr aus dem Haus zu gehen, doch hinter dem »eigentlich« verbirgt sich die Ambivalenz seiner Wünsche. Einerseits möchte er die Selbständigkeit des Sohnes fördern, andererseits möchte er seinem Sohn die Erfahrungen der Freunde ersparen.

Wenn Eltern die Erfahrung machen, daß sie in bestimmten Situationen ihren Kindern nicht helfen können, verstärkt das ihre Unsicherheit, ähnlich wie Gewalterfahrungen von Kindern aus dem Stadtteil, die sie nur über Hörensagen kennen.

Frau Dahle wohnt in G. Als ihr Sohn noch die Orientierungsstufe eines Schulzentrums besuchte, sei er einmal mit einer Klassenkameradin als letzter aus der Schule gekommen:

> »Sie sind von vier Jugendlichen, also die auch an der Schule waren, eben eine Klasse höher am Schultor abgefangen worden. Wurden gefragt:›Warum hast du jetzt Arschloch gesagt?‹ Und die beiden:›Hab ich nicht!‹ ,Natürlich habt ihr!‹ Und dann sind sie verprügelt worden und dann sind sie weiter gelaufen, Richtung Straßenbahn. Da kamen noch zwei von vorne, sind sie auch noch mal verprügelt worden, getreten worden und so weiter und so fort und sind dann in die Straßenbahn. Zwei von denen sind hinterher gefahren, sind aber dann in G. ausgestiegen, Station vorher.«

Frau Dahle war mit der Mutter des Mädchens bei der Klassenlehrerin, weil sie die Jugendlichen dem Schulleiter melden wollte. Da die Lehrerin der Meinung gewesen sei, Kinder in dem Alter sollten sich selber wehren, sei nicht viel passiert. Als ein anderer Junge ihren Sohn ein paar mal verhauen habe, sei wieder nichts passiert. Ihr Sohn sei zwar ziemlich kräftig, könne sich auch wehren, aber er schlüge eigentlich überhaupt nicht und ließe sich nicht provozieren. Seitdem er diese Schule verlassen habe und die Gesamtschule besuche, fühle er sich sehr viel sicherer.

Frau König berichtet, daß ihre Tochter sich im Urlaub vor dem Schulwechsel in die 5. Klasse Rastazöpfe hatte machen lassen. Leider habe sie damit die Aufmerksamkeit einer Clique von vier bis sechs Mädchen erregt, die sie beleidigten und anpöbelten. Frau König und ihr Mann meinten, mit einer anderen Frisur sei das Problem gelöst, aber die Pöbeleien und das Herumschubsen gingen weiter. Auch ihr Rat, nicht hinzuhören und den Mädchen aus dem Weg zu gehen, habe die Situation überhaupt nicht verbessert. Schließlich sei es der Tochter häufig so schlecht gegangen, daß sie nicht in die Schule gehen konnte, »nicht wollte«, wie die Eltern erst nach einiger Zeit gemerkt hätten, als ihnen aufgefallen sei, daß ihre Tochter immer Donnerstags krank wurde und sie herausfanden, daß an diesem Tag die Mädchenclique zur gleichen Zeit Schulschluß hatte wie die Klasse ihrer Tochter.

Nun sprachen die Königs mit dem Klassenlehrer, der bisher von der Angst des Mädchens nichts bemerkt hatte und sich kümmern wollte. Es sei aber nichts geschehen und sie hätten noch eine Weile hilflos zugesehen. Nach einem massiven tätlichen Angriff mit Fußtritten habe sie sich an die zuständige Sozialarbeiterin gewandt, welche meinte, sie hätte viel früher kommen sollen. Man müsse in einem solchen Fall sofort etwas machen. Die Sozialarbeiterin habe dann herausgefunden, um welche Kinder es sich handelte, mit deren Klassenlehrer gesprochen und dann ein Gespräch zusammen mit der Tochter, der Mädchenclique und dem Klassenlehrer organisiert. Nach dem Gespräch sei ihre Tochter in Ruhe gelassen worden. Das Ganze habe die Familie, aber insbesondere ihre Tochter, die bis dahin wirklich gerne zur Schule gegangen sei, viel zu lange belastet.

Frau König berichtet dann über eine Bedrohung, die ihr offensichtlich noch zu schaffen macht:

> »Auch mit dem Schulweg habe ich vorm halben Jahr was erlebt. Da hat mich morgens einer angerufen, nachdem meine Tochter eine Dreiviertelstunde weg war und hat gesagt ich hab ihre Tochter. Ich hab gedacht, ich kipp um. Dann hab' ich gesagt, das glaub' ich nicht und dann hat er gesagt, doch, das stimmt. Und dann hab' ich gesagt, du alter Spinner und hab' aufgelegt. In dem Moment, wo ich aufgelegt hatte, hab' ich gedacht, du hast diesen einzigen Kontakt jetzt unterbrochen, den du hättest zu ihr. Ich hab dann bei der Polizei angerufen und in der Schule angerufen, daß die nachgucken möchten, ob sie in der Klasse ist. Und sie war in der Klasse. Ja, und das war ganz schlimm und ich hab' sie dann auch wirklich, ja bestimmt vier Wochen lang zur Schule gebracht, morgens. Also dunkel, dunkel war's noch nicht morgens. Ja, das war auch schwer. Also ich laß' da auch, kann da auch nicht so gut loslassen. Man hat ja sowieso immer Angst, das hat es noch ein bißchen mehr geschürt.«

Frau Dahle macht keinen Unterschied zwischen ihrem Sicherheitsgefühl und dem ihres Sohnes, und auch Frau König beschreibt in erster Linie ihre eigenen Ängste. Das Ausmaß der Angst – »sowieso immer« – scheint nicht allein von den objektiven Erfahrungen bestimmt, sondern andere persönliche Ängste – u. a. vielleicht die Angst vor Ablösung der Kinder und dem damit verbundenen Trennungsschmerz: »Also ich laß da auch, kann da auch nicht so gut loslassen. Man hat ja sowieso immer Angst, das hat es noch ein bißchen mehr geschürt.« – können sich mit den Bedrohungen von außen verkoppeln und zu einer dauernden Belastung von Eltern werden und vielleicht sogar die Unsicherheitsgefühle der Kinder übertreffen. Aber natürlich reagieren in der Regel auch Kinder mit Angst, wenn sie in der Schule oder auf der Straße ohne ersichtlichen Grund von mehreren anderen Kindern oder Jugendlichen verhauen, bedroht und beleidigt werden. Besonders wenn sich derartige Übergriffe wiederholen, erfahren sie eine erhebliche Beeinträchtigung ihres Sicherheitsgefühls und ihres Selbstbewußtseins. Auch Eltern, die nicht »sowieso immer« Angst haben, fühlen Hilflosigkeit, Angst und Wut, wenn sie merken, daß ihr Kind in der Schule oder auf dem Schulweg nicht geschützt wird. Im folgenden wird deutlich, warum die Eltern meinen, ein Kind könne eine solche Erfahrung besser verarbeiten, wenn ihm von den Lehrern und Schülern geholfen wird.

Förderliche und hemmende Strukturen der Schulen für den Aufbau von Schutzmechanismen für mehr Sicherheit von Schulkindern

Frau Königs Erfahrung ist ein gutes Beispiel für die Machtlosigkeit von Eltern, die ihr Kind ohne Mithilfe von anderen vor einer aggressiven Clique schützen wollen. Wenn ein Kind über eine lange Zeit hinweg Angst vor der Schule oder dem Schulweg entwickelt, kann ein unglücklicher Kreislauf von Schulangst, Schulschwänzen, Leistungsabfall und Einbrüche im Selbstwertgefühl ausgelöst werden. Frau Bauer und Frau Christoph betonen deshalb, wie wichtig die schnelle Auflösung einer bestehenden Gewaltproblematik sei und wie unumgänglich es sei, daß die Schule dabei aktiv werde. Voraussetzung dafür sei das Benennen der Täter und die Ausübung von Druck durch die Erwachsenen und die MitschülerInnen.[2] Im Verlauf des Gruppengesprächs wurde deutlich, daß die Schule ihrer Kinder, eine Gesamtschule, zu einer solchen Strategie ermutigt, während die Elternsprecher der anderen Schulen ein ähnlich effektives Vorgehen gegen Gewalt an ihrer Schule vermissen. Die Eltern benannten folgende Schwerpunkte des Konzepts der Gesamtschule:

- Die Zusammenarbeit von Schülern, Eltern und Lehrern und Kontaktpolizisten;
- die Zusammenarbeit der Lehrer als Klassenteam;

---

[2] Auch im Sinne von langfristiger Gewaltprävention ist dieses Vorgehen unumgänglich, wie die empirischen Arbeiten von Dan Olweus in Norwegen zeigen. Allerdings muß ein solches Öffentlich-Machen in die pädagogische Arbeit sinnvoll eingebunden sein.

- »soziales Lernen« als Schulfach und Grundlage eines täglich praktizierten Miteinander;
- die sofortige Reaktion der Schule auf Gewalttätigkeiten;
- die Bereitschaft der Eltern zur Zusammenarbeit mit der Schule.

Die Zusammenarbeit von Schülern, Kontaktpolizisten, Eltern und LehrerInnen

Seitdem Frau Dahles Sohn die Gesamtschule besucht, »hat er 'nen ganz anderes Sicherheitsgefühl, weil er genau weiß, daß da die Kinder ganz anders ernst genommen werden und ganz anders damit umgegangen wird.« Lehrer wie in der vorher besuchten Schule, die von einem Kind erwarten, daß es sich gegen eine Mehrheit von prügelnden Kindern selbst zu Wehr setzt, gäbe es dort nicht. Ihrem Sohn sei auch dort schon von schulfremden Kindern Geld weggenommen worden, aber sofort hätten die LehrerInnen mit dem Kontaktpolizist und der Klasse gesprochen. Auch andere hätten keine Angst gehabt, eine Anzeige zu machen, weil sie wüßten, ihnen würde von mehreren Stellen geholfen. Auch habe er keine Angst mehr im Stadtteil, obwohl ihm und seinen Freunden öfter etwas passiere. »Bei Jungen denk' ich, ist das auch eher als bei Mädchen, daß die, gerade wenn die alleine gehen, angesprochen werden, so, rück' Dein Geld raus!«

Frau Christoph lobt diese Gesamtschule auch dafür, daß die LehrerInnen die Eltern auffordern anzurufen, wenn so etwas passiert ist, anders als in der vorherigen Schule ihrer Kinder, wo die Lehrkräfte gestaunt hätten, wenn ein Vater oder eine Mutter sich »erdreistete«, die Lehrer in ihrer Freizeit zu stören. Andere Lehrkräfte, so berichten einige ElternsprecherInnen hätten sich »äußerst rar« gemacht, »indem sie nicht am Wochenende, nicht nach 19 Uhr oder vor 17 Uhr angerufen werden wollten.«

Dieses Thema ist hoch emotional besetzt. Hier sprechen mehrere Eltern durcheinander und vermitteln Frustrationen, die für die wichtige Zusammenarbeit von Eltern und LehrerInnen kontraproduktiv sind. Es scheint mehrere Ursachen für diese Frustrationen zu geben: Zum einen gibt es Lehrkräfte, die sich in erster Linie als Wissensvermittler verstehen. Erziehungsarbeit als *gemeinsame* Aufgabe der Eltern und LehrerInnen gehört nicht zu ihrem beruflichen Selbstverständnis. Zum andern gibt es Eltern, denen es aufgrund falscher Verallgemeinerungen über die Freizeit der LehrerInnen schwerfällt, diesen den normalen Feierabend von Arbeitnehmern zuzugestehen, also z. B. nach 19.00 Uhr für

Elterngespräche in der Regel nicht zur Verfügung zu stehen. Wenn die Gesamtschule eine sofortige Reaktion auf gewalttätiges Verhalten für sinnvoll hält, müssen sich – in diesem besonderen Fall – die Eltern natürlich unmittelbar mit den Lehrkräften in Verbindung setzen können. Frau Bauer berichtet, daß sie aus anderen Schulen oft gehört habe, »daß solche gewalttätigen Reaktionen häufig als Lappalie abgetan werden oder als vielleicht selbstverschuldet, z. B. weil ein Kind »dieses oder jenes gesagt haben soll«. Lehrkräfte aus solchen Schulen werden in der Regel abendliche Anrufe über verprügelte Kinder nicht akzeptieren. Ebensowenig Eile hätten LehrerInnen an Schulen, die, wie Frau Zweig meint, aus Angst um den Ruf der Schule, die Augen verschließen würden, wenn so etwas passiere.

Die Zusammenarbeit der Lehrkräfte als Klassenteam

Frau Jägers Tochter geht in eine andere Schule. Sie selbst beobachtet eine zunehmend negative Entwicklung in der Klasse ihrer Tochter:

> »Also, es war schon erstaunlich, das ging sechs Jahre gut und jetzt seit einem halben Jahr ist da irgendwie der Wurm drin. Es ist nicht mehr haltbar. Wir sind alle ziemlich fertig und hoffen auf die Ferien.«

Auf die Gründe für die Veränderung befragt, meint Frau Jäger, ein neuer Schüler sei »die treibende Kraft und alle klicken sich ein«. Die Stimmung sei auf Null, die Leistungen der Klasse fielen im Vergleich zu den Parallelklassen ab. Ihre Tochter leide unter der Situation. Auch eine neue Lehrerin sei an der negativen Entwicklung beteiligt. Zunächst hätten vier Schüler mit dem Klassenlehrer gesprochen, der auf die ganze Situation offensichtlich verbal aggressiv und so gereizt reagiere, daß die Kinder sich nicht mehr wohl fühlten. Von ihr darauf angesprochen, beschreibe sich der Lehrer als leicht reizbar und erwarte, daß die SchülerInnen das hinnehmen. »Also das ist auch so, der ist einfach fertig mit den Nerven und das ist 'n Wechselspiel, das geht immer nur hin und her, hin und her und zack. Da ist es dann passiert irgendwie und heute war die absolute Eskalation.« Der Lehrer habe einen Jungen geschlagen, der nach der Aussage ihrer Tochter wirklich nichts getan hätte. Auch wenn ihre Tochter nicht direkt betroffen sei, findet Frau Jäger es »bedrohlich«, daß sie »so etwas mitkriegt«. Frau Jäger kann einerseits ein Stück weit nachvollziehen, wie so etwas passiert:

> »Man kennt dieses Gefühl, wenn man so aufläuft bei diesen Zwölfjährigen, das ist einfach heftig. Ich kann das schon verstehen, daß man irgendwann an 'ne Grenze kommt und sagt

irgendwie jetzt oh, ich kann nicht mehr, nicht? Also, nur dann muß man einfach 'ne andere Handhabe haben, so geht's dann eben nicht.«

Auch Frau König beobachtet eine negative Entwicklung:

»Also bei meiner Tochter in der Klasse ist das auch so, dieses Aggressive, das wird immer schlimmer. Zu Anfang war es wirklich noch harmlos, daß sich mal welche gekabbelt haben, aber da ist jetzt jeden Tag, daß sich die Kinder treten, an den Haaren ziehen, prügeln, daß ein Mädchen mit dem Kopf an 'ne Wand gedonnert worden ist und, also da ist jeden Tag diese Bereitschaft zu dieser Gewalt, die ist immer da und das wird immer schlimmer. Dann ist meine Tochter auch zu dem Lehrer und hat gesagt, jetzt komm endlich her und schreite ein, die donnern ihr den Kopf an die Wand und dann hat er erst mal nichts gemacht und dann ist die wieder dahin gegangen, ist wieder zu ihm und hat gesagt: ›Jetzt komm endlich, tu was!‹« Dann sei er ganz gemächlich aufgestanden um einzuschreiten. »Also er spricht da nicht drüber mit den Kindern. Das heißt er spricht da wohl schon drüber, aber das ändert sich nicht. Ich hab immer das Gefühl, der geht da viel zu locker mit um.«

Während die Elternsprecherinnen diese beiden Situationen als Beispiele für ein unfähiges Vorgehen der Klassenlehrer verstehen, sieht Frau Christoph hier ein Defizit der betreffenden Schule. Sie vermutet, daß die Lehrer sich offensichtlich nicht »gegenseitig im Team stärken, um mit so was fertig zu werden«. Sie kann verstehen, daß »so 'n einzelner Lehrer, der wahrscheinlich nicht mehr der jüngste ist und der irgendwie sehr angegriffen ist und niemanden hat, der ihn stützt, daß der ausrastet«. Man muß, ihrer Meinung nach, viel mehr im Vorfeld arbeiten, z. B. »mal 'ne Fortbildung machen in Konfliktlösung«. Die Lehrer hätten schließlich auch Ängste. Es sei schwierig, »sich so 'ner 14jährigen zu stellen und mit dem »Gruppending« umzugehen. »Aber es ist dann doch leichter, wenn man so das Gefühl hat, also du ziehst mit andern an einem Strang und wie wäre jetzt unser Strang?« Außerdem hätten die Lehrer viel eher Elterngespräche führen müssen, denn schließlich seien die Eltern in erster Linie verantwortlich für das Verhalten ihrer Kinder. Zur Vermeidung von Eskalationen zwischen LehrerInnen und Schülern sei aber eine intensive Kommunikation auch zwischen den eine Klasse unterrichtenden LehrerInnen unabdingbar.

Soziales Lernen als Unterrichtsfach

Die Elternsprecherinnen der Gesamtschule berichten, daß es in den 5. und 6. Klassen ein Unterrichtsfach »Soziales Lernen« mit zwei Stunden pro Woche gibt. Dort würden die Lehrkräfte Konflikte in der Klasse, auf dem Schulhof oder Schulweg möglichst frühzeitig aufgreifen und mit der Klasse und den betroffenen Kindern nach Lösungen suchen. Wichtig sei, daß Kinder nicht in eine verfestigte Opfer- oder Sündenbockrolle geraten, aggressive Kinder nicht in der Täterrolle verharren würden. Frau Bauer beschreibt eine informelle Regel dieser Gesamtschule:

> »Man kann ja vieles sagen, muß man ja nicht gleich verprügelt werden und das ist eben da schon ganz gut.«

Nicht nur die Sozialpädagogen würden sich um solche Konflikte kümmern, sondern die Lehrer hätten sich von Anfang an »sozialpädagogisch« verstanden und sich nicht ausschließlich auf den Fachunterricht konzentriert. Auch nach der 6. Klasse hätten die Schüler noch einmal in der Woche »Sozi-Treffen«:

> »Und das gibt die Sicherheit! Das gibt uns Elternteilen wirklich Sicherheit, daß ich sag, ich würde niemals die Schule wechseln.«

Frau Zweig verweist in diesem Zusammenhang auf die bessere Ausstattung der Gesamtschulen, die ein Fach wie »Soziales Lernen« überhaupt erst möglich mache. In den Schulzentren gäbe es ja nicht einmal eine Klassenlehrerstunde und sehr viel größere Klassen. Auch fehlten einer Halbtagsschule die Freizeiten, in denen ein Sozialpädagoge die Kinder beobachten und in Ruhe mit ihnen sprechen könne.

Sofortige Reaktion der Schule bei gewalttätigem Verhalten

Frau Bauer findet, daß »die an der Schule da wirklich was Gutes tun, indem sie sofort eingreifen.« Z. B. hätte ihre Tochter beobachtet, daß ein Junge aus ihrer Klasse auf dem Nachhauseweg von drei Jungen der Schule verfolgt und getreten wurde. Angeblich hatte er einen Papierschnitzel nicht aufgehoben. Am nächsten Tag sei sofort mit den Kindern, den Lehrern, mit der ganzen Klasse, mit der Elternsprecherin und dem Sozialpädagogen gesprochen, eine Schülerkonferenz und ein Eintrag in die Schülerakte gemacht worden. Die Schülerinnen und Schüler der Klasse hätten sich eingemischt und mit den Betroffenen geredet: ›Hast Du irgendwas gemacht?‹ ›Warum habt ihr das gemacht?‹ »Dann wird das fast in jeder Stunde, ist egal ob das 'n Mathelehrer oder Deutschlehrer oder 'n Englischlehrer oder der Klassenlehrer ist, ganz egal, gleich wieder vorgetragen, fast in jeder Stunde.«

Diese Art der Konfliktbearbeitung wirkt sich offensichtlich positiv auf das Sicherheitsgefühl von Eltern und Kindern aus. Frau Christoph weist auf eine

Schwierigkeit bei der Durchführung des Konzeptes hin: »Und irgendwie ist es doch auch bei Eltern und auch bei Kindern diese Angst vor Rache, nicht?« Man müsse aber wissen, daß die Rachepläne meistens nicht ausgeführt würden, sondern häufig der Schock, daß die anderen wissen, was einer angestellt habe, es diesem sehr erschwere, heimlich weiter zu machen:

> »Daß das natürlich mal sein kann, daß einer sagt: ›Hast mich verpetzt und jetzt da verpuhle ich dir einen!‹. Das kann natürlich immer sein. Aber wenn man davor immer Angst hat, dann – und das wird den Kindern eben klargemacht und das hab auch ich gelernt – wenn ich immer Angst habe, mir könnte einer was tun, dann grab ich mir mein Grab schon, bevor ich überhaupt gestorben bin. Das ist genau das gleiche.«

Frau Christoph gefällt besonders gut, daß die LehrerInnen immer wieder um das Vertrauen der Schüler und Eltern werben und ihnen die Einsicht vermitteln:

> »daß diejenigen, die solche schlimmen Sachen machen, das eigentlich nur so lange weitermachen können, wie sie's im Verborgenen machen können, und deswegen ist es ganz, ganz wichtig, daß sowohl die Eltern als auch die Schüler den Mut aufbringen, zu den Sozialpädagogen oder zu den Lehrern zu gehen und dies *sofort* öffentlich zu machen. Denn auch das Abzocken! Wenn das öffentlich wird, ich mein, ich will keine Garantie für alles aussprechen, es gibt Hartgesottene und denen ist das ganz egal, aber die gibt's ja überall. Aber ich sag' mal, wenn dem die Spitze gekappt wird oder wenn 80 % davon weg ist, da muß ich sagen, da kann man doch eigentlich wirklich 'n gutes Gefühl haben.«

Frau Christoph meint also, daß die Eltern, aber besonders die betroffenen Schüler und Schülerinnen ihre Angst vor Rache aushalten müssen, wenn sie gewalttätige Schulkameraden benennen. Je häufiger der Teufelskreis aus Schweigen und Wiederholung von Gewalthandlungen durchbrochen werde, um so weniger habe man zwar *langfristig* solche Drohungen zu befürchten, kurzfristig helfe aber nur das Vertrauen, daß man nicht alleine dastehe, sondern mit der Hilfe einer solidarischen Gemeinschaft rechnen könne, die deutlich macht, daß sie bestimmte Formen von Gewalt nicht duldet.

Die Bereitschaft der Eltern zur Zusammenarbeit mit der Schule

Zum Konzept der Gewaltprävention an der Gesamtschule gehört auch die Bereitschaft der Eltern zur Zusammenarbeit. Diese scheint aber an keiner der Schulen in ausreichendem Maße vorhanden zu sein. Auf den ersten Blick ist es erstaunlich, daß in einem Gespräch über die Fragen der Sicherheit der Kinder in der Schule und im Stadtteil, die Klage über das mangelnde Engagement der Eltern einen relativ großen Raum einnimmt. Hier schwingt die Enttäuschung mit, daß sie in ihrer Rolle als ElternspecherInnen zu wenig ernst genommen werden und sie alle schon die Erfahrung von Ohnmacht und Hilflosigkeit gemacht haben. Änderungen an den Schulen setzen häufig Druck durch die Elternschaft voraus. Dieser kommt aber nicht zustande, wenn durchschnittlich nur zwei bis sechs Eltern den wenigen Einladungen zu den Elternabenden folgen. Gerade in Fragen der Gewaltprävention sind jedoch abgestimmte Vorgehensweisen von Lehrern und Eltern nötig. Ohne den Rückhalt der Eltern kann ein solches Konzept nicht optimal durchgeführt werden.

Auch Konfliktlösungen innerhalb der Klasse – darüber sind sich die ElttersprecherInnen einig – wären leichter zu erreichen, wenn mehr Eltern zu den Elternabenden der Klassen und den Informationsabenden der Schulen kommen würden. Über fünf Jahre kämen immer die gleichen aktiven Eltern. Auch die ElternsprecherInnen der Gesamtschule machen diese Erfahrung. Hier sei lediglich der Informationsabend gut besucht gewesen, auf dem den Eltern der 5. und 6. Klassen von den Kontaktpolizisten das nun praktizierte Konzept für Gewaltprävention vorgestellt wurde.

Die mangelnde Bereitschaft zur Mitarbeit bei den Eltern wurde von den ElternsprecherInnen kritisch, aber auch verständnisvoll kommentiert. Frau Jäger meint, es gäbe für viele Eltern nicht das Bedürfnis zu kommen, es sei denn, sie hätten einen ganz bestimmten Grund. Manchmal bestehe auch eine Hemmschwelle, sich in einer solchen Runde auseinander zu setzen. Häufig sitze man hintereinander und schaue sich noch nicht mal an »so wie hier«. (Bei den Gruppengesprächen sitzen die TeilnehmerInnen im Stuhlkreis.) Frau König sieht ganz viel Desinteresse und Gleichgültigkeit bei den Eltern, bei anderen aber auch eine große Hilflosigkeit und Resignation. Sie berichtet, daß manche Eltern ihren elf- oder zwölfjährigen Kindern erlauben würden zu rauchen. Sie erklärt sich das damit, daß die Eltern von physisch stärkeren Kindern eingeschüchtert würden; daß die Kinder den Eltern egal oder daß die Eltern beide voll berufstätig, total kaputt und ausgebrannt seien.

Frau Christoph versucht das Desinteresse der Eltern für die Probleme der Gewalt an der Schule mit der eigenen Einstellung zur Gewalt zu erklären. Wie man mit Gewalt umgehe, hinge davon ab, wie man sie erlebe und ob man überhaupt darüber nachdenke. Wer z. B. selber ständig Gewalt erlebe, könne vielleicht gar nicht darüber nachdenken, weil er zu wenig Abstand dazu habe. Ausgelöst von diesem Gedankengang entwickelt sich folgender Dialog:

> Frau Christoph: »Mit dem Suchtverhalten nämlich ist das ähnlich. Wenn ich selber jetzt rauche und trinke, dann kann ich mir nicht vorstellen, daß ich dahin gehen würde, wenn es heißt so, jetzt gibt's 'n Thema Sucht. Dann sag' ich mir vielleicht, ist mir doch egal!«

Frau Bauer: »Wahrscheinlich ist es auch eher so, daß sie so'n Versagungsgefühl entwikkeln. Ich denke, wenn man sich so vor 60, 80 Leute hinsetzt und sagt, mein Kind raucht, dann sagen die: ›Ja, wie kann denn das angehen?‹. Das ist ja auch so 'n Tabu, daß man nicht sagt, man funktioniert als Elternteil nicht.«

Frau Christoph: »Also ich versuch' gerade, mich in die Zeit zurückzuversetzen, als mein Sohn in der Grundschule war. Wir beide waren zusammen in der Grundschule und ich weiß, daß mein Sohn da derjenige war, der dann ganz gerne, also nicht in dem extremen Fall, aber doch, er mochte! Und wenn ich da zu so 'nem Abend gekommen wäre, ich hätte mich nur angeguckt gefühlt. Was, die traut sich hierher, die mag überhaupt den Mund aufmachen? So denk' ich, geht es den andern Eltern teilweise. So kommen ganz viele kleine Sachen zusammen, weshalb die nicht kommen.«

Offensichtlich spielen im Konkurrenzsystem Schule nicht nur die Schulleistungen der Kinder eine Rolle für das Ansehen der Eltern, sondern Mütter und Väter geraten in einen Verteidigungszwang, wenn ihre Kinder Schwierigkeiten machen und sie dadurch als »gute« Mütter oder Väter auf den Prüfstand geraten. Unsicherheiten über das richtige Maß an Fürsorge und Loslassenkönnen sowie die Angst vor Schuldzuweisungen scheinen eine sachliche Diskussion über schwierige Kinder und Konflikte in den Schulklassen häufig zu verhindern.

Die anderen ElternspecherInnen vermuten ähnliche Gründe für die Passivität der Eltern. Frau Jäger meint allerdings, daß ein großes Desinteresse an Schule überhaupt bestehe. Das Interesse der Eltern richte sich vorwiegend auf die Schulleistungen ihrer Kinder. Darüber erfahre man mehr an den Elternsprechtagen als auf den Elternabenden. Auch würden viele Eltern ihren Kindern schon früh viele selbständige Entscheidungen überlassen. Da werde den Kindern oft zu viel aufgebürdet: »Die sollen eben auch schon schnell erwachsen sein und sich selbständig bewegen und kein Muttersohn oder kein Muttertöchterchen mehr sein.« In vielen Familien müßten zehn-, elf- und zwölfjährige Kinder schon nachmittags alleine sein und sich selbst Mittagessen machen. Da fehle dann der Austausch und die Kinder lebten neben den Eltern her.

Nachdem Frau Jäger auf die Möglichkeit der Nachmittagsbetreuung in der Gesamtschule verweist, verwahrt sich eine Elternsprecherin aus dieser Schule gegen die Überlegung, aufgrund der Nachmittagsbetreuung diese Schule anzuwählen. »Also wenn das der einzige Grund ist, dann fände ich das ganz schrekklich!« Schließlich ginge der Tag ja auch für die Kinder dort weiter, viele Eltern seien auch dann wieder weg zum Schichtdienst oder sonstwo.

An dieser Stelle des Gruppengesprächs drängt sich der Eindruck auf, daß es eine unausgesprochene Konkurrenz zwischen den Eltern gibt, bei der es um die Frage geht, wer die bessere Schule für sein Kind gewählt hat und sich vielleicht auch deshalb zu den besseren Eltern zählen darf. Eltern von SchülerInnen, die eine Gesamtschule besuchen, sehen sich häufig mit dem Argument der geringeren Leistungsanforderungen konfrontiert. Besonders Eltern, deren Kind mit den Leistungsanforderungen in einem herkömmlichen Gymnasial- oder Realschulzweig keine Probleme hätte, wählen die Gesamtschule als die demokratischere Schule mit einem Erziehungsstil, der sowohl integrative als auch die individuellen Stärken des Kindes fördernden Ziele verfolgt. Solche Eltern sind natürlich daran interessiert, daß die Ganztagsbetreuung nicht zum Hauptkriterium der Schulwahl wird. Sie möchten, daß viele Eltern aus pädagogischen Gründen gerade diese Schule für ihr Kind wählen. Gleichzeitig ist ihnen bewußt, daß die Ganztagsbetreuung sowie der leichtere Zugang zu einem Realschul- oder Gymnasialabschluß natürlich wichtige Argumente für viele Eltern sind, die ihre Kinder dorthin schicken, weil sie aus unterschiedlichen Gründen nicht in der Lage sind, viel Erziehungsarbeit für ihre Kinder zu erbringen. In unserem Gespräch konnten die ElternsprecherInnen aus der Gesamtschule auf einen Vorteil ihrer Schule verweisen und an konkreten Beispielen zeigen, daß Soziales Lernen nicht nur sinnvoll, sondern eine wichtige Voraussetzung für Gewaltprävention ist. Ob das Soziale Lernen für die Mehrheit der Eltern den gleichen Stellenwert hat wie für Frau Christoph – »Das gibt uns Eltern wirklich Sicherheit, daß ich sage, ich würde niemals die Schule wechseln!« – soll dahingestellt bleiben. Die Thematik des Gruppengesprächs war jedenfalls eine gute Gelegenheit zu zeigen, daß Soziales Lernen in den anderen Schulen zum Nachteil der SchülerInnen vernachlässigt wird.

Einflußnahme der Eltern auf das Verhalten der Kinder mit dem Ziel, Bedrohungen im öffentlichen Raum zu minimieren.

Frau Christoph macht sich beim Schulweg immer Sorgen, wenn es dunkel ist:

> »Ich weiß ja nicht, wer da kommt, ich weiß ja nicht, welcher Zufall regiert. Ob da grade, könnte auch mal, was weiß ich, 'n Sexualverbrecher kommen und da seh' immer zu, daß ich irgendwie weiß wie meine Kinder – meinem Sohn kann ich das nicht mehr vorschreiben mit 15 – aber wie meine Tochter dahin kommt, mit wem sie dahin kommt, daß ich das von A bis Z jedenfalls im Winter weiß. Das sag ich lieber noch, nicht daß man denkt, ich sehe das so locker. Das wäre aber überall ein Problem.«

Die Eltern versuchen, die Sicherheit der Kinder im Stadtteil zu gewährleisten, indem sie ihnen auferlegen, bestimmte Orte zu meiden, insbesondere bei

Dunkelheit. Auch Frau Bauer, die wenig Angst hat und deren Kinder noch nie bedroht worden sind, begleitet ihre Kinder, wenn es abends dunkel ist. Sie hätte früher auch immer Angst gehabt, wenn es dunkel wurde. Frau Zweig empfindet die Schule dann nicht mehr als geschützten Raum, wenn wegen Dunkelheit alles nicht so »einsehbar ist, was passiert«.

Für Frau Christoph, deren Kinder sich im Stadtteil »total sicher fühlen« und deren eigenes Sicherheitsgefühl bezüglich der Schule sich aufgrund des Umgangs der Gesamtschule mit Gewalttätigkeit stark verbessert hat, läßt ihre Tochter trotzdem nicht mit dem Fahrrad zur Schule fahren. Sie müßte an einem Grünstreifen vorbei, wo »irgendwie Nichtseßhafte« mit ihren Hunden sitzen. Sie ärgert sich darüber. Einerseits weiß sie, daß sie morgens noch schlafen, »wenn die da ihre Buddels da haben«, aber irgendwie gibt es da doch die Angst, »daß einer mein Kind vom Rad holt oder seinen Hund darauf hetzt oder so.« Ein anderer möglicher Weg sei ihr schon wieder zu einsam.

Selbst Frau Ludwig, die mehrfach zum Ausdruck bringt, daß sie keinerlei Angst hat, würde im Dunkeln »nicht gerade den Grünstreifen lang gehen«. Im weiteren Gespräch wird deutlich, daß die Erwachsenen ihre Kinder anhalten – so wie sie selbst –, bestimmte Orte nur zu mehreren aufzusuchen, wenn es auf dem Weg dorthin zu viele dunkle Ecken gibt. Die Eltern machen in dieser Frage keinen Unterschied zwischen Töchtern und Söhnen. Die abendlichen Angebote des Beirats für Jugendliche, außerhalb von Vereinen kostenlos Football und Basketball zu spielen, werden sehr begrüßt, weil besonders die Söhne dort gerne mitmachen und weil es sich offensichtlich um integrationsfördernde Projekte handelt: »die Kinder aus anderen Nationen kein Problem, total korrekt«, so zitiert Frau Christoph ihren 15jährigen Sohn. Dennoch macht sie die Mutter Sorgen wegen der dunklen Ecken auf den Wegen und wünscht sich »irgend 'nen Sozialarbeiter oder Sportmensch« als Ansprechpartner für Notfälle. Der Sportverein, der den Sicherheitsbedürfnissen der Eltern gerecht wurde, scheint der ehemalige Sportverein in O. gewesen zu sein:

> »Das war mitten im Ort, da war immer was los. Da gingen noch Leute spazieren, da gingen Leute in die Gaststätte, gingen Leute einkaufen. Da war kein Problem und jetzt ist es da hinten. Ist viel schöner als vorher, es ist 'n Prachtstück von Sportanlage, aber Mensch, im Dunkeln. Ich, ich hol' meine Tochter ab, ich selber, ich seh' zu, daß ich mich ins Auto schmeiße und dann fahre ich bis vor die Tür.«

Auch Frau Ludwig möchte nicht, daß ihr 12jähriger Sohn im Winter, wenn es dunkel ist, alleine Sportveranstaltungen besucht, die erst um 20 Uhr zu Ende sind. Nur Frau Zweig empfindet die Lage der Bezirkssportanlage als unproblematisch:

> »Da ist es überall beleuchtet und alles hell. Also da ist kein Problem und da haben die Kinder auch keine Angst oder so. Da sind zwei Gaststätten, da vorne ist an der Ecke ist Comet, es ist also lange hell.«

Frau Bauer betont, daß für die Orte, die ihre Kinder meiden sollen, nicht unbedingt das Kriterium der Dunkelheit ausschlaggebend sein muß. Als ihre 12jährige Tochter gegen das Verbot ihrer Eltern mit dem Fahrrad tagsüber durch eine bestimmte Straße gefahren sei, hätten sie zwei unbekannte ältere Jugendliche angemacht:

> »Also erst mal hat der eine sie nicht durchgelassen, hat ihr den Weg versperrt und dann ist er mit dem Rad irgendwie rückwärts gefahren an ihr Bein, sie wurde auch verletzt, hatte 'nen blauen Fleck und wurde beschimpft. Also eben mit Kraftausdrücken jeglicher Art so, und also für sie war es das erste richtige Gewalterlebnis, sag ich mal. Die waren zu zweit und da war keiner weit und breit.«

Frau Bauers Reaktion auf diesen Vorfall ist das Nachdenken darüber, wie ihre Tochter sich in Zukunft vor solchen Situationen schützen kann. Sie überlegt, ob ihre Ausstrahlung nicht einfach provoziert:

> »Sie ist gerade in so 'ner Talsenke von der ganzen Verfassung her, also es geht auch in der Schule 'n bißchen bergab, das ist so die Pubertät.«

Andererseits betont sie das Recht ihrer Tochter »durch die Gegend zu fahren mit so 'nem Gesicht«. Frau Bauer meint, es wäre hilfreich, wenn sie anders auftreten könne, »also viel massiver und selbstbewußt« und signalisieren könnte, »wenn einer was will, der kriegt dann gleich auch verbal erst mal etwas wieder. Das hält meistens schon auch grade solche Lümmels ab, sagt ich mal.« Diese Einschätzung wird allerdings nicht von allen Eltern geteilt. Nach den Auswirkungen dieser Gewalterfahrung auf ihre Tochter befragt, meint Frau Bauer, diese könne das verarbeiten, denn sie kenne ja schließlich »die Auseinandersetzungen hier auf dem Schulhof. Sind ja auch nicht grade ohne und, also es ist schon 'ne Gewöhnung. Also denk' ich schon, daß man 'ne andere Grenze empfindet, so von was ist zumutbar, was nicht, was ist normal, was ist nicht normal. Was gehört zum Alltag, was nicht. Messer zum Beispiel ist natürlich nicht.«

Frau Bauer meint also, daß Gewöhnung an Gewalt im öffentlichen Raum eine Hilfe sein könnte, die eigenen Gewalterfahrungen zu verarbeiten. Das ist insofern einleuchtend, als die Scham über zugefügte Gewalt geringer sein wird, wenn Gewalt als mehr oder minder »normale« Erfahrung angesehen wird, die fast jeder mal macht; mit der die anderen ja auch fertig werden; und die deshalb auch nicht als Infragestellung der eigenen Persönlichkeit erlebt werden muß, zumindest dann nicht, wenn es sich um eine einmalige Erfahrung mit glimpflichem Ausgang handelt.

Die GesprächsteilnehmerInnen stimmen Frau Zweig zu, die als wirkliche problematische Situationen solche beschreibt, bei denen eine Person auf eine aggressive Gruppe trifft und die Angst und Unsicherheit des Einzelnen diese noch ermutigt. Da fehle ihr leider die Phantasie, wie man selbst damit umgehen oder was man den Kindern raten könne.

Freizeitmöglichkeiten der Kinder und Sicherheitsgefühle der Eltern

Es ist kein Zufall, daß die Eltern in einem Gespräch über die Sicherheit ihrer Kinder auf die Freizeitmöglichkeiten des Stadtteils zu sprechen kommen. Straßen, Plätze und Parks werden als Spielräume nicht erwähnt. Allerdings wird bedauert, daß der Grünstreifen in G. von »Nicht-Seßhaften« eingenommen werde und zum Spielen nicht zur Verfügung stehe. Wenn die Kinder organisierte Freizeitangebote wahrnehmen, scheinen sich die Eltern am ruhigsten zu fühlen. Da »weiß ich drei Tage in der Woche sind sie dann untergebracht für 'n paar Stunden.« Gut organisierte Freizeit koste aber viel Geld. Frau Bauer überlegt, daß es wirklich teuer ist, daß ihre beiden Kinder in der Musikschule, im Turnverein und beim Schwimmen mitmachen. Und wenn Freizeit kein Geld koste, dann koste sie manchmal Überwindung, die die Kinder häufig nicht aufbringen würden. Frau Bauers Tochter hatte z. B. ein Freizeitangebot der evangelischen Kirche probiert »und das fand sie überhaupt nicht so toll«. Einerseits sei sie kontaktscheu und brauche eine Eingewöhnungsphase, »aber es ist auch das Publikum, was da ist, das ist abschreckend für sie. Ich denke, auch nicht ohne Grund. Ja, es gibt eben so Cliquen, die da rumhängen und die vorherrschen, und dann kommt man da nicht so zum Zuge, wie man sich das vorgestellt hätte.«

Sicherheit in der Freizeit bedeutet für die Eltern offenbar primär, daß ihre Kinder nicht durch den Anschluß an eine problematische Clique auf die falsche Bahn geraten. Den Eltern fehlt es im Stadtteil an Nachmittagsangeboten wie das des Bürgerhauses in O., das Frau Christophs Tochter mit Begeisterung zu besuchen scheint:

»Das Bürgerhaus spielt 'ne große Rolle. Das fängt auch schon bei Krabbelgruppe oder Mutter und Kind-Spielgruppe an bis zu den Senioren. Wo die sich überall wieder getroffen haben. Also Mutter und Kind-Spielgruppe, Krabbelgruppe, Kindergarten. Da geht es weiter, eben halt Schule, dann nachmittags im Bürgerhaus, mit Kindergruppe oder Akrobatikgruppe. Ja, jetzt ist meine Tochter in so einer Gruppe, die nennt sich ›die wilde 13‹, das sind so vier, fünf Mädchen, die zusammen dort immer hin gehen und auch zusammen turnen und so und die haben sich doch einfach schon glatt gesagt, na ja, wenn wir denn nachher bei den Senioren sind!«

Die anderen Eltern bedauern, daß es so etwas weder in W. noch in G. gäbe. Das Nachbarschaftshaus in G. sei zwar auch sehr gut in der Jugendarbeit, sei aber vom Alter her für ihre Kinder noch nicht passend. Auch der 15jährige Sohn von Frau Christoph würde dort nicht hingehen. Der Grund sei, daß die Kinder und Jugendlichen mit vertrauten Personen in Gruppen aufwachsen. Auf den Vorschlag, mal ins Jugendfreizeitheim zu gehen, würde er sagen: ›Das ist unbekanntes Terrain, wer weiß wer da abhängt‹. Bestimmte Geschichten darüber würden ihn und auch ihre Tochter davon abhalten, da auch nur mal probeweise hin zu gehen.

Verunsicherung der Eltern durch unterschiedliche Bewertung aggressiven Schülerverhaltens

Ein Beispiel für unterschiedliche Bewertungen und damit verbundene Unsicherheiten ist eine Auseinandersetzung über den Umgang mit den Fahrrädern. Während Frau Zweig das Herausschrauben von Ventilen als »Mopsen« und als »nichts Besonderes« ansieht und die Aufregung darüber übertrieben findet, sehen andere Eltern in den Beschädigungen der Räder ein »massives Problem«. Frau Zweig löst das Problem, indem sie ihrer Tochter eine Fahrkarte und zwei DM für den Transport des Fahrrads mitgibt und das für einen solchen Notfall auch deren Freundinnen rät, die alle gerne mit dem Rad zur Schule fahren. Frau Ludwig will diese Angelegenheit nicht als so harmlos stehen lassen. Sie findet es »scharf«, daß Schüler relativ häufig ihre Räder bei Klassenkameraden abstellen, die in der Nähe wohnen. Frau Christoph stimmt ihr zu. Auch sie sei, als sie in der Schule arbeitete, beinahe kopfüber vom Rad gestürzt, weil Schüler den Gespäckträger vorne gelöst hatten. Und ihrem Mann, der in einer Schule arbeite, passiere das auch ständig, daß ein Ventil herausgedreht oder irgendwie in den Schlauch gepiekst würde:

»Das muß irgendwo so 'n Spaß, so 'n Sport sein, daß die da so 'n Rad sehen und dann fällt denen nichts anderes dazu ein als ihr Taschenmesser zu holen und rein zu pieksen. Das ist genauso, als wenn sie denn am Bahnhof andauernd das Glas zerdeppern, das ist eben halt der Vandalismus! Es ist fürchterlich. Also, solange die mit meinem Kind nichts machen ist mir das wichtiger, obwohl, das ist auch wichtig.«

Auch andere Eltern halten diesen Umgang mit den Rädern für eine Vorstufe des Vandalismus und eine Ausdruck des Abbaus von Hemmschwellen.

In der hier wiedergegebenen Diskussionsphase kommt eine starke Sorge um die Kinder zum Ausdruck. Verspätungen auf dem Rückweg von der Schule lösen bei den auf ihre Kinder wartenden Eltern Ängste aus, insbesondere vor Verkehrsunfällen, die oft das Leben der Mütter und Kinder grausam beeinträchtigen. Verspätungen auf Schulwegen, die durch solche Sachbeschädigungen verursacht werden, aktivieren immer wieder solche Ängste. Daneben geraten Nachmittagstermine ins Wanken, weil die Freizeit der Kinder wie der Tagesablauf der Eltern z. T. stark durchorganisiert ist. Gemeinsame Zeit ist knapp. Kurzfristig abgesagte Stunden kosten Geld und die Eltern sind wütend über diesen Streß, der ihnen zugefügt wird, weil einige Kinder ihre Aggressionen immer wieder auf diese Weise ausleben. Die Eltern sehen hier eine Verantwortung der Schulen und kritisieren deren Untätigkeit. Anders als diese nutzt Frau Zweig auch ihre eigenen Möglichkeiten, solche Risiken durch Absprachen zu verringern und damit Streß zu vermeiden. Sie sorgt dafür, daß ihre Tochter immer zwei DM dabei hat, um in einem solchen Fall mit der Straßenbahn nach Hause zu fahren.

Wie gravierend das Problem wirklich ist, läßt sich für uns schwer beurteilen. Sicher werden Ventile herausgeschraubt, aber natürlich kann ein geklautes Ventil als eine hervorragende Ausrede für vielerlei Aktivitäten auf dem Rückweg von der Schule und den damit verbundenen Verspätungen herhalten. Die Eltern haben, u. a. auch aus Angst vor Gefahren für ihre Kinder im öffentlichen Raum, ein starkes Kontrollbedürfnis. Ein »gemopstes« Ventil gibt Kindern eine Möglichkeit, sich der elterlichen Kontrolle von Zeit zu Zeit zu entziehen.

Gehen schon bei den Sachbeschädigungen die Meinungen ziemlich auseinander, ist der Dissens noch ausgeprägter bei der Frage, was Schülern im Umgang miteinander erlaubt und was verboten sein sollte. Eine Mutter beschreibt ihre Gewöhnung an Auseinandersetzungen auf dem Schulhof, die »auch nicht gerade ohne« sind, die sie inzwischen aber schon als zum Alltag gehörig empfindet. Was normal und zumutbar ist und was nicht – darüber gäbe es wenig mehr als den Konsens, daß Messer auf dem Schulhof nicht als normal angesehen werden. Hier wird noch einmal deutlich, warum das Konzept über den Umgang mit Gewalt an der Gesamtschule mit so viel Interesse aufgenommen wurde. Diese setzt eine Konsensbildung der Schulgemeinschaft als eine der Voraussetzungen für die Minderung der Gewalt an Schulen voraus. So etwas kennen die meisten Eltern nicht mehr und fühlen sich ermutigt, wenn sie hören, daß es in dieser Schule gelungen zu sein scheint, gemeinsam gegen Gewalt vorzugehen.

Das Gespräch mit den ElternsprecherInnen vermittelt zunächst den Eindruck, daß sich die Kinder in ihrem Stadtteil angstfrei und sicher bewegen; dann wird einiges relativiert und schließlich kommen doch Unsicherheiten, Bedrohungsgefühle und Gewalterfahrungen zum Ausdruck. Als gute Eltern, die sie sein möchten, drücken die ElternsprecherInnen ihr Bedürfnis nach einer sicheren Umgebung für ihre Kinder aus. Sie möchten die Umwelt ihrer Kinder unter Kontrolle behalten, die Kinder aber zu Beginn ihrer Adoleszenz auch loslassen können. Unsicherheitsgefühle der Eltern entstehen aus dem Wissen, daß sie die Umwelt für ihre Kinder nicht kontrollieren können, sie speisen sich aber auch aus Ablösungsängsten. Die Eltern wünschen sich im Stadtteil und besonders in der Schule Formen des Zusammenlebens, die ihren Kindern möglichst viel Selbständigkeit, aber auch Schutz bieten. Die ElternsprecherInnen der Gesamtschule unterscheiden sich von denen der anderen Schulen durch die positiven Erfahrungen, die sie gemacht haben, nachdem in ihrer Schule solche Strukturen geschaffen worden sind. Sie empfehlen den ElternsprecherInnen der anderen Schulen nachdrücklich das an ihrer Schule praktizierte Gewaltpräventionskonzept.

Ähnlich wie andere Gruppengespräche verläuft auch dieses quer durch die Dramaturgie der Gewalt: Es geht um reale Gewalterfahrungen wie Körperverletzungen und Aggressionen, die von Cliquen gegen Einzelne ausgeübt werden (Schläge, Rempeleien, Abzocken), und um Angst vor Gewalt (Nichtbeachtung von Verletzungsrisiken, Schulvermeidung aus Angst vor Gewalt), um Angst vor Verkehrsunfällen und Sexualverbrechen, aber auch um Situationen, die nur von wenigen als Gewalterfahrungen empfunden werden wie das Gerangel zwischen Kindern, das »Mopsen« von Fahrradventilen. Je nach angesprochenem Detail und individuellen Assoziationen variieren die Sicherheits- und Bedrohungsgefühle einer Person schon im Verlauf des Gruppengesprächs. Empirische Untersuchungen, die das Sicherheitsgefühl der Befragten auf Skalen eintragen lassen, sind daher wenig aussagekräftig.

Unter methodischen Kriterien ist zu fragen, was es bedeutet, wenn sich die Aufmerksamkeit der Gesprächsteilnehmer und -teilnehmerinnen auf eine bestimmte Fragestellung konzentriert. Warum erscheint die Einschätzung der Sicherheit des öffentlichen Raums auch bei diesem Gespräch zunächst positiver, als sie sich dann im Verlauf des Gespräches darstellt? Werden Ängste in der Regel so weggedrängt, daß sie das alltägliche Leben nicht zu sehr belasten und treten sie deshalb erst im Verlauf des Gruppengespräches ins Bewußtsein? Oder sind derartige Ängste und Erfahrungen zwar bewußt, werden aber erst dann geäußert, wenn jemand den Anfang gemacht hat und man nicht mehr alleine als schwach oder ängstlich da steht? Möglicherweise verleitet aber auch solch ein Gespräch zur Dramatisierung von Unsicherheit und Gewalt. Es ist denkbar, daß man den hier geschilderten Situationen im Alltag viel gelassener begegnet und daß sie für das alltägliche Befinden der einzelnen eine geringere Rolle spielen, als es das Gruppengespräch vermuten läßt. In welcher Weise die Erfahrungen von Unsicherheit oder Bedrohung das Alltagsleben beeinträchtigen, läßt sich daher nur in einem hermeneutischen Verfahren beschreiben. Wesentliche Ergebnisse eines solchen Gesprächs sind daher nicht quantifizierbare Sicherheits- und Bedrohungsgefühle, sondern konkrete Beschreibungen von kritischen Situationen, die einerseits individuelle Fähigkeiten der Problembewältigung aufzeigen, andererseits die Notwendigkeit von Wertentscheidungen, Verhaltensänderungen und politischem Handeln sichtbar machen.

»Was früher das Schwert war, sind heute die Wörter.« – Selbstbehauptungsstrategien junger türkischer Männer

Ariane Schorn und Michael Exner

Seit einigen Jahren stehen insbesondere Gewalterfahrungen männlicher Jugendlicher im Brennpunkt der Medien. Zahlreiche wissenschaftliche Studien haben sich mit diesem Thema beschäftigt. Im Laufe unserer Untersuchung rückten für uns die nachstehenden Fragen ins Blickfeld: Wie sicher fühlen sich eigentlich junge Erwachsene und wie haben sie mögliche Gewalterfahrungen verarbeitet, die im Zeitraum der Adoleszenz gemacht wurden? Männliche ausländische Jugendliche stechen in der Diskussion um Gewalt im öffentlichen Raum immer wieder in zwei verschiedenen Rollen hervor, nämlich sowohl in der Opfer- als auch in der Täterrolle. Diese Gruppe ist daneben auch in einem besonderen Maße mit einer Vielzahl an Diskriminierungen konfrontiert, die sich als eine Form der psychischen Gewalt verstehen lassen. Da in dem von uns untersuchten Stadtgebiet viele Menschen leben, die aus der Türkei kommen, wollten wir erfahren, wie sicher oder auch unsicher sich junge türkische Männer im öffentlichen Raum fühlen. Über den Verein der Bremer Moscheen nahmen wir Kontakt zu dem Vorstand eines türkischen Freizeitheims auf. Dieser besteht aus einer Gruppe junger Männer, die sich regelmäßig in einem in eigener Regie betriebenen Freizeitheim trifft und sich in diesem Rahmen gerade auch um die Belange türkischer Jugendlicher im Stadtteil kümmert.

Das Gruppengespräch fand Mitte April 1998 in den Räumen des Freizeitheimes statt. Noch vor dem eigentlichen Gespräch wurde Tee angeboten und im Anschluß daran mit deutlich spürbarem Stolz das Freizeitheim gezeigt. Die Gruppe bestand aus etwa acht Personen, die zwischen zwanzig und dreißig Jahren alt waren.

Die Mitglieder des Forschungsteams, die das Gespräch geführt haben,[1] berichteten, daß immer wieder wortreich und eindringlich auf die grundsätz-

---

[1] Das Gespräch wurde von Michael Exner und Andreas Burzik geführt.

lich tolerante Haltung des Islam gegenüber anderen Religionen hingewiesen wurde. Sie sprachen von einem gewissen »Sendungsbewußtsein«, das sie als zuweilen anstrengend erlebt hätten. Von Bedeutung ist in diesem Zusammenhang sicherlich eine zu dieser Zeit in den Medien geführte Kontroverse um den Bau einer Moschee im Stadtteil, der im Verdacht stand, von einer als »islamistisch-extremistisch« eingestuften Vereinigung getragen zu werden. Den Gesprächsteilnehmern, die sich als gläubige Muslime[2] zu erkennen gaben, war es wichtig, ein anderes als das in den Medien gezeichnete Bild zu vermitteln. Die Initiatoren des Gespräches reagierten auf dieses Bemühen, wie in der sich anschließenden kollegialen Supervision deutlich wurde, mit einer gewissen Reserve, die bei den jungen Männern besagtes Bemühen verstärkt zu haben scheint. Die hier beschriebene Gesprächsdynamik ist möglicherweise typisch für ein soziales Feld, in dem sich wechselseitig reale und befürchtete Vorurteile miteinander verquicken.

In meinem Stadtteil fühle ich mich sicher ...

In dem Gespräch wird von den jungen Männern zum Ausdruck gebracht, daß sie sich in dem Stadtteil, in dem sie wohnen, vergleichsweise sicher fühlen. Sie erzählen, daß sie mit ihren Familien schon viele Jahre in Deutschland leben, einige bereits in der zweiten Generation. Das Gefühl der Sicherheit wird von den Gesprächsteilnehmern in einen engen Zusammenhang mit einem hohen Maß an Vertrautheit in und mit dem Stadtteil gebracht. Hierzu scheint eine spezifische Infrastruktur beizutragen (kulturelle und religiöse Einrichtungen) sowie ein dichtes Netz sozialer Beziehungen, innerhalb dessen sich die jungen Männer bewegen:

> Bayram[3]: »Ich selber fühle mich eigentlich relativ sicher. (...) Man fühlt sich sicher, weil es gibt viele Vereine da, wo wir die ganzen Leute kennen, also es sind viele da, man kennt viele, (...) viele Freunde, andere Familienkreise.«

Die Gesprächsteilnehmer machen deutlich, daß sie sich mit ihrem Stadtteil identifizieren können. Sie bringen zum Ausdruck, daß sie sich in diesem wohl und

---

[2] Laut Müller (vergl. ders. 1998), hat der Islam für mehr als zwei Drittel der hier aufgewachsenen türkischen Jugendlichen eine große Bedeutung..

[3] Die folgenden Namen sind frei erfunden.

heimisch fühlen. Zentral ist hierfür der Eindruck, von Freunden und Bekannten umgeben zu sein. Ihre empfundene Nähe und Präsenz scheint ein Gefühl von Vertrautheit und damit auch emotionaler Sicherheit zu vermitteln. Charakteristisch für diesen Zusammenhang ist beispielsweise die folgende Äußerung:

> Düzgün: »Seit vier Jahren wohn ich hier und hab viele Freunde gewonnen. (...) Und dann war das auch wie 'ne Heimat für mich. Jetzt würde ich am liebsten hier wohnen von ganz Deutschland, nirgends anders, weil ich kenne alle Leute da, und das sind meistens meine Freunde. Und wenn ich nachts durch die Straßen gehe, dann sehe ich meistens Leute, die ich auch persönlich kenne.«

Das Gefühl der Sicherheit im Stadtteil wird mit einem hohen türkischen Bevölkerungsanteil begründet. Dieser wird von den Gesprächsteilnehmern weitaus höher eingeschätzt, als er tatsächlich ist. Wenn von einem Verhältnis von »70 zu 30 für die Ausländer« die Rede ist, dann fallen hier subjektive Einschätzung und offizielle statistische Angaben weit auseinander.[4] In benachbarten Stadtteilen mit ebenfalls hohem ausländischen Bevölkerungsanteil scheinen sich die Gesprächsteilnehmer schon nicht mehr so sicher zu fühlen:

> Abdul: »Sie werden keinen Ausländer hören, der sagt, ich fühle mich bedroht. (...) Und das ist in X natürlich anders. X ist ein Stadtteil, wo auch sehr viele Ausländer sind, aber auch sehr viele Deutsche. Deswegen, das Verhältnis stimmt hier.«

Als wie sicher ein Stadtteil erlebt wird, scheint vor allem von der vermuteten Relation zwischen Deutschen und (türkischstammigen) Ausländern abzuhängen. Wird ein Stadtteil als einer identifiziert, in dem sich dieses Verhältnis deutlich zu Ungunsten der zuletzt genannten Gruppe gestaltet, so korrespondiert dies mit einem zunehmenden Gefühl von Unsicherheit. Die nachstehende Äußerung weist darauf hin, daß es gerade Deutsche sind, die sich politisch und weltanschaulich »rechts« orientieren, die Angst machen:

> Karakin: »In anderen Stadtteilen, z. B. in H. oder so würde sich vielleicht ein Türke oder ein Ausländer nicht so wohl fühlen, weil man hört, was da los ist, einige rechte Deutsche oder so. (...) Hier ist 'n, sagen wir mal, 'n Ghetto oder hier sind viele Türken oder viele Ausländer. Hier fühlt sich ein Ausländer sicher. Hier ist ein Deutscher, sag ich mal, ein Ausländer.«

Der Begriff »Ghetto«, der hier in diesem Zusammenhang zum ersten Mal auftaucht, ist zunächst positiv besetzt. Er bedeutet Vertrautheit und Geborgenheit und kann in dieser Perspektive als eine Metapher für das Gefühl der

---

[4] Laut statistischem Landesamt beträgt der Anteil aller Ausländer 19%, der der türkischen Mitbürger 11,4% der Gesamtbevölkerung des Stadtteils.

Sicherheit verstanden werden. Im Laufe des Gesprächs wird jedoch deutlich, daß die von ihnen wahrgenommene »Ghetto-Situation« durchaus zwiespältig erlebt wird. Die nachstehenden, zunächst widersprüchlichen und somit möglicherweise verwirrenden Äußerungen weisen darauf hin:

> Cemal: »Wer zehn Jahre hier wohnt, wer einmal hier drinne ist oder in diese Gemeinschaft hier reinkommt, der bleibt auch hier hängen, das ist das Problem, das ist das gute Problem daran. Wer hier einmal herkommt, der geht auch nicht weg.«
>
> Düzgün: »Je mehr Ausländer, da fühlt man sich sicher. (...) Das Problem ist das Verhältnis. Wenn's anfängt irgendwo 70 % Ausländer zu sein, da fühlt sich jeder wohl, das ist das Problem.«

Was an einem zuvor als Ghetto charakterisierten Stadtteil problematisch erlebt wird, klingt hier nur an: Es ist die Rückseite einer Geborgenheit und Vertrautheit, die sich vor allem im Eigenen bewegt und damit Gefahr läuft, an Beweglichkeit zu verlieren. Ein Ghetto gibt in dieser Perspektive Halt, es begrenzt jedoch zugleich auch. Dieser Aspekt schwingt in der Formulierung, wer hier herkommt, der bleibt hier »hängen« mit. Wer irgendwo hängen bleibt, der kommt nicht mehr weiter, der bleibt da, wo er ist. Im weiteren wird deutlich werden, daß gerade dieser Aspekt für unsere Gesprächspartner, die in verschiedener Hinsicht »raus« und »weiter« kommen wollen, von Bedeutung ist.

Vielleicht haben die Deutschen Angst ...

Die Gesprächspartner vermuten, daß die Deutschen im Stadtteil mehr Angst haben:

> Erdem: »Sie werden keinen Ausländer hören, der sagt, ich fühle mich bedroht oder so. Dann müßten Sie vielleicht Deutsche fragen, vielleicht fühlen die sich mehr bedroht als ein Ausländer da.«
>
> Abdul: »Wir fühlen uns von den Deutschen nicht bedroht, weil uns können sie ja nicht viel anhaben. Wir sind in der Mehrzahl, sagen wir mal so. Jeder Dritte, der da rumläuft, ist 'n Ausländer, und deswegen haben die Deutschen mehr Angst.«

Die Unsicherheit deutscher Bewohner des Stadtteils erklären sie sich aus einer mangelnden Vertrautheit mit der türkischen Kultur:

> Mechmet: »Ich sag mal so, für uns ist es einfach. Wir sind hier aufgewachsen, in deutschen Schulen, mit deutschen Mitschülern, (...) also für uns ist es normal. (...) Aber viele Deutsche, die kennen die türkische Kultur nicht, haben so 'ne Barriere vor sich, die haben irgendwie Angst. Das kann ich auch verstehen, weil sie diese Kultur nicht kennen. Wenn

die sehen, sagen wir mal, wenn 'ne türkische Familie Besuch bekommt, da kommen dreißig Leute auf einmal (...), das ist für Deutsche schwer zu verstehen.«

Eine Folge der starken Präsenz aus dem Ausland stammender Bewohner des Stadtteils ist den Beobachtungen der jungen Männer zufolge, daß Deutsche sich zunehmend unwohl und somit auch unsicher fühlen und nun ihrerseits dort nicht mehr gerne leben. Dieser Umstand wiederum hat den Aussagen unserer Gesprächspartner nach handfeste Folgen in Form einer Abwanderungsbewegung deutscher Einwohner:

> Bayram: »Das ist auch bewiesen, daß die Ausländer, daß die Deutschen da wegziehen, weil sie sich unsicher fühlen.«

Die skizzierte Dynamik scheint bei den jungen Männern zwiespältige Gefühle hervorzurufen. Ein weitere Entmischung des Stadtteils würde diesen einerseits in einem stärkeren Maße zu »ihrem« machen (Stärkung des Ghetto-Charakters), zugleich wird als Folge dieser Tendenz aber auch eine Entwertung des Stadtteils befürchtet:

> Cemal: »Vom Preis her, vom Grundstückspreis her, die fallen, dieser Stadtteil ist 'n Dings, was fällt.«

Da sich die Gesprächsteilnehmer mit ihrem Stadtteil identifizieren, scheint weitaus mehr als der Grundstückspreis auf dem Spiel zu stehen. Fallen die Grundstückspreise in einem Stadtteil, so symbolisiert dies auch im übertragenen Sinne einen Wertverlust. Ein Stadtteil, der – wie es ein Gesprächsteilnehmer ausdrükkte – »fällt«, ist in dieser Perspektive ein Stadtteil, der in eine Entwertungsdynamik gerät, die sich eben auch auf ihre Bewohner niederschlägt und diese stigmatisiert. Hob ein Gesprächsteilnehmer noch kurz zuvor den Umstand hervor, daß sich Ausländer im Stadtteil wohl fühlen, weil dort »das Verhältnis stimmt«, so sagt dieser jetzt:

> Abdul: »Wenn das Verhältnis anfängt, nicht mehr zu stimmen, dann stimmt das ganze Klima da nicht mehr (...), wenn das Verhältnis anfängt, nicht zu stimmen, die Proportion, denn läuft das da nicht mehr.«

Wie läßt sich erklären, daß das Verhältnis von deutschen und türkischen Bewohnern im Stadtteil zuvor als stimmig und hier als problematisch eingeschätzt wird? Auf der einen Seite fühlen sich die Gesprächsteilnehmer in »ihrem« Stadtteil wohl und sicher, weil sie ihn als ein Terrain erleben, das mit dem Eigenen assoziiert ist, auf der anderen Seite sind sie aber auch davon überzeugt, daß ein Sich-Abschließen keine Perspektive für das Zusammenleben von Menschen aus unterschiedlichen Kulturkreisen darstellt. Es hat den Anschein, als stünde hier »Kopf« gegen »Bauch«: Auf der einen Seite das real erlebte Sicherheitsgefühl im »eigenen« Stadtteil, auf der anderen Seite die Einsicht, daß ein solches Unter-sich-Bleiben in verschiedener Hinsicht problematisch ist.

Die jungen Männer bewegen sich in der als türkisch erlebten Welt des Stadtteils, sie sind zugleich aber auch mit der deutschen Kultur vertraut und können sich sicher in ihr bewegen:

> Bayram: »Also ich fühle mich hier wie 'n Deutscher, ich bin hier aufgewachsen. Also ich weiß, daß ich 'n Türke bin, ich hab 'nen türkischen Paß, aber ich bin hier aufgewachsen, (...) ich fühle mich hier zu Hause.«
>
> Cemal: »Ich mein, wir kennen die deutsche Kultur (...) besser, als die türkische. Wir haben ja unsere eigene Kultur vergessen. (...) Ich war drei Monate alt, als ich hierher kam. Wir haben die ganze deutsche Kultur übernommen.«

Die Gesprächsteilnehmer betonen, daß sie schon lange in Deutschland leben oder sogar hier aufgewachsen sind. Sie scheinen sich zugleich als Deutsche und als Türken zu fühlen. Verschiedene Äußerungen in dem Gespräch weisen darauf hin, daß der Kontext dafür bestimmend ist, welche Identität jeweils in der Vordergrund tritt bzw. ob sich überhaupt die Frage eines Entweder-Oder stellt.

Unsichere Zonen im Stadtteil ...

Wie bereits ausgeführt, erleben die Gesprächsteilnehmer ihren Stadtteil als einen sozialen Ort, an dem sie sich vergleichsweise sicher bewegen können. Innerhalb des Stadtteils werden jedoch Zonen ausgemacht, für die dieses nicht zutrifft. Hierbei scheint es sich um klar benennbare und damit auch deutlich abgrenzbare Örtlichkeiten zu handeln, über die sich die Gesprächsteilnehmer einig zeigen. Deutlich wird zum Ausdruck gebracht, daß man hier – die Rede ist insbesondere von einem bestimmten Straßenzug – gerade auch nachts Angst hätte. Das Unheimliche, das besagtem Straßenzug anzuhaften scheint, wird von den Gesprächsteilnehmern in Zusammenhang mit einer dort herrschenden Dunkelheit gebracht:

> Erdem: »Das ist die einzige Straße, wo jeder Angst hat.«
>
> Karakin: »Ja, weil es ziemlich dunkel da ist, die Ecke.«

Ob es hier tatsächlich dunkler ist oder ob das mit dieser Straße Assoziierte diese subjektiv dunkler erscheinen läßt, bleibt unklar. Die Gesprächsteilnehmer erzählen, daß sich etwas im Stadtteil verändert habe und daß ihr Gefühl von Unsicherheit und Angst neu sei:

> Abdul: »Wenn ich nachts da entlang gehe, hab ich auch Angst, daß hinter mir, wenn ich Schritte hör, das war früher nicht so.«

In diesem Zusammenhang verweisen die jungen Männer auf ihre Eltern, bei denen sie ein größeres Unsicherheitsgefühl als bei sich selbst wahrnehmen, das sie sich insbesondere mit der Sorge um ihre Kinder – also um sie – erklären:

> Cemal: »Unsere Eltern haben Angst, die kannten das früher nicht, die gingen nachts spazieren. Wir sind jung, wir sagen, uns kann nichts passieren oder so. Aber unsere Eltern haben jetzt mehr Angst um uns und deswegen, sie machen sich mehr Sorgen als wir.«

Fragt man danach, worauf sich die Angst in der besagten Straße richtet, so ist insbesondere von einer Drogenszene die Rede, die hier ihren Geschäften nachgeht. Im weiteren wird deutlich, daß es sich in der Wahrnehmung unserer Gesprächspartner wesentlich um ausländische junge Männer handelt: »Das sind meistens so Asylanten, die schnell Geld machen wollen.« Die nachstehende Äußerung läßt vermuten, daß sich die oben benannte Unsicherheit nicht allein aus der Angst speist, möglicherweise Opfer eines Raubdeliktes zu werden, sondern auch mit einer unspezifischen Angst vor dem Fremden zu tun hat:

> Mechmet: »Wir wohnen jetzt zwanzig Jahre da, wir kannten das früher ja nicht. Früher war das ja alles in, sagen wir 'mal, türkischer Hand, da waren nur türkische Leute da. Jetzt sind andere Nationalitäten dazugekommen, und das ist für uns auch ungewohnt, (...) das war 'ne ganz andere Situation, das hat sich alles verändert in den letzten Jahren und wir leben damit.«

Dieser Gesprächspartner macht deutlich, daß er den Stadtteil als im Wandel begriffen erlebt: Seiner Wahrnehmung zufolge verändert sich das vertraute Bild insofern als zunehmend Fremde, also Menschen aus anderen Ländern als der Türkei, zuziehen. Das Gefühl von Sicherheit, das zeigt sich auch in diesem Gespräch, scheint in einem hohen Maße mit Vertrautheit und Bekanntheit zu korrespondieren.

Jugendarbeit ...

Das in dem Gespräch Erzählte läßt vermuten, daß sich die Motivation unserer Gesprächspartner, sich für die Belange türkischer Jugendlicher einzusetzen, gerade auch aus der eigenen Biographie speist. Die Erzählperspektive der jungen Männer wechselt fließend zwischen Berichten über die Sorgen und Probleme der Jugendlichen, die sie in ihrem Freizeitheim betreuen, und Erfahrungen, die sie als Kinder türkischer Eltern insbesondere in ihrer Adoleszenz gemacht haben, hin und her. Hierbei wird deutlich, daß ihnen die eigenen Erfahrungen auch emotional noch sehr präsent sind und einen Zugang zum Verständnis »ihrer« Jugendlichen schaffen. Wenn die Gesprächsteilnehmer von den Jugendlichen des Freizeitheims sprechen, dann scheinen sie zu wissen, worunter diese leiden. Die jungen Männer beziehen sich aber auch kritisch auf ihre Vergangenheit, sie distanzieren sich von gewaltförmigen Verhaltensweisen, die scheinbar auch sie ausgeübt haben:

> Bayram: »Mein Glück war, (...) daß es Leute gab, die mir durch Bildung und andere Sachen irgendwie beigebracht haben, Junge, das und das ist richtig und das und das ist falsch, (...) und irgendwann hat es bei mir klick gemacht.«

Die Gesprächsteilnehmer bringen zum Ausdruck, daß sie – wie die obige Äußerung zeigt –, gerade auch durch den Einfluß anderer, neue, eben nicht auf physischer Gewalt beruhende Möglichkeiten gefunden haben, mit Konflikten im öffentlichen Raum umzugehen. Ihre Erkenntnisse und die im Umgang mit gewaltförmigen Situationen erworbenen Kompetenzen scheinen sie nun ihrerseits an Jüngere weitergeben zu wollen. Die Ziele ihrer Arbeit im Freizeitheim skizzieren die jungen Männer wie folgt:

> Erdem: »Und diese aggressiven Leute, die den Streit jetzt suchen, die müssen wir halt durch solche Vereine, wie wir ihn ja hier haben, versuchen zu ändern. Man muß die Aggressivität abbauen (...). Und wenn man sich mal so umhört, da gibt es kaum Freizeitaktivitäten und da müssen wir halt selber ran und versuchen, die Leute von der Straße runterzuholen.«

Die Schilderungen der Gesprächspartner machen deutlich, daß sie auf ihre Arbeit stolz sind. Sie scheinen das Gefühl zu haben, mit ihrem Engagement erfolgreich wirken zu können. Gewürdigt sehen sich die jungen Männer beispielsweise von den Kontaktpolizisten des Stadtteils. Sie betonen, daß sie deren volle Unterstützung hätten, nicht zuletzt, weil diese wüßten, was für Jugendliche bei ihnen »landen« würden. Die jungen Männer sind aktive Muslime. Sie sehen die Religion als ein wichtiges Mittel, um Jugendliche von Gewalt und Kriminalität abzubringen:

> Cemal: »Und das ist ein sehr wichtiger Punkt, (...) daß man Kinder, Jugendliche und auch schon halb Erwachsene und vielleicht auch schon richtig Erwachsene, halt von diesen Wegen weg kriegt, halt mit Hilfe der Religion, weil in sämtlichen, fast in jeder Religion ist es ja so, die Grundidee ist ja immer dieselbe.«

Die Gesprächsteilnehmer benennen ein weiteres Ziel ihrer Arbeit. Sie bemühen sich darum, Begegnungen zwischen deutschen und türkischen Bewohnern des Stadtteils zu initiieren:

> Mechmet: »Es gibt Gruppierungen, Deutsche hängen mit deutschen Kindern ab und türkische Kinder hängen mit türkischen Kindern ab, und das ist nicht gut, das ist schade.«

In dem Gespräch wird erzählt, daß beispielsweise ein Fußballverein gegründet worden sei, für den sie auch deutsche Jugendliche hätten gewinnen wollen. Dieses Anliegen umzusetzen gestaltet sich ihren Schilderungen zufolge jedoch äußerst schwierig. Trotz besagter Schwierigkeiten scheinen die jungen Männer jedoch eine Notwendigkeit darin zu sehen, daß sich Deutsche und türkische Bewohner des Stadtteils aufeinander zu bewegen und den Schutzraum – um diese Metapher wieder aufzugreifen – ihres Ghettos wenigstens temporär verlassen:

> Abdul: »Also das muß irgendwie klappen, es muß, es gibt keinen anderen Weg daran vorbei.«

Gewalterfahrungen ...

Vieles, was die Jugendlichen des Freizeitheimes erzählen, kennen unsere Gesprächspartner, wie gesagt, aus eigener Erfahrung. Sie schildern verschiedene Begebenheiten, in deren Zentrum immer wieder Diskriminierungen und die Erfahrung der Ausgrenzung stehen.[5] Die Konfrontation mit Ressentiments gegenüber Menschen, die fremdländisch aussehen, scheint sich dabei in einem Kontinuum zu bewegen, das von psychischer Gewalt bis hin zu körperlichen Attacke reicht. Auf unsere Frage, mit welchen Ängsten und Schwierigkeiten die Jugendlichen zu ihnen kommen würden, antwortet ein Gesprächsteilnehmer folgendes:

> Bayram: »Die meisten sagen immer, wir werden hier nicht akzeptiert, also wir sind Türken, bleiben Türken. Egal, wo wir hingehen, wir sind Ausländer und die meisten haben damit Probleme, also das ist, glaub ich, ihr Hauptproblem.«

Auf die ethnische Herkunft festgelegt und aufgrund dieser herabgesetzt zu werden, wird hier als eine zentrale Erfahrung der Jugendlichen beschrieben.

---

5 Dies deckt sich mit einem Befund des Kriminologischen Forschungsinstitutes Niedersachsen: »Für die etwa zwei Millionen in Deutschland lebenden Türken ist fremdenfeindliche Diskriminierung alltäglich« (vgl. Strobl, Rainer: Ausgrenzung, taz. mag. 2, 4. Okt. 1998, S. XI).

Besonders schmerzhaft scheinen Stigmatisierungen erlebt zu werden, wenn sie mit manifester Ausgrenzung bzw. mit Ausschluß einhergehen. So berichtet ein Gesprächsteilnehmer empört: »In Bremen kommt man in keine Disko rein als Ausländer.« Das erregte Wiederholen dieses Satzes in der Gruppe läßt darauf schließen, wie brisant dieses Thema erlebt wird. Nicht wer und wie man ist, scheint hier zu zählen, sondern schlicht das Aussehen: Wer wie ein Ausländer aussieht, hat der Erfahrung der Gesprächsteilnehmer zufolge kaum eine Chance, in die begehrten Diskotheken hineinzukommen. Die Gesprächspartner berichten aber auch von körperlichen Attacken. So schildert ein Gesprächsteilnehmer, wie er als 16jähriger von einem Mann vom Fahrrad geschlagen worden sei. Dieser hätte ihn mit den Worten »Scheißtürke, was willst Du hier?« beschimpft, und auf die Frage, was das solle, geantwortet: »Hau ab, hier hast du keine Heimat!« In dem Gespräch werden verschiedene Situationen geschildert, in denen sie oder andere auf beschämende Weise aufgrund ihrer Herkunft und ihres fremdländischen Aussehens herabgesetzt worden sind. Solche Erfahrungen erzeugen Wut und Aggression, die zuweilen ein hohes Maß an Selbstbeherrschung zu erfordern scheinen:

> Karakim: »Ich hab auch Situationen erlebt, wo ich den anderen richtig mal zusammenschlagen wollte, weil der mich irgendwie blöd angemacht hat. Wegen meinem Haarfarbe oder wegen meiner Nationalität wurde ich öfter angemacht.«

In dem Gespräch werden weiterhin Erfahrungen Thema, bei denen mangelnde Sprachkenntnisse oder eine unbeholfene Aussprache Anlaß gaben, verlacht und verhöhnt zu werden. So beschreibt beispielsweise ein Gesprächsteilnehmer, der als 14jähriger vor acht Jahren nach Deutschland kam, die ersten Tage als »Horrortrip«. Alles sei für ihn neu gewesen, er hätte kein Wort Deutsch gesprochen und aufgrund verschiedener Fernsehberichte über Rechtsradikalismus eine »Riesenangst« gehabt. In der Nachbarschaft hätte ein Mann gewohnt, »der hat immer seine Wörter gesagt«. Verstanden hätte er seine Äußerungen nicht, er seinerseits hätte immer freundlich gegrüßt (»das war ein Nachbar, nicht, für uns bedeuten Nachbarn sehr viel«), bis ihn ein Freund darauf aufmerksam gemacht hätte, daß es sich bei den Worten des Nachbarn um Beleidigungen handelte. Auf diesen Mann hätte er einen regelrechten Haß entwickelt. Vielleicht ist es das Gefühl von Ohnmacht und der erfahrene beschämende Mißbrauch von Freundlichkeit und Ahnungslosigkeit, die diese Begebenheit so besonders schmerzlich macht. Um das Thema Kränkung, Erniedrigung und Beschämung geht es auch in der Schilderung eines weiteren Gesprächsteilnehmers. Dieser erzählt, daß er häufig falsch gesprochen habe, worüber einige Mitschüler gelacht und ihn – wie er es ausdrückt »richtig niedrig« gemacht hätten (»lern mal richtig deutsch, verpiß dich hier!«). In dem Gespräch wird hervorgehoben, daß solche Erfahrungen Haß und Wut erzeugen würden: »Also es gibt so 'ne Wut.«

Das Schwert der Gegenwart ...

Wenn in dem Gespräch Formen der physischen Auseinandersetzung abgelehnt werden, so hat dies vermutlich auch damit zu tun, daß die jungen Männer andere, wie im weiteren deutlich werden wird, wirkungsvollere Wege gefunden haben, sich zu wehren. Ein junger Mann erzählt in diesem Zusammenhang, daß er neben seinem Studium in einer Firma als Reinigungskraft arbeite. Hier wäre er zunächst als »billiger Putzmann« behandelt worden (»die ganzen Vorurteile, Türke macht die Toiletten sauber oder die Maschinen«). Am Anfang sei ihm auch von Seiten der Meister in etwa wie folgt begegnet worden: »Sie, äh Du hier saubermachen.« Der hier zu Wort kommende Gesprächsteilnehmer spricht die Vermutung aus, daß ihm hier so wie der Generation der Väter begegnet worden sei:

> Düzgün: »Die haben sich nicht geändert, (...) die dachten immer noch, das sind die Kinder von denen, die früher gekommen sind, vor zwanzig Jahren, die können wahrscheinlich auch alle kein deutsch und müssen hier saubermachen.«

Auf eine solche Ansprache, so erzählt er weiterhin, würde er erwidern, daß er deutsch könne und daß man ihm ruhig auf deutsch sagen könnte, wo er saubermachen solle. Daß sich ein Meister daraufhin sogar entschuldigt hat, wird mit großer Genugtuung registriert: »Das hat mir auch gut gefallen. (...) Hab ich so richtig 'n Machtgefühl gehabt.« Nach und nach, so betont dieser Gesprächspartner, sei in der Firma auch realisiert worden, daß er Student sei.[6] Die nachstehende Äußerung macht deutlich, daß sein Selbstbewußtsein nicht zuletzt auf dem Gefühl basiert, sprachmächtig sowie sozial im Aufstieg begriffen zu sein:

> Bayram: »Wenn man da die richtige Antwort gibt und sich richtig äußern kann, dann kann man einen Menschen richtig fertig machen. Da freut man sich, daß man sich richtig gut ausdrücken kann, mit Wörtern dem Menschen gegenübertritt und sagt: ›Wer bist Du denn überhaupt? Ich bin derjenige, der zur Universität geht und studiert und meine Bildung ist höher als Dein Billigjob (...), egal ob Du 'n Deutscher bist oder anderer Nationalität‹ (...), und dann ist derjenige erst einmal baff und sagt: ›Oh, mit wem hab ich es denn hier zu tun?‹«

---

[6] Dieser Gesprächsteilnehmer weist darauf hin, daß ein deutscher Jugendlicher seinen Job vielleicht nicht machen würde. Er vermutet, daß dieser zu dreckig sei (»sie wären sich vielleicht zu schade«).

Die hier zu Wort kommenden jungen türkischen Männer sind Diskriminierungen scheinbar nicht mehr in dem Maße wehrlos ausgesetzt, wie es ihre Eltern waren oder eben Jugendliche sind, mit denen sie zu tun haben. Sie wissen, wie es ein Gesprächsteilnehmer formuliert, wie man »irgendwie Druck macht.« Bildung und Wissen scheint für die jungen Männer gerade in diesem Zusammenhang einen hohen Stellenwert zu besitzen. Die Gewißheit, sich gegebenenfalls wortstark zur Wehr setzen zu können sowie die Überzeugung, als Student (oder gut ausgebildeter Arbeitnehmer) einen höheren sozialen Status als beispielsweise ein Angelernter zu genießen, scheint es ihnen möglich zu machen, beleidigenden Herabsetzungen begegnen zu können. Deutlich wird aber auch, daß sich unsere Gesprächspartner zwar zu wehren gelernt haben, sie jedoch nach wie vor mit Diskriminierungen konfrontiert werden. Unsere Gesprächsteilnehmer scheinen in einem sozialen Spannungsfeld zu leben, das ihnen immer wieder die Anstrengung abverlangt, ihre persönliche Integrität zu verteidigen. Der nachstehende Dialog verweist hierauf:

> Mechmet: »Die Personen, die sich heutzutage über solche Bemerkung aufregen und gleich zuschlagen, die leben, mein ich, nicht in der richtigen Zeit. Früher gab es das oft, (...) daß man dann irgendwelche Kriege geführt hat. (...) Allerdings denk ich mir, was früher das Schwert war, das sind heute die Wörter.«
>
> Abdul: »Wörter und Köpfe, Bildung ist sehr wichtig.«
>
> Mechmet: »Es gibt ja auch 'n Sprichwort: Wissen ist Macht. Und genau das ist der springende Punkt.«

Wenn die Gesprächsteilnehmer auf die Bedeutung von Bildung hinweisen, dann ist hiermit auch die Fähigkeit gemeint, mit den Spielregeln und Mechanismen der Gesellschaft vertraut zu sein. Wer gebildet ist, ist in dieser Perspektive jemand, der weiß, wo man den Hebel ansetzen muß. Ein junger Mann erzählt in diesem Zusammenhang von einem Problem an seinem Arbeitsplatz: Jeden Morgen, wenn er zur Arbeit kam, sei er von einem deutschen Kollegen mit den Worten: »Oh nein, der Kameltreiber ist wieder da«, empfangen worden. Nachdem er sich das eine Zeitlang angehört hatte, sei er zum Meister gegangen. Besagter Kollege hätte schließlich gehen müssen. Selbstsicher und gelassen fügt er hinzu: »Also man muß nicht gleich schlagen oder so, man kann auch trotzdem alles klären, ist kein Thema.«

Die Kompetenzen, die sie für ihre Arbeit mit den Jugendlichen im Freizeitheim qualifizieren, faßt ein Gesprächsteilnehmer wie folgt zusammen:

> Cemal: »Ich mein, wir sind ja der deutschen Sprache mächtig. Aufgrund der Tatsache, daß jetzt viele von uns studieren, auch sehr viel mit verschiedenen Ämtern und Behörden zu

tun hatten, wissen wir auch, wo man hingehen muß und was man machen muß. Und ein gesundes Selbstbewußtsein haben wir auch. Und wir wissen auch, wo man was ansetzen kann, jetzt von den Gesetzen her. Und daher kann man auch vielen helfen.«

In dem Gespräch geht es immer wieder um Situationen, in denen es als schwierig oder unmöglich erlebt wurde, sich gegen als beschämend und herabsetzend erlebte Diskriminierungen zu wehren. Die Frage, wie mit solchen Niederlagen umgegangen werden kann, scheint gerade auch in der Arbeit mit den Jugendlichen des Freizeitheims von großer Bedeutung zu sein:

Bayram: »Es gibt natürlich auch Jugendliche, die sich nicht so gut äußern können und sich nicht so gut rechtfertigen können oder irgendwie Antworten geben können, und bei denen staut sich natürlich Aggression an. (...) Die meisten kriegen das ja mit, wenn die einer ironisch so voll am verarschen ist.«

Dieser Gesprächsteilnehmer verweist auf ein Phänomen, das, wie die nachstehende Äußerung zeigt, einige aus der Gruppe scheinbar auch aus eigener Erfahrung kennen: Gelingt es nicht, sich verbal zu wehren und sich somit auf einer symbolischen Ebene zu behaupten, so steigt die Bereitschaft, die innere Spannung qua körperlicher Auseinandersetzung auflösen und ausagieren zu wollen:

Erdem: »Ab und zu kann ich mich auch nicht so richtig wehren. Ich bin voll sauer und will den anderen zusammenschlagen oder so etwas (...). Ich kann mich dann nur langsam beruhigen, am besten lauf ich zwei, drei Schritte oder setz mich irgendwo hin.«

Die Gesprächspartner betonen, daß sie wenig davon halten, Auseinandersetzungen körperlich auszutragen. Sie scheinen dies für eine Form der Auseinandersetzung zu halten, die sich überlebt hat. Wenn davon die Rede ist, daß jemand, der gleich zuschlägt, nicht in der richtigen Zeit lebt (also von gestern ist), dann kommt darin auch zum Ausdruck, daß sie sehr wohl in der richtigen Zeit oder genauer gesagt, auf der Höhe der Zeit leben möchten. Daneben sprechen für sie aber auch ganz handfeste, pragmatische Gründe dafür, die Ausübung physischer Gewalt zu vermeiden. Im folgenden die Äußerung eines Gesprächspartners, der schildert, auf welche Weise er versucht, einen Jugendlichen davon abzuhalten, seinen Aggressionen freien Lauf zu lassen:

Düzgün: »Da kommt jemand, und der will jemandem eine reinhauen. Dann frag ich ihn zuerst mal zuerst, was er in seinem Leben erreichen will. Ich sag: ›Hast Du Deine Familie hier?‹ da sagt er: ›Ja‹. Dann sag ich: ›Hast Du irgendeinen Job?‹, dann hat er meistens 'nen Job. (...). Dann sag ich: ›Willst Du heiraten?‹, dann sagt er: ›Ja, will ich heiraten‹. (...) Dann sag ich: ›Wenn Du jetzt gehst, den Mann zusammenschlägst, dann hast Du bestimmt Ärger, (...) und danach hast Du sofort wieder Probleme mit dem Ausländeramt, zweites Mal kriegst Du keine Aufenthaltserlaubnis, und wenn Du aus der Türkei heiratest, ist das voll schwierig, Deine Frau hierher zu holen, dann denk erst mal richtig nach. Dann denkt er, wenn ich das jetzt mache, dann hab ich vielleicht für fünf Minuten meine Wut los, aber nachher hab ich sehr viele Nachteile.«

Dieser junge Mann schlägt seinem Gesprächspartner vor, einmal gegenüberzustellen, was er gewänne und was er möglicherweise riskiere, wenn er dem Impuls zuzuschlagen nachgäbe: Ein paar Minuten der Entspannung und möglicherweise auch Genugtuung stehen ihm zufolge mögliche schwerwiegende negative Konsequenzen für die weitere Lebensplanung gegenüber. Dies zu bedenken, fordert er auf.

Bayram: »Man unterhält sich, bis derjenige sich beruhigt hat und man klar denken kann. Wenn seine Aggression erst mal weg ist, denn kann man klar denken.«

Die jungen Männer beurteilen ihre Sicherheit im öffentlichen Raum unterschiedlich. Alle haben gegen sie gerichtetes, gewaltförmiges, die Identität verletzendes Verhalten erfahren. Den Stadtteil, in dem sie wohnen, erleben sie als »ihren« und somit als vergleichsweise sicheren sozialen Ort. Hier fühlen sie sich (als Türken) nicht in der Minderheit, sondern in der Mehrheit, auch wenn die Statistik dagegen spricht. Im Stadtteil sind sie eingebunden in familiäre Bezüge, pflegen freundschaftliche Beziehungen, haben Verbindungen zu Vereinen und Religionsgemeinschaften und nutzen die ihnen vertrauten Freizeitangebote. Sie erfahren sich als Teil dieser sozialen Zusammenhänge, die in ihrem Erleben den öffentlichen Raum weitestgehend absichern. Sicherheit scheint für diese Gesprächspartner vor allem zu bedeuten, sich in einem sozialen Milieu bewegen zu können, das vor Erfahrungen emotionaler und sozialer Ausgrenzung schützt. Ein Rückzug in die eigenethnische Gruppe wird von den jungen Männern zwiespältig erlebt. So vermittelt dieser Sicherheit und Geborgenheit und trägt somit auch dazu bei, sich zu stabilisieren. Zugleich halten die jungen Männer aber wenig von einem solchen Rückzug und von einer weiteren Entmischung des Stadtteils. Die Gesprächsteilnehmer bewegen sich in und zwischen zwei Welten. Der Stadtteil, in dem sie leben, scheint für sie auch deshalb so attraktiv zu sein, weil hier die Gleichung: Türke=Ausländer nicht aufgeht. Wenn betont wird, daß hier ein Deutscher ein Ausländer sei, dann impliziert dies auch, daß man selbst sich in diesem Zusammenhang eben nicht als ein Ausländer bzw. als jemand, der nicht richtig dazu gehört, erfahren muß. Die jungen Männer bringen zum Ausdruck, daß sie sich als deutsch und als türkisch erleben, beschreiben aber auch, daß sie und die Jugendlichen, mit denen sie zu tun haben, in den Augen anderer als Ausländer identifiziert und nicht selten darauf auch festgelegt werden.

Die Gesprächsteilnehmer knüpfen an die Traditionen der Eltern an, suchen eine Verbindung zu den eigenen Wurzeln (sie leben die Religion ihrer Eltern, machen Jobs, die ihrer Einschätzung nach Deutsche nicht übernehmen würden) und erleben sich zugleich als in der deutschen Gesellschaft verankert (mit ihren deutschen Freunden, als Studenten, hinsichtlich bestimmter Werte und Orientierungen). Sie versuchen einen für sich tragbaren Umgang mit dem Paradox zu finden, daß sie in einer Gesellschaft leben, die auch die ihre ist, sie zugleich aber als Fremde wahrnimmt und behandelt und als solche mitunter auch diskriminiert.

In dem Gespräch kamen Vertreter einer neuen türkischen Mittelschicht zu Wort, die sowohl den Bezug zum Herkunftsmilieu bewahren als auch in der deutschen Mehrheitsgesellschaft integriert sein möchten. Reflexivität und die Fähigkeit zu souveräner Distanz sind von ihnen geschätzte Werte, Sprachmächtigkeit und sozialer Aufstieg (für den sie für sich gute Chancen sehen) ein zentrales Medium der Selbstbehauptung.

In dem Gespräch wird das Wort als das Schwert der Gegenwart bezeichnet.In dieser Metapher kommt zum Ausdruck, daß Wörter als eine scharfe Waffe erlebt werden, die tief verletzen kann. Von eben solchen Verletzungen (Beleidigungen, Diskriminierungen) sprechen die jungen Männer. Mit dieser Waffe umgehen zu können und sich mit ihr effizient zu verteidigen, ist eine Fähigkeit, die sehr hoch eingeschätzt wird.

»Hallo! Wieder Gewalt?«

Ein Gruppengespräch mit Ex-Abziehern

Thomas Leithäuser

Wir trafen uns in einem Kellerraum eines Freizeitheimes. Es waren sieben Jungen zu unserer Verabredung gekommen. Eine viertel Stunde später gesellten sich noch ein weiterer Junge und ein Mädchen dazu. Sie waren in »feinen Klamotten« erschienen. Anschließend an unser vereinbartes Gespräch wollten sie noch Geburtstag feiern und hatten Getränke und zu essen mitgebracht. Während wir, Renate Haack-Wegner und ich und die zuerst eingetroffenen nach einer freundlichen Begrüßung noch auf weitere Teilnehmer des Gruppengesprächs warteten, wurde uns Kaffee und Gebäck angeboten, ein Angebot, das wir gerne annahmen. Es entwickelte sich rasch ein lockeres Gespräch über die Möglichkeiten, die ein Freizeitheim für Jugendliche hat und welche Jugendliche ein Freizeitheim besuchen. Es zeigte sich bald, daß unsere Gruppe, mit der wir uns verabredet hatten, keine Ausnahmegruppe ist. Sie bestand aus türkischen, polnischen und deutschen Jugendlichen im Alter von 16 bis 19 Jahren. Sie schätzten ihre Gesamtgröße ungefähr auf 30 Mitglieder. Davon waren letztlich neun zu unserem Gespräch erschienen.

Im Kellerraum waren schnell die nötigen Stühle herbeigeholt und in einem Kreis zusammengestellt. Wir stellten unser Aufnahmegerät in die Mitte auf einen Stuhl. Mit einer Tonbandaufnahme hatte die Gruppe keine Probleme, nachdem wir ihnen die Anonymisierung des Transkripts versicherten. Sie wollten, wie sie uns sagten, unsere Forschungsarbeit unterstützen, die wir auf die folgende Weise erläutert hatten:

> »Wir machen eine Untersuchung über die Frage, wie sich Gewalt, Unsicherheit und Sicherheit im Stadtteil, auf den Straßen, Plätzen, in Schulen, im Freizeitheim in der letzten Zeit entwickelt haben. Wir interessieren uns für Eure Erfahrungen. Inwieweit seid ihr von anderen ›abgezogen‹ worden, inwieweit habt ihr selbst ›abgezogen‹; sind Geld oder andere Sachen erpreßt worden? Wie gehen diese Dinge vor sich?«

Unsere Gesprächsteilnehmer waren gerne bereit, auf diese Fragen genau einzugehen. Den beiden später kommenden erläuterten sie selbst, über was wir zu reden angefangen hatten:

> »Die wollen ein Buch schreiben und sie nehmen jetzt die Sachen von uns auf (Tonband, T.L.), die wir erlebt haben.«

Von Gesprächsbeginn an herrschte ein vertrauensvolles Klima unter uns, die Gruppe war sehr kooperativ und Renate und ich fühlten uns gut aufgenommen. Einige Bedenken darüber, wie unser Gruppengespräch wohl ablaufen würde, die sich auf dem Hinweg zum Gespräch bei uns beiden sehr wohl eingestellt hatten – schließlich kannten wir die Gruppe nicht, bis auf zwei, mit denen wir Vorgespräche geführt hatten – verflüchtigten sich rasch. Wie kam es zu dem Kontakt mit dieser Jugendgang?

Wir hatten bei der Planung des Projekts nicht speziell an ein Gruppengespräch mit einer Gang gedacht. Wir wollten zwar mit Gruppen aus möglichst vielen Schichten und Lebenszusammenhängen im Stadtteil sprechen, wollten es aber nicht zu Beginn festlegen, mit welchen Gruppen wir nun speziell Kontakt aufnehmen wollten, sondern für alle möglichen Gruppen offen bleiben. Wie bei ethnologischer Forschung üblich, wollten auch wir Sozialpsychologen auf die Besonderheiten unseres Forschungsfeldes, einen Stadtteil, Rücksicht nehmen und auf dort uns noch unbekannte Möglichkeiten und Angebote eingehen können.

In einem Gruppengespräch mit Lehrerinnen und Lehrern einer Realschule lernten wir einen Lehrer kennen, der sich besonders um Schüler sorgte und bemühte, die in die graue Zone von Kleinkriminalität und Schlägereien geraten waren. Er berichtete in einem weiteren Interview, das wir mit ihm persönlich führten, von der Jugendgang, die zu ihm Vertrauen gefaßt hatte und ihn immer wieder bei ihren alltäglichen Problemen und Konflikten, wozu auch kleinkriminelle Akte und Schlägereien mit anderen Jugendlichen und Jugendgangs gehörten, um Rat und um Hilfe und Unterstützung baten, die er niemals verweigerte und immer wieder klärende Gespräche mit ihnen führte. Aus unserer Sicht ist es ganz wesentlich jenem Lehrer zu verdanken, daß die Jugendgang sich aus der Grauzone jugendlicher Gewalttätigkeit herausziehen konnte und auf zivile Bahnen gelangte.

Mit seiner Hilfe und Unterstützung kam es dann zu zwei Kontaktgesprächen mit zwei Vertretern der Gang, bei denen wir vereinbarten, so weit wie möglich offen über Gewalt auf Straßen, Plätzen, Schulen und anderen Orten des Stadtteils zu sprechen. Die Jugendgang will mit ihrer Teilnahme an unserer Untersuchung ausdrücklich einen Beitrag dazu leisten, wieder mehr Sicherheit im Stadtteil herzustellen. In diesem Sinne ist die folgende Auswertung des Gruppengesprächs zu verstehen. Wir haben nach dem Gruppengespräch den

Kontakt zu der Gang aufrecht erhalten und gemeinsam mit ihnen und einer Schülergruppe einer gymnasialen Oberstufe einen dreitägigen Theaterworkshop durchgeführt. Über diesen Workshop und einen weiteren Workshop mit der Gang und der Gruppe der Kontaktpolizisten (vgl. das in diesem Buch aufgenommene Gruppengespräch: »Wir sind nicht diejenigen, die jede Kleinigkeit sofort verfolgen.«) wird zum Abschluß dieser Auswertung noch berichtet.

»Wir haben gedroht und wenn einer sein Geld nicht geben wollte, haben wir andere Methoden angewendet.«

Unser Gruppengespräch begann mit dem Thema »Abziehen«. Wir haben unsere Gesprächsteilnehmer danach gefragt, was »Abziehen« sei und wie das gemacht wird:

– »Also wir haben uns welche ausgesucht – am meisten waren das Deutsche, also immer Deutsche. Wir sind hingegangen und haben gesagt: ›Hast Du Geld?‹ Wenn er nein gesagt hat, haben wir ihn gefilzt. Wenn wir da etwas gefunden haben, haben wir es genommen und ihn laufen lassen. Oder wir haben ihm eins aufs Maul gegeben oder haben gesagt: ›Morgen kommst Du wieder her, weil Du gelogen hast und bringst Geld mit‹ oder so. Und meistens haben die das auch gemacht, weil die Schiß haben. Dann kommen die her. Die gehen auch nicht zur Polizei oder so. Die wissen, wenn die zur Polizei gehen, dann kriegen wir Ärger miteinander.«

Gesprächsleiter: »Dann gibt's richtig Ärger?«

– »Dann gibt's richtig Ärger und dann haben sie uns Geld gegeben.«

Gesprächsleiter: »Und wieviel etwa, wieviel?«

– »Um die hundert Mark, wenn nicht noch mehr. Wenn sie mehr hatten, haben die uns noch mehr gegeben. Da gab es auch Personen, die wir öfters abgezogen haben. Also eine Person oder mehrere, die wir ständig abgezogen haben, immer wieder.«

Unsere Gesprächsteilnehmer betonten, daß sie das heute nicht mehr machen und daß sie nicht gut finden, was sie gemacht haben. Sie beschreiben uns, wie sie anfingen, wenn sie einen zum Opfer gemacht haben und ihn abgezogen haben. Sie gingen auf ihn zu, umstellten ihn, guckten ihn einen Moment lang an und sagten: »Du hast uns gedroht« und »Du hast uns schon wieder gedroht«. Das wurde wiederholt, bis er weich wurde oder es setzte Prügel. Das ist eine harte Szene, in der dem Opfer keine andere Chance gelassen wird, als sich zu unterwerfen und sein Geld abzuliefern, wenn es nicht noch größeren »Ärger« riskieren will. Es soll »Schiß«, es soll Angst kriegen, daß es nicht einmal wagt, zur Polizei zu gehen oder zu Hause etwas von dem Vorfall zu sagen. Es soll glauben, der »Ärger« würde nur größer für es, wenn es das täte. Es wird »gefilzt«, es wir ihm unterstellt, es habe gedroht und gelogen und es wird unter Drohungen dazu gebracht, am nächsten Tag wiederzukommen und weiteres Geld abzuliefern. Das Opfer soll sich nicht rühren können, es wird unter psychischen Druck gesetzt, gewissermaßen in der Opferrolle gefangen gehalten. Es soll die Überzeugung gewinnen, daß das noch das beste für es sei, was ihm passieren kann; es könnte ihm noch schlimmeres geschehen. Gedroht wird nicht nur mit Worten, sondern auch mit Schlägen, manchmal auch mit einem Messer und anderen waffenähnlichen Gegenständen.

Beim »Abziehen« scheint es aber nicht nur um das Erpressen von Geld, einer Jacke und anderen Gegenständen, die den Tätern gerade ›mal so eben gefallen‹ zu gehen. Es geht auch um die Demütigung des Opfers. Seine Ehre und seine Würde sollen ihm gleichermaßen »abgezogen« werden. Es geht offenbar nicht um einen einfachen an ein unmittelbares materielles Interesse gebundenen Raub allein. Das Opfer soll gar nicht erst die Chance erhalten zu einem möglichen ebenbürtigen Gegner werden zu können. Will er etwas erklären, wird er mit barschen Befehlen wie »halt´s Maul« unterbrochen oder mit Schlägen bedroht. Das Opfer soll klein und schwach gehalten, von vornherein klein und schwach gemacht werden. Das gelingt am besten mit jenen, von denen man weiß oder denen man anzusehen glaubt, daß sie die Schwächeren und Ängstlichen sind, denen gleich das Herz in die Hose fällt, wenn man sie ein bißchen hart angeht. Ein Teilnehmer des Gruppengesprächs äußert sich auf dem Theaterworkshop, von dem noch die Rede sein wird, in einem Kurzinterview auf die folgende Weise:

> »Abziehen ist tagtäglich, jeden Tag werden ein paar abgezogen. Mich hat noch nie jemand abgezogen, ich würde mich auch nicht abziehen lassen. Ja, das ist öfter so, man sucht sich Schwächere aus. Wenn da z. B. jemand ist, der größer oder älter ist als ich. Oder z. B., wenn da Deutsche sind oder so. Und ich geh' mit meinem Freund hin, er ist Türke, ich bin Türke, und man geht auf die zu und sagt ›Gebt all Euer Geld her‹. Die geben das sofort her, die haben irgendwie Schiß oder so. Wenn das bei mir wäre, da würden wir uns mit denen kloppen ... Aber die Deutschen, die haben irgendwie Angst vor uns oder so, die geben einfach alles. Das ist immer so: Die Stärkeren ziehen die Schwächeren ab.«

Anderen »Schiß« machen und selbst kein »Schiß« haben, das gelingt am besten, wenn man Schwächere abzieht. Es geht beim »Abziehen« offenbar auch darum, sich als der Stärkere zu fühlen, das Erlebnis des Stärkeren zu haben. Dieses Erlebnis scheint man am besten gemeinsam mit einem Freund haben zu können, auf den Verlaß ist und den man selbst auch nicht im Stich lassen darf. Diese Freundschaft ist eingebettet in die Gruppe: Ich bin stark, weil wir stark sind. Auf meine Freunde, meine Gruppe ist Verlaß. Mit ihrer Unterstützung kann ich rechnen. Offenbar gibt es da auch die Forderung, selbst stark zu sein, sich zu wehren, wenn andere kommen und einen abziehen wollen. Da muß man zeigen, daß man nicht zu den »Schwächeren« gehört, daß man keinen »Schiß« hat, daß man sich »kloppen« kann und zuschlagen kann. Das erwarten die Freunde, das erwartet die Gang von einem. Das muß immer wieder einmal und nicht zu selten unter Beweis gestellt werden. Stärke bedarf der Demonstration und nichts ist einfacher, als die eigene Stärke an Schwächeren zu demonstrieren, den Schwächeren die Stärke zu demonstrieren, ihnen »Schiß« zu machen, sie an die Opferrolle zu fesseln, ihnen zu zeigen, ich kann dir alles nehmen, ich kann mit dir machen, was ich will. Solche Stärke und Macht erzeugt offenbar ein Hochgefühl, das sich sowohl durch die Anerkennung der gleichwertigen Freunde, die Gang, als auch durch die Anerkennung der Abgezogenen, der Unterworfenen, der Opfer speist. Die Anerkennung der Freunde kann man erringen, man kann sie sich verdienen; die Anerkennung der Abgezogenen und Unterworfenen wird erzwungen. Dies geschieht durch den barschen Befehl: »Halt's Maul!«, das Verbot jeglicher Widerrede und Erklärung, die Bestrafung der Lüge, das wiederholte Abliefern von Geld oder anderen Sachen. Die erzwungene Anerkennung erlaubt keinen Mucks, auch keine Entschuldigung. Das Opfer hat das zu tun, was ihm gesagt wird, sonst gibt's eins auf die »Fresse«.

Es scheint so, als erginge es dem Opfer wie dem Sklaven in Hegels Herr- und Knecht-Dialektik. Die Frage ist nur, wie sich das Opfer aus der Versklavung im Prozeß des Abgezogenwerdens herausziehen kann. Glaubt man den Berichten unserer Ex-Abzieher, so tun das viele Opfer durch widerstandslose Unterwerfung, das widerstandslose Herausgeben des verlangten Geldes und der verlangten anderen Sachen. »Die geben das sofort her, die haben irgendwie Schiß oder so.« Ist es aber nur »Schiß«, was es gewiß auch ist, oder zugleich eine spontane Reaktion, die Nicht-Anerkennung, die Aberkennung der Anerkennung im Abgezogen-Werden durch widerstandslose Unterwerfung so schnell wie möglich zu beenden, ein Stück weit ungeschehen zu machen. Man gibt sein Geld schnell her, bleibt gewissermaßen auf der sachlichen Ebene, um ein möglich Schlimmeres, das »Abziehen« der Anerkennung, die Demütigung in der Unterwerfung, wenn nicht ganz, so doch wenigstens zum Teil zu vermeiden. Geld und Sachen lassen sich ersetzen. Viel schwieriger ist die Verarbeitung von Demütigung, Ehrverletzung und tiefer persönlicher Kränkung, eben des Zustandes der Nicht-Anerkennung.

Es mag sein, daß in der häufigen Betonung der Abzieher über die Abgezogenen »die haben Schiß« nicht nur ein Moment der Verachtung, den der Vorwurf

»Schiß-Haben« zweifellos hat, sondern auch ein Moment der Enttäuschung auf Seiten der Abzieher enthält. Gibt einer schnell sein Geld her, dann kann der Triumph seiner Demütigung, der Entzug seiner Anerkennung, sei es durch Wortgewalt, sei es durch Schläge, sei es durch Bedrohung mit einem Messer durch die Abzieher nicht so ausgekostet werden, wie sie es sich vielleicht wünschen und gerne hätten. Nicht nur bleibt die »Klopperei«, die Befriedigung der Lust, sich zu schlagen, unter Bedingungen, unter denen der Abgezogene sowieso keine Chance hätte, aus. Auch die Lust, den Abgezogenen nachhaltig demütigen zu können, ihm die Anerkennung abzuziehen, bleibt unbefriedigt oder wird nur teilweise befriedigt. Versteht man den Vorgang des Abziehens in dieser Hinsicht, so steckt in der Fähigkeit des Abgezogenen, sich widerstandslos zu unterwerfen ein Moment der List, die ihm hilft, zumindest seine psychische Beschädigung in Grenzen zu halten. Indem der Abgezogene sich durch den Anruf »du hast uns gedroht« nicht provozieren läßt, etwa empört reagiert und Widerworte gibt, sondern vielmehr sein Geld und seine Sachen freiwillig herausgibt, versucht er, so weit ihm nur möglich in dem bösen Spiel, das ihm angedient wird, nicht mitzuspielen. Es scheint so, als könne er gerade durch eine umstandslose, freiwillig erscheinende Unterwerfung, etwas von seiner Selbstachtung und Selbstanerkennung, die ihm abgezogen werden soll, retten. Der Abgezogene wehrt sich, indem er den Vorgang des Abziehens auf die bloße Tatsache einer Beraubung von materiellen Dingen einschränkend interpretiert und seine Leidenschaften aus dem Vorgang auszuklammern sucht und sich als nicht betroffen ansieht. Das alltägliche Selbstverständnis, die unwillkürlichen Weisen, in denen man gewohnt ist, mit anderen Menschen, deren Besitz, dem eigenen Besitz, den liebgewordenen Dingen umzugehen, werden im Abzogen-Werden brachial in Frage und in Zweifel gestellt. Die alltägliche Selbsterfahrung und die Erfahrung mit und von anderen gerät aus den Fugen. Sie hat keinen verbürgten selbstverständlichen, evidenten Bestand mehr. Sie ist »abziehbar«. Wenn gesagt wird, er habe gedroht oder er habe gelogen und doch zugleich weiß, daß er es nicht getan und bei dem gewiß naiven Versuch unter Bedingungen des Abgezogen-Werdens da etwas richtig zu stellen gleich eine »auf's Maul« kriegt, dessen Selbsterfahrung wird erschüttert. Das alltägliche eingewöhnte und bewährte erweist sich als Dummheit. Da hat man und kriegt man in der Tat »richtig Ärger«. Da hilft keine Polizei und es scheint besser, auch zum wiederholten Male sein Geld und seine Sachen abzugeben. Da sind ganz andere psychische Gefährdungen im Spiel, als die bloße Angst verprügelt zu werden, Körperverletzungen zu erleiden und sein Geld zu verlieren.

Von solchen Gefährdungen des Abzugs von Anerkennung durch Demütigung, der Realisierung des Prinzips Nicht-Anerkennung im Abziehen und Abgezogen-Werden ahnen sowohl Täter als auch Opfer etwas. Sie haben beide ein vages Vorwissen davon, eine ihnen gemeinsame undeutliche Erfahrung, die sich auf polare Weise im Vorgang des Abziehens spiegelt. Man könnte von einer sozialpathologischen Grunderfahrung, der Irritation und Erschütterung alltäglicher Selbstverständlichkeiten und Evidenzerlebnissen, von einem von außen erzeugten Ausbruch eines inneren Vulkans sprechen, der die inneren Fundamente des Gefühls von Lebenssicherheit erbeben läßt. Solche sozialpathologische Erfahrung verdichtet sich im Erlebnis des Abziehens und Abgezogen-Werdens. Auf einer nicht bewußten oder nur vage bewußten Ebene wollen die einen, die Täter, bei den anderen, den Opfern, dieses Erlebnis erzeugen, das andererseits die Opfer verzweifelt bei sich vermeiden möchten. Man möchte die verletzende Attacke auf das Selbst nicht wahrnehmen, sich nicht betroffen fühlen. Ich bin nicht der, der da angegriffen wird. Die wollen nur mein Geld und meine Sachen und die können sie gerne schnell haben. Das Selbst fühlt sich nicht weiter betroffen; es verwahrt sich durch Preisgabe des Eigentums.

Abziehen, »das ist tagtäglich, jeden Tag werden ein paar abgezogen«. Diese besondere Erfahrung ist daher gar keine so besondere Erfahrung. Sie ist vielen bekannt und gewiß jenen nicht am wenigsten, die wie unsere Gang andere abgezogen haben. Sie sagen zwar, daß sie noch nie abgezogen worden seien und daß sie das auch nicht mit sich machen ließen; sie würden sich wehren und es käme zu einer Schlägerei. Kann man diese Selbstdarstellung aber gelten lassen vor dem Hintergrund der Erfahrungsverdichtung, die der Vorgang des Abziehens zum Ausdruck bringt?

Die Mitglieder der Jugendgang kommen nicht aus wohlhabenden Familien. Sie waren schon früh vertraut mit der Arbeitslosigkeit der Eltern, Zerstörung der Familie, Alkoholismus der Väter und Verwandter, autoritärer Verhaltensweisen. Unterdrückung von Schwachen, Ausländerdiskriminierung sind immer wieder Themen, mit denen sie sich in dem Gruppengespräch und im Theaterspiel auf den Workshops befassen. Sie sind mit den Erfahrungen der Loser mehr vertraut als mit den Erfahrungen der Winner. Die Bedrohung, die Gefahr zum Loser zu werden, ist durchaus gegeben. Die Erfahrung, von anderen wirklich anerkannt zu werden, ist nicht groß. Sie kennen sie durchaus aus ihren Familien, aber am meisten durch ihre Gang und nicht zuletzt durch ihren Lehrer, der in all ihren Notsituationen für sie da war. Aber ansonsten ist ihnen der Entzug von Anerkennung und die Erfahrung von Demütigung näher, eine Alltagserfahrung, gegen die man sich wehren muß. Ein Mitglied der Gang sagt im Interview auf dem Theaterworkshop:

> »Ohne Gewalt kommt man auf der Straße gar nicht klar. Wenn man nicht respektiert wird, dann ist man gar nichts! Man wird von allen ausgelacht ..., als Versager, als Loser ... Also muß man was tun, um seine Würde aufrecht zu erhalten. Sonst ist man gar nichts ... Man ist ein Stück Dreck, wenn man keine Würde hat.«

Die »Straße« ist generell ein großes Abziehspiel. Sie ist die Gesellschaft. In der Gesellschaft wird im großen Stil »abgezogen«. Das böse Spiel des Abziehens ist noch auf eine andere Weise zu verstehen. Beim kleinen »Abziehen« auf der Straße werden Rollen vertauscht. Die Loser machen sich zu Winnern. Sie werden zu den Starken, den Mächtigen, die alles zu sagen haben, die nach Belieben anderen etwas wegnehmen können, sie demütigen und fertig machen können, ihnen nicht zuletzt die Würde rauben können, so daß die anderen gar nichts mehr sind als ein »Stück Dreck«.

»Abziehen« ist also ein großes Gesellschaftsspiel und ein kleines. Vom großen bleibt keiner ausgespart. Wir kennen es alle. Am härtesten trifft es die Loser. Im kleinen Abziehspiel wird scheinbar verkehrt gespielt: die Loser machen sich zu Winnern, indem sie anderen die Würde rauben, um ihre »Würde aufrecht zu erhalten«. Im großen wie im kleinen Abziehspiel wird von vornherein unfair gespielt. Die Schwachen haben kaum eine Chance: »Man muß doch manchmal Gewalt anwenden, sonst ist man wirklich gar nichts.« Konstruiert man in dieser Weise die gesellschaftliche Hintergrunderfahrung, wie sie die Jugendlichen unserer Gang weitgehend teilen, dann stellt sich das »Abziehen« als ein sozialer Kurzschluß dar, indem sich kurzfristig an einem speziellen Ort das soziale Spannungsverhältnis umkehrt. Viele, die bis zum Abgezogen-Werden wenig von Gewalt wußten oder wissen wollten, machen eine Gewalterfahrung als Opfer von Gewalt. Die Täter, im Normalfall eher die Opfer von (meist struktureller) Gewalt, genehmigen sich die Erfahrung der Gewaltausübung, ein kurzfristiger Versuch, etwas von der Sonnenseite des Lebens zu erhaschen, eine Sonnenseite, wie sie sie sich vorstellen: die Macht über Besitz von Dingen und Anerkennung und Nicht-Anerkennung von Menschen.

»Ein Kick, ein Nervenkitzel spielt eine große Rolle, wenn die Bullen kommen, uns kriegen oder nicht.«

Im großen Abziehspiel gibt es keine Polizei. Im Kleinen ist sie zuweilen rasch zur Stelle. Dann versucht die Gang eine Art Räuber- und Gendarmspiel mit der Polizei. Häufig werden sie vorgewarnt, wenn die Polizei unterwegs ist. Da gibt es einen »kleinen Freund« oder einen »kleinen Bruder«, der, sobald er nur von der Polizei hört oder einen Polizisten sieht, angelaufen kommt und die Gang warnt. Die löst sich dann auf und sie laufen getrennt zu einem neuen Sammelplatz oder sie ziehen sich erst einmal jeder für sich nach Hause zurück. Da rennt man durch die kleinen Straßen im Stadtteil, klettert über Zäune, immer auf der Hut, nicht von der Polizei erwischt zu werden. Gelingt dies, was meistens der Fall ist, so macht sich ein Triumphgefühl breit. Ein »Nervenkitzel« stellt sich ein, wenn »man von der Polizei gejagt wird«, wenn es nicht sicher ist, die Polizei hinter das Licht zu führen oder von ihr gefangen zu werden.

Hier wird nicht bloß gespielt wie beim Räuber- und Gendarmspiel, denn, das weiß die Gang, die Polizei spielt nicht, sondern sie meint es ernst mit ihrer Aufgabe. Die Gang spielt ein Spiel mit dem Ernstfall. Der »Nervenkitzel« dabei ist ein echter »Nervenkitzel« und »Kick«, ein reizvolles zwiespältiges Gefühl, das sich aus der Angst, erwischt zu werden, und der Lust zu entwischen zusammensetzt – eine Angstlust also, die damit rechnen muß, daß die Geschichte auch schlecht ausgehen kann, denn es handelt sich ja – und das wissen alle Beteiligten – bei diesem Spiel um echte Räuber und echte Polizisten. Was geschieht der Gang, wenn das Spiel für sie schlecht ausgeht?

> »Das war am Unisee. Sie wissen ja, wo das ist. Da haben wir ein paar abgezogen und einer von uns hatte eine Uhr abgezogen. Einem haben wir ein paar Backpfeifen gegeben. Der ist dann danach mit dem Fahrrad zu den Bullen gefahren. Das wußten wir nicht. Dann sind die Polizisten gekommen – also erst mal einer in zivil. Wir sind weggegangen, wir hatten die ihm auch wieder zurückgegeben, also hatten wir nichts abgezogen, es war gar nichts. Wir sind weitergegangen, da kam der Zivil-Bulle, der hatte einen Schäferhund dabei, der meinte: ›Keine Bewegung, der Hund ist scharf, ich laß ihn los.‹ Da haben wir gesagt: ›Was denn, wir haben gar nichts gemacht.‹ Da kamen fünf, sechs Mannschaftswagen, die haben uns alle auf das Revier mitgenommen. Wir haben gesagt: ›Was denn, wir haben doch gar nichts gemacht!‹ und ich habe gefragt: ›Werden unsere Eltern benachrichtigt?‹ Die meinten: ›Nein, die Opfer gucken Euch nur an. Wenn Ihr die Täter seid, dann benachrichtigen wir Eure Eltern und Ihr kriegt dann eine Strafe.‹«

Die Gegenüberstellung fand nicht statt, aber die Eltern wurden benachrichtigt, erzählt ein anderer Jugendlicher weiter in unserem Gruppengespräch. Des weiteren sagen sie, ein Mädchen, das bei ihnen war, habe nicht auf die Toilette gehen dürfen, das könne sie ja in der Türkei tun. Obwohl bei ihnen auch Deutsche seien, hätten sie viele ausländerfeindliche Äußerungen von den Polizisten gehört.

Die Jugendlichen der Gang fühlen sich von den Polizisten auf dem Revier nicht angemessen und fair behandelt. Ohne Gegenüberstellung, das heißt den Nachweis, daß sie die Täter sind, werden die Eltern doch benachrichtigt, was für die meisten Prügel und andere schlimme Folgen hatte. Sie fühlen sich als Ausländer diskriminiert und ein Polizist habe sich auch über ihre Kleider lustig gemacht: »Du trägst wohl solche Markenklamotten, damit Du bei den Deutschen ankommst.« Spätestens auf dem Polizeirevier endet das Räuber- und Gendarmspiel mit echten Räubern und echten Polizisten.

Gewiß ist es eine durchsichtige Behauptung, an der die Gang auch in dem Gruppengespräch festhält, daß »gar nichts gewesen wäre«, daß sie »nichts gemacht« hätten, denn sie hätten ja die Uhr, die sie »abgezogen« hatten, wieder zurückgegeben. Es ist mit einiger Sicherheit anzunehmen, daß von ihrer Seite von einer abgezogenen Uhr auf dem Polizeirevier nicht die Rede war, sondern daß die Rückgabe der Uhr eher als ein in das Gruppengespräch für uns, die Diskussionsleiter, und für sie selbst überzeugendes Argument eingebracht wurde, das sie ernsthaft nicht recht glaubten und glauben. Gleichwohl steht in dem Hinweis auf die Rückgabe der Uhr ein interessanter Versuch des Ungeschehenmachens des Delikts des Abziehens. Die Uhr wurde zurückgegeben, also hat keine Beraubung stattgefunden, also wurde auch nicht abgezogen, also »war gar nichts«. Was hätte denn sonst gewesen sein können, hätten sie uns wahrscheinlich gefragt, wenn wir versucht hätten, dieses Thema in dem Gruppengespräch weiter zu vertiefen, was wir allerdings nicht getan haben. Nun da sind die »paar Backpfeifen«, die wohl ein Freund des Uhrenbesitzers abbekommen hat; auch wird der Uhrenbesitzer seine Uhr nicht gerade freiwillig, sondern nur unter Drohungen und der Anwendung anderer Zwangsmittel hergegeben haben, wie wir sie bereits analysiert haben. Es bleiben die Aspekte der Demütigung und Entwürdigung des Opfers oder der Opfer, die durch die Rückgabe der Uhr nicht einfach zu erledigen sind. Demütigung und Entwürdigungen haben in unserer bisherigen Analyse für die Opfer des Abziehens noch ein stärkeres Gewicht als der bloße Verlust von Geld oder Dingen, wie eine Uhr es ist.

Wir haben uns in dem Gruppengespräch nicht weiter zu diesem Problem geäußert; das wäre durchaus im Rahmen der methodischen Interventionen eines Gruppengesprächs möglich, ja hätte für den weiteren Verlauf des Gesprächs sehr produktiv sein können. Wahrscheinlich haben wir im aktuellen Ablauf des Gruppengesprächs die Brisanz, die das Thema Demütigung und Entwürdigung im Vorgang des Abziehens hat, noch nicht recht gesehen und das vorgebliche Selbstverständnis der Gruppe einfach übernommen, beim Abziehen ginge es wesentlich um materielle Werte. Die ideellen Werte seien dabei zu vernachlässigen. Es ist interessant in dieser Auswertung zu sehen, wie stark wir uns von den Erzählungen der Gang haben einspinnen, zu nur wohlwollenden Zuhörern machen lassen. Das war methodisch gar nicht erforderlich. Wir hätten durchaus zumindest phasenweise zum Modus des Argumentierens übergehen können. Wie das Auswertungstranskript aber deutlich ausweist, haben wir immer wieder zum Erzählen dieser abenteuerlichen Geschichten motiviert, die uns immer neugieriger machten. Erst in unserer weiteren Zusammenarbeit mit der Gruppe, in den frei gestalteten Theaterszenen auf dem Workshop und in den an sie anschließenden Diskussionen wurde die ganze Relevanz des Themas Demütigung, Entwürdigung und Entbehrung deutlich und dementsprechend pädagogisch bearbeitbar. Ein weiterer Aspekt spielte in unserem wohlwollenden und ermunternden Zuhören im Gruppengespräch noch eine Rolle. Ernsthaftes Zuhören ist immer auch ein Zeichen von ernsthaftem Verstehen-Wollen. Es ist ein Zeichen der Anerkennung. Das haben die Mitglieder der Gang gewiß gespürt und das mag auch ihr Vertrauen zu uns weiter befestigt haben.

»Denn wundern die sich noch, weshalb wir etwas gegen die Bullen haben.«

Die Polizei wird von der Gang als ein starker Gegner wahrgenommen, mit dem man, wie wir gesehen haben, zwar ein bißchen Räuber und Gendarm oder Katz und Maus spielen kann. Doch das hat schnell seine Grenzen. Da gibt es den »Zivilbullen« mit dem scharf gemachten Schäferhund. Die Polizei kommt gleich mit fünf oder sechs Mannschaftswagen, mit denen man dann zum Revier gebracht wird. Das wird von den Gang-Mitgliedern als eine starke Demonstration erlebt. Die Polizei läßt ihnen keine Chance, wenn sie sie beim Abziehen erwischt:

> »Da müssen wir gleich zu dem Revier da; Namen sagen und so. Wenn wir Waffen dabei haben, abgeben.«

Da gibt es kein wenn und aber. Vor einem solchen Gegner hat die Gang Respekt. Aber dieser Gegner muß fair bleiben, nach den Regeln handeln, die man von einem Mann in Uniform erwartet. »Zivilbullen« mit Schäferhunden sind solchen Erwartungen gegenüber ein problematisches Phänomen. Das kommt in dem abwertenden Wort »Zivilbullen« schon zum Ausdruck. Im Wort »Bulle« wird zwar noch die Macht anerkannt. Aber das ist schon nicht mehr die kalkulierbare Macht des Staatsbeamten in Uniform, sondern eine nicht einschätzbare unkontrollierbare, vielleicht triebhafte tierische Bullenmacht, die eigentlich nicht polizeilich sein sollte[1]. Dazu die Zivilkleidung, die von der Gang eher als hinterhältiges Versteck erlebt wird, aus dem man mit einem scharf gemachten Schäferhund hervorbricht. Damit läßt sich ein treffliches Feindbild von Polizisten entwickeln. Kommt es dann noch zu Vorurteilsäußerungen von Seiten von Polizisten gegenüber Türken und Ausländern auf dem Revier, wird den Gang-Mitgliedern noch unterstellt, sie trügen ihre gute Kleidung nur, damit sie bei den Deutschen gut ankommen, so bleibt vom Bild eines Polizisten als fairem Gegner, der einem vielleicht auch einmal helfen könnte, wenig übrig.

In einem solchen Feindbild, das die Polizei geringschätzig zu machen sucht, das sie abwertet und entwertet, reflektiert sich die Enttäuschung darüber, daß man als Ausländer schwerlich eine faire Behandlung erwarten kann, gerade auch von der Polizei nicht. Auf dem Revier wird man gedemütigt und entwürdigt, so glauben die Gang-Mitglieder. Nicht einmal auf Aussagen wie, daß man die Eltern erst verständige, wenn eine Gegenüberstellung mit den Opfern des Abziehens stattgefunden habe und eine zweifelsfreie Überführung der Täterschaft feststehe, sei Verlaß. Die Enttäuschung über die Behandlung durch die Polizei, so wie sie sie selbst erlebt haben und sie uns im Gruppengespräch erzählen, das aus diesen Erlebnissen gebildete Feindbild reflektiert andererseits eine durchaus starke Orientierung an ideellen moralischen Werten wie Würde, Anerkennung und Ehre. Diese Werte beeinflussen ihre Erzählungen, ihr Denken und Empfinden, gewiß nicht immer ihr Handeln generell, sondern nur in bestimmten sozialen Zusammenhängen, z. B. dem eigenen Gruppenleben, wie wir gleich noch sehen werden. Im gewiß kriminellen Delikt des Abziehens, so können wir es beim jetzigen Stand der Interpretation beschreiben, steckt auch

---

[1] In die Ablehnung, die Abwertung und zugleich den Respekt, den das Wort »Bulle« von der Polizei ausdrückt, mag sich auch eine unbewußte vage Vorstellung von einem rücksichtslosen, schwer einschätzbaren Vater einmischen. Auch Väter, von denen die Gangmitglieder an späterer Stelle noch berichten, können unvorhersehbar hart zuschlagen und mit drakonischen Maßnahmen ihre Söhne bestrafen.

ein demonstrativer Protest: Wir zeigen Euch, der Gesellschaft, daß wir die Werte, die ihr uns gegenüber nicht einhaltet, Euch gegenüber ebenfalls nicht einhalten müssen. Auch wir können sowohl die ideellen wie die materiellen Werte auf den Kopf stellen, das zwar nur kurzfristig an einem unsicheren Ort, aber auch effektiv als Erschütterung, als kriminelle Verunsicherung Eures Alltags: Wir tun Euch an, was Ihr uns antut. So könnte man den Kurzschluß des Abziehens, seine gesellschaftspolitische Kurzschließung auch ausformulieren, was die Jugendlichen natürlich nicht so tun. Auch ein Delikt vermittelt etwas von der moralischen und politischen Sinngebung des Alltags: Abziehen gibt es »tagtäglich, jeden Tag werden ein paar abgezogen«.

»Wir helfen uns gegenüber allen. Wir helfen uns untereinander.«

Die Gang hält gut zusammen. Sie sagen, daß sie alles voneinander wissen, daß sie alles miteinander teilen, daß sie dem Gang-Mitglied, das in Schwierigkeiten und in Not ist, helfen, daß sie sich untereinander nicht prügeln. Ihre Freundschaftsbindungen sind ähnlich den Familienbindungen, obwohl hier auch Unterschiede gesehen werden:

> »Erst kommt die Familie, dann die Freunde, so'n großer Unterschied ist das aber nicht. Wir sind zusammen, machen alles zusammen (aus einem Interview vom Theaterworkshop).«

Es scheint so zu sein, daß die Freundschaftsbeziehungen die Familienbeziehungen weitgehend ergänzen und daß die Jugendlichen der Gang, dort wo die Familien, aus denen sie kommen, nicht funktionieren oder nicht mehr funktionieren, sich wechselseitig eine Art familiale Unterstützung geben, eine Art Erziehungshilfe leisten. Sie kennen sich fast alle schon aus dem Kindergarten. Wenn neue Jugendliche zur Gang hinzustoßen, dann müssen sie erst einmal lernen, daß sie nicht alles tun dürfen, was sie wollen, daß man sich innerhalb der Gruppe respektiert und zusammenhält. In der Gang darf man nicht einfach etwas klauen oder Streit anfangen. Das gilt egal für wen, sei der Ausländer oder Deutscher. Man kann nicht einfach einen »Obermacher« spielen. Die Gang hat eine eigene Art von interner Ordnung.

> Leiter des Gruppengesprächs: »Ihr habt so Eure eigene Ordnung, die respektiert werden muß?«
>
> – »Bei uns ist das so, wenn einer von uns kifft, dann sind alle hinter ihm her und helfen ihm dabei, davon loszukommen. Es sind aber Ausnahmen, die hier wirklich nur am Kiffen sind, nur glasige Augen haben, von morgens und abends. Zu denen sagen wir

›Kiffer‹ und so alles mögliche (Abfällige). Aber ab und zu Kiffen, das ist o.k. Aber wenn in unsrem Freundeskreis wirklich jemand hier mit harten Drogen kommt, dann versuchen wir ihn davon wegzubringen.«

– Ja genau, so ist das. Z. B. bei mir ist das Problem, daß ich voll selten zur Schule gehe. Die stehen hier alle hinter mir und sagen, weshalb gehst Du nicht zur Schule? Bist Du dumm oder so etwas? Also solche Argumente, ich gehe ja auch voll selten zur Schule. Das nenne ich Freundschaft, daß sie hinter jemanden stehen und jemanden auch motivieren und irgendwie Mut machen, das (die Schule) irgendwie weiterzumachen.»

In der Gang wird eine praktische Solidarität geübt. Es gibt eindeutige Verhaltensregeln wie: den Freund nicht beklauen, keinen Streit untereinander anfangen, keine harten Drogen nehmen, nicht Kiffen (oder nur wenig Kiffen) usw. Es gibt aber auch Gebotsregeln: die anderen respektieren (anerkennen), die in Not geratenen unterstützen, hinter ihm stehen, mit Argumenten unterstützen, helfen, regelmäßig zur Schule zu gehen usw. Solche Regeln machen schon eine eigene Ordnung aus, die durch wechselseitiges Aufpassen aufeinander so einigermaßen aufrecht erhalten wird. Die Gang hat keine klare Gruppenhierarchie. Es gibt keinen deutlichen Anführer, der von allen so gesehen und anerkannt würde. Es gibt eher so eine Art informellen Anführer, der viel zu sagen hat, aber eher Vorschläge macht als Befehle gibt.

Auf seine Rolle auf dem Theaterworkshop angesprochen, sagt der:

»Weiß ich nicht. Irgendwie wenn wir ausgehen, kommen alle zu mir, ich organisiere fast immer alles. Wenn ich sage, gehen wir dahin, dann kommen alle dahin, und wenn ich sage, gehen wir hierhin, dann kommen alle hierhin.«

Und darauf angesprochen, ob er der Anführer sei, sagt er:

»Anführer würde ich nicht sagen. Jeder hat was zu sagen. Manchmal hab' ich was zu sagen, dann hören die zu. Manchmal hat der andere was zu sagen, dann gehen wir dahin. Das ist immer unterschiedlich.«

Untersucht man diese Praxis des Aushandelns und Einigens, was man denn nun in der Gang alles tun möchte in Hinsicht auf Ähnlichkeiten mit Aushandlungspraktiken in der Familie, so irritiert zunächst, daß das autoritäre Moment väterlicher Organisation bei der Entscheidungsfindung zu fehlen scheint. Das überrascht um so mehr, als die Jugendlichen aus Familien kommen, die durch eine traditionelle Familienideologie geprägt, d. h. durch feste patriarchalische Vorstellungen bestimmt sind. Ich vermute, daß die laissez-faire-Praxis, die das von uns als informeller Anführer bezeichnete Gang-Mitglied beschreibt, eine durchaus nicht seltene von Geschwistern bei Abwesenheit des Vaters geübte Praxis ist. Dies könnte besonders dann der Fall sein, wenn die sicher fürsorgliche Erziehungspraxis einer Mutter, die qua Rolle so wie so wenig zu sagen hat, durch eine Arbeit außer Haus ebenfalls abwesend ist. Die Familienbande wird dann wesentlich durch die Geschwistersolidarität bestimmt, in der die Mutter noch eine herausragende und zum Vater hin vermittelnde Rolle haben mag. Wir müssen allerdings davon ausgehen – wir haben das verschiedentlich schon betont –, daß die Familienzusammenhänge, aus denen die Gang-Jugendlichen stammen, eher fragil und zerbrechlich sind. Die häufige Betonung der Familienorientiertheit bezieht sich bei ihnen eher auf die traditionelle Familienideologie, deren Realität sie sich herbeiwünschen, als auf die Familienrealität selber. Das mag zum Teil auch für den solidarischen Geschwisterbund gelten, der partielle Erziehungsaufgaben übernehmen könnte. Solche Aufgaben werden dann, wie wir sahen, von der Gang übernommen.

Die Jugendlichen zeigen einen starken Respekt vor der Familie, denn die soll ja auf keinen Fall von der Festnahme auf dem Polizeirevier erfahren. Bei dieser Angst vor Entdeckung und Aufklärung der Schandtaten in der Familie mag ein in der Regel wenig fähiger (häufig abwesender), aber autoritärer und hart strafender Vater seine Rolle spielen:

> »Nein, sie dürften nicht unsere Eltern (benachrichtigen). Dadurch hab ich ein Problem bekommen. Mein Vater hat gesagt, wenn Du ins Auto reinkommst, wenn wir zu Hause sind – mein Vater hätte mich totgeschlagen. Ich bin auch schon ein paar Mal von zu Hause abgehauen. Also an dem Tag (Festnahme durch die Polizei) bin ich auch abgehauen, weil ich nicht mehr wußte, was ich machen sollte – und ihn (ein Gang-Mitglied) hier kenn ich schon lange. Da hat seine Mutter mit meinen Eltern geredet.«

Die Freundschaft übergreift auch die Familien. Die Gang ist ein Schutz gegen die Familie, gegen einen ungezügelten autoritären Vater, vor dessen Schlägen man sich fürchten muß und zu den Freunden und deren Familien flieht. Wir können an dieser Stelle noch einmal auf unsere Analyse des Abziehens zurückblenden und uns fragen, ob nicht in dem keine Erklärungen und Widerworte der Opfer duldenden Drohgebaren und im Zweifelsfalle das harte Zuschlagen der Täter eine Kopie, vielleicht eine Identifikation mit dem autoritären rücksichtslosen abstrafenden Vater ist. So wäre der Vorgang des Abziehens nicht nur eine kurzfristige Verkehrung sozialer Beziehungen ins Gegenteil, sondern zugleich auch eine darin verdichtete Aneignung des autoritären väterlichen Strafverhaltens: Schweigegebot und Prügel: »Halt's Maul, sonst gibt's eins auf die Fresse!«

Gegen diese Praktik, die besonders beim Abziehen, aber auch, wir werden das noch sehen, gegenüber rivalisierenden und feindlich gesinnten Gruppen angewendet wird, steht die gruppeninterne Toleranz und Liberalität. Ab und zu darf man schon Kiffen; das tun mehr oder weniger alle. Die Methoden, mit dem man jemand von Drogen abbringen will oder ermuntern will, »motivieren« will, zur Schule zu gehen, sind weich und scheinen hilflos. Es scheint eher unwahrscheinlich, daß sie beim einzelnen Gang-Mitglied einen großen Effekt erzeugen könnten. Wahrscheinlich geht es auch gar nicht so sehr um einen im Einzelfall erzielbaren Effekt, sondern um das Gefühl und die Erfahrung, daß die Gang hinter einem steht, daß auf sie Verlaß ist und daß sie sich um einen kümmert. Verrat und Verpfeifen, sei es zu Hause, sei es bei der Polizei, wäre ganz unmöglich. Wer das täte, hätte mit einer Art Ausschluß aus der Gang und schweren Sanktionen zu rechnen. Im Gruppengespräch wird immer wieder auf einen von ihnen verwiesen, der auf dem Polizeirevier auch unter Druck die anderen der Gang nicht verpfiffen habe. Auf solche Beweise ihres Zusammenhaltens sind sie besonders stolz. Es geht in der Gang um Zusammenhalten und Schutz untereinander. Es geht immer darum, zu demonstrieren, daß sie zusammenhalten. Bist du allein und hast keine Freunde bist du schnell »voll am Arsch«.

»Mädchen krieg' ich mein ganzes Leben lang. Freunde, aber wirklich wahre Freunde, kriegt man nicht immer.«

»Mädchen« sind nicht generell aus der Gang ausgeschlossen. Bei verschiedenen Treffen sind öfter einige Mädchen dabei. So war auch bei unserem Gruppengespräch ein Mädchen dabei. Sie erzählt, wie wichtig es für sie ist, zu einer »Clique« oder »Gruppe« zu gehören und sie ist gerne bei der Gang. Sie ist auch in einer Mädchenclique, die sie aber mehr aus der Sicht der Gang beschreibt:

> »Es gibt auch echt nur Mädchencliquen, aber viele Mädchen ordnen sich dann halt einfach nur ein, weil uns ist das einfach zu blöd, sich zu kloppen oder was. Wir sehen das eigentlich so, die (die Jungs) stoßen sich ihre Hörner ab und toben sich aus. Nur wir stehen dahinter. Aber es gibt auch Reibereien unter den Mädchen. ›Zu welchen Freizi (Freizeitheim) gehörst Du denn?‹ Und wenn man zu gar keinem Freizi gehört oder keine Leute kennt, denn ist man echt am Arsch.«

Die Mädchencliquen sind weniger auf eine Klopperei aus. Das ist ihnen »einfach zu blöd«. Sie müssen sich nicht die Hörner abstoßen wie die Jungs und sich nicht austoben. Bei deren Kloppereien stehen sie mehr dahinter und schauen zu. »Dahinterstehen« ist aber doch eine Art Parteinahme und Unterstützung, die jede Gang, Gruppe oder Clique braucht. Die Mädchen nehmen teil an der praktischen Solidarität des »Dahinterstehens«, sicherlich auch des Mutmachens. Dabei sind sie aber eher »vorsichtig«, wie unsere Gesprächsteilnehmerin erzählt:

»Wenn die sich denn da wirklich anfangen zu kloppen, die Mädchen rennen alle weg. Das ist wirklich so.«

Doch es gibt auch »Reibereien unter den Mädchen«. Da ist es schon wichtig zu einer Clique in einem Freizeitheim zu gehören. Wenn man zu niemanden gehört und niemanden kennt, dann ist man schutzlos. Unsere Gesprächspartnerin kann sich ein Leben ohne Clique, Gruppe oder Gang nicht vorstellen. Nur auf sich selbst gestellt, ist man ausgeliefert, »am Arsch«. Was das heißen kann, davon kann sie berichten. Es sind eben doch nicht immer nur die Jungs, die sich prügeln:

»In der Grundschule hab ich auch einmal das Maul zu weit aufgerissen. Dann wurde ich von zehn Mädchen zusammengeschlagen. Ich hatte eine Gehirnerschütterung, lag im Krankenhaus. Selbst die Erwachsenen, die rennen einfach nur daran vorbei. Ich mein, das war in der Grundschule, auf dem Schulhof. Da kam ein Lehrer und sagt: ›Was ist mit Dir los?‹ Und da sagt die eine (der zehn Mädchen): ›Nichts, gar nichts.‹ Und die Lehrer gehen auch vorbei, meistens. Bei den Mädchen geht das (Kloppen) in der Grundschule los.«

Die Schutzfunktion der Clique oder Gang hat für Mädchen noch eine größere Bedeutung als für die Jungen, besonders wenn weder Familie, Schule (Lehrer) solche Schutzfunktionen übernehmen oder übernehmen können. Denn bei diesen Mädchen geht es nicht allein um die normale entwicklungspsychologische Entwicklung aus der Familie heraus, die partielle Loslösung von der Familie, wie sie in der Adoleszenzphase stattfindet, sondern in nicht wenigen Fällen um die Herstellung von Bindungen in Cliquen, die so etwas wie Schutz und Sicherheit geben können, die andere soziale Zusammenhänge für sie nicht mehr gewährleisten.

Unsere Gesprächspartnerin macht den Eindruck, als fühle sie sich in der Gang besser aufgehoben als in der Mädchenclique. Man kann sich auf die Gang-Mitglieder stärker verlassen. Auch trauen sich andere, wenn sie wissen zu welchen Leuten man gehört, erst gar nicht an sie heran. Die wissen, wer hinter ihr steht.

Wie lebt ein Mädchen in der Gang? Ist sie ein gleichwertiges Mitglied? Wie ist es, wenn sich zwei verlieben? Das Transkript unseres Gruppengesprächs gibt uns dazu keine eindeutigen Auskünfte. Man könnte vermuten, daß masochistische Haltungen dominant sind und Mädchen eher eine untergeordnete Rolle spielen. Sicher ist, daß der Wunsch nach einer guten Freundschaft, die als gleichwertig und wechselseitig und meist als eine Jungenfreundschaft gesehen wird, Vorrang hat. Auch der Zusammenhalt der Gruppe hat in der Regel Vorrang. Aber die Haltungen zueinander, auch zu Mädchen, sind keineswegs so konsistent, wie sich das Wissenschaftler, die solche Gruppendiskussionstexte interpretieren, das gerne wünschen. Die Beziehungsrealität der Gang, der Gruppe, beugt sich nicht der Zuordnung in eindeutige Kategorien: Vielmehr ist sie mal so, wie man sie als Interpretierender erwartet, dann ist sie wieder ganz anders und versperrt sich den Wünschen nach wissenschaftlicher Einheitlichkeit. Eine solche zu ermitteln bedarf immer eines erheblichen Aufwandes an Konstruktionen. Die Gang berichtet uns allein drei Beziehungsvarianten:

> »Hier ist es so, wenn dann welche (ein Junge und ein Mädchen) zusammenhalten (zusammen sind), o.k., dann geht man die erste Zeit nicht dahin (zu den Freunden, zur Gang), man sucht ein bißchen Abstand, aber danach geht man wieder zu seinen Freunden.«

Oder:

> »Als Junge nimmt man dann die Freundin halt mit in die Clique rein, stellt sie den Leuten vor und so, und dann gehört sie halt dazu.«

Oder:

> »Wenn sie nicht so 'n Typ ist, die so in Cliquen reingeht, dann ist man z. B. eine Woche mit der zusammen. Dann sagt man (aber): ›Ich muß wieder zu meinen Freunden.‹ Geht man dann ein paar Tage zu den Freunden. Dann geht man wieder da hin (zu ihr), immer abwechselnd. Also, nicht daß man, wenn man' ne Freundin hat, daß man dann nur noch bei der Freundin ist.«

Alle drei Varianten sind für die Gang praktikabel und für die »Freundinnen« meistens auch. Sie sind tolerante Lösungen, durch die große Beziehungsspannungen, Eifersucht, das Ausspielen der Gruppe gegen die Freundin oder der Freundin gegen die Gruppe in der Regel vermieden wird. Sicher wird das nicht in jedem Fall gelingen. Dann hat der Zusammenhalt der Gang, der für die Mitglieder existentiell ist, den Vorrang und das Liebespaar wird sich trennen. Den Nachteil wird dann das Mädchen haben. »Mädchen krieg' ich mein ganzes Leben lang. Freunde, aber wirklich wahre Freunde, kriegt man nicht immer«. Ohne wahre Freunde, alleine, bist du schnell »voll am Arsch«. Die volle Anerkennung der Mädchen hat an der Jungenfreundschaft ihre Grenze. Der Gruppenzusammenhalt erlaubt keine Geschlechterdifferenzierung. Differenzierungen werden in der Gruppe generell als eher bedrohlich erlebt. Deshalb gibt es in der Gang auch keine klare Strukturierung und Hierarchisierung und keinen klar bestimmbaren Anführer. Diese Rolle wird vielmehr einmal von diesem oder jenem Mitglied übernommen und auch die informelle Führungsrolle bleibt eher inkonsistent. In einem solchen Gruppenkontext wäre eine eindeutige Differenzierung der Geschlechterrollen sehr unwahrscheinlich und schwerlich in die Gruppe integrierbar.

Geschlechtsspezifische Rivalitäten würden nicht ausbleiben und ein Kampf der Jungen um die Mädchen, der Mädchen um Jungen, die Bildung von Paarbeziehungen – kurzfristige oder längerfristige – würde in der Gruppe, unserer Gang, Prozesse der Spaltung und der Auflösung einleiten. Die Gang könnte ihre elementare Schutzfunktion, die Funktion der Ersatzfamilie, ihre innere Solidarität nicht aufrechterhalten. Die für alle Mitglieder so wichtige Notgemeinschaft würde zerfallen.

So können denn Mädchen in der Gruppe schwerlich als Mädchen, sondern vielmehr nur als »Freunde« und nicht in der Rolle von »Freundinnen«, mit denen man ein Verhältnis hat, akzeptiert werden, als volles Gruppenmitglied akzeptiert werden. Dann haben Jungen und Mädchen in der Gang in der Regel eine Geschwisterbeziehung und nicht eine Liebesbeziehung.

Doch auch das ist keineswegs eindeutig, denn, hat man eine neue Freundin, dann kann es ja auch so sein, daß man sie einfach in die Gang mitbringt, den »Leuten vorstellt und dann gehört sie halt dazu«. Doch als was gehört sie dazu? Als die Freundin eines Gang-Mitglieds wohl kaum. Das läßt sich eben nicht eindeutig klären. Es kommt auf ihre Persönlichkeit an, ob sie sich in der Gang in eine Geschwisterrolle begeben kann. Ist das nicht der Fall, wird man sich halt mit ihr außerhalb der Gang treffen und mit ihr »ein paar Tage« zusammen sein oder dann halt wieder »ein paar Tage« ohne sie seine Freunde treffen. Die Lösungen, die in der Gang für Probleme der Geschlechterbeziehungen gefunden werden, sind der Art, daß sie den inneren Zusammenhalt der Gruppe nicht gefährden können. Ist das gewährleistet, so sind die Praktiken der Geschlechterbeziehungen in dieser Gang meist tolerant und liberal. Erst kommen die Freunde, dann kommen die Mädchen.

»Wenn wir ihn nicht zurückgehalten hätten, also ich weiß nicht, was mit dem Deutschen passiert wäre.«

Wenn Differenzierung der Gruppe den inneren Frieden und inneren Zusammenhalt der Gang gefährdet, dann tun dies auch Streitereien. Solche dürfen am besten gar nicht erst entstehen oder müssen niedergehalten werden. Das ganze Gruppengespräch durchzieht der immer wieder von fast allen Teilnehmern geäußerte Hinweis, wie gut die Gruppe zusammenhalte. Alle sind sehr darauf bedacht, daß es keine »Reibereien«, keine Konflikte und keinen Streit in der Gang gibt, und kümmern sich wechselseitig umeinander, daß es jedem gut geht, fragen, ob sie etwas für den anderen tun können und wiefern sie ihm helfen können, so etwa, wenn einer nicht nach Hause will, weil ihm dort harte Strafen und Prügel des Vaters drohen. Probleme und Konflikte sollen außerhalb der Gang bleiben. Die Wut, die man zuweilen kriegt, soll sich am besten nach außen richten. Nach innen in die Gang hinein geht das nicht, sonst würde man seine eigene Basis zerstören, hätte niemanden mehr, der »hinter einem steht«. Aber anderswo »muß man seinen Streß irgendwie ablassen und so kommen dann auch öfters Schlägereien und so was zustande.«

»Mein Vater ist sehr aggressiv und muß deshalb auch so seine Wut ablassen.« Und der Sohn kriegt dann auch Wut. Die kann er aber nicht zu Hause ablassen und innerhalb der Gang kriegt er das auch nicht geregelt. So bleibt nur das Ventil nach außen:

> »Man hat Angst, daß man irgendwie zu doll zuhaut. Aber in dem Moment (in dem man das tut), denkt man gar nicht nach, wenn man jemanden schlägt, was mit dem dann passiert. Aber du mußt irgendwie deine Aggressivität loswerden.«

Wut und Aggression scheint eine ansteckende Krankheit zu sein, die von einem zum anderen weitergegeben wird: Der Vater hat sie, der Sohn hat sie. Der Vater darf sie in der Familie loswerden, nicht so der Sohn. Der darf sie auch nicht in der Freundesgruppe, der Gang, loswerden. Die Freunde haben alle irgend so eine Wut und Aggression, aber Freunde können die Wut nicht gegeneinander richten: »Man läßt sie leichter an anderen aus, seine Aggressivität dann und seinen Ärger.« Man kann auch andere leichter verprügeln, wenn man in der Gruppe ist, die einem dabei unterstützt und mitprügelt. Das geht häufig unkontrolliert zu, so daß dem Gegner Zähne ausgeschlagen werden, er noch andere Verletzungen erleidet und ins Krankenhaus eingeliefert werden muß. Vor einer solchen Schlägerei schaukelt man sich häufig durch meist wechselseitige verbale Provokationen hoch. Aber zuweilen sind vor einer Schlägerei auch Kontrollen eingebaut:

> »Wenn z. B. eine Schlägerei ist und der Gegner liegt am Boden, treten dann alle zusammen zu und so. Aber: Sagen wir ›mal, wir haben Streit mit einem und wir haben nur gehört, daß Scheiße über uns gelabert wird, dann klären wir das erst einmal, ob das überhaupt stimmt. Und wenn das stimmt, dann hauen wir den zusammen. Aber wenn nicht, dann lassen wir den auch in Ruhe. Dann gehen wir nicht trotzdem hin und sagen, was hast Du für Scheiße gelabert und hauen ihm trotzdem eine rein. Also so nicht. Nur dann, wenn wirklich etwas (dran ist), also Wahrheit dran ist, daß er Mist geredet hat, dann ...«

Solche Schlägereien finden nicht selten zwischen türkischen und deutschen Jugendlichen statt. Dabei scheint die Provokation von den deutschen Jugendlichen auszugehen:

> »Es heißt, die Deutschen sagen immer die ›Scheißtürken‹ oder so etwas. Das Problem liegt aber einfach. Die Deutschen, die halten nicht so zusammen. Die Türken halten mehr

zusammen. In manchen Stadtteilen ist es auch schon so, daß da überwiegend Ausländer wohnen, dann ist das klar. Die Ausländer halten sowieso alle zusammen. Wenn dann da zehn Deutsche kommen und die Deutschen wissen gleichzeitig auch, hinter jedem Türken stehen schon wieder, weiß ich, 40 oder 50 andere (Türken), die in dem Stadtteil wohnen, dann sagen die Deutschen gar nichts mehr.«

Die Minderheit, so sehen es unsere Gesprächsteilnehmer, verwandelt sich in manchen Stadtteilen in eine Mehrheit und die Deutschen, die sowieso schlechter zusammenhalten, »sagen gar nichts mehr«. Diejenigen aber, die nichts zu sagen haben, sind die schwächeren, an denen man seine Wut und Aggression leichter auslassen kann, die schwächeren, die anderen, die nicht ebenbürtig kämpfen können, die Deutschen. Das ist gewiß ein für Deutsche vom Deutschen ungewohntes Fremdbild. Sie wähnen sich sicher eher als höherstehend angesehen. Doch in den Auseinandersetzungen rivalisierender Jugendgangs erscheinen sie als die schwächeren, an denen man leicht seine Wut in einer Schlägerei auslassen kann oder die sich auch leicht, wenn einem danach zu Mute ist, abziehen lassen. Vorwiegend an deutschen Jugendlichen wird also das Schwache, das sich die eigene Gruppe, die Gang, nicht erlauben darf, ohne ihren Zusammenhalt zu gefährden, verfolgt.

Daß eine solche Aufspaltung zwischen stark und schwach mit Merkmalen verbunden wird, von denen man glaubt, daß sie Nationalitäten und Kulturen charakterisieren, ist ein altbekanntes sozialpsychologisches Phänomen. Zur Aufspaltung in Stärke und Schwäche gesellt sich schnell die Aufspaltung in Gut und Böse und Aufwertung und Abwertung. Solche Spaltung tritt an die Stelle wechselseitiger Anerkennung, die nicht in Stärke und Schwäche, in Gut und Böse, in Aufgewertetes und Abgewertetes spaltet, sondern diese Polaritäten differenziert, so daß sie sich als nicht zu verschiedenen Gruppen zugeordnet, sondern auf verschiedene Gruppen verteilt wiederfinden lassen. Anerkennung an Stelle von Spaltung heißt, daß man Starkes und Schwaches, Gutes und Böses, Aufwertung und Abwertung gruppenunspezifisch entdecken kann, so auch als etwas Fremdes und Anderes bei sich selbst. Das hieße aber, daß die Starken keine Schwachen mehr brauchten, um sich selbst durch Verfolgung des Schwachen an Anderen zu beweisen, daß sie selbst nicht schwach sind. Das hieße die klassische sozialpsychologische Regel außer Kraft zu setzen, daß die Stärkeren nur die Schwächeren »abziehen«, damit sie mit sich selbst keine Probleme haben und ihr Zusammenhalt nicht gefährdet wird. In diese Richtung weist die Antwort eines Gang-Mitglieds auf dem Theaterworkshop auf die Frage »Wann werdet Ihr Euch nicht mehr schlagen?«:

»Jetzt sowieso nicht mehr. Das war früher. Jetzt muß jeder seinen eigenen Weg gehen. Jeder hat 'ne Ausbildung, geht zur Schule. Wer 'ne Ausbildung hat und dann 'ne Schlägerei, der versaut sich doch die Ausbildung dabei. Und sein ganzes Leben. Darum machen wir das nicht mehr. Wir erleben es so, wir sehen es, aber mitmischen machen wir nicht mehr.«

Mit einer Schlägerei kann man sich »sein ganzes Leben versauen«. Eine Schlägerei wird dann riskant, wenn sich für das eigene Leben Chancen bieten, wie ein guter Schulabschluß und ein sich daran anschließender Ausbildungsplatz es sind. Wenn sich in der Gesellschaft, in der man lebt, Zukunftsaussichten auftun, dann fällt es auch leichter, sich selbst besser zu kontrollieren und auf Schlägereien und Raufereien mit rivalisierenden Gruppen zu verzichten.

Man rückt in eine Art Zuschauerposition, mischt selber aber nicht mehr mit. Ähnliches gilt für das »Abziehen«. Das hat die Gang früher zwar gemacht, wie sie uns das ganz offen berichtet hat, aber heute greifen sie ein, wenn sie zu Zeugen eines Abzieh-Vorfalls werden und stehen den Opfern bei. Verbesserte Zukunftschancen, für die die Aussicht auf einen festen Arbeitsplatz zentral ist, sind nicht nur ein pragmatisches Argument der Jugendlichen, ihr Gang-Leben aufzugeben und zu einem zivileren Zusammenleben, nicht nur in der Gruppe selbst, sondern über ihre Grenzen hinaus mit anderen zu finden.

Zukunftswünsche bilden sich aus realen Erfahrungen, z. B. der Tatsache, daß man einen festen Ausbildungsplatz erhalten hat. Zukunftswünsche haben einen sehr reellen materialistischen Kern. Aber dieser Erfahrungskern ist es nicht allein, der den Blick in die Zukunft ins Hoffnungsvolle wendet. Einer fortdauernden Unterstützung bedürfen diese neuen Erfahrungen, die mit dem Eintritt in das Arbeitsleben hervorgerufen werden, durch faire und gerechte Kooperation. Für das, was man tut und leistet, möchte man von den Arbeitskollegen und Vorgesetzten anerkannt werden und diese für ihr Verhalten und Reden auch anerkennen können. Im Alltag soll sich etwas von der internen Gruppensolidarität fortsetzen und verallgemeinern können. Das Prinzip der fairen und praktischen Kollegialität, das Vorurteilsbereitschaft und Ausländerfeindlichkeit Grenzen setzt, schafft dann den sozialen Rahmen, der eine Ausweitung der internen Gruppensolidarität auf gruppen- oder gangexterne Arbeits- und Lebenszusammenhänge ermöglicht. Es entsteht ein ziviler Alltag, in dem die Jugendlichen lernen, sich einzurichten.

Ein ziviler Alltag, ein Ausbildungsplatz und Arbeit sind wesentliche Schritte einer sozialen Integration der Jugendgang. Sie machen aber keineswegs schon pädagogische Maßnahmen und Engagement zur Unterstützung der Jugendlichen überflüssig. Ganz entscheidend war das aufopferungsvolle Engagement des Lehrers der Jugendlichen – wir wiesen schon auf seine Initiativen hin –, um sie aus der Grauzone der Kriminalität herauszuholen. Zur Befestigung ihres zivilen Alltags haben auch die beiden Theaterworkshops beigetragen.[2] So haben die gemeinsame Entwicklung von Theaterspielszenen von Gewaltsituationen, wie sie die Jugendlichen der Gang mit Schülerinnen und Schülern einer gymnasialen Oberstufe auf dem ersten Theaterworkshop »Gewaltige Tage in Albstedt« (der Ort des Geschehens)[3] durchführten, die Jugendlichen zu kritischen und moralischen Überlegungen angeregt. Solches Nachdenken motivierte auch die pädagogischen Spielübungen, die die Bremer Theaterpädagogin und Lehrerin Barabra Larisch aus der Theaterpädagogik des Brasilianers Augusto Boal (ders. 1989), des Soziodramas und des Psychodramas entwickelt hatte und mit den Jugendlichen auf dem Workshop durchführte. Das kritische und moralische Nachdenken wurde noch verstärkt durch die gemeinsamen Reflexionsrunden, die wir zwischen die Spielszenen einschoben. Es ging in diesen Reflexionsrunden immer wieder darum, Gewalttätigkeit, gewaltförmiges Handeln zu problematisieren, es in seinen sozialen Zusammenhängen und Folgewirkungen mit den Jugendlichen zu analysieren und nach neuen nicht gewaltförmigen Lösungen der Theaterspielszenen zu suchen. Solche Workshops, auf denen nicht mit dem moralischen Zeigefinger gedroht wird, auf denen vielmehr die moralische und kritische Bewertung von den Teilnehmern selbst entwickelt wird, zeitigen nachhaltige Wirkungen.

In diesem Prozeß der selbstkritischen Überprüfung von bisherigen Erfahrungen und der Einübung neuer Sichtweisen und Einstellungen, dem Übergang vom Gangverhalten zu einem Gruppenverhalten auf dem Workshop kam auch dem Fernsehen, das den ganzen Prozeß des Miteinander-Theaterspielens und des Miteinander-Reflektierens mit einem Kamerateam an allen drei Tagen des Workshops begleitete, eine wichtige Rolle zu. Wie schon in dem Gruppengespräch, das wir gerade interpretiert haben, waren die Teilnehmer des Workshops, die ehemaligen Gang-Mitglieder vor der Fernsehkamera und dem sie interviewenden Redakteur sehr offen und bereit über ihre Erfahrungen zu berichten. Auch hier war ein zentrales Motiv für diese offene Haltung, daß sie

2 Vgl. das Kapitel »Von inneren und äußeren Übergangsräumen« in diesem Buch.

3 Dokumentiert von Radio Bremen, 28323 Bremen, Informationen unter: www.radiobremen.de.

in ihren Erzählungen und Meinungen ernst genommen wurden und sie sich anerkannt fühlten.

Wie schon durch das Gruppengespräch in einem Buch, wollten sie, daß durch einen Fernsehfilm etwas von ihrem Leben im Stadtteil, von ihren Fehlern, Ängsten, ihren Hoffnungen und ihrem Zusammenhalten dokumentiert wird. Sie wollen, daß man in der Öffentlichkeit von ihnen weiß und daß man von ihnen etwas lernen kann. So nutzten sie das Medium des Fernsehens für ihren Wunsch nach Wahrgenommen-Werden und Anerkennung, einen Wunsch, sich in die vorgegebenen gesellschaftlichen Zusammenhänge zu integrieren.

Dieser Prozeß der Öffnung und Integrationsbemühung wurde auf dem zweiten Theaterworkshop, der mit der ehemaligen Gang und der Gruppe der Kontaktpolizisten[4] an einem späten Nachmittag beginnend in einer Zeitspanne von sieben Stunden durchgeführt wurde, weiter fortgesetzt. Auch diesmal wurde der gesamte Verlauf des Workshops durch das Fernsehen dokumentiert. Auch diesmal entstand wieder ein Fernsehfilm, der zwar nicht wie der erste Film in verschiedenen Dritten Programmen verschiedener Fernsehanstalten, aber doch in dem von vielen Bremerinnen und Bremern gern gesehenen Regionalsendung »Buten und Binnen« gesendet wurde. Nicht zuletzt diese Fernsehsendungen[5] und die Tatsache, daß unser gesamtes Projekt »Gewalt und Sicherheit im Öffentlichen Raum« zum Bestandteil des Projektes »zeiten: der: stadt« auf der Expo 2000 wurde, hat dem Selbstbewußtsein der ehemaligen Gang-Mitglieder und allen anderen Beteiligten des Projekts, so auch uns Wissenschaftlern, mächtig Auftrieb gegeben.

Es war zunächst nicht einfach, die Kontaktpolizisten von diesem Theaterworkshop, den wir dann »Polizisten, Räuber und Gendarmen« nannten, zu überzeugen. Es bedurfte einer Reihe von Vorgesprächen. Mit unserer ehemaligen Jugend-Gang war das schon leichter. Aber auch bei unseren Kontaktpolizisten wuchs die Neugier, zumal sie in einem solchen Workshop die Chance sahen, Wege zu finden, mit diesen Jugendlichen und ähnlichen anderen Jugendgruppen besser ins Gespräch zu kommen. Wie schwer die Kontaktaufnahme zwischen Kontaktpolizisten und jugendlichen Gruppen und Gangs ist, belegt das Gruppengespräch mit den Kontaktpolizisten. Trifft man im Alltag aufeinander, so kommt es meist zu Konflikten, die schnell eskalieren können und kein sachliches Gespräch mehr erlauben.

---

[4] Vgl. das Kapitel: »Wir sind nicht diejenigen, die jede Kleinigkeit sofort verfolgen.«

[5] Informationen unter: www.radiobremen.de

Die Kontaktpolizisten luden nach einigen Überlegungen die ehemalige Jugendgang in ein Polizei-Center zu einem Inter-Gruppengespräch ein, das von uns moderiert wurde. Die Polizisten hatten Cola, Bier und Plätzchen aufgeboten. Die Jugendlichen hielten sich an die Cola. Es ging darum, sich wechselseitig die Entstehung der Gewalt auf der Straße zu erklären und jeweils auch etwas von der eigenen Geschichte zu erzählen. Der Vergleich zwischen Deutschen und Türken, Verrat, Freundschaft, Angst vor dem Stärkeren, Zusammenhalten und Anerkennung waren, wie bereits in dem von uns interpretierten Gruppengespräch, die Themen. Die Kontaktpolizisten erzählten auch von ihrer Berufsbiographie, das die Jugendlichen überraschte. Sie staunten nicht schlecht, was ein 50jähriger Polizist in seinem Leben schon so alles gemacht und erlebt hat. Gegen Ende des Gesprächs gefragt, was sie davon hielten, wenn ein Deutsch-Türke zur Polizei ging, meinte einer von den Jugendlichen: »Nicht schlecht, wäre ja 'ne Karriere.« Und ein anderer: »Würde sicher Spaß machen, so im Auto rumzufahren.«

Dieses Inter-Gruppengespräch war also eine andere Art von Auseinandersetzung als die auf dem Polizeirevier, von der die Jugendlichen in unserem Gruppengespräch berichteten. Es geht auch anders, wie uns der vier Wochen später stattfindende zweite Theaterworkshop nochmals bestätigte. Hier war ein Perspektivenwechsel angesagt. Die Gang schlüpfte in die Uniformen der Polizisten und diese statteten sich mit deren Jacken aus. Die Räuber wurden zu Gendarmen und diese zu Räubern. Sie spielten das alte Spiel im Rollentausch, um auf diese Weise vom jeweils anderen etwas verstehen und lernen zu können. Die Polizisten waren schnell perfekte Räuber und spielten mit deren Tricks und Täuschungen. Die Gang brauchte etwas länger, um herauszufinden, was man machen muß, damit die Räuber sich nicht einfach losreißen und abhauen. Sie waren zunächst zu gutgläubig, verhielten sich zu fair und ließen sich austricksen Die echten Polizisten gaben ihnen Nachhilfe. Danach klappte der Perspektivwechsel und die wechselseitigen Erfahrungen voneinander konnten besprochen und gemeinsam analysiert werden. Es kam zu einem versöhnlichen Abschluß, nicht nur ein Abschluß des Spiels. Er zeigte wie einstige und potentielle Gegner lernen können, miteinander zu reden und verständige Gesprächspartner zu werden. Gelegenheit macht nicht nur Diebe. Es lassen sich auch Gelegenheiten finden und herstellen, die zur Verständigung führen können.

Von inneren und äußeren Übergangsräumen – Psychologische Reflexionen über ein theaterpädagogisches Projekt zum Thema Gewalt

Renate Haack-Wegner

Ziel des Forschungsprojektes »Sicherheit im öffentlichen Raum« ist – neben der wissenschaftlichen Erkenntnisgewinnung – in einem weiteren handlungsorientierten Schritt einen »reflexiven Integrationsprozeß« (Leithäuser 1999/2000, S. 321) zwischen verschiedenen Bevölkerungsgruppen herzustellen. Gruppen aus dem Stadtteil, die sich fremd oder feindselig gegenüber stehen, sollen miteinander in einen interaktiven Austausch kommen. Dabei geht es um eine erlebte und reflektierte soziale und affektive Wahrnehmungsschärfung und -veränderung, die sowohl den Blick des einzelnen Gruppenmitgliedes auf sich selbst, auf seine Gruppe, als auch auf den anderen und auf die andere Gruppe weiten möchte. Die jeweiligen Gruppen, die aufeinander treffen, und die Form, wie sich die Begegnung gestaltet, ist situationsabhängig. Das Zusammentreffen wird zu einem Experiment, das seinen eigenen prozeßhaften Ablauf hat und dabei seinen Sinn herstellt. Es ist ein ›hermeneutisches Experiment‹, im Unterschied zu einem klassischen Experiment mit vordefiniertem Ablauf und bestimmter Thesenprüfung. Wir begreifen demgemäß auch unsere Rollen als Forscher darin, den Prozeß zu aktivieren, ihn zu begleiten, ihn auch zu moderieren und gemeinsam mit den Teilnehmern zu reflektieren. Wir sehen uns dabei selbst auch als Lernende, als sozial, emotional und kognitiv gleichermaßen an dem Prozeß Beteiligte an.

Ein solches ›hermeneutisches‹ Experiment waren dann auch die drei »Gewaltigen Tage«, die im November 1998 in der Theaterwerkstatt Albstedt (bei Bremen) stattfanden. Hier brachten wir zwei gleich große Gruppen von Jugendlichen (Junge Männer und junge Frauen aus einer gymnasialen Oberstufe (Grundkurs Darstellendes Spiel) und junge Männer aus einem Freizeitheim für drei Tage in einer Theaterwerkstatt zusammen. Insgesamt arbeiteten dort 22 deutsche und ausländische, vor allem türkische Jugendliche miteinander. Ausgangspunkte waren Gewalterfahrungen, die vor allem von der einen Gruppe als eigener Erlebenshintergrund zu diesem Thema eingebracht wurden, und die Theatererfahrungen der Schülergruppe.

Mit den Mitteln des darstellenden Spiels wurde Sensibilisierungs- und Vertrauenstraining, Übungen zur Wahrnehmung und zur Körpersprache durchgeführt, es wurde mit Standbildern und Rollenspielen gearbeitet. »Rollentausch und Theaterspiel, Erfahrungslernen und Verständigungsprozesse wurden initiiert. Ein Mix aus Spielfreude, Phantasie, Vertrauen und positiv erlebter Entwicklung kreativer Fähigkeiten entstand.«[1]Die Jugendlichen entwickelten ein eigenes »Theaterstkck«, das um verschiedene Aspekte von Gewalt kreiste. Es wurde am letzten Tag aufgeführt. Die nicht immer leichte Aufgabe der Theaterarbeit übernahm eine Lehrerin für darstellendes Spiel. Daneben gehörte ein weiterer Lehrer aus einer Sek.-I-Schule zu unserem Team, der die Teilnahme der Freizeitheimgruppe durch seinen persönlichen Einsatz und das große Vertrauen, das er bei diesen Jungen genießt, überhaupt erst ermöglichte. Er übernahm auch die Betreuung dieser Jugendlichen während des Workshops. In einer Reihe von Reflexionsrunden, geleitet von Thomas Leithäuser und mir, ging es uns darum, das eben in den Übungen oder Rollenspielen Erlebte zu besprechen, d. h. affektive Prozesse sprachlich zu symbolisieren und so bewußt zu machen.

– »Wie ist es mir ergangen als Verfolger, wie habe ich mich gefühlt als Verfolgter?« Dabei ging es um den Perspektivwechsel, einmal Täter, einmal Opfer zu sein und die damit verbundenen Gefühle.

– »Was ist Gewalt für mich?« Hier ging es uns um eine subjektive, individuelle Füllung des Gewaltbegriffs, d. h die subjektive Verschränkung und Bedingtheit dieser Haltung und der daraus resultierenden (Gewalt-) Handlungen begreifbar zu machen.

– »Wovor habe ich Angst und wie mache ich Angst?« Es ging darum, über das Thema Angst und Bedrohung zu sprechen und eine Annäherung an das Gewaltthema zu ermöglichen, die Verschränkung von aktiver und passiver Gewalt zu verdeutlichen, also manchmal Täter und ein anderes Mal Opfer von Gewalt zu sein.

– »Welche Gewalterfahrungen habe ich und was bedeutet der Einsatz von Gewalt in der jeweiligen Situation für mich?« In dieser Runde stand die Thema-

[1] Aus dem Bremer Flyer zur Expo 2000 »sicher: zeiten«.

tik der Differenz im Raum: Anhand von Schilderungen selbst erlebter Gewaltszenen wurde für die einzelnen erlebbar, wie unterschiedlich, d. h. persönlichkeits-, schicht-, kultur- und geschlechtsspezifisch Gewalt konnotiert wird und welche unterschiedlichen Lösungsversuche sich daraus ergeben.

Begleitet wurden wir alle drei Tage von einem Team von Radio Bremen, das aus dem umfangreichen Material einen Film (zunächst für Radio Bremen in der Reihe »Buten und Binnen«), dann eine erweiterte Fassung für den Hessischen Rundfunk sowie ein Radio-Feature[2] herstellte. Beide Medien geben in einfühlender und kritischer Weise den Verlauf und erste Reflexionen dieses Integrationsversuches wieder.

Differenz und Gemeinsamkeit

Ich möchte aus der Fülle der Anregungen, die dieses Projekt für eine nähere psychologische Betrachtung bietet, einen Schwerpunkt herausgreifen, der mich schon während der Tage in Albstedt sehr beschäftigt hat: die Auseinandersetzung um das Thema Gemeinsamkeit und Differenz. In der Erinnerung bleiben mir drei Szenen besonders lebendig, die ich als szenische Inszenierung dieses Konfliktes begreife:

1. Szene:
Diese stellte sich in einer der ersten gemeinsamen Gesprächsrunden her, die am Ankunftstag stattfanden. Die Jugendlichen spielten »Verfolger«. Dabei ist jeder einmal Verfolger, das heißt, er beobachtet und verfolgt möglichst unerkannt einen bestimmten per Karte gezogenen anderen Jugendlichen und einmal ist er selbst der Verfolgte und versucht dabei herauszufinden, wer ihn verfolgt. In dem »Katz-und-Maus-Spiel« geht es ebenfalls um Verfolger und Verfolgte: Zwei Jugendliche sind Katzen, die restlichen sind die Mäuse, die sich gegenseitig aus den Fängen der Katzen erlösen können. Wir sprechen nach den Spielen über die Gefühle und Erfahrungen in den jeweiligen Rollen. Dabei wird deutlich, daß für die männlichen Jugendlichen aus der Freizeitheimgruppe diese Spiele ihre Realität auf der Straße widerspiegeln, Verfolgen und Verfolgtwerden zu ihrem Alltag gehören und oft mit Gewalterfah-

[2] Genauere Angaben werden in der Einleitung genannt.

rungen verbunden sind. Sie beschreiben ihr Verhalten im öffentlichen Raum folgendermaßen: »Werde ich von einer Gruppe verfolgt? Will die etwas von mir? Ich muß genau hinsehen und die Situation einschätzen! Sehen die aus wie solche, dann muß ich auf die vermeintliche Gefahr möglichst als erster reagieren.« Aber auch die andere Seite gehört dazu: »Wollen wir jemanden verfolgen und abziehen? Wollen wir mit der Polizei Katz und Maus spielen?« Ich sitze neben zwei Mädchen und höre, wie die eine der anderen zuflüstert: »Das ist ja schrecklich, wie das für die ist.« Ich ermutige sie, ihr Erstaunen und Erschrecken zu äußern. Daraufhin erzählt das Mädchen von ihrer sehr anders erlebten beinahe dörflichen (eher oberschichtigen) Lebenswelt, in der ihr solche Erfahrungen und Gefühle fremd sind. Sie erlebt die Alltagswelt dieser Jungen als beängstigend und in ihrer dauernden Anspannung und Gewalthaltigkeit als anstrengend und schrecklich. Die angesprochenen Jungen erwidern, daß diese Einschätzung nur daher komme, weil dieses Mädchen noch keine Gewalterfahrung gemacht habe. Hätte sie die, dann würde sie auch so wie die Jungen denken (und handeln). Ich erfahre später, daß die Jungen sehr stark irritiert waren von einer solchen Sichtweise, daß sie wütend waren und diese als mädchentypisch, naiv und blöde (versteht nichts von der realen Welt) verwarfen. Ich mache mir Sorgen, ob ich nicht durch meine Aufforderung an die Mädchen, ihre Gedanken laut auszusprechen, die Gefühle der Fremdheit untereineinander (der zwei Gruppen zueinander) verstärkt habe, denn sprachlich symbolisiert standen sie nun im Raum. Die reflexiven Versuche, diese Irritationen auf beiden Seiten zu bearbeiten, erschienen mir zwar tragfähig, aber Verunsicherungen blieben zurück – Anstoß zum Weitermachen oder Anlaß zum Zurückziehen? Wieviel Belastung im Ertragen von Differenz ist nötig, um miteinander klärend, nicht zudeckend zu arbeiten, Störungen aufzugreifen und progredient für den Gruppenprozeß zu wirken? Wieviel Belastung ist aber störend und wirkt eher destruktiv, vor allem zu Beginn eines Projektes? Denn es gab schon durch das Projekt selbst Irritationen und Verunsicherungen, vor allem für die Gruppe der Jugendlichen aus dem Freizeitheim, für die sowohl unsere Einstiegsweise (Kennenlernrunden) als auch das Theaterspielen insgesamt etwas Fremdes war. Die Situation war angespannt, der Prozeß hätte kippen können. Denn einige aus dieser Gruppe empfanden diesen als so wenig befriedigend, daß es bei ihnen an diesem ersten Abend durchaus Überlegungen gab, die Sachen zu packen und nach Hause zu fahren.

2. Szene:
Auch hier geht es um das Aussprechen von Differenzen, dieses Mal allerdings geht die Erfahrung und die Formulierung der Andersartigkeit quer durch die beiden Gruppen hindurch. Diese Szene spielt sich am nächsten Tag ab.

Thomas Leithäuser und ich sammeln Stichworte zu Situationen, die von den Jugendlichen mit Gewalt verbunden werden. Ein Junge erzählt unter dem Stichwort »Gewalt bei der Arbeit« von einer Situation aus seinem Arbeitsbereich, von einer ihn sehr beleidigenden Anspielung eines Gesellen über die Mutter des Jungen (»Hurensohn«), auf die er mit drohenden Nachfragen reagierte und vor Wut nur noch rot gesehen habe. Das ermuntert einige andere Jugendliche in der Runde, vorzuschlagen, statt in dieser Situation nach physischen Gewaltlösungen zu suchen, diese Äußerungen einfach zu ignorieren. Daraufhin bricht eine erbitterte Auseinandersetzung darüber los, welche Bedeutung der Begriff der Ehre hat, was die Beleidigung der Familie, die Verletzung des Stolzes und der Würde der Familie für Angehörige bestimmter Glaubensgemeinschaften bzw. Kulturen bedeuten. Ein polnischer Junge aus dem Freizeitheim:

> »Wenn einer meine Mutter, meinen Vater oder meine Geschwister beleidigt, oh, ich würde auch einen blackout kriegen, ich würde was weiß ich, was ich mit ihm machen würde.«[3]

Ein türkischer Junge aus der Schülergruppe:

> »Das ist das Schlimmste, was man machen kann, ein Deutscher sagt, meine Mutter ist was weiß ich was, ist doch so!«

Ein türkisches Mädchen aus der Schülergruppe:

> »Ist mir auch schon mal passiert. Da hab ich auch etwas dagegen getan. Ich habe auch zurückgeschlagen. Ich sagte, gegen mich kannst du sagen, was du willst, aber niemals gegen meine Familie.«

Ein deutsche Junge aus dem Freizeitheim:

> »Bei den Deutschen ist das so, die stehen mehr über den Dingen, die können, die können es ignorieren, die sagen: ›Ja, o.k., er hat es zu mir gesagt, o.k. Ich kann es wegstecken.‹ Aber bei den Türken, bei den Ausländern, ist das meistens so, die geben ein Wort drauf oder hauen ihm eins aufs Maul, die können nicht sagen: ›Laß uns darüber reden, warum sagst du das überhaupt. Hab ich dir irgendwas getan?‹, das können die nicht sagen.«

---

[3] Diese und alle weiteren Zitate stammen aus Mitschnitten des Radio Features.

Ein Mädchen aus der Schülergruppe:

> »Wenn du jemanden ignorierst, dann kommt der überhaupt nicht damit klar.«

Ein türkischer Junge aus der Freizeitgruppe:

> »Aber wenn der Schläge kriegt, dann kommt er erst richtig damit klar.«

Ein Ignorieren solcher Vorfälle sei nach Meinung der ausländischen (türkisch und polnischen) Jugendlichen einfach nicht möglich, das sei für Deutsche vielleicht möglich, für Türken jedoch nicht: »Deutsche stehen mehr über den Dingen, Türken darin«, so das Fazit eines deutschen Jugendlichen aus der Freizeitheimgruppe, der engen Kontakt zu den türkischen Jugendlichen hat. Hierbei verbünden sich durch gemeinsam erfahrene und tradierte familiäre und soziale Werte die ausländischen (türkischen und polnischen) Jugendlichen beider Gruppen miteinander zu einer klaren Grenzziehung gegen die sie umgebende deutsche Kultur. Die Reflexion bewertet aber nicht, läßt beide Kulturen nur in ihrer Unterschiedlichkeit deutlich werden, d. h., Differenzen können herausgearbeitet und benannt werden. Ich habe ein besseres Gefühl als am ersten Tag, finde diese Klärung von Differenz, von Fremdheit wichtig. Andere Perspektiven werden nicht abgetan, sondern auf einer (kulturspezifischen) Metaebene reflektiert. Irritationen und die dazugehörenden Emotionen bleiben als heftige Reaktion an die Szene gebunden, das heißt, sie fallen mit der sprachlichen Symbolisierung zusammen. Es kommt zu keinem Beziehungsabbruch, die Nähe bleibt bestehen, obwohl die Differenz deutlich wird. In dieses Phase haben wir miteinander bereits gemeinsam gearbeitet und aus den einzelnen Übungen sind vielfältige Kontakte entstanden. Auf dieser Basis ist das Offenlegen der Differenz schon eher möglich, weil eine tragfähige Basis entwickelt wurde. Darüber hinaus gefährdet diese Differenz nicht, sondern verbindet eher, denn in beiden Gruppen gibt es türkische Jugendliche. Das war ihnen natürlich als eine äußerliche Gemeinsamkeit schon seit der Vorstellungsrunde bekannt, aber eine innere Gemeinsamkeit stellt sich erst an dieser Stelle her.

3. Szene:
Am letzten Tag in der Abschlußrunde wird das Problem Fremdheit und Distanz versus Gemeinsamkeit und Nähe erneut berührt. In der Abschlußrunde wehren sich die Jugendlichen aus dem Freizeitheim gegen Äußerungen, die jemand von den Teamleitern über die Unterschiede zwischen den beiden Gruppen macht

und die ihrer Meinung nach fälschlich das Trennende zwischen ihnen und der anderen Gruppe betonen. Die Jugendlichen empfinden sich jetzt als eine Gruppe, empfinden sich durch die gemeinsame Arbeit und das gelungene Projekt, das gerade aufgeführte Theaterstück, als eine Einheit. Sie sehen jetzt überhaupt keine Differenzen mehr zwischen sich. Sie fühlen sich gestört durch diese Äußerung und weisen diese vehement zurück. Ich kann dies gut nachvollziehen, denn auch mir geht es so, daß ich die beiden Gruppen im Laufe unserer Arbeit immer weniger voreinander unterscheiden und zuordnen konnte. Eine gemeinsame Aufgabe hat uns alle verbunden und die Nähe zueinander ist in diesen drei Tagen gewachsen.

Trotzdem gefällt es mir, daß an dieser Stelle, am Abschluß des Projektes, nicht ›blind‹ der andere Pol (eine harmonische Vereinigung, die über Differenzen wegsieht) als Position vertreten wurde, so verführerisch diese auch sein mag, sondern an die eigene durchaus differente Sichtweise vor zwei Tagen erinnert wurde, wo die Fremdheitsgefühle einem erheblich zu schaffen machten. Dieser Hinweis konnte am Ende der Runde von ihnen angenommen werden. Die Integration beider Erfahrungen gelang meiner Meinung nach, weil das Fremde nicht mehr so bedrohlich war und somit zugelassen werden konnte, aber es spielte sicherlich auch das Lernen über Identifikation eine große Rolle, denn ihr alter Lehrer, an dem sie einen Halt haben und den sie mögen, hatte diese Bemerkung gemacht. So wurde – an die eigene Erfahrung zurückgebunden – deutlich, daß Gemeinsamkeit nicht von Anfang an und selbstverständlich immer da war, sondern daß ein verbindendes Gruppengefühl, die Bindung, der Kontakt und das Vertrauen untereinander erst wachsen mußten. Die Erfahrung von Differenz, die sie während der drei Tage ja oft auch irritierend oder schmerzlich erfahren hatten, konnte damit erhalten bleiben, aufgehoben in dem Gefühl der Gemeinsamkeit.

Ziel von Albstedt war es, einen Bildungsprozeß zu initiieren, der im Zusammenhang mit dem Thema Gewalt sowohl die Sicht auf sich selbst als auch die auf die (jeweils) anderen reflektiert und es ermöglicht, sich neuen Wahrnehmungen und Gefühlen zu öffnen. Die Bewegung hin zu einer Anerkennung der eigenen Person und der des anderen in seiner Fremdheit durchzieht als grundlegendes Prinzip zum Abbau von Gewaltstrukturen dieses hermeneutische Experiment. Es geht mir nun darum, den dazu nötigen *inneren* Prozeß und seine Psychodynamik genauer zu fassen. Dafür ist es wichtig, kurz zu klären, von welcher Vorstellung von dem Ich und dem anderen ich theoretisch ausgehe. Auch die psychologischen Implikationen, die mit der Wahl des Begriffs

›Übergangsraum‹ für die Beschreibung der Albstedter Erfahrungen verbunden sind, sollen zumindest angedeutet werden.

Ich und der andere

Ich gehe in meinen Überlegungen nicht auf den interaktiven Aspekt von zwei Individuen, die sich begegnen (entweder in einer symmetrischen Subjekt-Subjekt Beziehung oder einer asymmetrischen Subjekt-Objekt Beziehung) ein, also hier das Ich, dort der andere, als Subjekt oder Objekt in der Beziehungsdyade. Ich gehe dagegen von einer in der Psychoanalyse entwickelten Vorstellung aus, die das Ich und den anderen in der inneren Repräsentanz von Selbst und Objekt verbindet. Brigitte Rauschenbach beschreibt dies für die Ethnopsychoanalyse, die ja explizit mit der Thematik von Eigen und Fremd umgeht, folgendermaßen: »Die als Ethnopsychoanalyse entwickelte epistemologische Relation läßt sich in Kategorien von Subjekt und Objekt oder Subjekt und Subjekt allerdings nicht mehr angemessen beschreiben. Grundstruktur der ethnopsychoanalytischen Beziehung ist statt der gegensätzlichen Figuration von Subjekt und Objekt ein Spannungsverhältnis, das von der operativen Basis von Ich und anderem ausgeht. (...) Anders als der Subjektbegriff weist die Kategorie des anderen auf ein implizites Verhältnis zu dem, der die Kategorie gebraucht. Der Begriff des anderen hat eine relationale Struktur. In aller Regel ist er angekoppelt an die Figur eines Ich. Ich und der andere bilden eine kategoriale Konfiguration, die auch phänomenologisch nur ungenau faßbar ist. (...) Der andere Mensch ist anders als ich. (...) Dennoch verschmilzt der andere in einem ständig sich verschiebenden perspektivischen Horizont des Übergangs jeweils mit dem, was ich von ihm wahrnehme, denke und spüre. Es entsteht ein unbestimmter Übergangsraum der Erkenntnis, den ich sowohl mit den hergebrachten, festen Prämissen als auch tastend nach Irritationen beweglich erschließen kann« (Rauschenbach 1995/96, S. 21).

Dieser theoretische Hintergrund kann vertiefen, was ich in den drei Szenen bereits angesprochenen habe. Es geht um die Reflexion der inneren Repräsentanz der eigenen und der fremden Gruppe, von Ich und dem anderen, von Wir und den anderen. Dazu muß ein innerer Reflexionsraum geöffnet werden, der Veränderungen zuläßt, der Selbstwert, Differenzierungs- und Integrationspotenz gleichermaßen befördert. Die drei Tage in der Albstedter Theaterwerkstatt lassen sich als einen solchen inneren und äußeren Übergangs- Raum begreifen.

Dabei greife ich auf einen Begriff zurück, der von Winnicott im Zusammenhang mit der frühen Mutter-Kind Beziehung geprägt wurde. Der Übergangsraum hat eine große Bedeutung für die kindliche Entwicklung, da er »zwischen der äußeren Realität und dem Seinszustand des Säuglings vermittelt und damit entwicklungsfördernd wirksam wird« (Tenbrink 2000, S. 750). Dabei kann das Kind mit Hilfe von Übergangsobjekten aus dem sicheren Raum der haltenden mütterlichen Beziehung in einen neuen, unsicheren Realitätsraum vorstoßen, bei dem es zunehmend die Fähigkeit gewinnt, zwischen Subjekt und Objekt zu unterscheiden, ohne gleichzeitig von Trennungs- und Vernichtungsängsten überwältigt zu werden. Im übertragenen Sinne kann dieser Begriff meiner Meinung nach auch für die Beschreibung ähnlicher Prozesse benutzt werden: Immer dann, wenn es um Differenzierungsprozesse zwischen Selbst und den Anderen geht. Wenn also Jugendliche – wie in Albstedt – in einem bestimmten schützenden und haltenden Setting ihre sicheren Vorstellungs- und Verhaltensweisen verlassen und durch einen Zugewinn an inneren Freiräumen neue Erfahrungen über sich und das Fremde machen können, haben wir einen solchen Übergangsraum geschaffen. In diesem gelingt es, innere Spielräume zu gewinnen, ohne von Vernichtungsangst überrollt zu werden bei der für diesen Prozeß notwendigen angemessenen Berücksichtigung ihrer mitgebrachten potenten Selbstwertgefühle. Mit Hilfe dieses Raumes kann angstloser und spielerischer mit Neuem und Bedrängendem umgegangen werden. Das bedeutet innerpsychisch auch, daß mögliche Abwehrhaltungen gegen das Fremde, das Nicht-Ich, durch weniger Angst gelockert werden können.

Winnicott sieht diesen Raum entwicklungspsychologisch nicht an das Kindesalter gebunden: »Der Übergangsraum bleibt auch im Erwachsenenalter ein Ort des Ausruhens von der Anspannung infolge des Austausches mit der äußeren Realität« (Tenbrink 2000, S. 752). Unser Workshop in Albstedt läßt sich als ein solcher Freiraum von sonstiger äußerer Arbeits- und Lebensrealität begreifen. Die haltende Funktion war durch die Vertrauensbeziehung zu den Personen gesichert, die als ihnen vertraute und gemochte Lehrer im Sinne eines Übergangsobjektes funktionierten. Die kreative und reflexive Arbeit am Selbst, immer verbunden mit der Auseinandersetzung mit dem anderen, waren implizit Inhalt und Ziel der drei Tage.

Ein besondere Balanceakt war dabei, das Selbstwertgefühl zu erhalten, aber gleichzeitig den anderen besser in seinen Gefühlen und Bedürftigkeiten wahrzunehmen. Dabei gehe ich davon aus, daß dieser Übergangsraum für beide Gruppen wichtig ist, aber daß die beiden Gruppen von Jugendlichen diesen unterschiedlich zur Verfügung haben: Die Schülerinnen und Schüler haben noch die Schule als Entwicklungs-, Schutz- und Reflexionsraum. Auch können sie im Fach ›Darstellendes Spiel‹ ein kreatives Angebot nutzen und die Auseinandersetzung mit sich und der äußeren Realität spielerisch gestalten. Dagegen sind die anderen Jugendlichen bereits stärker in die Arbeitsrealität eingebunden, da fast alle bereits in Arbeitsprozesse integriert sind und damit in eine sie bedrängendere äußere Realität, die wenig geschützte Erfahrungs- und Reflexionsräume bietet. So möchte ich im folgenden den Prozeß, der sich in Albstedt auf der inneren und äußeren Bühne abspielte, mit der Vorstellung von einem inneren und äußeren Übergangsraum verknüpfen, der dort ausgestaltet werden konnte. Ich werde dieses (weitgehend) an einem männlichen Jugendlichen beschreiben. Dabei greife auf einen Jungen aus der Freizeitheimgruppe zurück, weil bei ihm die Dynamik deutlicher erkennbar war und sich klarer sprachlich und szenisch abbildete als bei den übrigen Jugendlichen.

Die Entstehung eines Übergangsraumes:

1. Ein Spalt tut sich auf

Die Jugendlichen jeder Gruppe – wie wir auch – brachten zunächst bestimmte Ansichten mit, wie sie die anderen sehen. Das heißt, ihre Vorstellung von dem anderen war eng gekoppelt an bestimmte Bilder, die sich das Ich weitgehend unbewußt von dem anderen gebildet hatte. Nach den ersten Kennenlernkontakten zwischen den Gruppen wurden verschiedene Jugendliche von dem Reporter gefragt, was sie von den anderen halten:

> Schüler A.: »Ich kenne sie überhaupt nicht, aber ziemlich große Klappe – aber sonst, glaube ich, sind sie sehr nett.«
>
> Schüler B.: »Ich denke mal, wir werden ziemlich gute Ergebnisse hier erzielen mit unserer Arbeit.«
>
> Schülerin C.: »Ich kenne die meisten schon, einige finde ich ganz nett, andere sind ein bißchen gewalttätig.«

So drei Reaktionen aus der Schülergruppe. Da wird versucht, die Beobachtung ›große Klappe‹, aber auch die, daß die Jungen ganz nett sind, zusammenzubringen. Da wird Vertrauen in die gemeinsame Arbeit geäußert, ein allgemeines Statement, das die persönlichen Gefühle außen vor läßt, und sich an der Aufgabe, der Sache orientiert. Da wird differenziert zwischen solchen und solchen, die man nett oder weniger nett findet, weil man mit ihrer Person Gewalt verbindet. Aus der anderen Gruppe kommen folgende Äußerungen:

> Jugendlicher D.: »Bißchen anders, ich kann das nicht so beschreiben, sie sind vielleicht anders aufgewachsen, sie sind vielleicht ein bißchen vernünftiger, ruhiger oder so.«
>
> Jugendlicher E.: »Ganz gut.«
>
> Jugendlicher F. (ein türkischer junger Mann und der Anführer der Freizeitheimgruppe): »Ich glaub mal, die halten nicht so zusammen wie wir, wenn es hart auf hart kommt. Wir würden immer zusammenhalten, bei denen ist das nur so, das sind nur so schulische Freunde.«

Während bei der Äußerung von D. die aktuelle Wahrnehmung in einer eher anerkennenden Weise verarbeitet wird, die Unterschiede zwischen den Gruppen als Sozialisationsunterschied reflektiert wird, ein knappes, positives Urteil von E. kommt, klingt in der letzten Äußerung von F. etwas anderes an: nur Schulfreunde, nicht so wie wir, wirklich gute Freunde. Das heißt, der Stolz, anders im Sinne von besser zu sein, klingt durch, jedoch verbunden mit einer Entwertung der anderen. Eine Ansicht, die F. schon in der Gruppendiskussion im Rahmen unseres Forschungsprojekts über die deutschen Jugendlichen geäußert hat. Sie mag im Kontext seiner bisherigen schulischen und außerschulischen Erfahrungen im öffentlichen Raum stimmiger und realitätsgerechter gewesen sein. Hier aber war dieses Freundschaftsthema nicht angesprochen oder als Erfahrung nach so kurzer Beobachtung in dieser Weise ausdeutbar. Im Gegenteil, beide Gruppen waren zunächst eng auf die eigenen Gruppenmitglieder bezogen und ließen in jeder Gruppe durchaus freundschaftliche, engere Kontakte wie auch entferntere Beziehungen wahrnehmen. So ist diese Äußerung eher als ein Stereotyp zu begreifen. Doch was mag die psychisch wichtige und somit psychologische Funktion seiner Äußerung in dieser Situation für ihn sein: Ich meine, sie ist als ein sicherndes Moment zu verstehen, gegen erste in Albstedt gemachte irritierende und verwirrende Erfahrungen, denen man zunächst mit alten Vorstellungen begegnet.

Das Herausstellen der eigenen Solidarität im Umgang miteinander ist ein gewichtiges Moment, die Identität der Gruppe und damit auch die eigene zu sichern. Um zu zeigen, daß dieser Wert nicht nur ein äußerlicher ist, der taktisch beliebig von ihnen mobilisiert wird, möchte ich noch einmal auf Erkenntnisse der Ethnopsychoanalyse zurückgreifen: Das Bild »Ich und der andere« setzt voraus, daß ein individuelles autonomes Ich existiert. Neben diesem Ich gibt es aber Anpassungsmechanismen, die Paul Parin (ders. 1997) mit dem Begriff »Gruppenich« und »Clangewissen« beschrieben hat. Diese innerpsychischen

Strukturen spielen für gruppenbezogene Kulturen eine große Rolle. Wenn Parin seine Ergebnisse bei afrikanischen Stammesgruppen gewonnen hat, so treffen diese meiner Meinung nach – zumindest im strukturellen Sinne – auch auf die traditionelle islamische Kultur zu. Der Wert der Gruppe, der Solidarität und die Freundschaft sind in der türkischen Migrantengruppe mitgebrachte, aus den dörflichen Strukturen stammende, aber auch hier gültige Orientierungen. Das gilt in besonderem Maße für die männlichen Migranten (vergl. Schiffauer 1983). Dieses Muster bekommt durch die Migrantensituation zusätzliche Bedeutung als eine angemessene und funktionale (Über)lebensform. Dazu kommt, daß das Leben dieser Gruppe Jugendlicher von langen gemeinsamen Zeiten in Kindergarten, Schule und Freizeitheim geprägt ist, wo sie eine über viele Jahre stabile Gruppe bildeten. So stehen auch aus diesem Grund die Werte Freundschaft und gegenseitige Hilfe im Vordergrund, was sie bereits in einem zurückliegenden Gespräch mit Thomas Leithäuser und mir ausgeführt haben.[4]

Die Gruppe ist ein wesentliches, das Ich stützendes und strukturierendes Moment, das aktiviert wird, vor allem, wenn dieses verunsichert wird. Wenn ich an das ethnologische Konstrukt vom ›Ich und dem anderen‹ als relationale Vorstellung im oben gemeinten Sinne denke, dann existiert nicht nur ein ›Ich und der andere‹, sondern das Ich hat eine Struktur, die Ich und Gruppenich enthält, zu der das Bild vom anderen dazu kommt.

Es erscheint beinahe so, als wenn wir es in dem Prozeß, den wir im Workshop inszenierten, erst einmal mit dem Gruppenich zu tun bekommen, gerade wenn starke Verantwortlichkeit und Einbindungen in die Gruppe wie bei F. vorhanden sind, der seit Jahren eine führende Rolle in dieser Gruppe spielt. Das Festhalten an diesem identitätsbildenden Wert wird um so nötiger, wenn die alten, angestammten Verhaltensschauplätze in ihrem Stadtteil, die solchen Solidaritätsinszenierung Raum gaben, hier in der Theaterwerkstatt nun nicht mehr zur Verfügung stehen. Gerade auf dieser Stadtteil-Bühne waren die Freizeitheim-Jugendlichen aber große Akteure. Neben dem Verlieren ihres angestammten Verhaltensschauplatzes war in Albstedt noch mehr passiert: Durch die Eingangsrunde und die sich daran anschließenden thematischen Spiele und Reflexionsrunden war vieles in Gang gekommen. Die einzelnen Mitglieder waren als einzelne Individuen, nicht als Gruppenmitglieder angesprochen worden, die Gruppen hatten sich in den Spielsequenzen vermischt, sie machten

[4] Vgl. dazu auch die Untersuchung von Terlit (ders. 1996), der ähnliche soziale Muster bei einer türkischen Jugendbande beschreibt.

erste Erfahrungen, wie die anderen sie sehen. Sie konnten so auch erste Erfahrungen über sich sammeln: Sie erfuhren, daß sie, die in ihrem Kontext so sicher den vermeindlichen Feind, den Angreifer auf der Straße erkennen können, sich im »Verfolgungs-Spiel« nun aber oft »von den Falschen« verfolgt fühlten.

Was heißt das für ihre Ich-fähigkeiten? Ihre alte Orientierungsmöglichkeit war wenig verwendbar, Sicherheit drohte verloren zu gehen, was Angst macht. Bei einer solchen Verunsicherung ist es verständlich, daß durch die Entwertung der anderen und die Idealisierung bzw. die Betonung der eigenen Stärken, gerade von dem Anführer der Gruppe, zunächst versucht wird, an gewohnten Sichtweisen und Strukturen anzuknüpfen. Diese sehen jedoch für ihn so aus, gedanklich und gefühlsmäßig im Gruppenkontext zu verbleiben und nicht die einzelnen Individuen wahrzunehmen, die sich hier begegneten. Hierfür wären neue progressive Ich-Wahrnehmungen gefragt, bei denen das Gruppen-Ich seine stützende Funktion verlieren müßte und eher störend statt hilfreich wäre. So bedient er sich ihrer und es hilft, aber eher in einem regressiven Sinne. Neue aktuelle Wahrnehmungen werden nicht zuzulassen oder nachträglich zunächst einmal ungeschehen gemacht.

Bei der ersten Kontaktaufnahme zwischen beiden Gruppen, der Kennenlernrunde, dem »Straßenbahnfahren«, fiel mir auf, daß gerade dieser Jugendliche zunächst bei seinen Äußerungen zu dem, den er nicht kannte, immer vom sicheren und richtigen Gruppenzusammenhang ausging, nämlich daß der Schüler oder die Schülerin zum Gymnasium gehe, was er stereotyp wiederholte – von uns eher als Witz begriffen – von ihm aber nicht so gemeint – was alle dann stets mit wohlwollendem Gelächter quittierten, auf das er verunsichert reagierte. Die anderen Jugendlichen wagten viel eher Vermutungen, die die einzelne Person betrafen. Dagegen stellten die fremden Jugendlichen sich ihm zunächst einmal als eine homogene Gruppe dar, nicht als einzelner Junge oder als einzelnes Mädchen. Hinter dieser stereotypen Zuweisung stand auch die Angst, etwas Falsches zu sagen. Das war sehr verständlich, denn er war derjenige, der die kleine Gruppe der Jugendlichen aus dem Freizeitheim anführte, ihr Sprecher und ihr emotionaler und sozialer Fokus. Er konnte sich keinen Gesichtsverlust leisten. Der Druck war nicht unerheblich, denn seine Autorität und Macht über die Gruppe stand, vielleicht für ihn unbewußt bleibend, aber nichtsdestotrotz wirksam, bei diesem Experiment auch auf dem Spiel.

So meine ich, daß er aus diesen Gründen bei der Befragung durch den Reporter seine stereotype »Prämisse« herausholte, die durch keinerlei gegenwärtig real erlebte Erfahrung angereichert wurde, die er also nicht aus den konkreten vorangegangenen Situationen ableitete, sondern statementhaft in den Raum stellte. Es war an dieser Stelle nötig, um andere, ihn irritierende oder verwirrende Erfahrungen über die deutschen Jugendlichen, die sich ihm (und vielleicht auch seiner Gruppe) eben doch anders darstellten, abzublocken. Psychologisch sprach in dieser frühen und wenig abgesicherten Situation alles dafür, diesen Übergangsraum möglichst klein zu halten und vor der Tür eine Barrikade gegen neue Eindrücke aufzurichten. Das kann auch für die Gruppe, für die er sich verantwortlich fühlt, als ein Schutz gemeint sein, so daß sie ihre Orientierung behält und nicht zerfällt. Er setzt dann als Anführer ein deutliches sprachliches Zeichen des gemeinsamen Konsens. Das bringt Sicherheit und Aufwertung bei ersten verunsichernden Erfahrungen im Umgang mit den anderen: »Wo der andere auftaucht, wird er aber weder als bloß berechenbares, stummes Objekt, noch einfach als souveränes Subjekt wahrgenommen. Wer vom anderen spricht, ist in eine offene Beziehungsgeschichte verwickelt, die nicht eo ipso vernünftige Übereinstimmung ist. Die Kategorie des anderen unterbricht den Aufbau der eigenen Welt. Sie verwirrt die einfache Ordnung von Subjekt und Objekt« (Rauschenbach 1995/96, S. 21).

2. Der Übergangsraum wächst

Eine Auflösung dieser prämissengeprägten Sicht von sich und – dazu in Beziehung gesetzt – der des anderen kann sich anbahnen, wenn der Schritt in den Übergangsraum gewagt wird. In Albstedt ist durch das Setting ein geschützter Ort für die Jugendlichen geschaffen worden, der nicht nur Erfahrungen und deren Reflexion, sondern auch Entwicklung von kreativen Fähigkeiten ermöglichte. Damit konnte zumindest situativ ein Selbstwertgefühl geschaffen werden, das nicht mehr nur durch die Gruppe und deren gewalttätigen Umgang mit den anderen, den Schwächeren definiert wird, sondern in dieser Umgebung zunehmend auch durch kreative Ich-Fähigkeiten. Mit dieser Ich-Erweiterung konnte auch eine innere Freigabe in der Beziehung zum anderen langsam zugelassen werden, so daß diese sich umgestalteten und eine differenziertere Wahrnehmung stattfinden konnte. Damit ist die Grundlage geschaffen, einen selbstreflexiven Einblick in das Wechselverhältnis von »Ich und der andere« zu gewinnen und die eigenen Anteile daran wahrzunehmen. Dieser Lernprozeß ist nicht kognitiv zu erreichen, sondern basiert auf emotionalen und sozialen Erfahrungen mit sich und dem Fremden, die gemeinsam – in Albstedt mit den Mitteln des darstellenden Spiels – gewonnen werden konnten: »Sie werden beide (gemeint ist das Hegel´sche Beispiel vom Herrn und Knecht, R. H.-W.) zu anderen, doch nicht ohne den anderen. Der Perspektivenwechsel braucht das Wechselverhältnis. (...) Wir würden dann einen Weg beschreiten, der die Annäherung des Verschiedenen, vielleicht sogar die Einsicht im Wechselverhältnis eröffnet. Ich könnte ein anderer/eine andere sein. Ohne diese Annäherung bleibt das, was verschieden ist, sich erschreckend fremd. Was aber nur fremd ist, weist ein ohnehin schon verängstigtes Ich von sich ab. Es schließt sich mit dem annähernd Vertrauten gegen das Fremde zum fixen Wir zusammen. Der Schritt wird zum Rückschritt« (Rauschenbach 1995/96, S. 25).

Diese Gefahr war am Anfang unseres hermeneutischen Experiments gerade für einige exponierte Jugendliche aus der Freizeitgruppe (sicherlich auch der anderen Gruppe) vorhanden. Die Problematik von Scham und Entwertung, die am ersten Abend bei der Freizeitgruppe vorhanden war, löste aber keinen der ihnen sonst zur Verfügung stehenden Mechanismus aus, nämlich aggressiv gegen die andere Gruppe zu werden. Der projektive Modus, der noch zu Beginn deutlich wurde, das Spalten in Entwertung der anderen und Idealisieren der eigenen Gruppe, wie wir ihn aus den Äußerungen von F. noch heraus hören konnten, bilden nicht mehr den bestimmenden Affekt. Vielmehr zeigte sich eher Trauer – ein depressives und ein regressives Moment: Man wollte sich zurückziehen, nach Hause fahren, war dem nicht gewachsen. War dieses nicht schon ein Zeichen dafür, daß eingefahrene Reaktionen verlassen werden konnten, daß sie soviel Neugier, Stützung und Anerkennung doch noch im Setting und den Personen, vor allem in ihrem ehemaligen Lehrer fanden, so daß sie es wagen konnten, diese Reaktionen zu zeigen und sie nicht agierend zuzudecken. Auch F., als Anführer sicherlich mit erheblicher Macht ausgestattet, hätte sie in ihre gewohnte Richtung bewegen können, tat dieses nicht. Trug bei ihm einerseits die loyale Bindung an den alten Lehrer, das Versprechen, bei diesem Workshop mitzumachen und die Angst, vor diesem sein Gesicht zu verlieren, wesentlich dazu bei, so frage ich mich doch, ob daneben auch der Übergangsraum, der bereits ein wenig geöffnet war, der schon betreten war, nicht auch erste verändernde Wirkung zeigte? So sagte F. an diesem ersten Abend rückblickend über die am Nachmittag gemachten Erfahrungen mit der anderen Gruppe über gemeinsame Übungen zum Ausdrücken von Gefühlen zu ihnen:

> F.: »Ihr kennt das ja, ihr macht ja auch alles mit, die Darstellung von Grimassen oder so, kennt ihr ja alles schon, habt ihr ja alles schon gemacht. Wir kommen uns da irgendwie dumm vor, weil wir das noch nicht gemacht haben. Da haben wir uns gedacht, ey.«

Aus dem unpersönlichen »die« ist ein »ihr« geworden, aus dem stereotypen Wiederholen alter Erfahrungen ist eine Wahrnehmung und Reflexion der konkreten aktuellen Situation der beiden Gruppen geworden, statt einer defizitären Attribution steht eine eher vorsichtig wertschätzende Bemerkung über sie im Raum, die er auf der Grundlage der unterschiedlichen Ausgangslagen reflektiert. Sein letzter Satz deutet nur an, führt nicht zu Ende, was sie sich gedacht haben, aber das »eye« geht dahin, es mit ihnen aufzunehmen, es ihnen gleichzutun (oder sogar besser zu sein). Denn am gleichen Abend sind sie engagiert dabei, als es um Verbesserung der am Nachmittag erarbeiten Standbilder ging. Auf dieser Basis konnte dann gemeinsam weitergearbeitet werden.

3. Der Übergangsraum inszeniert sich

Im weiteren Verlauf unseres Workshops gab es keine Anzeichen dafür, daß sich F. dem gemeinsamen Annäherungsprozeß und dem gemeinsamen Produkt, den Theaterszenen, verweigerte. Im Gegenteil, er arbeitete engagiert daran mit. Interessant ist, wie er im Theaterspiel seine Rolle ausfüllen wollte. So plante und spielte er in zwei Szenen des Theaterspiels einen türkischen Vater.

1. Theaterszene:
In der ersten Szene nimmt dieser zunächst ruhig die negativen Nachrichten seiner Söhne auf. Der eine berichtet beim gemeinsamen Mittagessen über schlechte Schulleistungen, der andere über den Verlust seines Arbeitsplatzes. Er formuliert seine Enttäuschung und gleichzeitig seine hohe Erwartungshaltung an die Söhne: »Eine Sechs, warum könnt ihr denn keine Eins schreiben?« Doch nach einer scheinbaren Beruhigung durch eine witzige Bemerkung der kleineren Tochter: »Aber Pappi, eine sechs ist doch viel mehr als eine eins« zieht er plötzlich eine Pistole und erschießt sie mit den Worten: »Das habt ihr Euch wohl so gedacht!«

2. Theaterszene:
Direkt daran anschließend spielt er die gleiche Rolle des Vaters, diesmal aber als eine Vaterfigur, die zwar betroffen ist, aber versucht, die Kinder zu stützen. Stellt die erste Szene eher die gefürchtete, archaische Macht des Vaters in der türkischen Familie dar, der selbst vor Gewalt nicht zurückschreckt, um die Ehre der Familie zu retten, so zeigt die zweite Szene einen anderen Vater, der trotz der Kränkung zu seinen Kindern steht, der also der äußeren Realität nicht die gleiche Bedeutung zukommen läßt wie der inneren Beziehung zu seinen Kindern.

Dieser Vater entspricht eher dem in unserer deutschen Gesellschaft gewünschten Bild. F. gelingt es an dieser Stelle im Spiel hin und her zu gleiten zwischen den beiden kulturellen Welten. Durch die Inszenierung der beiden Szenen konnte spielerisch, geradezu witzig mit dem Moment der Ehre umgegangen werden, was in den Gesprächsrunden am Vortag als für türkische Familien höchst ernstzunehmendes und Gewalt generierendes Moment nicht ambivalent diskutiert werden konnte. Hier war der Übergangsraum deutlich betreten und die Sicht der anderen, ihre Lösungsvorschläge, anders als gewaltvoll auf die erlittenen Ehrverletzungen zu reagieren, konnte wahrgenommen und antizipiert werden. Eine veränderte innere Repräsentanz vom ›Ich und dem anderen‹ hatte sich herausgebildet. Interessant ist, daß beide Szenen von ihm unverbunden nebeneinander gestellt wurden, gleichsam als äußere Darstellung dieser alten und der neuen Wahrnehmungs- und Handlungsmöglichkeit.

So konnten neue Erfahrungen über sich und über die anderen während unseres hermeneutischen Experiments in höchst beeindruckender Weise von allen Teilnehmern gesammelt werden. Zum Thema dieses Experimentes wurde ›der innere und äußere Raum‹. Mit diesem Workshop war ein Übergangsraum geschaffen worden, der zwar äußerlich nach den drei Tagen wieder verlassen werden mußte, der aber als Niederschlag dieser Erfahrung als innerer Raum erhalten bleiben könnte. Damit ist ein Ertragen von Ambivalenzen, das Aushalten des anderen als Fremden, neben den wichtigen Gefühlen, etwas Gemeinsames erfolgreich produziert zu haben, in diesem hermeneutischen Prozeß zumindest situativ gelungen. Das kreative, spielerische und produktive Moment dabei ist höchst bedeutsam, weil es hilft, innere Räume freizusetzen. Das sind Freiräume für alternatives Wahrnehmen, Denken und Handeln – und die (selbst)reflexiven Prozessen den Boden bereiten. Die eigenen Selbstwertgefühle können auf diese Weise gestärkt werden, die Rigidität der Abwehr kann sich lockern, daß auch das andere zugelassen werden kann und nicht so viel Angst entstehen muß, die mit Aggression gegen die anderen abgewehrt werden muß.

Fazit

Zum Schluß stellt sich mir die Frage, ob sich ein solches Experiment nun übertragen läßt, ob es sozusagen Modellcharakter im Sinne der Gewaltdeeskalation hat? Ich denke, daß Theaterspiel als kreatives Mittel eine überrragende Bedeutung für einen solches Ziel hat, ebenso wie die Reflexion dieser Erfahrungen, daß man vielleicht auch nicht unbedingt zwei so unterschiedliche, fremde Gruppen zusammenführen muß, sondern auch mit einer Gruppe alleine erfolgreich arbeiten kann, also einen Übergangsraum schaffen kann. Allerdings bleibt die Frage der Motivation: Wir konnten bei unserer Arbeit mit den Jugendlichen auf zwei nicht zu unterschätzende narzißtische Gratifikationen zurückgreifen, das Interesse der Universität und des Fernsehens an ihnen. Das bedeutete Aufmerksamkeit von zwei Gruppen, die in der normalen schulischen oder außerschulischen Bildungsarbeit nicht zur Verfügung stehen. So bekamen die Jugendlichen große Aufmerksamkeit und der Aufwand war an dem Setting und den anwesenden Personen schon äußerlich erkennbar. Vor allem die Idee, in einem Buch sich wiederzufinden oder im Fernsehen zu sein, waren geheime Wirkfaktoren, die sicherlich nicht unterschätzt werden dürfen. Trotzdem möchten wir mit diesem Experiment eine Zielrichtung für die Arbeit in pädagogischen Feldern aufweisen, die Freiräume für eine innere Entwicklung im kreativen, emotionalen und reflexiven Sinne ermöglicht.

Zivilcourage – Sozialpsychologische Reflexionen zu einer umworbenen Sekundärtugend

Ariane Schorn

Gründe

Weil alles nicht hilft
        Sie tun ja doch was sie wollen
Weil ich mir nicht nochmals
        die Finger verbrennen will
Weil man mir lachen wird;
        Auf dich haben sie gewartet
Und warum immer ich?
        Keiner wird es mir danken
Weil jedes Schlechte
        vielleicht auch sein Gutes hat
Weil es Sache des Standpunktes ist
        und überhaupt wem soll man glauben?
Weil auch bei den anderen nur
        mit Wasser gekocht wird
Weil ich das lieber
        Berufeneren überlasse
Weil man nie weiß
        wie einem das schaden kann
Weil sich die Mühe nicht lohnt
        weil sie alle das gar nicht wert sind

(Erich Fried)

Im Frühjahr 1997 wurde die Vergewaltigung einer jungen Frau zu einem Verbrechen, das in der ganzen Republik publik wurde. Was diesen Gewaltdelikt hervorhob, war der Umstand, daß er sich in einer Hamburger S-Bahn ereignen konnte. Keiner der anderen Fahrgäste schien bemerkt zu haben, was vor sich ging, niemand griff ein, um der jungen Frau zu helfen bzw. um Hilfe anderer herbeizuholen. Empörung darüber machte sich nicht nur in den Medien breit: Wie konnte so etwas geschehen?, war die Frage, die vielfach gestellt und diskutiert wurde. Bereits kurze Zeit später machte ein Topos von sich reden, der das Unfaßbare des besagten Vorfalls auf den Punkt zu bringen schien: Von einer »Kultur des Wegsehens«, gar von einer »Wegschaugesellschaft« war die Rede. Der Begriff »Zivilcourage« kann hierzu als eine Art Antipode aufgefaßt werden. Er avancierte zu einer Metapher, die zum einen als ein Instrument im Kampf gegen die Wegschaugesellschaft tauglich zu sein schien und zum anderen all das zu beinhalten versprach, was besagter vermeintlich fehlt. Die Forderung nach und der Aufruf zu Zivilcourage hat seitdem eine große Popularität erreicht. So gab und gibt es in mehreren deutschen Städten private und staatliche Initiativen, die Zivilcourage befördern wollen und um eine breite öffentliche Resonanz werben. Beispielshaft sei hier auf die Hamburger Initiative: »Zivilcourage in Konfliktsituationen«, auf die Frankfurter Kampagne von Stadt und Polizei: »Gewalt-Sehen-Helfen. Bündnis gegen Gewalt und die Kultur des Wegschauens«, die Potsdamer »Sicherheitskonferenz - Einmischen erwünscht« sowie die Bremer Kampagne »Zivilcourage« verwiesen. Das Motto dieser Initiativen kann mit: »hinschauen und nicht wegschauen«, »beistehen und nicht wegsehen«, »zuwenden und nicht abwenden«, umschrieben werden. Das Phänomen, auf das all diese Bemühungen abzielen, ist nicht neu. Es geht hierbei insbesondere um Gewaltdelikte, Übergriffe oder Belästigungen, die im öffentlichen Raum und somit nicht selten auch in der Gegenwart anderer stattfinden. Dem Werben um Zivilcourage unterliegt die Annahme, daß die, die unfreiwillig zu Zeugen solcher gewaltförmigen oder gewalttätigen Situationen werden, möglicherweise den Betroffenen durch unterschiedliche Modi des Sich-dazu-Verhaltens helfen könnten. Umgekehrt besteht die Annahme, daß die »stummen Zeugen« – im Wissenschaftsdiskurs ist hier die Rede vom sogenannten »bystander« – derartige Situationen in gewisser Weise überhaupt erst ermöglichen.

Bevor im folgenden die Auswertung eines Gruppengespräches zum Thema Zivilcourage vorstellt wird, noch eine Bemerkung zur Geschichte dieses Begriffs, die, wie ich finde, überraschend ist. Der Begriff Zivilcourage wurde

1864 von Bismarck geprägt. Gemeint war hiermit der Mut, den jemand beweist, wenn er seine Meinung offen äußert und diese ohne Rücksicht auf mögliche Folgen in der Öffentlichkeit bzw. gegenüber Obrigkeiten vertritt. Bismarck setzte diesen Begriff in Gegensatz zu dem Mut auf dem Schlachtfelde: »Tapfere Deutsche« ließen sich wohl im Soldatenrock finden, weniger aber eine »unerschrocken aufrechte haltung«, bzw. ein »entschlossen zupackendes verhalten« im bürgerlichen Leben (Grimm & Grimm 1956, S. 1728).[1]

»Und jetzt wird eben nach Zivilcourage geschrien, wo ich sage, das ist für mich selbstverständlich.«

Das Gruppengespräch zum Thema Zivilcourage wurde am 17.6.1998 mit zehn TeilnehmerInnen einer Einrichtung der Erwachsenenbildung geführt.[2] Ursprünglich war unsere Intention für ein solches Gespräch, Näheres über die Motive und Konflikte zu erfahren, die einen in kritischen Situationen couragiert handeln oder eben zum »bystander« werden lassen. Wie sich im folgenden herausstellte, konnte das Gespräch hierüber jedoch nur bedingt Aufschluß geben. Wie sich zeigte, gibt es vielmehr Auskunft über die Resonanz, die das Werben um Zivilcourage auch hervorrufen kann. An dem Gespräch nahmen sechs Männer und vier Frauen teil, die zwischen zwanzig und Mitte vierzig waren. Da einerseits interessante inhaltliche Überlegungen und Thesen zum Thema Zivilcourage geäußert wurden, andererseits dem Gespräch selber eine Dynamik inne war, deren Analyse ebenfalls aufschlußreiche Einsichten in die Thematik eröffnet, werden im folgenden Aspekte beider Perspektiven Gegenstand sein.

Zivilcourage lernt man im eigenen sozialen Umfeld ...

In der Gruppe kristallisiert sich bereits relativ zu Anfang des Gespräches die These heraus, daß es einen engen Zusammenhang zwischen couragiertem Handeln im familiären Bereich und dem Vermögen, im öffentlichen Raum Zivil-

---

1 Schulz von Thun und Stratman definieren Zivilcourage als den »Mut zu wertgeleitetem Handeln in gesellschaftlichen Kontext unter sozialen Risikobedingungen.« (dies. 1997, S. 62)

2 Das Gespräch wurde von Michel Exner und Insa Schulz geführt

courage zu zeigen, gibt. Couragiertes Handeln, so eine Vermutung, hat in der Herkunftsfamilie ihre Wurzeln:

> Hans: »Ich denke, in der Familie fängt auch die Courage, letztendlich auch die Zivilcourage an, nämlich in der Auseinandersetzung mit den Eltern. (...) Persönlich hat es sicher bei mir angefangen, daß ich mich als Jugendlicher angefangen habe mit meinen Eltern und Verwandten über deren Vergangenheit, Nazi-Vergangenheit, auseinanderzusetzen. Und ich denke, da hat bei mir sicherlich die Zivilcourage angefangen, weil da begibt man sich in Gefahr. Nämlich, sich mit den Eltern auseinanderzusetzen. Sei es, daß man Schläge bekommt oder Liebesentzug, wie auch immer. Aber ich denke, das fängt wirklich in der Familie an. Und ich denke, dort ist es eben wie in der Gesellschaft, wie hoch steht das als eine moralische Instanz. Zivilcourage, sie wird in der Familie geprägt.«

In dieser Äußerung klingen zwei verschiedene Modelle darüber an, in welcher Weise familiale Strukturen Zivilcourage befördern können. Zivilcourage – so die zuerst genannte Idee – nimmt ihren Ausgang in der kritischen Auseinandersetzung mit den eigenen Eltern, die einzugehen sich getraut wird. Bezeichnenderweise ist es das Jugendalter, also das Alter, in dem es auch um die sukzessive Ablösung vom Elternhaus sowie um das Finden eigener Wertmaßstäbe geht, in dem diese Auseinandersetzungen angesiedelt werden. Gegenstand der Auseinandersetzungen ist in diesem Beispiel der Nationalsozialismus bzw. die schuldhafte Verstrickung, die die Eltern hier möglicherweise eingegangen sind. Der Versuch, diese aufzuklären, wird als ein gefährliches Anliegen bezeichnet, da hier u. U. mit Repressalien zu rechnen gewesen wäre. Im Erleben von Hans erforderte es Mut, eine solche Auseinandersetzung zu suchen. Während es in diesem Zusammenhang darum zu gehen schien, das Wagnis einzugehen, sich gegebenenfalls auch gegen die Eltern zu stellen, so klingt am Ende der genannten Äußerung noch eine weitere Theorie darüber an, wie familiäre Strukturen und Zivilcourage zusammenhängen könnten. Als maßgeblich scheint hier der Wert, welcher der Zivilcourage in der Familienkultur zugesprochen wird, angesehen zu werden.

Auch in der folgenden Äußerung wird die Überzeugung zum Ausdruck gebracht, daß private Beziehungsmodi dafür maßgeblich sind, ob eine Person im öffentlichen Raum Zivilcourage zeigen kann oder eben nicht:

> Anne: »Wenn ich in meinem persönlichen Leben couragiert auftreten kann, in meinem Umfeld, dann denk ich, kann ich das auch öffentlich relativ gut. (...) Wenn Leute nicht gefördert werden, darin ihre eigene Persönlichkeit irgendwie zum Ausdruck zu bringen, couragiert aufzutreten, für ihre Rechte einzukäm.., einzustehen, dann können sie das in der Öffentlichkeit schon gleich gar nicht. Und ich denke, daß da das Problem letztlich auch heute liegt. So daß weniger Leute für irgendwelche Rechte auf die Straße gehen, weniger Leute eingreifen, wenn es anderen Leuten schlecht geht oder weniger Leute Partei ergreifen.«

Dieser Gesprächsteilnehmerin zufolge setzt Zivilcourage voraus, daß eine Person gelernt hat, sich im Kontext ihrer privaten Beziehungen zu behaupten. Couragiertes Handeln im öffentlichen Raum bedingt ihrer Auffassung nach, daß im privaten Nahbereich ein selbstbewußtes Auftreten gewollt und auch gefördert wird. Die Ursache für den vielerorts beschworenen Mangel an Zivilcourage sieht Anna so auch in einer unzureichenden Förderung und Unterstützung, die Menschen diesbezüglich in ihrem jeweiligen sozialem Umfeld erfahren haben. Um sich für andere einsetzen zu können, so klingt es hier auch an, müsse man sich zunächst einmal für sich selber einsetzen können. Der private Bereich wird in diesem Zusammenhang einerseits als Übungsfeld und andererseits als ein Raum angesehen, innerhalb dessen man sich ausprobieren kann:

> Anne: »Man hat die Möglichkeit, sich im privaten Bereich auszutesten, zu gucken, wie couragiert bin ich denn eigentlich? Wie kann ich alleine, in meinem ganz persönlichen Umfeld couragiert umgehen? Wenn ich da die Erfahrung mache, das kann ich gut, dann kann ich hier auch couragiert auftreten. Wenn ich für mich die Erfahrung mache, ach halt den Mund, du hast keine Ahnung, du bist noch nicht alt genug oder was weiß ich, quasi der Daumen draufsitzt, dann finde ich, ist das schwer rauszugehen.«

Zivilcourage scheint für Anne vorauszusetzen, daß es einen anderen, vergleichsweise weniger gefährlichen »Raum« gibt, in dem couragiertes Handeln erprobt werden kann. Wer diesbezüglich im privaten Kontext Unterstützung erfährt und sich als kompetent erlebt, dem falle es leichter, auch in der Öffentlichkeit Mut zu zeigen. Wird jedoch hier die Erfahrung gemacht, nicht ernst genommen, entmutigt oder sogar negativ sanktioniert zu werden, dem falle es auch schwer, so vermutet Anne, im öffentlichen Raum »aufzutreten«. Daß Zivilcourage etwas mit Lernen oder genauer gesagt mit Erfahrungslernen zu tun hat, diese Überzeugung klingt auch in der folgenden Äußerung an:

> Paul: »Ich glaube, es hat auch ganz viel damit zu tun, daß viele Menschen in unserer Gesellschaft einfach nicht (...) gelernt haben zu fordern. Denn es ist ja ein Fordern, wenn ich sage: ›Hört auf!‹. Und wenn ich da also wenig Erfahrungen mit habe, dann fällt es mir natürlich auch schwer, in solchen Situationen halt auch zu fordern und zu sagen, das find ich nicht gut, jetzt hört mal auf.«

Das enge Zusammenspiel, das nach Meinung der Gesprächsteilnehmer zwischen privaten und öffentlichem Raum besteht, wird mit der folgenden Äußerung noch einmal auf den Punkt gebracht:

> Susanne: »Das Eine bedingt das Andere. Und das ist etwas, was sich entwickelt und wächst.«

Zivilcourage, darüber scheint man sich einig zu sein, hat man nicht einfach. Biographische Erfahrungen sowie die spezifischen Erfahrungen im jeweiligen sozialen Umfeld sind der Überzeugung dieser Gruppe zufolge dafür entscheidend, ob eine Person dazu in der Lage ist, im öffentlichen Raum Zivilcourage zu zeigen. Zivilcourage erscheint in dieser Perspektive als eine Kompetenz, die tief in der Person verankert ist und somit nahezu die Qualität einer (Charakter-)Eigenschaft hat.

»Familienschlachten« ...

Zivilcourage – so ein Gesprächsteilnehmer – hätte für ihn seinen Ausgangspunkt in der Auseinandersetzung mit der Vergangenheit der Eltern genommen. Inhaltlich, das wird an verschiedenen Stellen deutlich, scheint es hierbei insbesondere um das Thema Nationalsozialismus gegangen zu sein:

> Hans: »Wenn ich mich mit den Eltern über ihre Nazi-Vergangenheit auseinandersetze, hab ich Repressalien zu erwarten. (...) Und ich war dann sicherlich auch nicht immer so höflich, sondern möglicherweise hab ich gesagt: Ihr wart doch dieselben Schweine! Natürlich gab's dann Repressalien! Dann gab es erstmal schwere Auseinandersetzungen. Und wenn man Leute, die Schuld auf sich geladen haben, wenn man die an ihre Schuld erinnert, muß man mit den größten Repressalien rechnen. Und so geht das natürlich weiter: In der Schule ein Klassensprecher, wenn der sich gegen 'nen Lehrer durchsetzt, muß er mit Repressalien, wenn 'n Betriebsrat sich im Betrieb durchsetzt, muß er möglicherweise mit enormen Repressalien rechnen.«
>
> GL.: »Aber ich sag mal ein bißchen ketzerisch: Wenn ich meine Eltern anklage für das, was sie gemacht haben, wo bin ich da zivilcouragiert? (...) Also, was will ich damit, was ist mein Ziel«
>
> Hans: »Kann ich sagen, was mein Ziel war. Einfach meine Eltern in Verantwortung zu ziehen. (...) Darauf zu drängen: Ich will das wissen, was ihr gemacht habt! Ihr stellt euch immer als moralische Instanz mir gegenüber dar und das nehme ich euch nicht ab. Ich nehme euch nicht mehr als moralische Instanz!«

Hans, er ist der älteste Gesprächsteilnehmer, verweist hier auf ein Kapitel der deutschen Geschichte, das dem Thema Zivilcourage eine Bedeutung zukommen läßt, die weit über spezifische, situative Ereignisse hinausweist. Für ihn scheint es keine Frage zu sein, ob diejenigen, die sich im Nationalsozialismus nicht zu dem geschehenden Unrecht verhalten haben, auch schuldig geworden sind. Für ihn scheint dies keine abstrakte Frage zu sein, sondern eine, der für ihn als »Kind« der zweiten Generation eine ganz persönliche Bedeutung und damit auch eine besondere Brisanz zukommt. Hans scheint seine Eltern als schuldig identifiziert zu haben. Sie haben hiermit für ihn ihre Glaubwürdigkeit als eine moralische Instanz, an der er sich hätte orientieren können, verloren. Neben Enttäuschung und Wut über das von ihm wahrgenommene Versagen seiner Eltern klingt in seiner Äußerung ferner an, daß es für sein (moralisches) Selbstverständnis sowie für seine Integrität wichtig gewesen zu sein scheint, sich hier deutlich von seinen Eltern zu distanzieren und abzugrenzen. Daß dies auch Konsequenzen für die Entwicklung seiner politischen Identität hatte und damit auch für das, was er über das Thema Zivilcourage denkt, wird an anderer Stelle deutlich werden. Das Thema Zivilcourage – darauf weisen die Äußerungen von Hans hin – hat für die Bundesrepublik auch eine politische, historische Dimension, die jedoch häufig unausgesprochen bzw. latent bleibt. Dieser Umstand schließt jedoch nicht aus, daß besagter Zusammenhang dennoch wirksam ist.

Kann man auch von Zivilcourage sprechen, wenn keine Repressalien zu befürchten sind ...?

Die Gesprächsteilnehmer bewerten den Mut, sich »einzumischen in Verhältnisse, die einem nicht passen«, sich für »Arbeitskollegen einzusetzen, die schikaniert werden,« und in kritischen Situationen »das Maul aufzumachen« positiv. Da ein solches Handeln mit Unannehmlichkeiten oder sogar Repressionen verbunden sein kann, bedürfe es hier einer Überwindung, die Mut erfordere. In der Gruppe entspinnt sich eine Diskussion, ob für ein solches Handeln der Begriff der Zivilcourage angemessen ist. Die folgenden Äußerungen machen deutlich, daß es gegen eine solche »Lesart« dieses Begriffes einen deutlichen Affront gibt. Mehrfach taucht in diesem Zusammenhang der Begriff der Selbstverständlichkeit auf, der kritisch gegen den der Zivilcourage gesetzt wird:

> Nina: »Was früher 'ne Selbstverständlichkeit gewesen ist oder vor einiger Zeit vielleicht noch, sich einzumischen, wenn Kinder auf der Straße von ihren Eltern geschlagen werden, da wird heute ein wahnsinns Brimborium drum gemacht, und es wird von ›Zivilcourage‹ gesprochen, wenn Eltern am Schlagen ihrer Kinder gehindert werden. Wo ich sage, das ist eine Selbstverständlichkeit, da einzugreifen.«
>
> Mareike: »Und jetzt wird eben nach Zivilcourage geschrien, wo ich sage, da braucht man keine Zivilcourage haben, das ist für mich (...) selbstverständlich, daß sowas nicht zu passieren hat und daß ich da eingreife, sobald ich sowas mitkriege.«

In diesen Äußerungen klingt nicht nur inhaltlich eine kritische Position zu dem Begriff Zivilcourage an. Formulierungen wie, da wird ein »wahnsinns Brimorium« drum gemacht oder nach Zivilcourage »geschrien«, bringen zum

Ausdruck, daß hier auf Abstand gegangen wird. In dem Gespräch wird an verschiedenen Stellen die Frage diskutiert, ob man auch dann von Zivilcourage sprechen könne, wenn für den Betreffenden keine Repressalien zu erwarten sind. Hinter dieser Überlegung scheint die Gesprächsteilnehmer die Frage zu bewegen, was eigentlich Zivilcourage ist und welches Handeln dieses Prädikat »verdient«. Das Spektrum dessen, was als Zivilcourage bezeichnet werden kann, so wird im Gespräch deutlich, scheint groß zu sein. Ein Gesprächsteilnehmer macht darauf aufmerksam, daß Zivilcourage nicht notwendig mit einem Handeln und schon gar nicht mit einem, das von Mut getragen ist, verbunden sein müsse. Zivilcourage könne auch heißen, seine Wahrnehmung für Unrecht zu schärfen bzw. das, was den eigenen Wertvorstellungen zuwiderlaufe, auch wahrzunehmen:

> Hans: »Die Frage ist sicherlich auch, ist es wirklich Courage, 'ne Selbstverständlichkeit zu machen, oder ist Zivilcourage nur dort, wo ich Repressalien zu erwarten hab? Sei es staatliche Repressalien, sei es aber auch soziale Repressalien, soziale Ächtung, als Kind in der Schule ausgelacht werden, Liebesentzug der Eltern oder sonstwas. (...) Fängt die Zivilcourage dort an, wo ich mutig bin und diese Repressalien in Kauf nehme, oder ist es eben auch Zivilcourage, (...) nicht wegzugucken oder sich auch mal wieder zusammenzureißen, mensch, das hätte Dir auffallen müssen, du mußt wieder sensibler werden in der Wahrnehmung!«

Was als Zivilcourage zu bezeichnen ist und was nicht, wird nicht nur in der Gruppe kontrovers diskutiert. Auch die Gesprächsteilnehmer selbst nehmen zu dieser Frage zuweilen unterschiedliche Positionen ein. In der folgenden Äußerung spricht sich ein Gesprächspartner dafür aus, den Begriff Zivilcourage Situationen vorzubehalten, denen eine existentielle Bedrohung immanent ist:

> Hans: »Ich denke, wo es vielleicht klarer ist, ist dort, wo Leute sich engagieren, wo sie wirklich mit solchen Repressalien bedroht werden vom Eingesperrtsein bis zum Tode, sei es im Nazi-Regime oder in den ganzen preußischen Regimen oder heute in Diktaturen oder sonstwas. Wo sie (...) auch um ihr Leben fürchten müssen. Da würde ich dann von Zivilcourage sprechen. Nicht in dieser Normalität. (...) Wenn ich über die Straße gehe und da sind irgendwelche Skinheads, die sich über irgend jemand hermachen – sei es nun 'ne Oma oder andere Jugendliche – da misch ich mich rein! Das empfinde ich nicht so sehr als Zivilcourage.«

In dieser Äußerung klingt die Überzeugung an, daß Zivilcourage weitaus mehr als den Mut erfordert, ein Risiko einzugehen. Es klingt ferner an, daß hier vor allem an Handlungsweisen gedacht wird, die sich gegen die Willkür einer staatlichen Obrigkeit wenden. Konflikte zwischen Privatpersonen oder Situationen, in denen es einzelne vor gewaltförmigen Übergriffen zu schützen gilt, werden hier scheinbar nicht dem Aktionsradius der Zivilcourage zugerechnet. Ein weiterer Aspekt zur Qualifizierung dessen, was Zivilcourage sein könnte, wird mit der folgenden Äußerung angesprochen:

> Anne: »Das hat etwas damit zu tun, wie viele Leute das eigentlich machen. Also es wird eher gesagt, jemand ist zivilcouragiert, wenn er etwas tut, was andere nicht unbedingt tun. Wenn er etwas macht, was eher ungewöhnlich ist. Wenn er Dinge tut, die die Mehrzahl der Leute einfach nicht tun.«

Als Zivilcourage wird hier ein Handeln oder Verhalten qualifiziert, das so ungewöhnlich ist, daß es nur wenige für sich geltend machen können. Jemandem Zivilcourage zuzugestehen käme in dieser Perspektive Auszeichnung gleich. Thema wird in diesem Kontext ferner der Umstand, daß ein und dasselbe Verhalten aus der Binnenperspektive ganz anders wahrgenommen und qualifiziert werden kann als aus der Außenperspektive. So könne es sein, daß ein Beobachter ein bestimmtes Verhalten als couragiert bewerte während der handelnde Akteur dies eben nicht als ein solches wahrnehme:

> Hans: »Wenn ich was tue, was ungewöhnlich ist, dann würde vielleicht von außen jemand sagen, Mensch, der hat aber Zivilcourage gezeigt. Ich selber spüre das gar nicht, für mich ist das in dem Moment 'ne Selbstverständlichkeit, die aus meinem eigenen Gewissen oder wo entspringt.«

Mit dieser Äußerung wird eine weitere Frage angesprochen: Was eigentlich motiviert dazu, in einem bestimmten Moment Zivilcourage zu zeigen? Hans verweist hier auf sein Gewissen, das er bei sich als treibende Kraft für couragiertes Handeln identifiziert. Wie dies andere Gesprächsteilnehmer sehen, darum wird es im folgenden gehen.

Was führt dazu, daß ich eingreife ...?

In der Gruppe wird länger darüber diskutiert, was darüber entscheide, ob man in kritischen Situationen eingreife oder sich zurückhalte. Dieses Thema wird durch Hans angestoßen, der zum Ausdruck bringt, daß er in der Regel hier nicht überlege, sondern sich »eben sehr, sehr spontan, ohne Überlegung, welche Gefahr gehe ich damit ein oder sonstwas« in die entsprechende Situation eingreife. Diese Position bleibt nicht ohne Widerspruch, es entspinnt sich eine längere Debatte, die hier im folgenden wiedergegeben werden soll:

> Ingo: »Also gerade so in solchen Situationen, wie Du eben geschildert hast, wie zum Beispiel, da wird irgend jemand verhauen und da sind irgendwie fünf Jungs gerade dabei, irgend jemanden in die Mangel zu nehmen, also da überlege ich mir aber schon, daß, wenn ich da jetzt hinrenne, daß ich ordentlich auch was an die Backen kriege, wenn ich mich da einmische.«

Mareike: »Allerdings.«

Ingo: »Also beste Situation irgendwie.(...), wo ich in der Straßenbahn saß und irgendwelche Teenies in die Straßenbahn stürmten und sich gegenseitig geprügelt haben. Wie die Irren haben die aufeinander eingeschlagen. Und wo ich auch die ganze Zeit dasaß und überlegt hab, was macht man jetzt so? Geht man da jetzt mal hin und sagt, die sollen jetzt aufhören damit? Oder riskier ich da jetzt auch, daß ich da ein paar auf's Maul kriege? Das hat schon die eine oder andere Minute gedauert, bis ich mir überlegt hab, mal kurz aufzustehen und mich umzudrehen. Und dann rannte aber auch schon irgendeine ältere Frau hin und hat die dann irgendwie verscheucht (andere lachen). (...) Also ich denk, da macht man sich schon Gedanken drüber. (...) So ganz blindlings mich irgendwo reinzustürzen und dann zu denken, so, das muß ich jetzt tun, weil das nun meine edle Pflicht ist?«

Hans: »Das denk ich eben nicht. Sondern ich lasse mich vielmehr von meiner Wut leiten.«

Mareike: »Ich weiß nicht, wenn's da ums Überleben geht, dann hat auch meine Wut da nicht mehr ganz viel zu suchen. Mein erster Eindruck mag der sein, daß ich jetzt dazwischen gehe. Und der zweite ist, na ja, du bist drei Meter kleiner und irgendwie auch viel schmaler und eigentlich lassen wir's lieber.«

Ingo: »Und vor allem auch alleine! Also da finde ich es zum Beispiel weniger couragiert dann, in 'ner Demo zu sein, wo irgendwie die Bullen sich irgend jemanden vorknöpfen und du weißt, du hast irgendwie dreißig Leute oder hundert oder zweihundert oder fünfhundert hinter dir, und mit denen kannst du vorstürmen (...) und denjenigen dann da vielleicht wieder rauszerren. Das ist dann irgendwie 'ne andere Situation, das erfordert nicht so viel Courage. Ich find's dann eher heftiger, ja eben so alleine dann da irgendwo zu stehen.«

Hans: »Ich denk, wenn mein Rechtsgefühl oder Unrechtsgefühl sehr stark angetastet wird, dann werde ich wütend, und dann bin ich auch spontaner bereit, irgendwas zu tun (–: risikobereiter), wenn ich was als ganz ungerecht empfinde. (...) Schlägt jemand Kinder, da kann der drei Köpfe größer sein als ich, da bin ich spontan, weil mich das ganz nah trifft und werde mich dort einmischen.«

Es ist Ingo, der hier bemerkt, daß er sich sehr wohl überlege, welche negativen Konsequenzen ein Sich-Einmischen für ihn haben könnten. Als er von einer Situation erzählt, in der er unfreiwillig Zeuge einer Schlägerei wurde, verweisen seine Ausführungen auf einen inneren Konflikt, der seinem Erleben nach einige Minuten währte. Auf der einen Seite scheint sich in ihm eine innere Stimme zu Wort gemeldet zu haben, die auf ein Sich-dazu-Verhalten drängte (hingehen und sagen, die sollen aufhören), auf der anderen Seite scheint die Angst, selber in die Schlägerei involviert zu werden, also etwas »abzubekommen«, Zurükkhaltung geboten zu haben. Ingo spricht nicht von Angst. Er macht vielmehr einen Prozeß des Abwägens bzw. die diesem zugrunde liegende Frage, welches Risiko er wohl eingehen würde, explizit. Hierbei teilt er implizit mit, daß sein Zögern seinen guten Grund hatte (fünf Angreifer, Jugendliche, die wie »die Irren« aufeinander einschlagen) und der Brisanz der Situation angemessen war.

In seiner Beschreibung klingt an, daß Ingo sich als ganz allein auf sich gestellt erlebt hat, als er vor der Frage stand, ob er eingreifen soll. Visuellen oder verbalen Kontakt zu anderen Fahrgästen, der ja u. U. auch hilfreich sein kann, um sich der Unterstützung anderer zu vergewissern, scheint er nicht aufgenommen zu haben. Einem möglichen Handeln kommt dann aber eine ältere Frau zuvor, die die sich prügelnden Jugendlichen kurzerhand »verscheucht«. Dieser Schilderung scheint unfreiwillig etwas Komisches anzuhaften (die anderen Diskussionsteilnehmer lachen), das sich möglicherweise aus der für den Zuhörer überraschenden Wende der zuvor als dramatisch charakterisierten Situation erklärt. Das beherzte Eingreifen der älteren Dame läßt Ingos Zögern in einem anderen Licht erscheinen: Dieses erscheint so nicht länger als ein der Vernunft geschuldetes Abwägen, sondern als Ausdruck einer der Situation nicht angemessenen und zudem verschwiegenen Ängstlichkeit. Wenn Ingo in Frage stellt, sich aufgrund hehrer moralischer Werte »blindlings«, also ohne nachzudenken, in eine gefährliche Situation zu stürzen, dann klingt darin auch das Bemühen an, sich von der von Hans gemachten »Vorlage« (spontan eingreifen, ohne zuvor mögliche Risiken für sich selbst abzuwägen) zu distanzieren. Der Versuch von Hans klarzustellen, daß es nicht die »edle Pflicht«, sondern die Wut sei, die ihn in einem solchen Moment leite, löst wiederum Widerspruch aus. Es ist Mareike, die darauf verweist, daß ein Abschätzen der Kräfte eben doch auch nahelegen könne, sich lieber nicht einzumischen. Der Umstand, daß sie in diesem Zusammenhang von Situationen spricht, in denen es um das Überleben geht, deutet darauf hin, daß auch sie hier darum zu ringen scheint, ein Zögern zu legitimieren. Die sich anschließende Äußerung zielt in eine ähnlich Richtung: Es wird hervorgehoben, daß gerade Situationen, in denen man sich nicht der Unterstützung anderer sicher sein kann, eine gewisse Zurückhaltung rechtfertigen würden. Die Gesprächspassage findet ihren Abschluß, indem Hans noch einmal hervorhebt, daß er eine größere Bereitschaft habe, ein Risiko einzugehen, wenn er seine innersten Überzeugungen angegriffen und verletzt sieht. Er scheint hiermit noch einmal deutlich zu machen versuchen, daß in besagten Situationen etwas geschieht, was ihm eben nicht erlaubt, rational abzuwägen, ob ein Eingreifen sinnvoll ist. Werden die innersten Überzeugungen angetastet, so scheint ein Handeln zwingend zu werden. Erfolgt dieses nicht, so käme dies möglicherweise einem Selbstverrat gleich, der, so ließe sich weiterhin vermuten, u. U. schwerer zu verkraften wäre als körperliche Blessuren. Die Äußerungen von Hans lassen ahnen, daß es für sein Selbstverständnis und für seine Identität sehr wichtig zu sein scheint, seine moralische Integrität bewahrt zu wissen. Daß auch bei anderen Gesprächsteilnehmern ein enger Zusammenhang zwischen couragiertem Handeln und der Verletzung von inneren Werten zu bestehen scheint, darauf weist der folgende Dialog hin:

Paul: »Da, wo ich das nicht als Unrecht empfinde, kann ich mich nicht einmischen.«

Ingo: »Nee, das ist dann eher sowas, wo man denkt, das ist doch jetzt Scheiße! So, das geht doch jetzt nicht, das können die doch jetzt nicht bringen! Aber nicht so richtig, wo man so richtig mit Feuer und Flamme dabei ist.«

Jamal: »Also, wenn's sein muß, dann steck ich auch einen weg. Was passiert da im Endeffekt?! Ob ich da halt ein blaues Auge hab oder nicht. Wie gesagt, das kommt einfach auf die persönliche Verfassung an, die man im Augenblick hat und das Notwendigkeitsempfinden, das ich im Augenblick hab.«[3]

Gesprächsdynamik ...

An dieser Stelle möchte ich die Perspektive wechseln und die Aufmerksamkeit von dem Gesprächsinhalt (was wurde gesagt?) hin zu der Gesprächsdynamik (wie wurde miteinander gesprochen?) verschieben. Auf die Frage, wie die Gesprächsleiter das Gruppengespräch erlebt hätten, brachten diese zunächst Unzufriedenheit, Verärgerung und Enttäuschung zum Ausdruck. Sie hatten den Eindruck, daß es nur sehr bedingt gelungen sei, ein Gespräch über das Thema Zivilcourage in dem Sinne zu führen, daß sich ein gemeinsamer reflexiver Raum hergestellt hätte. Statt dessen habe man vielmehr miteinander gerungen. In der kollegialen Supervision wird deutlich, daß die Gesprächsleiter versucht haben, die eingeladenen Gesprächspartner dazu zu bewegen, sich ganz konkreten Situationen zuzuwenden, in denen für sie das Thema Zivilcourage aktuell gewesen sein könnte, während die Gesprächsteilnehmer darauf bestanden zu haben scheinen, sich dem Thema Zivilcourage vor allem auf einer vergleichsweise abstrakten Ebene zu nähern. Die hier beschriebene Dynamik läßt sich ohne weiteres auch im Text wiederfinden. So wirbt ein Gesprächsleiter nach einer längeren Gesprächssequenz, in der es um die Kritik allgemeiner gesellschaft-

[3] Ob man »mit Feuer und Flamme« dabei ist oder das »Notwendigkeitsempfinden« angesprochen wird, das scheint sich für die Gesprächsteilnehmer nicht in erster Linie an dem Gefährdungspotential einer Situation zu entscheiden. Bedeutsam ist hier scheinbar vielmehr die Frage, wer das Opfer ist. Würden sich Personen prügeln, die nicht die Sympathien der Gesprächsteilnehmer genießen, dann würde man sich eben auch nicht aufgefordert fühlen, einzugreifen, wie beispielsweise die folgende Äußerung zeigt: »Wenn sich da zwei Skinheads prügeln, die sollen sich von mir aus die Köppe einschlagen! Das ist es mir nicht wert.«

licher Entwicklungsprozesse, um die Amoralität von Politikern sowie um das Thema Werteverlust geht, dafür, sich dem Thema Zivilcourage wieder etwas konkreter zuzuwenden:

> GL.: »Ich wollte nochmal von dieser politischen Diskussion zurückkommen in den ganz konkreten Alltag. Wenn ich mich in 'ner Situation befinde, dann habe ich zwar meine Überzeugungen im Kopf, aber trotzdem bin ich ja aufgerufen, mach ich was oder nicht? Was hält mich ab, oder warum handele ich jetzt doch?«

Die Gruppe läßt sich auf dieses Anliegen nicht ein. Es beginnt vielmehr eine Diskussion, in der es um die Rolle der Massenmedien und um die Frage geht, inwiefern diese für die von den Gesprächspartnern wahrgenommenen Gleichgültigkeit und Verrohung verantwortlich sind:

> Anne: »Die Medien sind für meinen Geschmack daran Schuld, daß wir dabei nichts besonderes mehr empfinden. (...) Und irgendwie ist das für mich so'n Abstumpfen.«

Die hier nachgezeichnete Gesprächsdynamik wiederholt sich mehrfach. Schließlich kommt es dazu, daß einer der beiden Gesprächsleiter seinen Unmut zum Ausdruck bringt:

> GL.: »Ich sag mal, verständigen wir uns hier im Moment nicht alle darauf, daß wir alle im Grunde genommen zivilcouragiert sind und daß es eigentlich 'ne Selbstverständlichkeit ist? Und wir schaffen es nicht außer Ingo eine konkrete Situation zu sagen. (...) Also gibt's die nicht oder trauen wir uns nicht, das zu sagen, und dann die Frage zu stellen: ja, was ist denn da so schwierig dran? (...) Was macht das so schwierig, hier zu sprechen über diese Erfahrungen?«

Die Gruppe steigt auf diese Provokation nicht ein. Es schließen sich einige Äußerungen an, die genau den Gesprächsmodus fortführen, der vom Gesprächsleiter kritisiert wurde:

> Ingo: »Ja gut. Ich denke, das liegt jetzt auch daran, manche Leute erzählen eben gerne irgendwas davon, manche eben nicht so gern und manche eben überhaupt nicht.«

> Hans: »Ich find das nicht schwierig. Nur ich kann doch jetzt nicht anfangen, in allen Dingen, wo ich mich in meinem Leben eingemischt habe. Dann mach ich 'nen Dauervortrag.«

> Paul: »Ich glaub, es wäre einfacher gewesen, (...) wenn Ihr jetzt 'ne Fragestellung erarbeitet hättet, wo drunter gestanden hätte: am Exempel von.«

Gemeinsam ist den hier genannten Äußerungen, daß sie – wenn vermutlich auch aus unterschiedlichen Motiven und mit unterschiedlichen Begründungen – der vom Interviewer gestellten Frage ausweichen. Während Ingo auf einer abstrakten Ebene die Frage, wer spricht wie gerne über was zum Thema macht, stellt

Hans die These des Interviewers in Zweifel, daß es schwer sei, über konkrete, selbst erfahrene Situationen zu sprechen. Er verweist darauf, daß er sich schon so oft eingemischt, und damit eben auch Zivilcourage bewiesen habe, daß darüber zu sprechen, den Rahmen sprengen würde. Situationen, in denen er möglicherweise gezögert oder nicht gehandelt hat, sowie in diesem Zusammenhang relevante Gedanken und Gefühle thematisiert er nicht. Paul wiederum macht die aus seiner Sicht ungenaue Fragestellung, die die Interviewer mitgebracht hätten, dafür verantwortlich, daß kaum konkrete Erfahrungen thematisiert werden. Den möglicherweise aber entscheidenden Hinweis darauf, was die Gruppe daran hindert, auf das Anliegen der Gesprächsleitung einzugehen, gibt Ingo:

> Ingo: »Vielleicht finden manche sowas erstmal nicht so wichtig, so 'ne einzelne Situation, sondern wollen das dann eben eher größer sehen. Oder sehen das dann eben größer.«

An dieser Stelle deutet sich an, warum sich die Gesprächsteilnehmer dagegen zu wehren scheinen, sich mit konkreten Situationen und mit dem Erleben dieser auseinanderzusetzen. Sie haben scheinbar den Wunsch, sich auf einer »größeren«, oder anders formuliert, politischen Ebene mit dem Thema Zivilcourage auseinanderzusetzen. Dieser Umstand erklärt jedoch noch nicht, warum es in dem Gespräch zu einer Polarisierung der Interessen kam bzw., warum es so schwierig gewesen zu sein scheint, diese wieder aufzulösen. Was könnte es so schwierig gemacht haben, das Thema Zivilcourage einerseits im »größeren« Zusammenhang und andererseits in Kontext spezifischer Situationen zu reflektieren und zu diskutieren? Um diese Frage bzw. um die Frage, was dieser Umstand möglicherweise mit dem Thema Zivilcourage zu tun hat, darum wird es im folgenden gehen.

Wer will da was, warum ...?

Betrachtet man das Gruppengespräch genauer, so wird deutlich, daß das Thema Zivilcourage für die Gesprächsteilnehmer unter einem gewissem Verdacht zu stehen scheint. Auf einer zunächst einmal eher abstrakten Ebene wird überlegt, daß der Begriff der Zivilcourage nicht im luftleeren Raum existiert, sondern daß dieser jeweils ein bestimmtes Wertsystem unterlegt:

> Nina: »Es fällt doch auf, daß der Begriff Zivilcourage immer bestimmten Definitionen unterliegt. Also ich sag mal, was ist recht oder was ist unrecht, was ist angesagt oder was ist nicht angesagt?«
>
> Hans: »Ich denke, daß er immer unterschiedlich gesehen wird. Je nachdem welche gesellschaftliche Position ich gerade vertrete, kann das Wort Zivilcourage von verschiedenen

Seiten betrachtet werden.«

Mareike: »Es geht ja auch darum, wie definiert ‘ne Gesellschaft einen bestimmten Vorgang. Das ist für mich auch ‘ne Frage von der politischen Herangehensweise. Es ist aber auch ‘ne Frage von gesellschaftlicher und politischer Moral, und die ist auch ständigen Wechselwirkungen unterlegen.«

Die Gesprächsteilnehmer machen darauf aufmerksam, daß das, was unter Zivilcourage verstanden wird, keine stabile Größe ist, sondern eine, die zum einen einem historisch-gesellschaftlichen Wandel unterliegt und zum anderen – entsprechend konkurrierender Wertsysteme – auch auf derselben Zeitachse sehr unterschiedlich aufgefaßt werden kann. Anders formuliert: Wenn zwei von Zivilcourage sprechen, dann haben sie dabei möglicherweise jeweils etwas ganz anderes im Sinne ohne das dies explizit werden muß. Für die Gesprächsteilnehmer scheint dies zu bedeuten, daß es zu hinterfragen gilt, wer sich, aus welchen Gründen, mit welcher Intention und welchen Wertvorstellungen für Zivilcourage ausspricht:

Anne: »Und unter dem Aspekt würde ich mich einfach mal fragen: Wie kommt irgend jemand dazu, zu Zivilcourage aufzurufen.«

Bertram: »Und die gleichen Fragen muß ich auch stellen, wenn wir heute über Zivilcourage nachdenken: Wer will da was von wem, warum?!«

In den hier formulierten Fragen schwingt Mißtrauen mit. Vergegenwärtigt man sich, daß die Gesprächspartner unter Zivilcourage in erster Linie ein Handeln verstehen, das (mutig) Obrigkeiten bzw. den Institutionen und Personen, die eine solche vertreten, entgegentritt, so wird dieser Umstand möglicherweise erklärbar. Zivilcourage, das wird an verschiedenen Stellen deutlich, scheint für sie gerade auch ein Handeln zu bezeichnen, daß mit zivilem Ungehorsam assoziiert ist. Die Gesprächsteilnehmer fragen sich, wie es sein kann, daß nun auch von Institutionen um Zivilcourage geworben wird, die in ihrer Sicht Gegenstand eines solchen Handelns sind. Was mag hier wohl dahinter stecken?, das ist die Frage, die in diesem Zusammenhang im Raum zu stehen scheint. Eine Vermutung, die hier geäußert wird, ist die folgende:

Hans: »Ja! Vertuschen auch von gesellschaftlichen Zuständen! Da wird nach Zivilcourage – ›ihr müßt euch drum kümmern!‹ – von den Leuten laut geschrien, die es jahrelang versäumt haben, für Zustände zu sorgen, daß sowas nicht passiert.«

Für Hans, der sich hier empört zu Wort meldet, scheint es sich so darzustellen, daß das Werben um Zivilcourage etwas ist, das zum einem von bestimmten gesellschaftlichen Mißständen und zum anderen von der Frage der Verantwortlichkeit für eben diese ablenken soll. Daß damit auch die Intention verbunden ist, die Verantwortung für Versäumnisse zu delegieren, diese Auffassung klingt auch in der folgenden Äußerung an:

> Hans: »Und dann zu Zivilcourage bei Jugendlichen aufzurufen, daß die was tun sollen, das ist 'ne Frechheit! Die ganzen Politiker, alle bereichern sich. Sie sprechen von einer Gesellschaft der Besser-Verdienenden und sonstwas!! Und es zählt wirklich in dieser Gesellschaft nur noch, wenn du Geld hast. Wie sollen dann Kinder und Jugendliche 'ne Orientierung von Werten und vor allem von Solidarität bekommen?! Denn das ist für mich auch das bessere Wort: Solidarität. (...) Solidarisches Handeln, das halte ich für mich auch als viel zutreffender.«

Dieser Gesprächsteilnehmer scheint sich gegen den Appell an das Gewissen zu verwahren, den er im Werben für Zivilcourage ausmacht. Er bringt Empörung darüber zum Ausdruck, daß beispielsweise bei Jugendlichen das Gefühl der Verpflichtung (eigentlich sollte/müßte ich) anzusprechen versucht werde, während die, die sich in exponierten Positionen befänden, den Werten, die sie propagieren, selber nicht verpflichtet fühlen würden. Hans greift hier den Begriff der Solidarität auf, dem scheinbar auch von anderen Gesprächsteilnehmern gegenüber dem der Zivilcourage der Vorzug gegeben wird. Im folgenden eine weitere Äußerung, die sich kritisch auf den aktuell in der Öffentlichkeit gebräuchlichen Begriff der Zivilcourage bezieht:

> Bertram: »Und worauf ich hinaus will ist eigentlich die Fragestellung, ob nicht genau dieses Ding Zivilcourage gegen eine – als Begriff und als Inhalt – solidarische Gesellschaft steht! Und das ist mein Anliegen.«

An was dieser Gesprächsteilnehmer möglicherweise denkt, wenn er den Begriff der Solidarität dem der Zivilcourage gegenüberstellt, dies deutet sich in der folgenden Äußerung an:

> Bertram: »Ich würde mich auch vor die Jugendlichen stellen gegen diese ›Soko Jugendkriminalität‹, weil die nur mal 'n paar Häuser vollschmieren oder sonstwas. (...) Das ist ja auch 'ne Frage, die taucht immer wieder auf, 'ne zivile Gesellschaft impliziert eine bestimmte politische, gesellschaftliche moralische Vorstellung und impliziert vielleicht im Hintergedanken auch Ordnung, ne?! Eine bestimmte Ordnung?! Irgendwoher kennen wir solche Versuche auch schon. Und das ist das, wo ich mich immer zur Wehr setze.«

In dieser Äußerung teilt sich der Anspruch mit, denjenigen beizustehen, die eine schwache Position haben. Sie gelte es vor denen zu schützen, die weitaus mächtiger zu sein scheinen. Der Gesprächsteilnehmer, der sich hier zu Wort meldet, scheint den Verdacht zu haben, daß das Werben um Zivilcourage ein perfides Mittel sein könnte, um fragwürdige Ordnungsvorstellungen zu etablieren. In dieser Perspektive würden diejenigen, die im Sinne dessen handeln, was – so

sehen es scheinbar die Gesprächsteilnehmer – von »oben« als Zivilcourage definiert wird, zu einem Instrument, das eben diese Reglements durchzusetzen hilft. Die Dynamik des Gespräches sowie verschiedene Äußerungen der Gesprächspartner lassen vermuten, daß die Gesprächsleiter als Personen identifiziert werden, die positiv für Zivilcourage eingenommen sind und somit auch im Sinne der von ihnen kritisierten Institutionen und ihrer Vertreter handeln. In dieser Logik wären die Gesprächsleiter Personen, die die Gruppe für Zivilcourage und damit auch für all das, was ihrer Einschätzung zufolge hier an Fragwürdigkeiten mitschwingt, einzunehmen versuchen würden. Hiervor, so ließe sich vermuten, versuchen sich die Gesprächsteilnehmer zu schützen. Erklären ließe sich so möglicherweise auch, warum es für sie so wichtig gewesen zu sein scheint, darauf zu beharren, sich dem Thema Zivilcourage vorwiegend aus einer »größeren«, sprich gesellschaftspolitischen Perspektive zuzuwenden.
Daß in der Gruppe der Verdacht virulent ist, daß diejenigen, die dafür gewonnen werden sollen, zivilcouragiert zu handeln, möglicherweise auch dazu benutzt werden sollen, verlängerter Arm der Staatsmacht zu sein, darauf weist auch die folgende Äußerung hin:

> Ingo: »Wenn's irgendwo klirrt, und wer denn nun die Polizei ruft, oder wer sich dann vor den Laden stellt und aufpaßt, daß da nichts rausgeholt wird, also da muß ich echt sagen, das ist eigentlich eher Denunziantentum oft für mich. Auch wo sich das so überschneiden kann (zustimmendes Gemurmel).«

Dieser Gesprächsteilnehmer verwahrt sich hier dagegen, sich gegen diejenigen zu stellen, die das Gesetz übertreten. Er scheint ein solches Handeln eher mit dem Begriff des Denunzianten in Verbindung zu bringen. Zivilcourage bezeichnet in dieser Perspektive ein Handeln, daß den Akteur gewollt oder ungewollt zu einem Verräter zu machen droht. Sich in dieser Weise wahrzunehmen, scheint für die Gesprächsteilnehmer jedoch inakzeptabel, da nicht mit ihrem Selbstverständnis in Einklang zu bringen zu sein.[4] Daß sich die Gesprächsteilnehmer nicht zum Stellvertreter der Ordnungsmacht machen lassen wollen, eben dieses aber in Zusammenhang mit dem Werben um Zivilcourage bringen, dieser Zusammenhang deutet sich auch in der folgenden Äußerung an:

> Mike: »Wenn jemand 'ner alten Oma die Handtasche raubt, dann find ich das erstmal ziemlich beschissen. Aber dann würde ich mich erstmal davor hüten, da irgendwelchen Leuten hinterher zu sprinten, die festzuhalten, und dann der Polizei zu übergeben und

[4] Der Umstand, daß sowohl in dieser wie auch der vorausgegangenen Äußerung Assoziationen an den Nationalsozialismus aufscheinen, dürfte wohl kein Zufall sein.

dann zu sagen: Mensch, was war ich heute wieder couragiert! Da würd ich eher denken, was war ich heute für ein Arschloch eigentlich.«

In den Äußerungen der Gesprächsteilnehmer klingt vieles an, was problematisch ist, hier aber nicht Gegenstand der Betrachtung oder einer wie auch immer verfaßten Bewertung sein kann. Vielmehr möchte ich an dieser Stelle fragen, ob in dem Gespräch nicht auch auf Aspekte des Themas Zivilcourage (und dem hiermit häufig verknüpftem Thema der Gewalt) verwiesen wird, die in der Diskussion mitunter zu kurz kommen. So machen die Gesprächsteilnehmer darauf aufmerksam, daß mit dem Instrument Zivilcourage auf eine vorrangig personengebundene und nicht auf eine gesellschaftliche/politische Bewältigung von Problemen gesetzt wird, die möglicherweise zwar »nur« zwischen zwei oder mehreren Personen (z. B. im Sinne eines eskalierenden Konfliktes) zum Ausdruck kommen, in einer solchen (individuumszentrierten) Perspektive jedoch nicht aufgehen. Sie wehren sich damit gewissermaßen auch dagegen, daß dem Begriff Zivilcourage seine ursprüngliche, im engeren Sinne politische Bedeutung entzogen wird. Die Gesprächsteilnehmer scheinen sich im Sinne einer Entpolitisierung bedroht zu fühlen: Wir definieren uns als Männer und Frauen, die gegebenenfalls gegen die Obrigkeit Zivilcourage beweisen, eben diese will uns mit Hilfe ihrer Vertreter dafür gewinnen, daß wir in ihrem Sinne handeln und daß wir das, was wir bisher unter Zivilcourage verstanden haben, zugunsten einer individualistischen Auffassung korrigieren. Hierzu wird an unser Gewissen appelliert und – so ließe sich möglicherweise weiterdenken – denen, die nicht im genannten Sinne Zivilcourage zeigen, Schuld bzw. eine Mittäterschaft zugewiesen. Die Gesprächsteilnehmer scheinen sich hier in einer Zwickmühle zu befinden: Sie wollen sich nicht mit dem, was sie als Perspektive der Obrigkeit identifizieren, gemein machen, zugleich aber genauso wenig der Gruppe der »Feiglinge« oder gar Mittäter zugeschlagen werden. Dies würde ihrem Selbstverständnis widersprechen und ihre Identität in Frage stellen. Betrachtet man die Kampagnen zum Thema Zivilcourage, so stößt man in vielen Fällen genau auf dieses Moment. Plakate mit Aufschriften wie: »Gewalt ist, wenn man weitergeht« (Frankfurt), »Wer nichts tut, macht mit« (Hamburg) oder noch deutlicher: »Am Montag wurde hier eine Frau von sechs Männern belästigt. Fünf davon haben Zeitung gelesen« (Hamburg), zielen darauf ab, diejenigen, die nicht eingreifen, schuldig zu sprechen oder sogar dem Täter gleichzustellen. Bewertungen der Printmedien wie: Hier handelt es sich um »erschreckende Beispiele fehlenden Bürgermutes«, dürften für die Gesprächsteilnehmer nur schwerlich hinzunehmen sein, beanspruchen sie doch gerade eben einen solchen Bürgermut für sich. So wie der Diskurs über Zivilcourage in ihrer Wahrnehmung geführt wird, scheint er ihre Täter- und Opferlogik in Frage zu stellen.

Innere Bedenkenträger ...

In dem Gruppengespräch stellte es sich, wie gesagt, als schwierig dar, darüber ins Gespräch zu kommen, was es u. U. so schwer machen kann, in einer kritischen Situation couragiert einzugreifen. Nur ein Interviewpartner spricht aus, daß es gerade auch die Angst sein kann, die einen hier u. U. zögern läßt:

> Paul: »Für mich würde es schwierig werden, irgendwo einzugreifen, wenn ich einfach merke, daß es ‘ne Gewaltsituation ist, wo ich mich selber auch bedroht fühle. Wo ich zwar auch sehe, daß jemand anders bedroht ist, aber wo ich mich auch bedroht fühle. Und dann check ich natürlich erstmal ab, hab ich ‘ne Möglichkeit zu helfen? Und dann ist es halt wirklich ‘ne Frage auch, die Angst zu überwinden, die dabei entsteht. Und ich denk mal, das ist halt auch der Hauptgrund jetzt speziell bei solchen Sachen in der U-Bahn oder Straßenbahn, daß Leute nicht eingreifen, (...) weil es sie nicht interessiert, sondern daß sie einfach Angst haben, einzugreifen. (...) Daß die alle desinteressiert sind, glaub ich nicht! Ich glaube, es ist einfach die Angst, einzugreifen.«
>
> Jamal: »Nicht nur die Angst. Ich hab das so erfahren, daß die Leute einfach auch Spaß dran haben, zuzusehen. Ich hab mich da mit drei Leuten – da kam ich aus dem Bus geschlagen, und dann hatte ich einfach fünfzig Leute um mich rum, die haben einfach zugeguckt. Ich hab mich mit denen geschlagen, denen war das scheißegal, ob die ‘n Messer gezogen haben oder nicht, da hat sich keiner eingemischt! (...) Einige, die eingreifen wollten, haben vielleicht Angst gehabt, und die anderen haben das als Spaß gesehen. Das ist so’n Live-Kampf, den hast du vor deinen Augen, das genießt du einfach! Ist ja besser als wie im Fernsehen.«

Es ist Paul, der von seiner Angst spricht und damit eben auch eine Brücke zu denen schlägt, die in kritischen Situationen eben keine Zivilcourage beweisen konnten. Der Umstand, daß er sich seine Angst eingesteht, scheint es ihm möglich zu machen, für vermeintlich Uncouragierte Verständnis zu zeigen und diese nicht nur zu diskreditieren. Es ist der Gruppe scheinbar nicht möglich, daß Thema Angst und damit in Zusammenhang stehende Aspekte vertiefend aufzugreifen. Im Zusammenhang der Frage, warum Menschen tatenlos zusehen und eben nicht eingreifen, läßt Jamal zwar das Argument der Angst gelten, identifiziert aber letztlich die Schaulust als die zentrale Ursache. Als einzelne Gesprächsteilnehmer von ihm wissen wollen, wie sich die von ihm geschilderte Situation weiterentwickelt hat, erzählt dieser etwas, was sich auch an anderen Stelle ähnlich gestaltete: Es ist eine Frau, genauer gesagt seine Mutter, die interveniert:

> Jamal: »Das ist eigentlich ganz gut ausgegangen. (...) Ich mußte abhauen, weil meine Mutter da war (lacht). Das war der einzige Mensch, der zwischen den Leuten war, die da rein gegangen ist (Lachen der anderen) und sich da eingemischt hat. Und irgendwie mußte ich da weggehen, weil sie mich da weggezogen hat.«

Auch in diesem Beispiel stellt es sich so dar, daß eine gewaltförmige Situation, die als brisant beschrieben wird (drei gegen einen, Messer werden gezogen), unvermittelt durch das Eingreifen einer Frau beendet wird. Auch hier kommentieren die anderen Gesprächsteilnehmer das Geschilderte mit Lachen und karikieren damit den ausgewiesenen Ernst der Situation (wer sich von seiner Mutter retten läßt, kann ein solcher Held nicht sein). Für die Gesprächsteilnehmer scheint es schwer zu sein, subjektive Motive anzuerkennen, die einen gegebenenfalls zum »bystander« werden lassen. Für sich selbst formulieren sie den Anspruch der Selbstverständlichkeit, anderen wird scheinbar leicht Sensationslust oder Gleichgültigkeit unterstellt. Nimmt man das Selbstverständnis der Diskussionsteilnehmer ernst (es ist doch selbstverständlich, in bestimmten kritischen Situationen einzugreifen), so liegt nahe, daß es sehr beschämend wäre, sich einzugestehen, daß man diese Courage möglicherweise eben nicht so selbstverständlich hat. »Feiglinge« wollen sie auf keinen Fall sein.

Was es so schwer macht, Zivilcourage zu zeigen ...

Abschließend möchte ich die Perspektive wechseln, aus dem Gruppengespräch hinaustreten, um auf einer allgemeineren Ebene zu fragen, was es möglicherweise so schwer macht, Zivilcourage zu zeigen.

Neben der bereits erwähnten Angst, in den Konflikt hineingezogen und dann möglicherweise selbst zum Opfer eines Übergriffs zu werden, ist auch die Schamangst in diesem Zusammenhang von Bedeutung. Wer im öffentlichen Raum Zivilcourage zeigt, der tritt in besonderer Weise hervor. Auf sie oder ihn werden sich für einen kürzeren oder längeren Zeitraum die Augen der anderen richten. Allein diese Vorstellung kann für viele eine nur schwer zu überwindende Hürde darstellen. Hinzu kommt, daß entsprechende Situationen häufig mehrdeutig sind (eindeutig werden sie oft erst im Nachhinein). Es ist dann unklar und mitunter auch schwer zu entscheiden, ob ein Eingreifen geboten, angemessen oder auch deplaziert ist. Sich zu exponieren (das tut man, wenn man eingreift) und dabei zu scheitern (z. B. weil es nicht gelingt, die Situation zu deeskalieren) oder die Erfahrung zu machen, die Situation falsch eingeschätzt zu haben, kann peinlich sein. Ist sie beispielsweise harmloser als gedacht, so kann leicht das Gefühl entstehen, sich vor den Augen anderer lächerlich gemacht zu haben. Auszuschließen ist ferner nicht, daß sich hierbei u. U. der Ärger der Beteiligten zugezogen wird (Was mischen Sie sich hier ein?). Sich rauszuhalten ist nicht notwendig ein Zeichen von Gleichgültigkeit oder mangelnder Zivilcourage. Ein solches Verhalten kann auch der Frage geschuldet sein, ob es sich bei dem, was man mit Unbehagen sieht oder hört, tatsächlich um etwas handelt, was einen im dem Sinne angeht, daß es zum Eingreifen und Einmischen berechtigt. Zu entscheiden, in welchen Situationen dieses geboten oder auch unangemessen ist, kann auch deshalb schwierig sein, weil sich hier eben nicht auf verbindliche Regeln bzw. auf einen gesellschaftlichen Konsens bezogen werden kann.[5] Eine solche Verhaltensunsicherheit kann somit auch als Ausdruck einer kulturellen Verunsicherung verstanden werden, deren soziologischer Hintergrund in einer zunehmenden Pluralisierung von Werten und Lebensstilen zu suchen ist. Schließlich kommen in diesem Zusammenhang weitere sozialpsychologische Aspekte zum Tragen: Kritische Situationen, die von Mehreren beobachtet werden, scheinen eine Verantwortungsdiffusion zu befördern. Gibt es eine Vielzahl potentieller Helfer, so kann sich das Gefühl der Verantwortlichkeit bei jedem einzelnen abschwächen. Daneben scheinen Situationen, die unklar oder vieldeutig sind, ein Eingreifen eher unwahrscheinlich werden zu lassen, da sie dem (nicht notwendig bewußten) Wunsch entgegenkommen, daß das, was man sieht oder hört, nicht so »schlimm« sein möge, daß es zum Handeln zwingt. Eine solche Konstellation macht es einfacher, die Brisanz einer kritischen Situation zu leugnen. Zusammengefaßt läßt sich sagen, daß es sowohl situative, individual-, sozial- und gruppenpsychologische Faktoren sind, die Zivilcourage befördern oder eben auch nicht.[6]

---

5 Mareike: »Ich denke, Leute, die eingegriffen haben, die haben sich nicht alleine gesehen und haben zumindest immer einen sozialen Rahmen gehabt bzw. gegebenenfalls auch Leute auf der Straße, von denen sie unterstützt worden sind. Meistens gehen heute ja Leute vorbei und gucken weg oder nicken vielleicht nochmal anerkennend, aber das ist dann auch alles. Also, so 'ne Vereinzelung in allen möglichen Vorgängen wird immer deutlicher.«

6 An dieser Stelle sei bemerkt, daß es durchaus sinnvoll ist, auf die inneren Bedenkenträger zu achten. Sie lassen einen wachsam sein, schützen vor Leichtsinn und helfen, die Balance twischen Zivilcourage und notwendigem Selbstschutz zu finden.

Die hier dargelegte Gruppengesprächsauswertung soll nicht dazu beitragen, die benannten Kampagnen für Zivilcourage zu diskreditieren. Diese haben durchaus ein erstzunehmendes Anliegen. Sie sensibilisieren und tragen so möglicherweise dazu bei, eine Kultur der Hilfe zu befördern. Derartige Initiativen können daneben auch signalisieren, daß ein couragiertes Eingreifen erwünscht ist. Dieses erfährt so eine wichtige soziale Gratifikation. Die dargestellte kritische Perspektive unserer Gesprächsteilnehmer kann jedoch die Aufmerksamkeit auf Aspekte des Themas Zivilcourage richten, die im aktuellen Diskurs möglicherweise zu kurz kommen. Die Resonanz, die das Werben für Zivilcourage in dieser Gruppe hervorzurufen scheint, läßt vermuten, daß Appelle an die moralische Verantwortlichkeit der Sache auch schaden können. Sie rufen u. U. Abwehr und Reaktanz hervor. Bemerkt sei abschließend ferner, daß das Thema Gewalt häufig in einer Spaltungslogik thematisiert wird, die – so meine These – sich eben auch in dem Gruppengespräch niederschlägt. So werden komplexe Situationen leicht vereindeutigt, Opfer und Täter identifiziert, so gibt es die »Guten«, die helfen und Zivilcourage beweisen, und die »Bösen«, die wegschauen, so werden Gewaltakte einzelner gegen Aspekte struktureller Gewalt diskutiert und so fort. Diese Tendenz ist umso problematischer, als ein Eingreifen, das weder sich noch andere in Gefahr zu bringen bemüht ist, meiner Meinung nach voraussetzt, eben diese Spaltungslogik aufzugeben. Eine Situation zu deeskalieren ist kaum möglich, wenn ich mein Gegenüber als »Bösewicht« identifiziere und anspreche.

In Szene gesetzt – Wissenschaft einmal anders präsentiert

Gedanken zu einer öffentlichen Veranstaltung über das Forschungsprojekt

Renate Haack-Wegner

Im Rahmen des Expo-Projektes »zeiten:der:stadt« sollten im Herbst 2000 in Bremen Ergebnisse unserer qualitativen empirischen Forschung zum Thema »Sicherheitsbedürfnisse und Unsicherheitsgefühle im Öffentlichen Raum« in einer öffentlichen Veranstaltung vorgestellt werden. Das Forschungsvorhaben war abgeschlossen, ausgewählte Bevölkerungsgruppen eines Bremer Stadtteils hatten sich zu diesem Thema in Gruppengesprächen geäußert, die anschließend tiefenhermeneutisch ausgewertet wurden. Unsere Forschungsgruppe hätte für die Expo-Veranstaltung auf diese fertigen Ausarbeitungen zurückgreifen und diese in verkürzter, ausschnitthafter Form wiedergeben können, wie wir es bereits bei anderen Präsentationen und Workshops über dieses Forschungsprojekt gemacht haben. Doch dieser eher akademische Zugang erschien uns wenig reizvoll für eine breite, öffentliche Veranstaltung. So entstand die Idee, mit dem Material einmal anders umzugehen:

Die erste Veränderung bestand darin, das Medium Sprache mit Musik zusammenzubringen. Ulrich Müggenberger, an »zeiten:der:stadt« mit einem eigenen Musikprojekt beteiligt, war sofort zu einer Kooperation bereit und stellte sich mit seiner Klarinette zur Verfügung. Das gemeinsame Vorhaben spiegelte sich im Titel für die Veranstaltung wieder: »Sicherheitsbedürfnisse und Unsicherheitsgefühle – eine sozialwissenschaftliche und musikalische Annäherung«. Das bedeutete, daß wir versuchen wollten, die Inhalte und Gefühle, die bei dieser Thematik in unseren Gruppengesprächen bei den TeilnehmerInnen anklingen, nicht nur sprachlich, sondern auch tonal auszudrükken. Ulrich Müggenberger wollte mit seiner Klarinette Klangverläufe improvisieren, angeregt durch die unterschiedlichen Aussagen und Emotionen, die in den einzelnen Gruppendiskussionstexten vorkamen. So sollte eine Art Klangcollage entstehen, welche die sprachlichen Äußerungen unterstrich, vertiefte, in den Raum stellte, als Frage offen ließ oder kommentierte. Sie inszenierte sich dann bei der Veranstaltung entlang der einzelnen Vorträge: Aggressive und ängstliche Klangfetzen, fragende und irritierende, traurige und wütende, leise und laute Töne begleiteten und reflektierten die vorgelesenen Texte. Ein Spiel zwischen Text und Musik entstand, ein Dialog zwischen zwei verschiedenen Medien.

Die zweite Veränderung betraf unsere Texte. Wir beschlossen, für uns neue Wege zu gehen: Das bedeutete, unseren von den befragten Gruppen abstrahierten wissenschaftlichen Text wieder enger an diese anzubinden: In den Äußerungen einer Person zu ihren Sicherheits- und Unsicherheitsgefühlen – in Ich-Form – sollte verdichtetet die Essenz der Aussagen mehrerer Personen aus der jeweiligen Gruppendiskussion wieder lebendig werden. Wir wählten aus den vielen Gruppengesprächen mehrere Personengruppen aus, die jede(r) von uns in dieser Weise bearbeitete und an dem Abend dann vortrug. So gab es die mit einem (fiktiven) Namen versehene Geschäftsfrau, die Lehrerin, die Elternsprecherin, die alte Dame und die drei Jugendlichen (zwei männliche und eine weibliche). An dem Veranstaltungsabend fand sich dann nacheinander jede(r) von uns an einem kleinen Tisch ein, stellte sich in seiner Rolle vor und trug seinen Text, weitestgehend direkt zum Publikum sprechend, vor. So entstand eine »szenisch musikalische Lesung« aus fünf Beiträgen. Mit an diesem Tisch stand Ulrich Müggenberger und begleitet uns dazu auf seiner Klarinette. Jeweils ein- und ausleitend spielte er außerdem einige Tonfolgen, die den Wechsel der Personen unterstrichen.

Als Beispiel für diese Gestaltung möchte ich meinen Part vorstellen. Der Text stammt aus eine Gespräch mit Lehrerinnen und Lehrern aus einer Schule. Dabei habe ich die vielen verschiedenen Aussagen zur Gewaltproblematik an der Schule einer dort anwesenden Lehrerin in den Mund gelegt, die dann von sich (authentisch) und ihren Kolleginnen und Kollegen aus der Schule erzählt. Meine Reflexionen und Interpretationen dazu habe ich ansatzweise in dem anschließenden Teil (andererseits ...) als lose Gedankenfolge anklingen lassen.

> Mein Name ist Frau Engelbrecht, Ich bin Lehrerin an einer Haupt- und Realschule in Bremen.
> Also, vor *unseren* Schülerinnen und Schülern habe ich keine Angst, die kennt man ja aus dem Unterricht oder anderen Aktionen.
> Aber schwierig wird es mit Schulfremden!
> Z. B. wenn man Pausenaufsicht hat. Da ist es schon passiert bei uns, daß Kollegen von fremden, meist ausländischen jungen Männern, bedroht worden sind, wenn sie diese aufforderten, den Schulhof zu verlassen. Ich habe selbst auch diese Erfahrung gemacht, zweimal bin ich bedroht worden. Die standen mit anderen Schülern zusammen in einer

Ecke des Schulhofs, wo die Schüler laut Hausordnung nicht sein sollen, da mußte ich ja dann eingreifen. Der eine gebärdete sich wie der Pate und ließ sich von den Schülern schier die Hände küssen, der andere war – wie sich später herausstellte – ein verhaltensgestörter junger Mann, der mehrfach wiederkam. Genauer mag ich das gar nicht erzählen, aber es hatte einen erheblichen Nachklang-Effekt!

(Musikimprovisation auf der Klarinette zu der geschilderten Szene.)

Ich habe sogar davon geträumt und es war ein schrecklicher Traum – also Angst vor Gewalt in der Schule, ja, die kenne ich (Musik zu Angst).

Aber es entsteht auch Wut. Sie können sich vorstellen, daß es gar nicht so leicht fällt, diese Wut nicht einfach rauszulassen, das kann einen schon ganz krank machen. Immer pädagogisch reagieren, dabei fühlt man sich ganz ohnmächtig und hilflos in diesen Situationen, auch alleine gelassen, das haben die anderen Kollegen auch so erlebt. Irgendwie bekommt man das denn ja immer hin, jeder auf seine Weise. Ich habe mir z. B. gegen diesen einen Schüler jetzt eine Art Bodyguard zugelegt, einen Schüler, der alleine durch sein Raumverdrängungsgehalt wirkt, manchmal laß ich auch erzählen, daß ich den »schwarzen Gürtel« habe, also das ist natürlich ironisch gemeint, wenn die mir dumm kommen, aber ...

(Musik zu Wut, Ohnmacht, Hilflosigkeit und Isolation).

Natürlich wissen wir alle, daß wir es hier mit gesellschaftlichen Problemen zu tun haben, die von Außen in die Schule schwappen. Vielleicht wissen wir auch nicht genügend Bescheid, z. B. über kulturelle Eigenarten und es kommt zu Mißverständnissen, die dann zu Gewalt-Eskalationen führen.

Drinnen, innerhalb der Schule können wir ja selbst etwas tun, nämlich ein gutes Schulklima schaffen, das Gewalt verhindert. Das versuchen wir als Kollegium auch umzusetzen und haben damit auch guten Erfolg. Vor allem, daß wir unsere Schüler und Schülerinnen als Personen anerkennen, auch wenn sie sich falsch verhalten: Nicht du als Person, sondern dein Verhalten ist nicht in Ordnung. Das muß aber auch benannt werden, nicht einfach so ungestraft durchgehen, die Konsequenzen ihres Handelns sollen sie spüren. Diese können ja auch so etwas wie eine Wiedergutmachung beinhalten, damit sie nicht auf ihren Schuldgefühlen sitzen bleiben.

Andererseits:

Vielleicht sind wir als Lehrer ja auch oft gewalttätig, allerdings im Schutz unserer Rolle. Übertreten auch Grenzen, entwerten und beschämen die Schüler, das ist ja auch Gewalt. Schwierig, das als solche zu erkennen, denn wir nehmen uns ja nicht aus der Sicht der Schüler wahr – Pespektivenwechsel würde vielleicht helfen.

Strukturelle Gewalt, das ginge ja noch einen Schritt weiter, dann wären wir per se durch unsere Rolle schon gewalttätig. Die Note »sechs« erledigt dann einen Schüler und er fühlt sich von uns vernichtet, »erschossen« sozusagen. Dann brauchen wir uns nicht zu wundern, daß ein Schüler darauf wütend reagiert (er uns am liebsten totschießen möchte, wie es einer meiner Kollegin als Reaktion auf eine solche Note entgegenkam). Aber andererseits gilt das Leistungsprinzip und wir müssen bewerten. Ihnen das herrschende Realitätsprinzip zu vermitteln, ohne den Selbstwert zu zerstören, das ist ein Dilemma der Lehrerrolle!

(Musik zu Wut und Aggression)

Das Andere und Fremde als Bedrohung, die die Ordnung stört?

Vielleicht haben wir gegenseitige Feindbilder, die die Kommunikation erschweren? In Kontakt kommen mit dem Fremden – auch dem Fremden in mir? Ist dann vielleicht ein anderes Umgehen mit bestimmten gewaltförmigen Situationen möglich, mehr Raum für Aushandlungs- und Anerkennungprozesse?

Ulrich Müggenburger ging mit seiner Musik jeweils an den gekennzeichneten Stellen auf meinen Text ein. Ich pausierte oder er spielte in meine Rede hinein, ich redete in die Töne hinein weiter, jeweils in einem zwischen uns spontan abgestimmten Prozeß. Am Ende waren wir beide zufrieden und hatten das Gefühl, ein kleines gemeinsames Werk geschaffen zu haben, das abgerundet im Raum stand. Den anderen Mitgliedern unserer Forschungsgruppe ging es ähnlich. Alle fünf szenisch musikalischen Beiträge zusammen schufen ein dichtes, authentisches Bild davon, was wir als Ergebnisse vermitteln wollten. Es wurde etwas kreatives Neues geschaffen, was mehr war als der Text oder die Musik alleine für sich genommen.

Einige nachträgliche Gedanken zu unserem Vorgehen:
Das szenische Element bewirkt einerseits eine leichte Lesbarkeit und Verstehbarkeit, macht die Ergebnisse unserer Forschungen lebendig und eindringlich. Dieses wird auch in dem Feedback, das wir erhielten, deutlich: die Veranstaltung hat gefallen, weil sie keine trockene Wissenschaft war. Darüber hinaus entsteht aber durch diese Inszenierung noch etwas anderes: Der Begriff »Szene«, ursprünglich für das antike griechische Theater gebraucht, wurde mit dieser Veranstaltungsform im doppelten Sinne – als theatrale Bühne und als psychologische Bühne genutzt.

Die Psychoanalyse hat sich mit diesem Phänomen schon frühzeitig beschäftigt: »Unter Szene versteht Freud im allgemeinen eine Interaktionssituation, deren Status zwischen realem Geschehen, Erlebnis, Erinnerung, Phantasie, Dichtung, Theater und Traum schwankt. (...) Gemeinsam ist diesen verschiedenen Konnotationen das Herausgehobene, Artifizielle, Symbolische, nicht unmittelbare Reale der Szene. Die Szene verweist stets auf ein anderes Geschehen, das wohl einmal real war, gegenwärtig aber in der Szene und der nach ihr nachträglich gebildeten Sinngestalt existiert« (Wolf 2000, S. 705f.). Was bedeutet das nun für unsere Forschungsdarbietung?

Die Originalszenen, die schon in dem Gruppengespräch mit den Lehrerinnen und Lehrern reproduziert wurden, entstehen auf diese Weise artifiziell wieder. Die als gewaltförmig erlebten Begegnungen auf dem Schulhof oder im Klassenzimmer werden in der Gruppendiskussion reproduziert und aus dem Abstand heraus konstruiert als subjektives Wissen über das interaktive Geschehen und die damit verbundenen Gefühle. In der geronnenen Form der aktuellen Situation im »Hier und Jetzt« tauchen diese Originalszenen erneut auf. Die authentische Stimmung in der Interaktion, die Eigenart des Beziehungsgeflechtes und die unterschiedlichen Gefühle der Protagonisten spiegeln sich bei der Lesung wieder und können vom Publikum aufgenommen werden.

Das szenische Darbieten öffnet damit einen Raum für Übertragungs- und Gegenübertragungsprozesse. Das heißt, die Zuhörer können eigene Gefühle im Zusammenhang mit diesem Thema und den einzelnen Personen an diese herantragen, aber es läßt die Zuschauer auch das empfinden, was von der Person in und nach der aktuellen Situation empfunden worden ist. In meinem Text ging es z. B. um die Verarbeitung von Erfahrungen mit gewalttätigen Schülern. Eigene Gefühle im Zusammenhang mit Schule, mit Gewalt und Sicherheitsbedürfnissen werden geweckt. Identifikationen mit der Lehrerin, mit einzelnen ihrer KollegInnen oder auch mit den an den Szenen beteiligten Schülern sind denkbar.

Man kann in diesem Zusammenhang auch von einer (beabsichtigten) Affektansteckung, einer Affektübertragung sprechen. Denn es ist eine Besonderheit der Affekte, »daß sie von anderen wahrgenommen oder erspürt werden können und zu identischen oder komplementären Reaktionen führen« (Krause 2000, S. 31). Das ist von uns gewollt, um unsere Forschungsergebnisse eindringlicher und authentischer zu vermitteln. Aber andererseits stellt sich die Frage, was handeln wir uns mit dieser psychologischen Inszenierung darüber hinaus ein? Welche genauen psychodynamischen Auswirkungen könnte dieses (beabsichtigte) Wiederaufleben der Szenen beim Publikum (und uns) haben?

Eine Möglichkeit wäre, sich von der Gefühlshaftigkeit überwältigen zu lassen. Das erscheint wenig förderlich, denn ein solcher Prozeß läßt zwar Identifikationen zu, verhindert aber deren reflexive Durcharbeitung. Auf diese kommt es uns aber bei der Präsentation unserer Forschung an. Wir möchten zu einem selbstreflexiven Geschehen einladen, das ein dialogisches Element enthält, nämlich den Austausch zwischen eigener Perspektive und der des Anderen. Unser Ziel ist es, mit unseren Forschungen über die Gewaltproblematik auch zu einem deeskalierenden Umgang beizutragen, nämlich dem Erkennen und Akzeptieren der Differenz, dem Anerkennen des Fremden. Dazu ist das Entwickeln von einer Haltung sinnvoll, die von Empathie geprägt ist, einem Mitschwingenkönnen, das zwischen Nähe und Distanz oszilliert. Starke Affektansteckung und Identifizierungen wären durch die implizit enthaltene Nähe im Rahmen dieser Zielvorgabe nicht förderlich.

Eine andere, aber ebenfalls nicht gewünschte Folge könnte sich einstellen: Da es sich bei diesem Thema um Gefühle im Zusammenhang mit Gewalt handelt, von Wirklichkeit in sich und in den anderen wahrzunehmen. Dieses ist eine Kernproblematik gerade im Zusammenhang mit Gewaltphänomenen. Oft besteht die Gefahr, diese Spaltungen unter dem Ansturm der Affekte wieder zu aktivieren; dann wären Verstehensprozesse, wie wir sie anstreben, kaum noch möglich.

So war der spontane Einfall, die Forschungsergebnisse in Form einer szenischen Lesung mit musikalischen Elementen kreativ verbunden zu inszenieren, vielleicht unbewußt auch getragen von der Absicht, dieses schwere und ängstigende Sujet in einen kreativen Prozeß einzubinden, um dessen schützende und progressive Mechanismen zu nutzen. Ich möchte diese Überlegungen nachzeichnen an einem Aspekt des Prozesses, der sich zwischen uns und dem Publikum während der Veranstaltung abspielte. Die aktuelle Interaktion, die sich dort ausbreitende Beziehungsstruktur, gibt auch einen Hinweis auf den Gegenstand und deren Verarbeitung:

Eine große Nähe, eine intime Verbindung zwischen uns, Text und Publikum stellt sich während des Lesens ein. Diese konnte in der anschließenden Diskussion beibehalten werden, denn ohne Absprache wurde jeder von uns zunächst in der Rolle angesprochen. So blieb ich die Lehrerin Frau Engelbrecht, die anderen jeweils die Geschäftsfrau oder die alte Dame, die Jugendlichen oder die Elternsprecherin. Ich gab, mich in die Erzählungen der Lehrerinnen und Lehrer aus meiner Gruppendiskussion hineinversetzend, in deren Sinne meine Antworten auf die Fragen aus dem Publikum. Da konnte ich dann auch Teile erzählen, die in der Zusammenfassung zu kurz gekommen waren, Ergänzungen und Beispiele nennen aus den Erzählungen »meiner« KollegInnen. Ich und das Publikum blieben ganz dicht am Gegenstand, an der Person, aber ohne uns damit vollkommen zu identifizieren, wir konnten zwischen Nähe und Distanz oszillieren, damit spielen. Erst gegen Ende der Veranstaltung schlüpften wir wieder ganz in unsere ForscherInnenrollen zurück, weil dann auch das Publikum anfing, Fragen zu stellen, die mehr auf dieser Ebene lagen. So bauten wir und das Publikum langsam wieder Distanz auf, verließen die geschilderten Szenen mehr und mehr und nahmen so auch Abschied von den in Szene gesetzten Personen. Aber diese Ferne war kein abwehrgeprägtes Reden über das Thema Gewalt, sondern ein aus dem szenischen empathischen Verstehen heraus entwickeltes Weiterdenken. Das Gespräch ging in eine eher methodische, wissenschaftstheoretische Richtung als auch in praktische, handlungsorientierte Konsequenzen unserer Forschungsergebnisse über.

stehen Ohnmacht, Angst und Wut im Raum, werden mächtige Affekte wie Scham, Schuld und Stolz aktiviert. Deren Wiederbelebung in der aktuellen Szene kann als Schutzmechanismus die Abwehr auf den Plan rufen. Das heißt, daß das Vortragen unserer Forschungsergebnisse diese Affekte zulassen und zu Abwehrreaktionen beim Publikum führen könnte. Eine häufige Möglichkeit gerade im akademischen Vortragsrahmen wäre die Intellektualisierung – dann läßt man das Gesagte nicht an sich herankommen und verbleibt in der Distanz, die ein Erleben aus dem Einfühlen heraus verhindert. Haben wir in diesem Fall zu viel Distanz, haben wir im ersten zu viel Nähe.

In einen kreativen Zusammenhang gebracht – als ein solcher kann die Form unserer szenisch-musikalischen Lesung meiner Meinung nach gelten – kann jedoch dieses Distanz-Nähe-Dilemma eher aufgelöst werden. Kreativität hat neben seiner künstlerischen ästhetischen Bedeutungsebene auch eine psychologische: Für Freud ist durch das kreative Element neben der Möglichkeit zu einer besseren Realitätsbewältigung auch die Chance zu einer Gestaltung unbewußter Triebregungen durch die dabei stattfindende Sublimierung eröffnet. Das hieße, daß diese Form eine Chance bietet, sich mit dem Thema Gewalt in der aktuellen Realität auseinanderzusetzen, diese adäquater wahrzunehmen. Sie kann auch dazu dienen, die eigenen archaischen Potentiale der Aggression bewußter wahrzunehmen und damit reflektierbarer zu machen.

In jedem kreativen Zusammenhang ist Symbolisierung am Werke. Für den einzelnen Menschen bedeutet das Verfügen über eine symbolische Repräsentation auch immer eine Entlastung durch eine Trennung, durch das Schaffen einer Differenz von Symbol und Symbolisiertem. Noch wichtiger wird dieser Vorgang, wenn das aggressive und ängstigende Moment, das in der Gewaltthematik verborgen ist, in den Mittelpunkt rückt: Um so mehr ist es nötig, die Symbolisierungsfähigkeit des Ichs, das versucht, mit diesen durch destruktive Phänomene hervorgerufenen Ängsten umzugehen, einzusetzen. »Melanie Klein betont den Zusammenhang zwischen Kreativität und tiefen, frühen Ängsten. (...) Eine Quintessenz der kleinerianischen Kreativitätstheorie ist, daß Kreativität der Bewältigung destruktiver Regungen dient und eine integrierte Erfahrung von Wirklichkeit durch Symbolbildung ermöglicht« (Holm-Hadulla 2000, S. 402). Diese Kreativität und Symbolisierungsfähigkeit stehen dem Kind, aber auch später dem erwachsenen Menschen als eine hilfreiche Bearbeitungsform von Aggression zur Verfügung. Damit ist auch die Erfahrung verbunden, die Welt und sich nicht im Lichte von Spaltungsprozessen zu sehen, nicht das Böse auf andere zu projizieren, sondern integrativ die guten und die bösen Anteile

Zusammenfassung

Die spezifische Form unserer Darbietung hatte Auswirkung auf uns und das Publikum. Aggressive und ängstigende Affekte konnten zugelassen und Nähe zu den (verdichteten fiktiven) Personen entwickelt werden, aber wir wurden davon nicht überschwemmt. Distanz stellte sich ein, aber nicht so, daß über die Gewaltphänomene gesprochen wurde, sondern in der Reflexion dicht an dem erlebnishaften Kontext geblieben werden konnte. Es gab auch keine Aufspaltungen in der Diskussion, die hier die Täter, da die Opfer ortete, sondern das Nachdenken über Gewaltphänomene konnte in einer produktiven Schwebe gehalten werden.

Für uns ForscherInnen und Ulrich Müggenberger war dieser Abend insgesamt eine interessante und eine gute Erfahrung, die wir mit dieser für uns neuen und kreativen Aufarbeitung und Darbietung von wissenschaftlichen Materialien gewonnen haben. Zu dem szenischen Verstehen als qualitative tiefenhermeneutische Arbeitsweise unserer Forschung tritt als ein weiteres die szenische Inszenierung hinzu. Beides hat eine gleiche Basis: dem tiefenpsychologischen hermeneutischen Verstehen zu dienen und dabei auch unbewußten, abgespaltenen Anteilen wieder Raum zu geben.

Unsere wissenschaftliche Erkenntnisse so in Szene gesetzt und in der Verbindung mit einem anderen Medium, Musik mit Sprache und Sprache mit Musik, traten uns als etwas Neues und Fremdes gegenüber. Damit kann eine solche Präsentation nicht nur als ein anregendes, sondern auch als ein kritisches, selbstreflexives Moment genutzt werden.

Schluß

Die verschiedenen Auswertungen der Gruppengespräche zum Thema Sicherheit und Unsicherheit im öffentlichen Raum kreisen um drei zentrale Fragen:
– Wie nimmt die Gruppe den öffentlichen Raum wahr?
– Was heißt das für ihr Handeln und ihr Verhalten im öffentlichen Raum?
– Wie versuchen sie dabei auftretende Unsicherheiten und Ängste zu bewältigen, also gruppenspezifisch jeweils Lösungen zu finden, um sich ein Gefühl von Sicherheit zu geben?

Anhand dieser Fragen zeigen wir zunächst die Sichtweisen, Eindrücke und Erfahrungen der fünf ausgewählten Gruppen auf. In einem weiteren Schritt stellen wir erste verallgemeinernde Überlegungen zu Erlebens- und Bewältigungsmodi von Unsicherheitsgefühlen an.

Die Geschäftsleute

• Die Geschäftsleute sprechen von einem zunehmenden Schwinden der Verantwortungsübernahme durch ihre Mitbürger. Diese würden sich zwar im öffentlichen Raum bewegen und ihn nutzen, griffen aber dort nicht mehr ein. Selbstverständlichkeiten, die »früher« den Umgang miteinander regelten, seien immer mehr verschwunden. Man könne sich nicht mehr auf einen von allen geteilten Regelkanon verlassen. Die zurückgehende Sicherheit im öffentliche Raum soll gegen die zunehmende Regellosigkeit verteidigt werden.
• Ihre Geschäfte sind Übergangsräume zwischen privatem und öffentlichem Raum. In den Geschäftszeiten ist eine erhöhte Wachsamkeit gefordert. Die Interaktion im öffentlichen Raum hat sich verändert. Situationen richtig einschätzen zu können ist eine Grundvoraussetzung geworden, um sich und sein Eigentum zu schützen. Außerhalb der Geschäftszeiten schützen massive Sicherungseinrichtungen vor Einbrüchen in den dann privaten Raum.
• In ihrer Funktion als Geschäftsleute sehen sie sich in besonderer Weise im öffentlichen Raum gefordert und zusehends überfordert. Die Notwendigkeit, regelnd einzugreifen, entsteht immer öfter, da immer weniger Mitbürger auf die Einhaltung von Regeln achten. Als »Selbständige« setzen sie auf den einzelnen und sein Engagement. Durch die Gesamtheit der einzelnen könne für Sicherheit gesorgt werden. Konzepte wie eine »Bürgerwehr«

erscheinen überwiegend problematisch und bedrohlich. Zivilcourage jedes einzelnen ist gefordert.

Die alten Damen

• Der öffentliche Raum erscheint ihnen durch nachrückende Generationen besetzt, er ist für sie nicht mehr kontrollierbar. Sie weichen in ihre privaten Räume zurück, fühlen sich bedrängt. Das Verlassen des privaten Raumes wird als Verunsicherung, als Aufgeben eines Schutzraumes empfunden. Die Wahrnehmung ist auf den unmittelbaren Nahbereich gerichtet. Veränderungen des Umfeldes verunsichern den schon eingeschränkten Handlungsraum. Die alten Damen fühlen sich im öffentlichen Raum vor allem dann sicher, wenn sie von Bekannten begleitet werden.
• Alle anderen Gruppen werden als mächtiger und tendenziell bedrohlich erlebt, insbesondere die Gruppe der jungen Männer. Der Kontakt mit anderen Personen im öffentlichen Raum wird weitgehend gemieden. Eigene Sichtweisen der Regeln im öffentlichen Raum werden manchmal aggressiv vorgebracht und deren Einhaltung eingefordert. Das erzeugt problematische Situationen, die zu Resignation und weiterem Rückzug führen. Begegnungen und Interaktionen sind oft von Angst begleitet. Außerhäusige Aktivitäten setzen so meist eine Gruppe voraus, die sich dafür erst zusammenfinden müßte.
• Defensive bzw. vermeidende Strategien werden bevorzugt. Das Meiden der Dunkelheit und der Rückzug in die »eigenen vier Wände« vermittelt ein relatives Gefühl von Sicherheit. Zusätzlich stärkt der kontrollierende Blick der Nachbarn das eigene Sicherheitsgefühl. Altenkreise und andere Zusammenschlüsse schaffen vertraute Strukturen, die helfen, die Bedrohung des öffentlichen Raumes gemeinsam zu bewältigen. Individuelle oder gemeinsam entwickelte Alltagstheorien über sichere bzw. unsichere Personen oder Situationen helfen, die Bedrohungen einzugrenzen.

Die Kontaktpolizisten

• Viele Bereiche im Stadtteil erscheinen den Kontaktpolizisten kontrollierbar. Manche Teilbereiche jedoch, wie bestimmte Straßen, sind ihrer Kontrolle entglitten. Dieser Umstand wird als eine Einschränkung ihres Aktionsfeldes erfahren. Sie erleben den öffentlichen Raum als immer weniger nach allgemein gültigen Normen geregelt, es findet eine um sich greifende »Entregelung« statt. Die Folge davon ist ein erhöhter situativer Aushandlungsbedarf.

• So wird insgesamt größere Flexibilität in der Interaktion im öffentlichen Raum nötig. Hinzu kommt, daß ihre Funktion als Kontaktpolizisten ihre Aufgaben im öffentlichen Raum verändert haben. Ihr soziales Aktionsfeld ist erweitert worden: Sie sollen neue kommunikative Kompetenzen entwickeln, um soziale, zwischenmenschliche Konflikte zwischen Bewohnern des Stadtteils zu lösen.

• Mit dieser Ausweitung ihrer Aufgaben geht eine Diffusion der bisherigen beruflichen Identität einher, die verunsichert. So wird die neue Rolle im öffentlichen Raum einerseits als interessant erlebt und als Chance gesehen, andererseits muß die Ambivalenz und die damit einhergehende Spannung zwischen dem »Polizisten« und dem »Sozialarbeiter« aber stets gehalten und situativ jeweils neu ausgehandelt werden. Das ist zumindest anstrengend und wirkt sich neben der Erfahrung von allgemeiner Verunsicherung und allgemeiner »Entregelung« im öffentlichen Raum zusätzlich belastend auf das subjektive Sicherheitsgefühl aus.

Die Lehrerinnen und Lehrer

• Viele der befragten Lehrerinnen und Lehrer leben nicht in dem Stadtteil, in dem ihre Schule liegt. Für sie ist der Schulhof (neben Hausbesuchen und den Erzählungen ihrer Schülerinnen und Schüler, den Elterngesprächen und anderen Kontakten) eine Brücke zum Stadtteil. Hier vermischen sich die inneren, nicht öffentlichen Räume der Schule mit der äußeren Umgebung des Stadtteils zu einer Art Übergangsraum mit einer durchlässigen Grenze. In diesen dringt dann ihrer Meinung nach auch Gewalt ein; eine Gewalt, die von ›außen‹ durch schulfremde Jugendliche kommt, die sich vor allem während der Pausen dort aufhalten und unter den Schülerinnen und Schülern ›Unruhe stiften‹. Probleme entstehen immer dann, wenn sie versuchen, diese ›Schulfremden‹ zum Verlassen des Schulhofes aufzufordern. In dieser Interaktion sehen sich die Lehrerinnen und Lehrer massiven verbalen und/oder körperlichen Gewaltandrohungen ausgesetzt.

• Die Lehrerinnen und Lehrer erleben sich in diesen Auseinandersetzungen als ohnmächtig. Obwohl sie als Lehrer das Hausrecht haben und den Jugendlichen mit Schulleitung, Hausverbot und zur Not mit der Polizei drohen können, fühlen sie sich hilflos und der Gewalt schutzlos ausgesetzt. Das formale Recht nützt in der konkreten Auseinandersetzung wenig, das üblich pädagogische Rüstzeug versagt, auch KollegInnen, Schulsekretärin oder der Direktor sind nicht unmittelbar als Hilfe verfügbar. Trotzdem erfordert es die Rolle, einzugreifen und die Schüler der Schule zu beschützen bzw. auf dem Schulhof bei der Aufsicht nach dem Rechten zu sehen. Sie verfügen ihrer Meinung nach durchaus über genügend Kompetenz, gewaltförmige Konflikte mit den Schülern zu lösen, die sie kennen, aber nicht mit den Jugendlichen, die sie, oft auch durch deren anderen kulturellen Kontext, nicht einschätzen können. Sie kommen sich dann vor wie Einzelkämpfer, die gesellschaftliche Probleme lösen sollen, aber hiermit überfordert sind und mit der Gewaltproblematik alleine gelassen werden.

• Lösungsansätze werden in diesem Gruppengespräch auf mehreren Ebenen formuliert: Institutionell wird die Möglichkeit zur Gewaltprophylaxe und zum Gewaltabbau vor allem in einem guten Schulklima gesehen. Dieses ist gekennzeichnet durch ein hohes Maß an Anerkennung der Schüler als Personen, eine Haltung der Akzeptanz auch gegenüber ihren schwierigen Seiten sowie durch genaues Hinsehen und Bestrafen gewaltförmiger Handlungen. Das erfordert auch eine kritische, selbstreflexive Haltung der LehrerInnen. Diese sollen im Konfliktfall ihre Position professionell betrachten und durch die Art ihres Auftretens und Verhaltens nicht eskalierend, sondern deeskalierend wirken. Das ist eine Zielformulierung, die ein hohes Maß an kommunikativer Kompetenz voraussetzt. Diese ist aber gerade in affektbeladenen Interaktionen oft nicht ausreichend vorhanden. In direkten Konfliktsituationen, so ergeben die Einzelbeiträge, greifen die Lehrerinnen und Lehrer deshalb auf ihre eigenen, individuellen Lösungsweisen zurück. Das bedeutet, daß ganz unterschiedliche Wege gegangen werden, um sich ein Stück Sicherheit zurückzuerobern und nicht ›unterzugehen‹. Trotzdem bleibt die Angst ein unterschwelliger Begleiter, bleibt die Suche nach Hilfen für ein adäquateres Umgehen mit solchen Situationen und damit nach einem besseren physischen und psychischen Schutz vor Gewalterfahrungen.

Die ElternsprecherInnen

• Im Gespräch mit den Eltern wird eine große Differenz zwischen Kindern und Eltern in der Wahrnehmung des öffentlichen Raumes sichtbar. Während sich die

Kinder bei ihren Aktivitäten im Stadtteil weitestgehend sicher zu fühlen scheinen, sorgen sich die Eltern um deren Sicherheit. Die größte Bedrohung für ihre Kinder sehen die Eltern im Straßenverkehr und einer möglichen Gewalttat von Erwachsenen oder Jugendcliquen. Im alltäglichen Leben rücken Bedrohungen und aggressives Verhalten von Kindern und Jugendlichen in der Schule ihrer Kinder oder im Stadtteil in den Vordergrund und beeinträchtigen das Sicherheitsgefühl der Eltern. Insbesondere wenn es ihnen nicht gelingt, ihr Kind vor einer aggressiven Clique oder wiederholten Übergriffen von Einzelnen zu schützen, erleben sie Hilflosigkeit und Wut. Sie erheben den Anspruch, daß zumindest Schule und Schulweg sichere Räume sein sollten.

- In der Regel schreiben die Eltern ihren Kindern vor, bei Einbruch der Dunkelheit zu Hause zu sein und bestimmte Orte im Stadtteil zu meiden oder nur zu mehreren aufzusuchen. Sie begleiten ihre Kinder auf Wegen, die sie für unsicher halten. Sie sprechen mit Lehrkräften und SozialpädagogInnen oder setzen sich dafür ein, daß ihre Schule sich gegen physische und psychische Gewalt engagiert. Manchen Eltern gelingt es, durch bestimmte Vereinbarungen mit ihren Kindern Angst und Streß zu reduzieren.
- Die Elternsprecherinnen aus der Gesamtschule betonen, wie viel sicherer sie sich fühlen, seitdem es dort eine regelmäßige Zusammenarbeit von Eltern, Schülern und Schülerinnen, Lehrkräften und Kontaktpolizisten gibt. Für die schulfreie Zeit wünschen sich die Eltern mehr Freizeitangebote für ihre Kinder, wobei Sicherheit in der Freizeit offenbar primär bedeutet, daß ihre Kinder nicht durch den Anschluß an eine für sie problematische Clique auf die falsche Bahn geraten.

Die männlichen Jugendlichen

- Der öffentliche Raum muß »erobert« werden; er stellt eine Bewährungsprobe dar, in der die jeweilige eigene und fremde soziale Stellung wahrgenommen und reflektiert werden muß, um sich in diesem Raum zu behaupten. Das Problem dabei ist, Distanz und Coolness zu bewahren und adäquat handlungsfähig zu bleiben trotz unterlegener, oft ohnmächtiger Position. Der öffentliche Raum wird dadurch zum Schauplatz eines männlichen, gruppenbezogenen Beziehungsgeflechtes. Wir und die, ich und meine Position in der Gruppe, meine Erwartungen an das Verhalten der anderen Gruppen, das sind die entscheidenden Parameter.

• Schon von »mächtigeren« Gruppen besetzte öffentliche Räume werden gemieden. Andere Orte werden zu Verhandlungsräumen, in denen über bestimmte Regeln eine Aushandlung zwischen den situativ mächtigen und ohnmächtigen männlichen Jugendlichen stattfindet. In diesem Rahmen läuft ein diffiziler Anerkennungs- und Unterwerfungsprozeß ab.

• Die Fähigkeit, eine subtile Wahrnehmung der sozialen Situation zu entwikkeln, ist notwendig, um mit ihrer jungenspezifischen Unsicherheit im öffentlichen Raum umzugehen, ihre Ängste zu verringern und »das Gesicht möglichst zu wahren«. Es ist also wichtig, für den öffentlichen Raum ein spezielles, subkulturelles ausdifferenziertes Regelwerk zur Verfügung zu haben, das situativ sinnvoll angewendet werden kann. Die fehlende Unterstützung durch die eigenen Gruppe wird immer wieder beklagt, denn Gruppensolidarität wird als eine wesentliche Hilfe für das »Überleben« im öffentlichen Raum angesehen. Eine weitere Stütze könnten Hilfsangebote von Erwachsenen für und in diesem Raum darstellen, die aus Sicht der Jugendlichen ebenfalls nicht vorhanden sind. Ausgedrückt wird dabei die Sehnsucht nach dem Gesetz des Vaters, als mächtiger Vertreter der im öffentlichen Raum auftretenden Erwachsenen. Sie wird symbolisiert in der Figur des gerechten und schützenden, aber auch des strafenden Polizisten.

Die weiblichen Jugendlichen

• In dem Gespräch über Sicherheits- und Unsicherheitsgefühle im Stadtteil nehmen Auseinandersetzungen mit Freundinnen/Rivalinnen einen breiten Raum ein. Diese Beziehungskonflikte unter Mädchen haben häufig familiäre, private, intime Züge, wobei der private Raum mit in den öffentlichen Raum genommen und die Trennung von Innen und Außen zumindest punktuell aufgehoben wird. Daneben gibt es Übergriffe gegen schwache und isolierte oder unbekannte Einzelne. Als TäterInnen werden Schulklassen, Mädchen-Cliquen, einzelne Jungen oder Mädchen genannt. Die Wahrnehmung des öffentlichen Raumes ist dementsprechend unterschiedlich, je nachdem, ob man sich dort bewähren und Anerkennung oder Respekt verschaffen kann, ob man in die Opferrolle gerät; oder ob man aus Angst bestimmte öffentliche Räume meidet.

• Bei zahlreichen Konflikten der Mädchen im öffentlichen Raum geht es um Aushandlungsprozesse. Diese Auseinandersetzungen spielen sich häufig in einem Beziehungsrahmen zwischen zwei oder drei Mädchen ab. Es handelt sich hierbei um eine personenbezogene Form der Interaktion, bei der es um Nähe, Intimität und Durchsetzung geht. Kommt der dafür notwendige Aushandlungsprozeß nicht zustande, wird dieser Konflikt im öffentlichen Raum körperlich ausgetragen. Für diese Mädchen verbinden sich beim Thema Sicherheit im öffentlichen Raum eher weiblich besetzte Beziehungswünsche mit eher männlich besetzten Wünschen nach Macht, Autonomie und Stärke. Dabei beziehen sie sich nicht so deutlich wie die männlichen Jugendlichen auf ein an der ›peer group‹ orientiertes soziales Regelwerk. Mädchen, die sich auf der Straße von anderen Mädchencliquen oder Einzelnen bedroht fühlen, versuchen Begegnungen mit diesen zu vermeiden. Werden sie in der Klasse gemobbt, sind sie oft nicht in der Lage, sich den Übergriffen der »Starken« zu widersetzen. Bestimmte öffentliche Räume wie ein Park oder einige Freizeiteinrichtungen werden von Mädchen gemieden, weil junge Männer, vorwiegend ausländischer Herkunft, Kontakt in einer Weise suchen, die bei den Mädchen Gefühle der Entwertung oder Bedrohung auslösen.

- Schutz oder Rückendeckung finden Mädchen entweder in der Gruppenloyalität oder wenn sie große Brüder oder starke Freunde und Freundinnen haben. Einigen Mädchen, die über solchen Schutz nicht verfügen, ist es nicht möglich, sich gegen Übergriffe zu wehren. Sie werden zusätzlich frustriert, wenn sie sich vergeblich um Hilfe von Lehrkräften oder Polizisten bemühen. Allerdings spielen manchmal die Erwachsenen als Hilfspersonen eine wichtige Rolle: Es sind vor allem die Mütter, die ihnen als »starke Weiber« im öffentlichen Raum helfen, sich gegen Übergriffe von Gruppen oder gewalttätigen Einzelnen zu wehren.

Die jungen türkischen Männer

- Als wie sicher der öffentliche Raum erlebt wird, scheint im hohen Maße vom Grad seiner Vertrautheit sowie von dem Eingebundensein in ein Netzwerk sozialer Beziehungen abzuhängen. Als vergleichsweise sicher imponiert so der »eigene« Stadtteil (der Stadtteil, in dem man wohnt und lebt), dem im Erleben der Gesprächspartner etwas »ghettohaftes« anhaftet. In ihm fühlen sich die Gesprächspartner aufgehoben und zugehörig, hier erleben sie sich nicht in der exponierten Position eines Ausländers. Sich sicher zu fühlen scheint für die jungen türkischen Männer gerade auch zu bedeuten, nicht Diskriminierungen oder die persönliche Identität in Frage stellenden Herabsetzungen ausgesetzt zu sein bzw. sich erfolgreich gegen diese zur Wehr setzen zu können.

• Die jungen türkischen Männer bringen ein starkes Interesse zum Ausdruck, den öffentlichen Raum mitzugestalten. Sie setzen sich für Jüngere ein und bemühen sich, die Kompetenzen, die sie im Umgang mit für sie demütigenden Situationen (Diskriminierungen) erworben haben, weiterzugeben. Sprachmächtigkeit sowie die Fähigkeit zur reflexiven Distanz werden als wichtige Instrumente der Selbstverteidigung erlebt.
• Sicherheit und Schutz verspricht der eigene Stadtteil, in den sich zurückgezogen werden kann und in dem die persönliche Integrität als nicht in Frage gestellt erlebt wird. Die Fähigkeit, sich in der deutschen Kultur sicher bewegen zu können (das bedeutet auch, ihre expliziten und impliziten Spielregeln zu kennen), die Beherrschung der deutschen Sprache sowie ein sozialer Aufstieg werden als für die Selbstbehauptung zentral beschrieben.

Die Ex-Abzieher[1]

• Die Ex-Abzieher erlebten und erleben den öffentlichen Raum mit seinen Straßen, Plätzen, Schulen und Parks als gefährlich und zugleich als ein Feld für Abenteuer. Gefährlich wird der öffentliche Raum, wenn man zu keiner Gruppe gehört, keine Freunde hat, die einem helfen können und man ganz auf sich alleine gestellt ist. Dann ist man »voll am Arsch«. Ganz ohne Gewalt kommt man auf der Straße nicht zurecht, dann ist man gar nichts und wird zum Loser. Als Mitglied einer Gang aber kann man etwas unternehmen, man kann sich stark fühlen und Stärke anderen gegenüber demonstrieren. Die Gang steht hinter einem, sie gibt einem Halt und Kraft und gewährt Schutz. Da kann man sich aus seinem Schneckenhaus heraustrauen. Der Stadtteil wird angeeignet als Ort von Abenteuern, Spielen, Schlägereien, Überfällen und Auseinandersetzungen mit der Polizei.
• Für die Ex-Abzieher schienen und scheinen sich die Fragen zu stellen: Wie vermeiden wir es, zu Losern zu werden? Wie schaffen wir es, zu Winnern zu werden? Diese Fragen beeinflussen ihr Handeln. Es ist nicht einfach, in einer Welt zu leben, in der man an den Rand gedrängt wird, in der man kaum einen Platz findet, wenn man ihn sich nicht selber nimmt, bedroht und eingeengt durch

[1] In die Auswertung des Gruppengesprächs mit den Ex-Abziehern wurden der Theaterworkshop »Gewaltige Tage in Albstedt«, der mit den Ex-Abziehern und Schülerinnen und Schülern einer gymnasialen Oberstufe durchgeführt wurde, aufgenommen; ebenfalls wurde der Theaterworkshop »Polizisten, Räuber und Gendarmen« mit den Abziehern und der Gruppe der Kontaktpolizisten mit ausgewertet. Beide Workshops wurden in Fernsehfilmen dokumentiert.

Vorurteile, Diskriminierung und Ausländerfeindlichkeit. Aber es gibt Situationen – man kann sie herstellen – in denen sich solche Machtverhältnisse in einer Art Kurzschluß umkehren lassen. Eine solche Situation ist das »Abziehen«. Da verwandeln sich die sozial abgewerteten und eher ausgegrenzten Jugendlichen kurzfristig in Herren. Man kann sich entschädigen: Beim »Abziehen« werden schwächeren Jugendlichen nicht nur Geld, Kleidungsstücke und andere Sachen »abgezogen«, sondern zugleich auch Würde, Ehre und Selbstvertrauen. Beim Abziehen werden Loser zu Winnern und das abgezogene Opfer zum Loser. Die Täter fügen in der von ihnen kurzfristig ausgeliehenen Herrenrolle anderen das zu, was ihnen in anderer Form zugestoßen ist. »Abziehen« ist nicht nur ein kriminelles Delikt, sondern auch eine soziale Demonstration der Täter. Aus unserer Sicht ist es ein sozialpathologisches Symptom im Alltag des öffentlichen Raumes.

• Unsicherheiten und Ängste bewältigen die Ex-Abzieher durch den engen Zusammenhalt der Gang, die für viele Mitglieder eine Art Ersatzfamilie darstellt, in der sie Schutz, Unterstützung und Solidarität erleben. Sie finden nicht nur gruppeninterne Lösungen für die Probleme, die sich aus erlebter Diskriminierung, aus Konflikten mit und in ihren Familien, aus Schlägereien mit anderen Gruppen und aus Auseinandersetzungen mit der Polizei aufhäufen. Daneben gibt es auch gruppenexterne Hilfe und Unterstützung, so durch den fürsorglichen Lehrer, der meist für sie da war als vertrauensvoller und vertraulicher Ansprechpartner und dessen Ratschläge und auch Trost sie bereitwillig annahmen. Er hat maßgeblich dazu beigetragen, daß die Gang sich aus der Grauzone der Kriminalität herausziehen und neue Zukunftsaussichten entwickeln konnte. Dazu gehört für sie ein passabler Schulabschluß, ein Ausbildungsplatz und die Aussicht auf einen festen Arbeitsplatz als Basis. Hierzu gehört aber auch die Erfahrung, daß etwas von der gruppeninternen erlebten Solidarität auch außerhalb der Gruppe existiert: also weniger Vorurteile, Diskriminierung und Ausländerfeindlichkeit, sondern Fairneß, praktische Kollegialität und Freundschaften. Es bedarf der Erfahrung, daß man außerhalb der Gruppe, allein auf sich gestellt, nicht gleich »am Arsch« ist. Wir vermuten, daß die gemeinsamen Gespräche mit Ihnen, die Theaterworkshops und die gemeinsame Fernsehfilmproduktion etwas zu dieser Erfahrung beigetragen haben.

In allen Gruppen werden im Zusammenhang mit dem Thema »Unsicherheit und Angst im öffentlichen Raum« Erfahrungen von Grenzüberschreitungen, Regellosigkeit, Kontrollverlust, Depotenzierung und Ohnmacht angesprochen.

Das Verschwinden von alten, eingeübten Selbstverständlichkeiten schafft Unsicherheit und Angst. Es entstehen auf dieser Basis neue Selbstverständlichkeiten, die nur für bestimmte Gruppen, bestimmte Beziehungen oder auch nur innerhalb bestimmter Situationen gelten. Der Druck, sich im öffentlichen Raum nicht mehr in einem gesellschaftlich einheitlich geregelten Raum zu bewegen, zwingt zu Aushandlungsprozessen mit den ihnen immanenten Unwägbarkeiten. Der Rückzug in den privaten Raum oder die Mitnahme desselben in den öffentlichen sind Versuche, diese Unwägbarkeiten abzufedern bzw. Übergangsräume zu schaffen.

Jede Gesprächsgruppe bringt ihre soziale Struktur mit in den öffentlichen Raum. Dieser wird von jeder der Gruppen und auch von den einzelnen Gruppenmitgliedern je nach Lebenslage und der daraus abgeleiteten Interessenlage unterschiedlich erlebt und interpretiert. Auch was als Gewalt empfunden wird, ist deshalb von Gruppe zu Gruppe sehr verschieden.

Handlungsmuster, die im privaten Raum funktionieren, sind nicht auf den öffentlichen Raum übertragbar; über einen langen Zeitraum gültige Handlungsmuster funktionieren nur noch bedingt oder nicht mehr in jedem Kontext. Es entstehen neue Handlungsanforderungen, die gar nicht angenommen oder als Zumutungen empfunden werden. Konflikte und Gewalterfahrungen erzwingen Antworten, die in den verschiedenen sozialen Milieus und Lebenswelten unterschiedlich ausfallen. Die Schutzmaßnahmen oder Lösungen, die in den Gruppengesprächen genannt worden sind, unterscheiden sich deshalb deutlich voneinander:

In einigen Gruppen werden Schutzmaßnahmen beschrieben, die einen eher defensiven Charakter haben. So werden bestimmte öffentliche Orte gemieden oder deren Nutzung auf bestimmte Tageszeiten eingeschränkt. Um sich (oder seine Kinder) zu schützen, legt man sich selbst (oder eben seinen Kindern) Beschränkungen auf. Ein wichtiger Schutzfaktor ist weiterhin die Zugehörigkeit zu einer Gruppe, mit deren Hilfe sich auch aggressiv behauptet werden kann. In diesen Zusammenhang gehört auch der Versuch, Teile des öffentlichen Raumes zu »besetzen«. Schutz bietet weiterhin das Erlernen bestimmter Verhaltenskodexe. Die hier genannten Strategien gelten nicht für diejenigen Gruppen, die im öffentlichen Raum aufgrund ihres Berufes eine bestimmte Funktion einnehmen: nämlich die Polizisten und die Geschäftsleute. Diese Gruppen sind stärker an gesellschaftlichen Lösungsansätzen interessiert und fordern – ebenso wie die Eltern und LehrerInnen – aktives und offensives Eingreifen. Lehrer haben darüber hinaus explizit einen Erziehungs- und Bildungsauftrag. Das Gewaltthema berührt so ihr pädagogisches Selbstverständnis, nämlich den gewaltfreien Umgang mit Konflikten zu vermitteln.

In den verschiedenen Gruppengesprächen ist eine Bandbreite von Verhaltensweisen im Umgang mit Unsicherheit und Gewalt erkennbar. Es können verschiedene individuelle und gruppenbezogene Lösungsansätze als Reaktionsweisen auf verunsichernde Situationen herausgearbeitet werden:

1.) Ausgehend von einem Stärkeverständnis im Sinne von »ich helfe mir selbst«, wird einem »Zahn-um-Zahn-Impuls« gefolgt. Hier ist ein eher archaisches, auf Gewalt und Stärke gerichtetes Umgehen erkennbar, das sowohl für den einzelnen als auch für die Gruppe und bestimmte Funktionsträger folgerichtig erscheint. Das Ziel ist Vergeltung. Dieser Ansatz läßt wenig Spielraum für die Entwicklung ziviler Deeskalationsstrategien.
2.) Hier steht ein Verständnis von Stärke im Vordergrund, das mit »ich könnte, wenn ich wollte«, charakterisiert werden kann. Die Vorstellung eigener Stärke verleiht die Souveränität, auf dem Niveau der Drohung zu verbleiben. Eine unmittelbare Vergeltungsreaktion kann so vermieden werden. Die Deeskalation von Bedrohungssituationen ist aber auch mit diesem Lösungsansatz schwierig.
3.) Auf der Basis der Einschätzung eigener Schwäche – »ich wollte, kann aber nicht« – konnten wir einen zu Punkt 2 komplementären Ansatz finden. Aggression erfährt hier ihre Hemmung durch die Antizipation des eigenen Scheiterns an den mächtigeren Gegnern. Dieser defensive Lösungsversuch hilft einerseits, Konflikte zu umgehen, kann andererseits in der direkten Konfrontation aber auch eine problematische Konfliktdynamik befördern.
4.) Ein weiterer Ansatz ist mit dem vorherigen eng verbunden. Die Forderung ist hier: »die anderen sollen etwas tun, damit ich wieder sicher leben kann«. Dieser Lösungsansatz zielt darauf ab, einen bestimmten gesellschaftlichen Zustand (wieder)herzustellen: Ein umfassendes, allgemein gültiges und von außen kommendes Regelsystem soll (re)installiert werden. Dazu werden von Institutionen Hilfe und Unterstützung eingefordert.
5.) »Wir könnten gemeinsam«. Hier werden gegen die gesellschaftliche Entsolidarisierung und Enttraditionalisierung, die sich bei der Gewaltthematik offen zeigt, Gegenentwürfe zu denken versucht: Handlungsmöglichkeiten werden mit anderen diskutiert und gemeinsam auf ihre Wirksamkeit hin untersucht. Der Wunsch nach umfassender gesellschaftlicher Solidarität, nach einer Kultur des Hinsehens und Helfens ist hier handlungsleitendes Motiv.

Literaturverzeichnis

Boal, A. (1989): Theater der Unterdrückten. Übungen und Spiele für Schauspieler und Nicht-Schauspieler. Frankfurt/M. (Suhrkamp).

Bundesministerium für Familie, Senioren, Frauen und Jugend (Hg.) (1985): Kriminalität im Leben alter Menschen. Eine altersvergleichende Untersuchung von Opfererfahrungen, persönlichem Sicherheitsgefühl und Kriminalitätsfurcht (Ergebnisse der KFN-Opferbefragung 1992/Wetzels, P.). Stuttgart (Kohlhammer).

Giddens, A. (1995): Konsequenzen der Moderne. Frankfurt/M. (Suhrkamp).

Grimm, G. & Grimm, W. (1956): Deutsches Wörterbuch, Bd. 15. Leipzig

Holm-Hadulla, R. (2000): Kreativität. In: Mertens, W., Waldvogel B. (Hg.): Handbuch psychoanalytischer Grundbegriffe. Stuttgart (Kohlhammer), S. 400–404.

Institut für Rechts- und Kriminalsoziologie (1995): »Wien – Sichere Stadt«. Zur Entwicklun einer kommunalen Sicherheitspolitik in Wien, Zusammenfassung des Endberichts.

Kampmeyer, E & Neumeyer, Jürgen (Hg.) (1993): Innere UnSicherheit: Eine kritische Bestandsaufnahme. München (AG-Spak-Bücher).

Krause, R. (2000): Affekt, Emotion, Gefühl. In: Mertens, W.; Waldvogel B. (Hg.): Handbuch psychoanalytischer Grundbegriffe. Stuttgart (Kohlhammer), S. 30–36.

Leithäuser, T. & Volmerg, B. (1979): Anleitung zur empirischen Hermeneutik. Psychoanalytische Textinterpretation als sozialwissenschaftliches Verfahren. Frankfurt/M. (Suhrkamp).

Dies. (1988): Psychoanalyse in der Sozialforschung. Opladen (Westdeutscher Verlag).

Leithäuser, T. (1999/2000): Gewalt im Stadtteil – ein sozialpsychologischer Essay. In: Fricke, W. (Hg.): Jahrbuch Arbeit und Technik. Bonn (Dietz).

Müller, J. (1998): Jugendliche türkischer Herkunft. Alltagserfahrungen und Orientierungen. In: Wissenschaft und Frieden, Heft 4, S. 5153.

Olweus, D. (1999): Gewalt in der Schule: was Lehrer und Eltern wissen sollten – und tun können. Bern (Huber).

Parin, P. (1977): Das Ich und die Anpasssungsmechanismen. In: Psyche 31, S. 1–25

Rauschenbach, B. (1995/96): Ein Schritt in den geistigen Tag der Gegenwart. Vom Objekt des Subjekts zum Anderen als Ich. In: Journal für Psychologie, Heft 4/1, S. 20–26

Schiffauer, W. (1983): Die Gewalt der Ehre. Frankfurt/M. (Suhrkamp).

Schulz von Thun, F. & Stratman, R. (1997): Zur Psychologie der Zivilcourage. Ein TZI-Lehrversuch. In: Korrespondenz der Mitglieder der AG Lehren und Lernen der Neuen Gesellschaft für Psychologie, S. 57–74.

Tenbrink, D. (2000): Übergangsobjekt, Übergangsraum. In: Mertens, W. & Waldvogel, B (Hg.): Handbuch Psychoanalytischer Grundbegriffe. Stuttgart (Kohlhammer) S. 750–753.

Tertilt, H. (1996): Türkisch power boys. Ethnographie einer Jugendbande. Frankfurt/M. (Suhrkamp).

Wolf, M. (2000): Szene, szenisches Verstehen. In: Mertens, W. & Waldvogel B. (Hg.): Handbuch psychoanalytischer Grundbegriffe. Stuttgart (Kohlhammer), S. 705–708.

Autorenverzeichnis

Michael Exner, Dipl. Psychologe (Jg. 60)
Wissenschaftlicher Mitarbeiter an der Universität Bremen (Institut für Psychologie und Sozialforschung und der Akademie für Arbeit und Politik). Arbeitsschwerpunkte: Kultur- und Sozialpsychologie

Renate Haack-Wegner, Dr. phil. (Jg. 46)
Wissenschaftliche Mitarbeiterin an der Universität Bremen (Institut für Psychologie und Sozialforschung und der Akademie für Arbeit und Politik). Arbeitsschwerpunkte: Pädagogische Psychologie und Sozialpsychologie

Thomas Leithäuser, Prof. Dr. (Jg. 39)
Professor im Studiengang Psychologie an der Universität Bremen (Institut für Psychologie und Sozialforschung) und Direktor der Akademie für Arbeit und Politik. Arbeitsschwerpunkte: Entwicklungs- und Sozialpsychologie.

Ariane Schorn, Dr. phil, Dipl. Psychogin (Jg. 64)
Wissenschaftliche Assistentin an der Universität Bremen (Institut für Psychologie und Sozialforschung und der Akademie für Arbeit und Politik). Arbeitsschwerpunkte: Entwicklungspsychologie, Sozialisationsforschung und Supervision.

Erika von der Vring, Lehrerin (Jg. 38)
Dozentin an der Akademie für Arbeit und Politik. Arbeitsschwerpunkt: Sozialforschung.

April 2002 · ca. 350 Seiten
Broschur
EUR (D) 36,–· SFr 63,–
ISBN 3-89806-155-8

Der Band enthält Beiträge zum Phänomen der Gewalt aus psychoanalytischer Sicht: Es geht einmal um die »alte« Gewalt, die schon immer Gegenstand der psychoanalytischen Betrachtung war, nämlich um Gewalt als konstitutivem Bestandteil menschlicher Zivilisation, um offene und verborgene Gewaltaspekte der psychotherapeutischen Beziehung sowie um die sublimierende Verarbeitung von Gewaltimpulsen in der darstellenden Kunst. Die Erfahrung der »neuen« Gewalt im Gewand des Terrors in der jüngsten Vergangenheit wird einer differenzierten Analyse unterzogen.

2001 · 440 Seiten
Broschur
EUR (D) 35,50 · SFr 62,50
ISBN 3-89806-061-6

Das Buch unternimmt den Versuch, dem Vater in der Psychoanalyse einen ganz neuen Stellenwert einzuräumen. Dabei kommt man an einer Feststellung der defizitären Beziehungen zu »fernen Vätern« in der heutigen Gesellschaft nicht vorbei. Diese »Vaterferne« wird auch in ihren Auswirkungen auf eine gewaltvolle männliche Sozialisation (Fremdenfeindlichkeit, Antisemitismus) analysiert. Aigner sammelt klinische Ergebnisse zur Vaterentbehrung, die angesichts der Entwicklungsprobleme von Kindern und männlichen Heranwachsenden zu einiger Sorge berechtigen. Schließlich bietet er mit der frühen Vaterbeziehung und dem »negativen Ödipuskomplex« eine heilsame Alternative zur Vaterlosigkeit und Vaterferne an.

Wolfgang Melzer (Hg.)
Gewalt an Schulen

psychosozial Nr. 79
ISBN 3-89806-016-0

Erscheinungsweise: vierteljährlich
144 Seiten · Broschur
Einzelheft EUR (D) 16,– · SFr 29,50
Jahrgang EUR (D) 49,90 · SFr 89,–
ISSN 0171-3434

Wenn man an heutige Auswüchse von Jugendgewalt denkt, könnte man meinen, daß der Rohrstock eine Metamorphose zum Baseballschläger durchgemacht hätte, der von Jugendlichen gegen Andersdenkende eingesetzt wird, und die Rolle des Gewaltakteurs vom Lehrer auf die Schüler übergegangen sei. Dabei wird übersehen, daß die Art und Weise, wie Schule bis heute stattfindet, dazu führt, daß – so unsere aktuellen Daten aus Sachsen – Schüler zu etwa 40 % unter Schulangst und zu ca. 50 % unter Leistungsdruck in der Schule leiden; nur 16-18 % von ihnen gehen gern zur Schule. Trotzdem ist der Theorieansatz der „strukturellen Gewalt" nahezu in Vergessenheit geraten. Herausgeber und Autoren beleuchten wissenschaftlich verschiedene Facetten des Themas „Gewalt in der Schule" . Dabei werden unterschiedliche disziplinäre (z. B. sozialisationstheoretische, schulpädagogische, psychoanalytische) Zugänge gewählt und auch verschiedene Methoden (z. B. quantitative Schülerbefragungen, Fallanalysen, qualitative Verfahren) verwendet.

www.ingramcontent.com/pod-product-compliance
Ingram Content Group UK Ltd.
Pitfield, Milton Keynes, MK11 3LW, UK
UKHW040023200726
13854UKWH00001B/326

9 783898 061216